アカデミックナビ

心理学

子安増生 編著

keiso shobo

まえがき

「アカデミック・ナビ」は，新しい世紀に必要とされる教養を身につけるために企画された勁草書房の新しいテキスト・シリーズで，本書はその栄えある第一号です。このシリーズが目指すのは，専門化が進み細分化された学問分野をあらためて見直し，初学者にも分かりやすく，バランスよく，ポイントをしぼって，体系的にまとめたテキストの作成です。読者が読み進めて理解しやすくするために，各章の扉にはサマリーを付け，章末には「要点の確認」「文献ガイド」「コラム」を置くようにしました。また，巻末には引用文献と索引を用意し，学術的正確さも担保しています。

本書の重要な特徴は，日本心理学諸学会連合が実施している「心理学検定」にも即応するテキストということです。そのため，心理学検定基本キーワードを随所に取り入れつつ，章立てを心理学検定の試験科目の下記10科目にあわせて構成しました。

A領域：原理・研究法・歴史／学習・認知・知覚／発達・教育／社会・感情・性格／臨床・障害
B領域：神経・生理／統計・測定・評価／産業・組織／健康・福祉／犯罪・非行

心理学検定の試験では，A領域とB領域の10科目すべてに合格すると特1級，A領域の4科目を含む合計6科目に合格すると1級，A領域の2科目を含む合計3科目に合格すると2級が取得できますが，本書は特1級を目指す人の受験準備にも十分な範囲と高度な内容を備えています。

各章の執筆担当者は，さまざまな学会で活躍し，高い専門性と見識を持った研究者ばかりです。特に，第2章担当の太田信夫教授は元日本認知心理学会理事長で心理学検定局の前局長，第3章担当の編者は日本心理学諸学会連合の理

まえがき

事長で日本発達心理学会の元理事長，第 7 章の繁桝算男教授は日本心理学会の元理事長で国際心理学会横浜大会（ICP2016）のプレジデントです。その他の章の執筆者も，各分野からの選り抜きの豪華メンバーであると自負しています。

　最後になりますが，勁草書房編集部の永田悠一氏には，本書の企画の段階から刊行に至るまで大変お世話になりました。大学で心理学を学んだ編集者に担当していただけたことも，本書を質の高いものにしています。ここに心より厚く御礼申し上げます。

2016 年 3 月 1 日

編者　子安増生

目　次

第 1 章　原理・研究法・歴史 …… 1

1. 心理学史（歴史）を学ぶ意味 …… 2
2. 心理学史の前史 …… 2
3. 近代心理学の成立と展開：1879 年以降の心理学 …… 13
4. 第二次世界大戦後の心理学 …… 34
5. 日本における近代心理学の成立と展開 …… 41

第 2 章　学習・認知・知覚 …… 45

1. 学習 …… 47
2. 認知 …… 57
3. 知覚 …… 69

第 3 章　発達・教育 …… 85

1. 発達・教育研究の歴史と課題 …… 86
2. 20 世紀の新たな課題 …… 88
3. 発達心理学の基礎 …… 100
4. 教育心理学の基礎 …… 111
5. 発達・教育の研究法 …… 119
6. むすび　21 世紀の課題：生涯発達と生涯学習 …… 126

目次

第4章 社会・感情・性格 131

1. パーソナリティ 132
2. 感情 145
3. 社会 152

第5章 臨床・障害 169

1. 臨床心理学を俯瞰する図式 170
2. 精神病理学 171
3. アセスメント論 181
4. 心理療法論 188
5. 臨床心理学の広がり 198
6. 臨床心理学の研究 200

第6章 神経・生理 213

1. 脳の構造と機能 214
2. 脳における情報伝達 225
3. 神経活動の測定法とその応用 233
4. 遺伝 240

第7章 統計・測定・評価 249

1. 測定 250
2. 統計 255
3. テスト理論 276

第8章　産業・組織 ……………………………………………………… 285

1. 産業・組織心理学の成立と初期の展開 …………………………… 286
2. 人事 …………………………………………………………………… 289
3. 組織行動 ……………………………………………………………… 295
4. 作業 …………………………………………………………………… 302
5. 消費者行動 …………………………………………………………… 308

第9章　健康・福祉 ……………………………………………………… 319

1. 健康と福祉のための心理学専門領域 ……………………………… 320
2. 国民の健康と福祉の問題 …………………………………………… 321
3. 予防心理学 …………………………………………………………… 331
4. 危機状況での健康心理学的支援 …………………………………… 339

第10章　犯罪・非行 …………………………………………………… 347

1. 古典学派と実証学派 ………………………………………………… 348
2. 犯罪生物学の展開 …………………………………………………… 349
3. 逸脱行動論の系譜 …………………………………………………… 354
4. 心理学的な犯罪理解：力動論と学習論 …………………………… 359
5. 非行少年の実像，少年鑑別と矯正処遇 …………………………… 363
6. 精神鑑定，犯罪捜査と防犯，被害者支援など …………………… 366
7. 犯罪・非行領域の心理実務者たち ………………………………… 372
8. むすび ………………………………………………………………… 374

引用文献 …………………………………………………………………… 381
事項索引 …………………………………………………………………… 395
人名索引 …………………………………………………………………… 408

目 次

コラム

1. 記憶力に心配は無用 …………………………………………… 83
2. 映画に描かれた障害者たち …………………………………… 129
3. 小説と映画から学ぶ偏見と差別の心理 ……………………… 168
4. レジリエンスとポジティブ臨床心理学 ……………………… 205
5. 臨床心理学の対象となる社会問題 …………………………… 207
6. 認知行動療法が奏功するメカニズムの理解の変遷 ………… 210
7. ミラーニューロンとエピジェネティクス …………………… 245
8. ブレイン・マシン・インタフェースと脳神経倫理学 ……… 247
9. 検定に代わる仮説評価 ………………………………………… 284
10. 若者の離職率と育成 …………………………………………… 315
11. 3つのバウム …………………………………………………… 377

第1章

原理・研究法・歴史

サトウタツヤ

(1) 心理学史もしくは歴史を学ぶ意味は，時間に敏感に物事の生起を考えることにある。本章では心理学の歴史を学ぶと共に歴史的思考の重要性について理解する。
(2) 心理学の過去，魂についての学が心理学へと変わっていくプロセスを学ぶ。
(3) 心理学を体系化するドイツ・ライプツィヒ大学のヴントがもたらした達成と，それを可能にしたそれ以前の歴史的文脈について学ぶ。
(4) 行動主義，ゲシュタルト心理学，精神分析という，心理学を発展させた3つの理論について学ぶ。また，応用心理学など心理学と社会との繋がりについて理解する。
(5) 日本の心理学の歴史について学ぶ。

第1章　原理・研究法・歴史

1. 心理学史（歴史）を学ぶ意味

　歴史はものごとの生起・消滅，複数のできごとの関連を，時間軸を手がかりとして理解して記述する試みである。したがって，あるできごとが「いつ・どこで」起きたのかについて注意を払うことが必要であることは間違いない。
　なぜなら，実際の歴史では，考えなければいけないできごとの数が2つや3つということはあり得ないからである。非常に多くのできごとの関係を考えていかなければいけない時に，時間的順序を知っているということは考える労力を軽減してくれる（だから，歴史家は年表的知識を大事にする。図1.1参照）。
　なお，やや専門的になるが，歴史の機能には2つ以上のできごとを「つないで理解する」ことの他にも，正当な評価を受けなかった人や業績の発掘（再評価）といった機能もある。たとえば第二次世界大戦中にリトアニア大使館で（日本政府の意に反してまで）ユダヤ人難民に「命のビザ」を出し続けた外交官，杉原千畝の業績が再評価されるようになったのは戦後50年以上がすぎてからである。

2. 心理学史の前史

2.1　1860年頃までの心理学史をどう考えるか
◉ 心理学史の中心人物としてのヴント
　まず簡単に，心理学史の全体的見通しをつけておこう。心理学史に年代暗記はほとんど不要だが，1つだけ1879年という年を覚えておいてほしい。もちろん，色々なことに関連づけるために覚えるのである。
　この年は，ドイツのヴィルヘルム・ヴント（Wilhelm Max Wundt, 1832-1920）が，ライプツィヒ大学に心理学実験室を開設し，研究および学生教育の拠点が成立した年として知られる。学生教育は後継者養成という側面も持っている。心理学という学問そのものを伝承していく人材を育てていけるようになったのが，19世紀の後半だったのである。
　歴史上のできごとは，ある年に突然起きるというわけではないから，この

2. 心理学史の前史

①A→B　　　　　　　　　　A→B
②B→A　　　　　　　　　×B→A（あり得ないと分かる）
③A　B（無関係）　　　　　A　B（無関係）

AとBの生起順序不明の時の関係推論　→　AがBより早く起きているとわかると

図1.1　できごとAとBの関係の仮説

1879年までに，いくつかの準備段階を経て，心理学が成立したと想像することが可能であろう。また，もう一つ留意すべきこととして，ヴントはハイデルベルク大学医学部出身であり，決して心理学者ではなかった。今の目から見れば心理学者かもしれないが，彼が学生の時代には今のような心理学などなかったのであり，基礎実験実習などの心理学の訓練などは受けていなかった。時代と共に心理学を作ったのがヴントなのである。

ヴントが教育研究の拠点をライプツィヒ大学に作ったところ，そこに多くの人が集まり，研究が進み，人材も育ち，心理学が広まっていった。多くの若者がライプツィヒに来て，ヴントの手ほどきをうけて，出身地に帰っていき心理学実験室を設立したのである。これによって，心理学は北半球の世界に広がっていくことができた。心理学史からみれば，ライプツィヒ大学は心理学における必須通過点（obligatory passage point）的な場所だったと言え，ヴントはその場所の統括者のような人物として尊敬を集めていた。

● psychologyという語の歴史から考える心理学史

心理学の歴史を考えるにあたって，その内容を遡って探究していくことと同時に，これを意味する言葉（用語）がどのように発展してきたのか，そもそもいつ造語されたのか，を見ていくことが重要となる。日本語の心理学という語について，それを行うのは現在のところ難しいが，この語はpsychology（英語表記の場合）の訳語であるから，psychologyという語が内包する内容とこの語自体がいつ生まれてどのように使われてきたのか，ということを見ていこう。

psychologyを分解するなら，ギリシア語で「魂」を意味する*psyche*と「理法」を意味する*logos*とに分けられる。ここで*psyche*とは魂であるが，ギリシア神話にはプシュケという名前の女神が存在する。ギリシア神話は一般的に，

3

人間の諸機能を神という形で属人化・顕現化したものであり，その神々の中に人間の心が取り扱われていることは，心の働きについてギリシアの人々が関心をもち，その機能を神話という形で理解しようとしたことを示すものであると考えられる。

では，そのプシュケとロゴスが組み合わさったのはいつ頃なのか，オックスフォード英語辞典（OED）を手がかりに見てみたい。OEDを見てみると，この語はそもそも大きく3つの意味を持つ。その筆頭にあるのが，魂や精神についての研究または考察（the study or consideration of the soul or spirit）というものであり，用例も最も古い。最古の出典は1654年であるから，17世紀中葉には，psychologyという用語が使われ始めたということがわかる。

初期においては，魂を対象にした学問というのが心理学に与えられた地位であった。そして，16世紀以前には，キリスト教の強い影響があったためか，魂を対象とする独立の学問は存在しなかったのであろう。

ちなみにOEDにおけるpsychologyの2つ目の意味は科学的研究としてのpsychologyであり，3つ目が心理学論文という意味での心理学であるが，ここでは割愛する。

◉ Psychology 前史―瞥

では，心理学は17世紀に始まったのか，それまではなかったのかというとそのようなことではない。以下のような流れを考えることができる。

1. 心の機能の探究という意味でのpsychologyは，この単語があったか否かに関わらず，ギリシア時代のアリストテレスの哲学に遡ることができる。
2. 単語としてのpsychologyという語については，16世紀以降に散見されるようになり，17世紀にいくつもの用例が見いだされるようになり，18世紀にはクリスティアン・ヴォルフ（Christian Wolff, 1679-1754）によって『経験的心理学（*Psychologia empirica*）』（1732）が出版された。
3. その後，心理学は当時の科学化の流れの中で，自然科学としての成立を目指したが，カントによって心理学は科学になることはない，という

批判を受けることになった。この批判を乗り越えることが心理学を成立させるための重要な使命となった。
4．そして，学範（ディシプリン）としてのpsychologyが成立したのは19世紀の後半であった。生理学に範をとり心理学の科学化を果たしたのはドイツの医学者・哲学者，ヴントである。

　これら，4つのエピソードは，それぞれが相互に独立なのではなく，前に起きたできごとは，後に起きたできごとに対して影響を与えていると考えられる。逆に言えば，先の4つのできごとのうち，一番最後にあるヴントの活動がアリストテレスに影響したということはあり得ない，ということである。歴史において年号が重要なのは，こうした思考を行うためである（以下，本章でも，細かい年代表記が出てくるが，これらは読者が覚えるためのものではない。異なるできごとの影響過程を考える時のためのヒントとして表記してあり，必要であれば有効に活用してほしい）。

　心の機能の探究は，古代ギリシアの哲学者アリストテレス（Aristoteles, BC384-BC322）に遡る。アリストテレスには「魂について（peri psyche）」という論文がある。この論文は心理学として書かれたものではないが，後に述べる近代心理学が成立した後には起源の一つとして盛んに言及されるようになった。

　アリストテレスは生命を人間と動物と植物に分けた。この三分法は進化論によって否定される運命にあったが，生命体の連続を重視する考え方ではあった。彼は人間の感覚についても，仮説的モデルを作っていた（『デ・アニマ』）。

　まとまった著作としてのpsychologyの始まりは，ヴォルフ『経験的心理学（*Psychologia empirica*）』(1732)である。当時のpsychologyの意味するところは，現在の心理学とは異なっており，「魂の学問」や「道徳哲学」に近いものであった。アリストテレス以来の思考の流れに沿ったものであるし，キリスト教の影響も今より格段に大きいことも考慮に入れねばならない。だが，ヴォルフの著作においては，実存としての魂を扱うというよりは，表象・思惟など精神作用としての心を扱う姿勢が芽生えてきていた。

　心の機能について考える学問的伝統が，用語としてのサイコロジーを必要とする土壌を作り，新しく作られた言葉が，いくつかの著作のタイトルとなり，

その内容を読んだ者たちが，その内容を発展させる，というプロセスでサイコロジーは学問として成長してきたと言える。しかし，その途上では，冷や水を浴びせられるようなできごともあった。それは，哲学者イマヌエル・カント（Immanuel Kant, 1724-1804）による「心理学は科学になれない！」という主張である。カントは『自然科学の形而上学的原理』（1786）の冒頭部分において，科学にとって重要なことは実験手続きと数式による表現であるとした上で，心理学は科学になれないとした。カントの批判に対して，当然ながら2つの流れが生まれた。まず，心理学を科学にするために努力する流れである。もう1つが心理学は科学である必要はない，とする流れである。

　カントの主張は，「心の問題は実験できないし数式にも表せない，だから心理学は科学になれない」というものであったから，実験と数式表現と2つの方向から，カントを乗り越えようとした人たちがいた。まず，カントの後，ケーニヒスベルク大学で教授となったヨハン・フリードリヒ・ヘルバルト（Johann Friedrich Herbart, 1776-1841）である。彼は表象を重視して表象力学の数値化を試みた。しかし，これはあまりうまく行かなかった。

　実験を重視する人たちは，当時の科学における花形であった生理学実験を模範にしようと試みた。このうち，アメリカのウィリアム・ジェームズ（William James, 1842-1910）とドイツのヴィルヘルム・ヴントが，その熱心な旗振り役であり，また，周りからも信頼されていた。

　なお，このときに，思わぬ援軍となったのが，当時の神秘的物理学者グスタフ・テオドール・フェヒナー（Gustav Theodor Fechner, 1801-1887）による精神物理学という考え方であった。彼は主として感覚の実験を行うことで，物質とは異なる心や生命の独自性を追求していたのであるが，彼の業績——特に実験方法——に着目することにより，心理学は実験という方法を手に入れ，カントの批判を乗り越えるきっかけが与えられたのである。

● ヴント以前の心理学としての連合心理学について

　さて，ここまで，ヴントとジェームズの心理学までの道のりが一直線であるかのように書いてきたが，実際には，カントの批判からヴントに至る間までにヘルバルトの心理学だけでなく連合心理学が力を持っていた。ここでは，連合

2. 心理学史の前史

　心理学の系譜に簡単に触れておこう。近代心理学は実験という手法によって確立されたのだが，その扱う対象については，哲学の分野で連綿と検討されてきた。魂ではなく，感覚ならびに観念（idea）というものが考察の対象になってきたからこそ，それを知るために実験が重宝されるようになった，と考えるべきなのである。

　連合心理学はロックに遡る。ジョン・ロック（John Locke, 1632-1704）は17世紀における代表的な思想家のひとりであり経験主義の祖ともされる。その著書『人間悟性論』(1690)のなかで，心は生まれつき何の特徴もない白紙（タブラ・ラサ, *tabula rasa*）だと仮定しようと提案した。また，ロックは，友人のウィリアム・モリヌークス（William Molyneux, 1656-1698）が提出した問題，すなわち「立方体と球体を触覚で区別できる生まれつきの盲人が，もし成人後に目が見えるようになったら視覚だけで識別可能か」という問題を，『人間悟性論』の第2版(1693)でとりあげた。この問題を，理性主義的に考えれば可能ということになるが——たとえば，ライプニッツ（Gottfried Wilhelm Leibniz, 1646-1716）はこの立場をとった——，経験主義的に考えれば不可能ということになる（ロックのほかバークリーもこの立場をとった）。この問題は，開眼手術が行われるようになった18世紀以降，経験主義が正しいという考えに落ち着くようになった。

　さらにロックは，その『人間悟性論』第4版(1700)において，観念連合について初めて言及した。ある観念と他の観念の連合が，経験によって起きるということについて言及したものである。観念連合が理性に基づく場合もあるが，その場合には全ての人が同じ連合をもつことになる。しかし，実際に「神」という観念に連合することは人によって異なる。こうした異なり（個性）は経験によって説明されるという立場を表明したのがロックであり，その立場がイギリス経験論の流れの中心となる。

　イギリスでは1642年に清教徒革命が起こり，絶対王政を倒した。1660年に再び王政が敷かれ，1688年に名誉革命が起きた。フランスでは1789年に市民革命が起きた。こうした絶対王政の崩壊は，単に政治上のパワーゲームとしてのみ行われたのではなく，神と人間の関係の見直し，ひいては人間性の理解の革新が伴っていたと考えるのが妥当である。

ロックの後に経験論を引き継いだのがバークリーとヒュームである。バークリー（George Berkeley, 1685-1753）はアイルランド国教会の主教という立場でありながら，経験論を主張した。物が存在すると考えるのではなく，知覚される限りにおいて物は存在するという立場を主張した。バークリーによれば，事物のうち感覚が捉えられるものだけが存在し，感覚の主体は精神であるから，精神と感覚しか存在しないということになり，独我論的だと批判されることになった。バークリーは，感覚の正しさの保証として神の存在を持ち出した。神を精神の統括者と位置づけることによって，精神の正しさを担保しうると考えたのである。なお彼は，『視覚新論』(1709)，『人間知識について考える論考』(1710) を著した。前者では奥行き知覚の分析をおこなった。

バークリーたちのような「神の存在を前提にする経験論」は不十分だと考えたのが，ヒューム（David Hume, 1711-1776）である。彼は，すべての知識が感覚に基づくと主張し，イギリス経験論の最極端に位置する哲学者である（もちろん無神論者であった）。やがて彼は感覚の連続性や因果までも疑うことになった。鉄玉がガラスの皿に落ちてガラスが割れた，という現象についても，落ちたことと割れたことは知覚できるが，その相関を認識できるにすぎないという立場を貫いたのである。私たちが感覚で捉えているものは，ぱらぱらマンガの一コマのようなものにすぎないという立場である。ヒュームの経験論の特徴は，時空間限定の瞬時的経験論を徹底したところにあると思われる。彼は観念連合の法則を体系化した。類似した観念は連合する，近接して起きた観念は連合する，というように，類似と近接が観念連合の主要は法則だとしたのである。

そして，イギリスで連合主義を連合心理学として完成させたのがベイン（Alexander Bain, 1818-1903）であり，その後を受け継いだスペンサー（Herbert Spencer, 1820-1903）である。ベインは *Mind* という学術誌を発刊し，心の問題に関心をもつ学者の研究発表の場を設定した。この雑誌によって，様々な立場の学者が知識を交換することが可能になり，少し皮肉なことであるが，連合心理学はその役割を終え，近代心理学の礎の一つとしての役割を果たしてその使命を終えることになったのである。

2.2 1860年頃の心理学史
◉ ダーウィンの進化論 (1859)

冒頭において，1879年という年を，心理学が生まれた年であるとして覚えてほしいとお願いした。もちろん，突然このようなことが起きたわけではなく，前提となる文脈がある。その20年ほど前 (1860年頃) から，いくつかのできごとが立て続けに起きた。進化論，精神物理学，民族心理学に関する関心の高まりである。

心理学のみならず近代学問を考えるうえで最も大きなインパクトをもったと言えるのがチャールズ・ロバート・ダーウィン (Charles Robert Darwin, 1809-1882) による進化論である。ダーウィンは，ケンブリッジ大学卒業後ほどない1831年から5年間，イギリス海軍の測量艦ビーグル号に同乗して世界を巡った。そこで進化論の基本的アイディアを得た (また，報告書の一部である『ビーグル号航海記』(1939) を出版している)。進化論の考えはキリスト教の教え (神が人を作り，動植物とは異なる存在である) に反するため，彼自身は長い間，公表をためらっていた。しかし，同じような考えを公表しようとする若手の台頭もあり，ダーウィンは『種の起源』(正確な表題は『自然選択，すなわち生存闘争において有利な競争が存続することによる，種の起源について』) を1959年に出版した。なお現在では自然淘汰という訳語は「淘汰」されており，自然選択という語が用いられる。

この著書の影響は現在の日本人が考えられないほど大きかった。日本人は祖先がサルだと言われてもそんなものかと納得するが，キリスト教圏で人間と他の動物が同じ起源だという主張は大きな反発を呼んだからである。

ダーウィンの考え方は心理学においては，動物心理学に結びついた。動物の行動を対象にすることで人間の精神について理解することができるかもしれないという考えは，比較心理学と呼ばれることもあるが，まさにダーウィン以降でなければ成り立たないものである。なぜなら，ダーウィン以前は，神と人は，動植物と異なるカテゴリーであると考えられていたからである。

◉ 精神物理学 (1860)

近代心理学の立役者であるヴントは，ウェーバーとフェヒナーの2人と知り

合いになったことを「運命の特別な賜」と自伝で述べている（Wundt, 1920）。ヴントを含めた3人はドイツ・ライプツィヒ大学の教授であった。

以下では，ウェーバーとフェヒナーにも影響を与えた科学史上の巨人であるヘルムホルツを紹介した上で，この二人の業績について簡単に見ておきたい。

ヘルムホルツ（Hermann Ludwig Ferdinand von Helmholtz, 1821-1894）は，19世紀中頃に同時多発的に唱えられた「エネルギー保存則」の確立者の一人として知られる。彼は医学・生理学から物理学まで幅広い興味を持っており，神経インパルスの速度の測定を確立し（それまでは光より速く測定不能と思われていた），19世紀初頭に活躍したトマス・ヤング（Thomas Young, 1773-1829）の色知覚理論を発展させ，光の三原色に関する理論を確立した（ヤング＝ヘルムホルツ説）。彼は感覚と知覚を段階的に分離し，知覚は感覚と観念から成るものだとした。感覚は外界からの刺激による影響が大きいが，それを「何」であると見たり聞いたりするのは観念であり経験の影響が大きいとしたのである。これにより感覚生理学と心理学の棲み分けが可能になったともいえる。

さて，ライプツィヒ大学の生理学教授であったウェーバー（Ernst Heinrich Weber, 1795-1878）は感覚の問題に関心をもち，重さの違いの弁別，触二点閾の研究などを精力的に行った。感覚は，外界と内界のインターフェイスであり，生理学と心理学の接点でもあったからである。そして，ウェーバーは1834年に行なった錘（おもり）を持ち上げる実験において，（錘の）重さの弁別が絶対的な差ではなく，相対的なものであることを見いだした。40gの重さのものを持っていて，1g増えると重さの差異が分かる（弁別できる）としよう。だからといって，1kgの重さのものを持っていて，1gの重さが加わっても分かるわけではないということである。

ウェーバーは閾（limen）という概念に興味を持っていた。閾とは「しきい」である。彼は，錘の重さ40gの時の弁別閾が1gであれば，200gの時は5gとなることを見出した。これを数式で表すならば，

$$1g/40g = 5g/200g = 一定 \tag{1.1}$$

で表すことができる。ウェーバーが見いだした法則は彼の名前を冠してウェーバーの法則と呼ばれるが，その内容をくみ取るなら「相対弁別閾一定の法則」

2. 心理学史の前史

と呼ぶことができる（高橋，1999）。

心理学の歴史ではよくあることだが，ある新しい概念が提唱されると，それがブレークスルーとなり，その後に同種ではあるが異なる概念が提唱されて，結果的に知識が豊富になるということがある。感覚の閾については，ウェーバーの後にフェヒナーが絶対閾ということを提唱した。

ある刺激が存在した時，それを感じないということはある。では，刺激は存在するが人は感じていない時，感じる直前というのはどのようなことなのか，フェヒナーはそれを理解しようとした。

たとえば，真っ暗なところから，光の強さを強めていくと，ある時点で光を感じることができる。音でも同じことが起きるだろう。光や音は，いわば物理現象であるから，連続的に増減させることができるが，人間にとって，光は感じる（見える）かどうかのどちらかである（ゼロかイチの二値のうちどちらかとなる）。フェヒナーは光や音を初めて「感じた」時の値を刺激閾と呼ぶことにした（なお，神秘主義的な物理学者であるフェヒナー自身の関心は「刺激があるのに感じていない」ということの考察にあったようである）。

最終的にフェヒナーは，「感覚の大きさ（E）は刺激の強度（I）の対数に比例して増大する」ということを仮説の形で提唱した。今日では，彼の名をとってフェヒナーの法則と呼ばれているが，法則というほど強い関係とは言えない。

フェヒナーの法則を数式で表すと下記のようである。

$$E = K \log I + C \tag{1.2}$$

先のウェーバーの法則は2つの錘の重さの関係を示したものでしかなかったが，このフェヒナーの法則は，感覚（E）に対する関数の形式となっている。つまり，フェヒナーは感覚を対象にしたことを明示したのであり，だからこそ，生理学ではなく心理学の問題へと一歩踏み出したと評価されるのである。なお，繰り返しになるが，フェヒナーは死後の霊魂の問題にも興味をもっていたりしたこともあり，心理学者というよりは心理学の前史の人物として扱うのがふさわしい。また，フェヒナーは，自らの仮説を検証するために，様々な実験テクニックを開発したことでも知られている。「丁度可知差異法（極限法）」「当否法（恒常刺激法）」「平均誤差法（調整法）」という3つの手法である。そして，

第1章 原理・研究法・歴史

表1.1 フェヒナーによる3種の精神物理学的測定法（岡本, 2001 による）

平均誤差法（調整法）	標準刺激に対して変化する比較刺激を上昇・下降両系列によって反復して異同の判断を求める。実験者もしくは被験者が比較刺激を変化させて提示する。刺激等価法とも呼ばれる。
丁度可知差異法（極限法）	標準刺激に対して連続的に変化する比較刺激の提示を行い、異同の判断を求める。上昇・下降いずれかの系列を用いる。実験者が刺激を変化させて被験者が答える。
当否法（恒常刺激法）	測定値が存在する範囲をあらかじめ定め、標準刺激に対して複数の比較刺激をランダムに提示して異同の判断を求める。

この方法こそが、フェヒナーの思惑をこえて、心理学を科学化するための方法となったのである（表1.1）。

◉ 民族心理学（1860）

フェヒナーが『精神物理学要綱』を出版した1860年に、同じドイツにおいて『民族心理学・言語学雑誌』という雑誌が創刊された。この雑誌を創刊したのはラツァルス（Moritz Lazarus, 1824-1903）とシュタインタール（Hajim Steinthal, 1823-1899）の2人である。この時代に心理学という名前が冠された雑誌があり、それが言語学と近かったということは興味深い。

この2人によれば、民族心理学に注目する以前の心理学は個人心理学が中心であった。それは、本章でも見てきた通りである。民族という言葉で彼らが表そうとしたのは集団としての精神である。なお、当時のドイツはドイツ帝国の成立（1871）以前の状況で、民族意識が高まっていたという事情もあった。

そしてヴントはこの雑誌を愛読していた。これが、後にヴントの『民族心理学』執筆へと繋がっていくことは明らかであろう。

◉ 1860年頃のヴント

ここで1860年頃のヴントが何をしていたのかを簡単に見ておこう。1879年に心理学実験室を整備する以前にもヴントは心理学的な関心をもっていたのであるが、それはどのような領域のことだったのだろうか。

ヴントは『感覚知覚理論の研究』を1862年に、『人間と動物の心についての

講義』を1863年に発表して，心理学を思索的な学問から，経験主義的な学問へと変貌させようとした。少なからぬ読者が，そうしたヴントの態度を支持し，新しい学問としての心理学への期待が高まっていったのである。この後，ヴントは1873年に『生理学的心理学』を著し，その著書が高く評価されることになる。1874年にはチューリヒ大学の哲学教授，翌1875年にはライプツィヒ大学の哲学教授となり，「新」心理学と呼ばれた立場の近代心理学を推進していくことになる。

◉ 大脳生理学的発想（1861）

心理学では19世紀後半から20世紀にかけて，脳と心の関連を探究する流れが強まっているが，その先駆けとして18世紀末には骨相学（phrenology）とよばれる考え方が出現した。骨相学の主唱者のガル（Franz Joseph Gall, 1758-1828）は，大脳皮質の発達している部分が頭蓋骨の隆起パターンに反映されると考えていた。したがって，頭蓋骨の形を見ることによって，どのような能力が優れているかを推定できると考えたのである。この考え方は結果的には科学的根拠に乏しいものとして退けられることになったとはいえ，脳の機能的局在を仮定した点や，能力の分類を経験的に裏づけようと試みた点は，現在の神経心理学につながる考え方であると評価されている。

19世紀後半にはブローカ（Pierre Paul Broca, 1824-1880）やウェルニッケ（Carl Wernicke, 1848-1906）らによる言語中枢の発見や（→第6章），フリッチュ（Gustav Theodor Fritsch, 1838-1927）とヒッツィヒ（Eduard Hitzig, 1839-1907）の運動皮質の研究などによって大脳各部が担っている機能が次々と報告され，大脳に関する知識も一気に拡大することになった。

3. 近代心理学の成立と展開：1879年以降の心理学

3.1 ヴントと直近の後継者達

1879年が心理学史において象徴的な年として扱われるのは，心理学の再生産システムが始まった年であり，その結果として多くの心理学者が誕生し，世界中に心理学が拡散したからである。1881年には，ヴントにより『哲学研究

(*Philosophische Studien*)』という学術雑誌が発刊された。名称こそ哲学であるが，ヴントのもとで行われた心理学的な研究成果が発表される場となった。

ヴントの心理学の特徴は，方法として生理学で用いられる実験を重視したことにある。また，その扱う内容は意識であった。刺激を与えたり変化させたときに意識がどのように生じたり変化するのか，についての研究を行ったのである。フェヒナーが感覚を従属変数として設定したのに対し，ヴントは意識を従属変数にしたのであり，新しい心理学の誕生として多くの人が歓迎したのである。なお，こうした研究のためには刺激提示をコントロールすることが重要であるから，様々な機器が作成された。

意識の研究に加えて重視されたのが反応時間の研究である。反応時間の測定は 19 世紀中頃までにオランダの生理学者ドンデルス（Franciscus Cornelis Donders, 1818-1889）によって考案されていたが，それを体系的に用いて心理学研究に位置づけたのはヴントである。

何かを見て，反応するというのは知覚プロセスの基本であるが，たとえばある光を見て反応キーを押すという課題の場合は，認識→反応となる。ところが，光の色が 2 色あり，青だったら反応キーを押し，赤だったら押さないという課題の場合は，認識→弁別→反応となる。弁別が入るプロセスの方が時間が余計にかかると考えられるから，弁別課題にかかった反応時間から認識のみ課題にかかった時間を引き算すれば，弁別にかかった時間を算出することができる。このパラダイムは現在の心理学でも有効に機能している。

反応時間の測定に使われたのはクロノスコープという機械である。今日のようなクォーツ時計などがない時代に，歯車の組み合わせだけで 1000 分の 1 秒の精度で測定を行うことのできた機械である。

さて，ヴントのもとにはアメリカからはジェームズ・キャッテル（James McKeen Cattell, 1860-1944），スクリプチャー（Edward W. Scripture, 1864-1945），ティチナー（Edward Bradford Titchener, 1867-1927），ウィトマー（Lightner Witmer, 1867-1956）などが留学した。日本からは哲学者の井上哲次郎（1856-1944）や心理学者の桑田芳蔵（1882-1967）がライプツィヒ大学に滞在している（日本人は博士号を取得していない）。心理学がドイツ以外に広まっていった様子を心理学実験室の設立という面から見れば，表 1.2 のようになる。

3. 近代心理学の成立と展開：1879年以降の心理学

表1.2 初期における心理学実験室の設立

1879	ライプツィヒ大学	独	ヴント
1881	ジョンズ・ホプキンス大学	米	ホール
	ゲッチンゲン大学	独	ミュラー
1885	ローマ大学	伊	セルジ
1886	ベルリン大学	独	エビングハウス
	コペンハーゲン大学	丁	レーマン
	カザン大学	露	ベヒテレフ
1889	ソルボンヌ大学（パリ大学）	仏	ビネとボーニス
	トロント大学	加	ボールドウィン
	ミュンヘン大学	独	シュトゥンプ

ティチナーは自他ともにヴントの後継者であると認めていた。彼はヴントの心理学のうち要素主義，構成主義的な心理学を受け継いだ。また，最も重要な貢献の一つとして，学生のトレーニングのための実験実習の体系化を行い，マニュアルを刊行した（1901-1905）。日本でも多くの心理学専攻（学科）で基礎実験実習などが行われているが，この骨格を作ったのはティチナーである。

3.2 高次精神システム・記憶・人格：ヴントの同時代の心理学者と弟子

以上のようにヴントは心理学の父と呼ばれるほど，心理学の基盤作りに貢献したのであるが，同時代において，こうした心理学のみが心理学と呼ばれていたわけではなかった。ここではヴントの同時代のドイツの心理学者とその弟子達を紹介していく。

心理学史において「心理学の過去は長いが歴史は短い」という名言を残したエビングハウス（Hermann Ebbinghaus, 1850-1909）は，1908年に出版した『心理学要論（*Abriss der Psychologie*）』の冒頭にこの言葉を記した。彼はヴントの心理学実験室設立から30年を経てこうした総括を行ったのであるが，彼自身としてはヴントの心理学が感覚・知覚に重点を置いていることに一種の不満をもっていた。そして，より複雑で高次な心理過程の研究を行おうと試み，無意味綴りを考案し活用することで，それまでの心理学で扱えなかった記憶の研究を行ったのである。彼の研究は，心理学が意味の世界から離れることになった，

という意味で彼が思ったよりも大きな影響を心理学に残した。また，記憶の忘却曲線は，現代にも通じる知見として知られている。

エビングハウスの弟子には，人格主義哲学を基盤にしながら心理学研究を推進したシュテルン（Wilhelm Louis Stern, 1871-1938）がいる。彼は個性について，発達という時間軸上の差異および個人差という他者との差異に興味を持っていた。また，妻クララと共に子どもの発達上のウソに関心をあて，目撃証言にも関心を寄せたことで，最初の応用心理学者としても知られている。

ヴントが『生理学的心理学』を出版したのと同時期に『経験的立場からの心理学』を著したのがブレンターノ（Franz Clemens Honoratus Hermann Brentano, 1838-1917）である。ブレンターノは，ヴントの言うような組織的な実験を用いなくても，経験的な研究を行うことができるという主張をした。彼は弟子を育てなかったが，彼のもとで学んだ1人にシュトゥンプ（Carl Stumpf, 1848-1936）がいる。彼はベルリン大学教授として『音響心理学』などを出版したが，「現象」概念を確立したことでも知られている。シュトゥンプによれば現象こそが，心理学の資料となるべきであるとした。経験の歪みのない検討こそが重要でありそれこそが現象学なのである。彼によれば，現象学は物理学と心理学の基盤となるものである。そして，彼の弟子のフッサール（Edmund Gustav Albrecht Husserl, 1859-1938）が現象学の体系化を行った。なお，ゲシュタルト心理学を展開したウェルトハイマー（Max Wertheimer, 1880-1943），コフカ（Kurt Koffka, 1886-1941），ケーラー（Wolfgang Köhler, 1887-1967）はいずれもベルリン大学でシュトゥンプの薫陶を受けている。

ミュラー（Georg Elias Nathanael Müller, 1850-1934）はドイツ・ゲッチンゲン大学に心理学実験室を創設した人物である。彼もまたブレンターノの影響を受けている。このミュラーの弟子にルビン（Edgar John Rubin, 1886-1951）がいる。彼はいわゆるルビンのつぼ（→第2章）など，図と地の反転に関する研究で博士号を得，デンマークのコペンハーゲン大学教授となった。

3.3 反射概念から行動研究へ

反射の研究は20世紀に条件反射（conditioned reflex）の研究を通じて心理学に合流することになるが，そこに至るまでも，ヒトと動物の連続性を考える上

3. 近代心理学の成立と展開：1879年以降の心理学

でも，ヒトの自由意思を考える上でも，興味を持たれてきた。反射とは，光の反射のようなもので，末梢部から出発した振動が身体の中心で戻って，末梢部に戻り行動を引き起こすということである（カンギレム，金森（訳），1988, p. 51）。魂のようなものを仮定して，魂が行動を引き起こすというメカニズムは反射ではない。

　反射について，デカルト（René Descartes, 1596-1650）まで遡ることができるとする考えがある。『情念論』（1649）においてデカルトは，感覚に基づき動物精気によって可能な運動があることを記述している。ここで重要なのは精神の助けを得ずに可能な運動があるということである。反射は人間機械論と結びつきやすく，心身二元論を唱えたデカルトに遡るという考えには一理あるかもしれないが，彼が扱っていたのは自動的な不随意運動であり，嚥下や瞳孔調節にくわえて咳やくしゃみも含むようなものであった。また，脚や手が熱い火に触れた時に屈伸することも含まれていた。これらは今日で言えば反射に含まれるものも多いが，彼の説明原理は，末梢部からの何らかの情報が中心に届くとそこから異なる種類の情報が発せられて行動が起きる，というものであった。

　反射は光の例で明らかなように，情報が往復する際には等質性が求められるのであり，その意味でデカルトの考え方が反射説の起源であるかどうかは意見が分かれる。そして，デカルトが反射概念の祖でないとしたら，イギリスの解剖学者ウィリス（Thomas Willis, 1621-1675）こそが反射概念の祖であるとされている。ウィリスはデカルトの動物精気を炎とそこから発せられる光として考えるようになり，光線をメタファーとして瞬時の情報伝播を考えるようになった。そこで，反射という語が使われるようになったのである。また，脳を経由しない反射ということについても考えを深め，広げた。彼は1664年に『脳解剖学』を，1667年に『脳疾患』を著した。前者では視床などを命名したことに加え神経学の体系を示した。後者では進行麻痺，ナルコレプシーなどを報告し，神経に起因する障害について初めて専門的に体系的に論じた。

　19世紀の中頃から，ロマネス（George John Romanes, 1848-1894），モーガン（Thomas Hunt Morgan, 1866-1945），ロイブなどの生物学者たちが，ダーウィンの進化論の影響を受けつつ，動物行動の研究を進めていた。ロイブ（Jacques Loeb, 1859-1924）は1890年にトロピズム（向性）についての研究をまとめた。

17

第 1 章　原理・研究法・歴史

動物の研究は動物を自動機械とする見方と擬人化する見方とが拮抗していた。ロマネスはたとえばその主著『動物の知能』において，動物行動を人間行動のように解釈する逸話法を用いて人間と動物の知能に差がないとした。

　このような中，モーガンは「モーガンの節約律」として知られる基本姿勢を打ち出した。モーガンの家のテリアのトニーは，門の扉をあけることができた。かんぬきの下にクビを入れてクビをあげることで開けてしまうのである。この行為に対して，犬が開ける意思をもち門の構造を推理し最終的に開けることができた，というような解釈をするのではなく，試行錯誤の結果として開けることができたと記述しようというのがモーガンの主張である。もし門を開ける仕組みが分かっているのであれば，他のもう少し楽な手法をとることもできるのではないか，ということである。必要以上に推理や解釈をすべきではないというのがモーガンの主張であり，こうした主張がモーガンの節約律である。

　つまり，ある行動についてより低次の行動として理解できる場合，より高次のプロセスの所産であるという推論を禁じるという禁欲的な方針を打ち出したのがモーガンである。後にゲシュタルト心理学者ケーラーは，チンパンジーが天井からぶらさがったバナナを取る時に，試行錯誤的にジャンプを繰り返した後に，踏み台や棒を持ってきて取ったことを報告したが，この事例では初期における試行錯誤の失敗と，後の成功とは質的に異なっている。チンパンジーは場の全体構造（ゲシュタルト）を把握した上で，踏み台を置いたのであり，この事例はモーガンであっても高次の学習があったと認めるであろう。

　反射学説に戻ろう。ロシアではセチェノフ（Ива́н Миха́йлович Се́ченов, Ivan Mikhailovitch Sechenov, 1829-1905），ベヒテレフ（Влади́мир Миха́йлович Бе́хтерев, Vladimir Mikhailovitch Bekhterev, 1857-1927），パブロフが反射に興味を持ち，パブロフの条件反射研究へとつながっていく。1903 年にパブロフ（Иван Петрович Павлов, Ivan Petrovich Pavlov, 1849-1936）の条件反射説が発表された。パブロフは消化腺の研究を行い，1904 年にロシア人として初めてノーベル生理学・医学賞を受賞したが，その数年前から，唾液の分泌を可視化する手術を行った犬を用いて実験していた時に，飼育係の足音が唾液分泌を促すことを発見し，後に条件反射と呼ばれる現象の研究に携わっていたのである。

　アメリカでは，ウィリアム・ジェームズやデューイそしてエンジェルが機能

心理学を推進した。彼らは，動物と人間の境を取り払い，動物研究を心理学の中に位置づけたのである。

アメリカの教育哲学者ジョン・デューイ（John Dewey, 1859-1952）は，ホールのもとで心理学を学び，「心理学における反射弧概念」（1896）という論文を発表し，反射が外界に対する機械的反応なのではなく，適応過程としても考えるべきだという主張を行ったが，これにもダーウィンの進化論が影響している。

同じくアメリカのソーンダイク（Edward Lee Thorndike, 1874-1949）は教育心理学に興味をもっていたが，人間を対象にする研究をすることが難しく，止むを得ずネコを用いた研究に着手し，問題箱の実験などを通じて試行錯誤による学習について明らかにした。ちなみに，ソーンダイクの研究に対して試行錯誤（trial and error）と命名したのはモーガンであり，ソーンダイク自身は，行き当たりばったりの行動であっても，それが目的に合致する効果をもてば定着することから，効果の法則と名づけた。この効果の法則は後のオペラント条件づけにもつながる考え方である。

3.4 ゲシュタルト心理学・行動主義・精神分析

ヴントの心理学は要素主義的で実験重視であった。そのため，多くの学生が実験手法を学ぶことによって心理学的な研究を行って知見を広げていくことができた。これこそがヴントを心理学の父と呼ぶ理由である。実験室ができたのが早いとか遅いとかも重要だが，それ以上に，ヴントの心理学実験室が心理学を研究する者にとっての必須通過点となったことが重要なのである。また，学問というのは問いがなくなったらおしまいであるから，新しい問いを次々と立てていくことができるようになったことも重要である。次の世代の一部の者はヴントの心理学そのものを受け継いだが，むしろ多くの者たちは，新しい考え方を作り出したり取り入れたりするようになった。

そして，話を先取りするようだが，ヴントと異なる道を切り開いたとされる精神分析のフロイトも行動主義のワトソンも，その後継者たちによって乗り越えられていった部分がある。だから，精神分析も行動主義も広がったのである。一方でゲシュタルト心理学のウェルトハイマーは乗り越えられることがなかったため，わずか数人のグループで完結してしまい発展することがなかった。

第1章 原理・研究法・歴史

以下ではヴント以降の心理学について，まずゲシュタルト心理学から見ていくことにする。

● ゲシュタルト心理学

人間の心理においてゲシュタルトの重要性を最初に指摘したのはオーストリアの哲学者エーレンフェルス（Christian von Ehrenfels, 1859-1932）である。彼は音楽を例にとり，複数の音とそれが奏でられるメロディとでは異なる性質を持っていることを指摘し，「全体」や「形態」を意味するゲシュタルトという概念を用いてゲシュタルト質という概念を提唱した。

このゲシュタルトという概念を心理学の中で展開したのが，ドイツ・ベルリン大学のウェルトハイマーらである。ウェルトハイマーが最初に取り上げたのは仮現運動という動いていないものに動きを見る現象である。図1.3の1において，aの位置の棒とbの位置の棒をディスプレイ上に交互に提示するとどうなるか（刺激提示にはタキストスコープという装置を用いた）。十分な時間感覚（200ミリ秒；0.2秒）があると，aの棒とbの棒は無関係に出現したように見える。2つの棒が提示される間隔が短すぎると（30ミリ秒）同時に出現したように見える。その間の時間（たとえば60ミリ秒）だと，aからbへと棒が移動したように見える。これは2のように置いた時も同様であり，3のような配置にした時には，上下異なる方向に動いたように見えるのである。

ペンライトを振る時は2のような棒の動きが実際に存在しそれが見えるのであるが，aとbの2カ所にしか刺激を提示しないのにもかかわらず運動が見えるというのが仮現運動のポイントである。

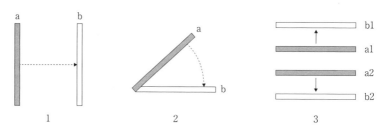

図1.3　ウェルトハイマーによる仮現運動の説明図（Wertheimer, 1912）

要素主義的に考えれば、知覚の原因である物理的刺激はaとbにしか存在しないのだから、生理過程もaとbに対応するものしか存在しえないはずである。しかし実際には動きを知覚しているのである。こうしたことについて眼球運動によって仮現運動を説明する立場もあったが、3のように上下異なる方向への仮現運動が同時に感じられることが有力な反証となった（眼球は同時に上下には動かない）。

ゲシュタルト心理学者たちは、刺激の全体のパターン（布置）に対応する全体的な生理過程があり、それが運動知覚をもたらすのではないかと考えた。ヴントの心理学は感覚を統合するメカニズムとして統覚（apperception）を仮定していた。ゲシュタルト心理学は、感覚・知覚の段階から全体を捉えるのだと主張したことになる。

ウェルトハイマーには少し年下のコフカとケーラーという仲間がいた。コフカは『ゲシュタルト心理学の原理（*Principles of Gestalt psychology*）』という大著（1935）の中で、ゲシュタルトは知覚の体制化のことであると論じる。ヒトは複雑に見える外界の刺激を単純で明快な方向へと知覚しようとする傾向があるとして、これをプレグナンツの法則と呼んだ。ケーラーは、1913年からアフリカの北西に位置するテネリフェ島（カナリア諸島）に作られた類人猿研究所でチンパンジーを用いた観察実験を行い、洞察学習という考え方を提唱した（→第2章）。ゲシュタルト心理学にはさらに若い世代のレヴィンもいるが、彼については「第二次世界大戦後の心理学」の節で取り上げる。

◉ 行動主義

20世紀中盤の心理学を特徴づけたのは行動主義（behaviorism）である。心理学の研究対象が行動であることを宣言したのが、アメリカのワトソン（John Broadus Watson, 1878-1958）である。彼はシカゴ大学において、実験心理学をエンジェルに、哲学をデューイ（エンジェルの師はデューイである）に、神経学をドナルドソン（Henry Herbert Donaldson）に、生物学と生理学を（ドイツからアメリカに移ってきた）ロイブに学んだ。1913年にはいわゆる「行動主義宣言」を行い、その後アメリカ心理学会・会長に選出された。

ワトソンがこうした宣言をした学問的背景は、ロイブの向性（トロピズム）

説，パブロフの条件反射説，である。ただしこれらの研究者たちは行動（動物の行動を含む）が心理学の研究対象であることを主張していたにすぎず，心理学の全てが行動を対象にすべきだとは主張していなかった。ワトソンは極端な主張を行い，それが受け入れられたのである。当時の心理学においては，意識の研究が袋小路に陥っていた面もあった。意識を対象にする研究には結果の解釈に明快さが欠けているということが多くの心理学者に共有されていた。だからこそワトソンの行動主義宣言が多くの人に支持されたのである。

　ワトソンがシカゴ大学で師事した機能心理学者エンジェル（James Rowland Angell, 1869-1949）は1906年のアメリカ心理学会・会長就任演説において，心的要素の心理学に対して心的作用の心理学（機能心理学）がありえることや，意識を生体の要求と環境の要求を仲介する心の作用であると位置づけるなら非意識的な習慣も重要になると指摘した。習慣はアメリカのプラグマティズムを代表するジェームズが重要視したものであり，アメリカ心理学の機能主義的側面がよく表れている。

　ワトソン自身は行動主義宣言の後，学界を離れ広告業界に転身したのだが，行動主義宣言は追随者を生み出し，ハル（Clark Leonard Hull, 1884-1952）やトールマン（Edward Chase Tolman, 1886-1959）などの新行動主義者をも生み出した。さらに，スキナー（Burrhus Frederic Skinner, 1904-1990）によるオペラント条件づけの研究は，個体や個人を中心にしてその行動生起の問題を扱うことから行動療法発展の重要な基礎となった。スキナーは行動をレスポンデント行動とオペラント行動に類型化した（→第2章）。スキナーは博士論文をもとに執筆した『有機体の行動』を出版する1938年頃までに，こうした分類の見通しを持っていたという。

　スキナーは自身の行動主義を radical behaviorism と称した。この言葉が日本語で「徹底的行動主義」と訳されることがあり，機械論的な頑迷な行動主義が徹底されたかのように思われるが，それは大きな誤解である。radical は根本的かつ変革的というような意味として理解される必要がある。

　スキナーは1953年に行動療法という用語を使用した。行動療法にはいくつかの流儀があるが，スキナーの考える行動療法は自発行動の生成や維持であるので，現在では行動形成（shaping）とか応用行動分析として理解されている。

3. 近代心理学の成立と展開：1879 年以降の心理学

● 精神分析

　ゲシュタルト心理学も行動主義も意識主義へのアンチテーゼという側面を持っているが，さらに踏みこんで意識よりも無意識が重要だと主張したのが精神分析である。その提唱者はウィーン生まれのユダヤ人フロイト（Sigmund Freud, 1856-1939）である。19世紀後半のヨーロッパでは，ヒステリーという神経症が大きな関心を持たれていた。たとえば，ある有名な事例では，女性がコップから水を飲めないで困っていた。身体が膠着したまま動きが取れなくなってしまう女性もいた。こうした病状は「神経に何か原因があるに違いない」という推論から，神経症と呼ばれた（実際にはそうした原因は発見されず，神経症という名前は現在では学術用語から消えてなくなってしまうのだが）。

　神経症に関心をもった学者の中にはフランス・サルペトリエール病院のシャルコー（Jean-Martin Charcot, 1825-1893）がいる。フロイトはフランスのシャルコーのもとで学んで影響をうけ，ヒステリーの研究とその治療法の確立に尽力し，自らの壮大な理論を打ち立てた。その理論は汎性欲説に基づくものであり，性エネルギー（リビドー）を重視した。また，人の性エネルギーは発達段階によって異なる形で表現されるため，そのプロセスを追うことで発達理論ともなりえた。彼の主題である神経症の治療法は，無意識の探究によって抑圧された性エネルギーが解放されるというもので，自由連想法や夢の活用が唱えられた。

　彼の独創的な考えは当初こそ異端視されたが，次第に人々の関心をひきつけ，初期にはアドラー（Alfred Adler, 1870-1937）やユング（Carl Gustav Jung, 1875-1961），後にはエリクソン（Erik Homburger Erikson, 1902-1994）やフロム（Erich Seligmann Fromm, 1900-1980）など，多くの学者が精神分析をベースに理論を作っていった。ただし，初期のアドラーとユングはフロイトの汎性欲説と衝突して離反し，アドラーは劣等感とその補償を重視した個人心理学，ユングは集合的無意識を重視した分析心理学をそれぞれ創始することになった。

　フロイトから離反しない弟子たちも様々な学派を形成していった。自我心理学派は，フロイトの娘アンナ・フロイト（Anna Freud, 1895-1982）などがいる。フロイトの理論を受け継ぎつつ，自我についての理論を発展させ，エリクソンの自我同一性理論などが提唱された。エリクソンは「アイデンティティ＝自我同一性」の重要性を説いた上で青年期がモラトリアム期であるという学説をた

23

てた。フロムはナチスとドイツの人々との関係をマルクス主義とフロイト学説の接合により『自由からの逃走』(1941年)で分析した。

フロイトの精神分析は，臨床心理学の方法論を確立する土台となった。まず，症例報告に基づく精神病理学的な考察方法の定着である。症例を報告し，病理を分析するという方法は，治療方針をたて治癒へと導くための一つのモデルであった。

次に，転移（transference）という概念である。精神分析においては人と人との対話・コミュニケーションに基づくため，対人間の感情の交流が日常の人間関係よりも増幅される傾向がある。患者が治療者に抱く好意を「転移」と概念化し，治療者が患者に抱く好意を「逆転移」と概念化することで，人間が人間と相対しておこなう心理療法のあり方について一定の見方を与えた。

そして，教育分析ならびにスーパーヴィジョンという方法を取り入れたこともある。教育分析は自らが精神分析を行うことで訓練の一環とすること，スーパーヴィジョンとは自身が行っている事例（ケース）を指導者（スーパーヴァイザー）が共有して治療方針に見通しを与え，また，治療者が患者に巻き込まれたりするのを防ぐ仕組みである。こうした方法を制度化したことについて，臨床心理学に関する専門職の次世代育成方法の一つのあり方が示された。

● 応用心理学

近代心理学の成立期には心理学的な研究を必要とする「現場（field）」がいくつか現れた。それは，教育の現場と法の現場である。これらの現場に心理学を適用しようとする気運が現れた。また，心理学の側にもこうした現場の問題を扱い解決しようとする者が現れた。

教育の現場と法の現場において重要だったことの一つに，子どもの記憶の問題がある。自分が被害にあった子どもや，あるいは，たまたま犯罪現場に遭遇した子どもが語る過去の経験は正しいだろうかという問題である。子どもは純粋だからウソをつかないという主張，子どもは簡単に誘導されてウソを語ることになるという主張，それぞれが妥当だと思える。そもそも子どもと大人の精神は量的に違うのか質的に違うのか，ということも問題である。子どものことを知らずに教育ができるのか，という主張にも繋がっていく。

3. 近代心理学の成立と展開：1879年以降の心理学

　こうした問題に実証的な立場から取り組むことができたのが心理学者だったのである。たとえば，アメリカの心理学者ホール（Granville Stanley Hall, 1844-1924）は「児童研究運動」を提唱し，教師や親が子どもの心に関心を持つことが重要だとし，「入学時における児童の心の内容」（1883）を発表した。児童研究運動は，イギリスのサリー（James Sully, 1842-1923）が『児童期の研究』を出版し（1895），イギリス児童研究協会を創設するなどの広がりをみせた。

　当時のヨーロッパの教育現場においては，全ての子どもたちが学校で教育を受ける体制が整いつつあった。しかし，子どもによっては，クラス全体の進度についていけない子もいる。そして，成績不良の原因はいくつかのものがある。本人が怠けているからなのか，素質的問題なのか，家庭の事情なのか，などが分からないと対策の立てようがない。そこで，行政側としては，「遅滞児」の客観的把握を行うことが急務になっていった。

　心理学者たちは，メンタルテストという手法を開発して，社会のニーズに応えようとした。これを完成させたのはフランスのビネー（Alfred Binet, 1857-1911）であり，1905年に知能検査の最初の形が現れた。ビネーの実際的個別的知能検査は，知能の指標として年齢相当の知能を意味する精神年齢（metal age; MA）を用いたが，ドイツのシュテルンが精神年齢を実年齢で除する（割り算する）知能指数（intelligence quotient; IQ）という指標を提案した。この指標は，スタンフォード大学のターマン（Lewis Madison Terman, 1877-1956）がアメリカ版の知能検査を開発するにあたって実用化した。

　アメリカでは，1890年に大著『心理学原理』を出版したジェームズが，教師に対する心理学の講演を行っており，それを一足先に著書にまとめている。人間の性質，ことに子どもの性質を知ることが教育にとって重要だという考え方はアメリカの教育学や教師養成の重要な方針の一つであり，それは第二次世界大戦後の日本にも影響を及ぼすことになる。

　法の現場においても，証言の確実性についての疑問が起きていた。証言がどれくらい不正確であるかを検討したのがドイツのシュテルンである。彼は，刑法における主観主義の代表者であるリスト（Franz Eduard von Liszt, 1851-1919）と共に，大学の演習時間を利用して「上演実験」を行った（1901）。法学部の授業中に，見知らぬ男が入ってくる。そして，いきなり騒ぎが起き，男は立ち

去る。出席者は何が起きたのか記憶を再生するように求められたが，正確性は極めて低いものだった。シュテルンはこうした研究を公刊するための学術雑誌『証言心理学論考』を創刊した。この雑誌は後に『応用心理学論考』と改名することになった。つまり，心理学における応用心理学は「法と心理学」から始まったとも言えるのである。

産業と心理学の間を取り持ったのはミュンスターベルグ（Hugo Münsterberg, 1863-1916）であった。彼はドイツ生まれでヴントの元で学んだ後，ジェームズから招聘されてアメリカのハーバード大学教授となり，『心理学と産業能率』を1913年に発表した（→第8章）。また，これより先，同じくヴントのもとで学んだスコット（Walter Dill Scott, 1869-1955）は広告に関する心理学を展開し，1903年には『広告心理学の理論と実践』，1908年には『広告心理学』を発刊した。彼は必ずしも広告に関する心理学的研究を行っていたわけではなく，知覚や統覚に関する心理学の知識や理論を広告に応用するというスタンスであった。スコットは広告の心理学からビジネス一般の心理学へと関心を広げた。なお，広告に関しては，心理学界を離れてビジネス界に転身した行動主義者ワトソンが情動条件づけなどの経験を生かして，売るべき商品を好ましいイメージと対提示する方法による広告技法を次々と実践していった。

3.5 社会心理学

社会心理学が始まった画期となる年は1908年であるという説がある。これはゴードン・オールポート（Gordon Willard Allport, 1897-1967）が提唱したもので，アメリカでロス（Edward Alsworth Ross, 1866-1951）が『社会心理学』という本を，イギリスでマクドゥーガル（William McDougall, 1871-1938）が『社会心理学入門』という本をそれぞれ公刊した年である。

実験を用いた社会心理学の研究で最古のものは，トリプレット（Norman Triplett, 1861-1934）が1897～1898年に行った，競争事態が人の行動に及ぼす影響についての研究——この研究は自転車運転時の速度を扱ったものである——と言われている。その後，実験を取り入れた社会心理学が盛んになったのは1920年代くらいからである。たとえば，フロイド・オルポート（Floyd Henry Allport, 1890-1979）の「集団の影響の研究」（1920）であり，1931年には

マーフィー（Gardner Murphy, 1895-1979）らとニューカム（Theodore Mead Newcomb, 1903-1984）によって『実験社会心理学』という著書が刊行された。

3.6 臨床心理学
● ウィトマーの学校臨床

臨床心理学（Clinical psychology）という語を用いて，この分野を創始したのはアメリカのウィトマー（前出）である。彼は大学卒業（1888）後に中学校の教師を経て大学院に進学。ドイツに留学しヴントのもとで博士号を取得した。彼はペンシルベニア大学に最初の心理クリニックを設立し（1896），大学院における臨床心理学訓練システムを整えた。また，1907 年に専門の学術誌 *The psychological clinic* を創刊した。彼が対象にしたのは広い意味での学校への不適応児童であり，読字障害（dyslexia）を持つ生徒への支援などを行うために心理学が臨床的であるべきだとしたのである。

● 精神分析の展開

精神分析についてはすでに触れたが，アメリカのホールがフロイトやユングを招聘して講演を依頼したことによって，心理学や精神医学が力動論の影響を受け，臨床心理学の手法にも精神分析が取り入れられることになっていった。

フロイトの神経症治療法は，薬物を用いないという意味において，臨床心理学と親和性が高いことも無視できない。また，教育分析という体系的な次世代養成システムを作り上げたため，精神医学や臨床心理学に関心をもつ多くの人を訓練することになった。

しかし，フロイトの精神分析は，時間のかかる心理療法であり，効果が分かりにくいという欠点もあった。このことについて批判をしたのがドイツ出身のイギリスの心理学者アイゼンク（Hans Jurgen Eysenck, 1916-1997）である。アイゼンクの批判の根幹は，精神分析は治療対象を明確にしていないので効果が明確にならない，そして，時間がかかる，ということである。彼は精神分析にかわって行動療法を用いるべきだと主張した。イギリスでは国家的な医療保険システムが構築されていたため，コストパフォーマンスに敏感であったこともあって，アイゼンクの主張が次第に取り入れられるようになった。

第1章 原理・研究法・歴史

◉ 行動療法の始まり

　心理学に行動主義をもたらしたワトソンらは，アルバート坊やとして有名になる乳児（11カ月児）の情動条件づけが可能だと発表した（Watson & Rayner, 1920）。もし嫌悪的な情動が条件づけされるのであれば，それを消去することを可能にすることを示しているから，彼らの研究は今日の行動療法的アプローチへの展望を開くことになった。

　また，白ウサギ恐怖症のピーター坊やに対して様々な恐怖低減手続きを用い，今日の行動療法に通じる記念碑的研究を行ったのがメアリー・カバー・ジョーンズ（Mary Cover Jones, 1896-1987）である（1924年）。彼女によると，直接的条件づけ，つまり，白ウサギと共に食べ物を提示するなどという方法が，白ウサギ恐怖をもつ子どもの恐怖を取り除くのに最も有効な方法であった。ただし，この研究はあまり注目をあびず，系統的脱感作法（systematic desensitization）で知られるウォルピ（Joseph Wolpe, 1915-1998）によって後に再発見されることになる。

◉ 自閉症の発見

　スイスの精神医学者ブロイラー（Eugen Bleuler, 1857-1939）は，統合失調症の記述をする際，重度の統合失調症患者のあり方について，自閉性（autistic）・自閉症（autism）という語を用いた（1911年）。これがアスペルガー（Hans Asperger, 1906-1980）らを通じて児童精神医学に導入されていくことになった。

　アスペルガーは，それまで「心的異常児」として大雑把にくくられていた子どもたちについて，その一部には，他者との関係性を築くのが難しく自閉的ではあるが，知的には劣っていない子どもたちがいることに注意を喚起した。カナー（Leo Kanner, 1894-1981）もまた，他者との感情的接触が難しい子どもたちが存在することを発表した（1943年）。彼自身は統合失調症の幼児版だと考えていたが，後に発達障害の一種であると考えるに至った。

　共にオーストリア出身だが，アメリカに渡ったカナーとオーストリアに残ったアスペルガーの2人は，直接の接点はなく，第二次世界大戦前後という状況下において，学問上の交流もほとんどなかった。つまり，お互い独立にほぼ同時に似たような学説を発表したことになるが，ドイツ語中心のアスペルガーに

3. 近代心理学の成立と展開：1879年以降の心理学

表1.3　自閉症に関する考え方の変遷

1938年	オーストリアの小児科医アスペルガーが自閉的精神病質の症例を報告
1943年	アメリカの精神科医カナーが「感情的コンタクトの自閉的障害」を発表
1944年	アスペルガーが「自閉的精神病質」として4人の少年の症例を発表
1981年	イギリスの児童精神科医ウィングによるアスペルガー症の再発見

対して、英語で論文を公表したカナーの方が先に広く知られることになった。英米圏でのアスペルガーの再評価は、1981年にイギリスの児童精神科医ローナ・ウィング（Lorna Wing, 1928-2014）により行われた。

● ロジャーズのカウンセリング

カール・ロジャーズ（Carl Ransom Rogers, 1902-1987）は、1940年にミネソタ大学において「心理療法の新しい諸概念」と題する講演を行い、それは『カウンセリングと心理療法』として刊行された。彼は遊戯療法や集団療法に意義を見出し、問題の解決ではなく個人の成長を目指すのが新しい心理療法だとした。ロジャーズが強調したのは以下の3点である。

・個人の成長の援助
・知的な側面ではなく情緒的な要素や状況に対する感情に焦点をあてる
・人間の過去よりもいまここでの状況を重視する

なお、この書では「クライエント」という語が初めて用いられた。ロジャーズは相談に来る人をpatientではなくclientつまり「顧客」と呼ぼうとしたのである。また本書は実際のカウンセリング場面の逐語録が初めて掲載されたことでも知られている。自らのカウンセリング場面を録音することで、その分析・評価が可能になると考え、カウンセリングの質の研究を客観的に行うことに務めたのである（ちなみに、当時は現在のようにスマホで録音などという時代ではなく、蓄音機すなわちレコードで3分ずつ録音していたという）。アメリカの臨床心理学はロジャーズの登場によって新しい段階に足を踏み入れたと言える。

3.7 発達心理学

発達心理学は，もともと乳幼児心理学であった。心理学の成立期に，子どもと大人を比べることによって人間を理解しようという風潮があったのである。進化論を唱えたダーウィンもそうした興味を持っていた1人であり，1877年に我が子の観察をもとにした論文を発表している。これに影響を受けたのがプライヤー（William Thierry Preyer, 1841-1897）であり，彼もまた自らの子どもを3年間観察して研究を行った。また，ヴントに師事したこともあるホールは，心理学者や教師や親などに対して，その立場や観察場所に応じた子どもの様子を報告することを求めるようになった。これが児童研究運動である（前述）。また，ホールは，1904年に『青年期』，1922年に『老年期』をそれぞれ出版している。ホールが用いた方法は大人が子どもをきちんと観察するという効果をもたらした。知能検査を開発したフランスのビネー（前述）も児童研究運動に賛同した1人である。彼は子どもの認知発達に関心を持ち，子どもの知的判断が年齢とともに発達するということを見出した（それ以前は個性だと思われていた）。子どもの言語発達に関心を持ったのがドイツのシュテルンである。彼は，子どもの発話を経時的に観察し，一語文から二語文への移行を発見した。

1930年代にはヴィゴツキー（Лев Семенович Выготский, Lev Semenovich Vygotsky, 1896-1934），ピアジェ（Jean Piaget, 1896-1980）が子どもの発達に関心をよせることになる。ヴィゴツキーは言語発達を他者との関係から始まるものとして捉え，音声を伴う外言が先行して他者とのコミュニケーションが成立し，それがやがて内的対話となり，そして（無声の）内言が可能になると考えた。また，彼は「発達の最近接領域（zone of proximal development）」という概念を提唱した（1934年）。子どもが自らの力のみで他から助けを得ずに課題を行いえる水準の少し先にあり，他からの支援や示唆の支えを得ることで課題遂行が可能になるような領域のことを指す概念である。

ピアジェは1925年に最初の子どもに恵まれて以降，3人の自分の子どもを詳細に観察し，子どもは本来的に自己中心的であり，内言から外言への発達を示すものだと考えた。彼は子どもを対象に対話・応答を繰り返す臨床面接法を開発，子どもが持つ独自の世界観，因果関係認識，道徳判断等の構造を調べたのである。彼は認知発達の段階を定式化した。

3.8 心理統計

心理学にとって重要ではあるが，心理学史では取り上げられることの少ない統計についてもその時間的展開を見ておこう。「誤差と古典的テスト理論の確立」「相関係数と因子分析」「平均値の検定と分散分析」に分けて見ていく。

◉ 誤差と古典的テスト理論の確立

人間を機械だと見なすなら，数値は一定の値に収斂すべきであり，中心からの偏差は誤差という位置づけになる。一方，人間は個性的な存在だと考えれば，誤差はむしろダイバーシティ（豊かさ）の指標になる。今日の心理学においては，統計的思考を切り離すことはできないが，その起源はいくつかある。

1796年に英国のグリニッジ天文台で，天文学者のマスケライン（Nevil Maskelyne, 1732-1811）が，一人の助手を解雇した。星の通過時刻の測定において，その助手の測定が自分と一致しないということが理由である。それから100年たって，19世紀初頭にこの問題に関心をもったのがドイツの天文学者ベッセル（Friedrich Wilhelm Bessel, 1784-1846）である。彼は測定のズレは不可避な現象であり，個人方程式によって補正できると主張した。過誤ではなく個人差という考え方が示されたのである。

またテスト（心理検査・心理尺度を含む）の得点を処理するための理論体系は，今日では古典的テスト理論と呼ばれる（→第7章）。これによって，質問紙形式の尺度の評価が可能になり，相関係数や因子分析法と併用することで，尺度の標準化を行う手順が整備されていくことになる。

◉ 相関係数と因子分析

相関と回帰 個人差について検討し数量化を行い，心理統計の基礎を確立した1人がイギリスのゴルトン（Francis Galton, 1822-1911）である。数量化の使徒と呼ばれたこともあるゴルトンは，自分が興味をもったことについて数値化していくことを実行していた。会議の退屈度をあくびの回数で指標化することに挑んだこともあった。そして，気象学データを用いて同じ気圧を線で結ぶことにより天気図の等圧線を発案した。高気圧という概念も彼が作ったものである。また，指紋が個々人ごとに異なっていることを発見し，ロンドン警視庁にその

使用を提案したのもゴルトンである。

1884年にロンドンで行われた万国衛生博覧会においてゴルトンは，人間について様々な測定を行う機械を作製し，有料で多くの人の身長，体重などを測定して多量のデータを得た。彼は，莫大な量のデータから，たとえば2つの変数の関係を見るときには，変数同士の共変動に着目すべきだと考えて，相関という概念にたどり着いた。

また，親子の身長について調べていたゴルトンは，親子の背の高さが基本的に互いに似たようになる（背が高い親の子は高い）ことを確認した上で，最も高い親の子が最も高くなるというわけではないということを見出し，それを回帰（regression）と表現した。才能で言えば，超天才の子が超天才になるわけではなく，平均的な方へと回帰するということである。

親子の身長は「相関」するが子の身長は平均に「回帰」する。このことの意味をよく吟味する必要がある。たとえが正しいかどうかは微妙だが，野球選手・N嶋茂雄，歌手・M田聖子，いずれも本人のみならず子どもたちは優秀であり，親子の能力に「相関」はあるだろうが，子の能力は親ほど優秀ではなく平均に近づいているようであり「回帰」が見られるわけである。

イギリスのカール・ピアソン（Karl Pearson, 1857-1936）は，ゴルトンの思想を受け継ぎ，ロンドン大学を生物測定学（biometrics）の主要な研究拠点とした。ピアソンは，ゴルトンの平均への回帰の概念を発展させ，積率相関係数（Pearsonのr）を考案したほか，ヒストグラムやχ^2（カイ二乗）検定など，心理学でも用いられる種々の統計概念を導入した。

因子分析　知能（知的能力）の測定は，心理学にとって興味ぶかい話題であった。アメリカの心理学者ジェームズ・キャッテルはmental test（直訳すると精神検査）という語を作り（Cattell, 1890），感覚や意志などを測定する小項目の成績をまとめることで知能を測定しようと試みた。彼のメンタルテストの項目には，重さの弁別能力，色を見てから色の名前を言うまでの反応時間，50cmの線を等分に分割する，といった項目が含まれており，結果として，知能を測るのにはふさわしくないという結論となったが，彼の試みの精神は後の研究者に受け継がれていった。その1人はフランスの心理学者ビネーであり，彼は知能検査

を成功させた。もう1人はスピアマン（Charles Edward Spearman, 1863-1945）である。ビネが目の前の子どもの知能を調べるための検査を開発したのに対し、スピアマンは知能そのものを捉えようとしていた。スピアマンは彼が知的と考える様々な検査の結果や作業の成績などについてデータをとり、それらの変数の相関係数を算出した上で、すべてに共通する一般因子（g）と、それぞれの作業に固有の特殊因子（s）があると考えた（1904年）。これが知能の二因子説である。個々の相関係数を統括する数学的実体としての因子を仮定することによって、個々人の知能の散らばり（優劣）を説明できると考えたのである。この後、サーストン（Louis Leon Thurstone, 1887-1955）が知能の多因子説を唱えたが、それは知能の多因子説の提唱であると同時に統計手法としての多重因子法の提唱でもあった（1947年）。

◉ 平均値の検定と分散分析

小集団の平均　1989年、ビール会社ギネス（ギネスブックの出版元でもある）は大学で化学を学んだゴセット（William Sealy Gosset, 1876-1937）を雇い入れた。彼は自宅で特定の分布から小標本を繰り返し抽出して数値を計算することを全て手作業で繰り返した。その結果、取り出した標本の平均と推定した標準偏差の比を計算すると、それが、もとの分布の4つのパラメータ（平均、標準偏差、歪度、尖度）と比例することが分かった。ゴセットは「スチューデント」という筆名で論文を書き、t検定の定式化を行ったため、現在ではスチューデントのt検定と呼ばれる。

有意差検定と分散分析　推測統計学を体系化したのはフィッシャー（Ronald Aylmer Fisher, 1890-1962）である。彼は農事試験場の統計研究員として、実験計画法、分散分析、小標本の統計理論といった業績を生み出し、検定の枠組みを作り上げた。分散分析をF検定と呼ぶのは、フィッシャーの姓の頭文字によるものである。フィッシャーが農作物の生産増大という文脈で彼の統計理論を作成したことは、忘れてはならない重要な背景要因である。

　心理学でよく用いられる「5%有意水準」というのはどのように誕生したのだろうか。彼が明示的に5%に言及したのは1926年の論文である（Fisher,

1926)。当時の彼は農事試験場に勤務しており，異なる肥料を与えたりその他の処方・処遇が収穫量に及ぼす影響について検討していた。これまで使っていた農法に加えて，肥料Aを与えた時，その収穫量は増えるか，そして増えたとき，どのくらいの増加であれば，肥料Aの効果であると言えるのか，こういう問題を彼は扱っていた。

しかし，年に1回しか収穫のない農作物においては，実験は年に1回しか行うことができない。そのためフィッシャーは過去20年間の記録を調べ，そこでは見られないほど大きな増加があった場合には，「有意味の縁（verge of significance）」にいると見なしてよいと提案したのである。20回に1回（5%）も見られないような大きな増加があるならば，肥料Aの効果だと考えてもよい，とフィッシャーは提案した。彼のフィールドは農作物収穫であるから，偶然なら20年に1回しか起きないような変化があるなら，それは肥料Aの効果であると見なしてよいとし，次年度から肥料Aを用いることで収穫量の増加が見込める，と考えてもよいとしたのである。このように，彼の「5% 有意水準」という発想は農作物収穫との関係で規定されていた。

その後，彼は『実験計画法（*The design of experiments*）』を公刊した（1935）。フィッシャーが農業のために開発した統計手法は，すぐに心理学者たちの関心をひいたわけではないが，1940〜1955年にかけて影響力を増していった。

4. 第二次世界大戦後の心理学

4.1 実存主義の心理学

実存主義の心理学として学問の壁をこえ，また，国の壁をこえて読み続けられている本はフランクル（Viktor Emil Frankl, 1905-1997）の『夜と霧』である。なお原題を忠実に翻訳すると『それでも人生にイエスと言う：ある心理学者，強制収容所を体験する』となる。

フランクルは収容時において，ウィーン大学精神医学科教授であり，すでに「実存分析」を提唱している有力な研究者だった。ロゴセラピーとして知られる心理療法も，完全ではないがすでに考案されていたと思われる。その彼が強制収容所に収容され，父母と妻は死亡したが彼自身は生還するという苛烈な経

験をした。そしてそれを著したのが本書である。強制収容所とは，ナチス・ドイツが国家政策としてユダヤ人を根絶せんとして，収容した多くのユダヤ人を死に至らしめた施設である。強制収容所のような状況においても楽しみを見出す人がいることにフランクルは気づき，どのような状況でも人生に意味を見出そうとすることが生きることにとって重要だという考えに至ったのである。

　人間の人生を時間と共に扱いその意味を見出すことは20世紀前半までの心理学では忌避される傾向にあったが，実存主義は心理学が意味を扱うことについての思想的基盤を提供することになった。フランクルの実存主義的な心理学の影響は，ヒューマニスティック心理学を提唱したマズロー（Abraham Harold Maslow, 1908–1970）や前出のロジャーズにも及んだ。

4.2　アメリカの社会心理学：社会的知覚とニュールック心理学

　知覚研究から，社会的な対象物の見え方には，主体の側の条件が影響する可能性が示された。アメリカの心理学者ブルーナー（Jerome Seymour Bruner, 1915–）は，コインの大きさのような客観的に感じるものでさえ，貧富の差という見る側の条件が影響することを示し，そこからニュールック心理学（New Look psychology）という知覚研究と社会心理学の接点が勃興した（1947）。

　その後ブルーナーは，知覚の社会性を示す例としてbroken-Bという研究を行った（1955）。これは今では文脈効果として知られている例である。broken-Bとは図1.4のようなものであり，ブルーナーは，3つの群を用いて，このターゲットがどのように認識されるかを検討した。第1の群は，先行刺激として文字が示される群であり，使用された文字はL，M，Y，Aの4文字であった。第2の群は先行刺激として数字が示される群であり，16，17，10，12の4つが使用された。第3の群は数字と文字が混合して先行提示される統制群である。これらの条件ごとに，broken-Bを提示すると，実験参加者は第1の群では，

図1.4　broken-B

アルファベットのBとして認識する人が多く，第2の群では数字の13と認識する人が多かったのである。

彼は当時のゲシュタルト心理学における知覚の体制化原理に対してやや懐疑的な立場をとっていた。つまり，刺激の形態だけが知覚的同定（あるものがそのものだと認識すること）を決定するわけではないことを示そうとしたのである。彼は，知覚の体制化における意味づけ（meaning making）を重視したとも言え，知覚心理学を社会化すると共に意味づけの心理学を志向することになる。

4.3 レヴィンと実験社会心理学

第二次世界大戦後の心理学の特徴の一つは社会心理学に求められる。そしてその中心はドイツからの亡命心理学者レヴィン（Kurt Lewin, 1890-1947）であった。彼はMIT（マサチューセッツ工科大学）のグループダイナミックス研究センターを拠点として活躍した。グループダイナミクス（集団力学）のカートライト（Dorwin Cartwright, 1915-2008），認知的不協和理論をうちたてるフェスティンガー（Leon Festinger, 1919-1989），情動二要因説のシャクター（Stanley Schachter, 1922-1997）など優秀な心理学者を育てた。レヴィンおよびその教え子が社会心理学に寄与した影響は大きなものがあると言える。

これらの他，アッシュの集団圧力と同調性の研究（1956年），ミルグラムの服従の研究（1963年），ジンバルドーの監獄実験（1971年）などは，一般常識による予想とは異なる意外な結果を導いたこともあって，人間性についてこれまでとは異なる深い洞察をもたらすものとなった。人間があまりに簡単に集団や命令に屈して，他者に残虐になりうるということが示されたのである。

アッシュ（Solomon Eliot Asch, 1907-1996）は，8人を一組にして，線の長さを判断する課題を与えた。ある標準刺激を図の左側に提示した後に，右側の異なる3本の線を提示して標準刺激と同じ長さの線分を選ばせるという実験である（刺激となる線分の長さや組み合わせは様々である）。8人のうち7人は実験者の共謀者（サクラ）であり，あらかじめ示し合わせて回答を一致させる。もし，7人の回答者が示し合わせて同じ長さなのはAだと答えると，残りの一人は——自分では違うと思いつつ——他者の一致した回答に合わせるようになっていく（約3分の2がそうした回答を行った）。この実験目的は事実の知覚報告に

社会的な影響が働くかどうか（同調行動）を見ることであった。

プリンストン大学においてアッシュのもとで研究助手を務めたミルグラム (Stanley Milgram, 1933-1984) は，いわゆる電気ショック実験を行った。ミルグラムの実験において，実験参加者は「体罰が学習効果に与える影響」のための研究に参加を要請された。このタイトルを見て参加した者は，自分自身が誰かに何らかの体罰を与え，それが学習効果をもたらすかどうかを調べる実験だと信じ込まされている。そして，隣室にいる生徒役が間違うたびに「電気ショック生成機器」のスイッチを操作して電気ショックを与えることを要求される。すると，隣から，電気ショックを与えられた生徒役の声が聞こえる（ただしこの実験では，実際に電気ショックが流れることはない。実験参加者は生徒役の行動が従属変数だと思い込まされているが，実際にはそうではない）。こうした状況の中，人はどれくらい強い電流を罰として流すことができるのか，また，自身では流せないと躊躇した時でも（実験者など）人に促された場合にはどうなのか，を検討することがミルグラムの目的であった。

うめき声がやがて絶叫となった時，被験者は電気ショックを送るのをやめるだろうか。実験者が「大丈夫です。続けてください」と言えばそれに従うだろうか。ミルグラムが事前に大学生・精神科医・一般人に予想してもらったところ，致死量の電気ショックを与える者は現れないという予想であった。しかし，様々な状況で行われた一連の実験を通して，61〜66%の範囲の人たちが致死の電気ショックを生徒役に与える判断をしたということが分かったのである。

アッシュやミルグラムの実験に続き，ジンバルドー (Philip Zimbardo, 1933-) のスタンフォード監獄実験（1971年）の成果が出された。広告に応募してきたスタンフォード大学の学生等を無作為に看守と受刑者に振り分けて役割演技をさせると，役割に忠実に振舞う看守役の行動が過剰になりすぎ，危険な状態になったので，途中で打ち切ったというものである。

これらの研究は，ごく普通の人たちが，人に同調したり残虐になったりすることを鮮やかに描きだしたが，心理学「界」の内部では研究倫理への関心が高まっていった。なぜなら，彼らの研究は，参加者に対して本当の目的を告げずに開始したという特徴があったからである。真の目的を伝えた場合には実験が成り立たなかったかもしれず，その意味でこうした手続きが効を奏したと言え

第1章　原理・研究法・歴史

るのかもしれないが，参加者からするとダマされたと感じる側面もあるだろう。

1954年に初版が出版された『社会心理学ハンドブック』の第2版（1968）の第2巻「研究法」に「社会心理学における実験」という章が登場した。ここでは，実験的リアリズム（experimental realism）と日常的リアリズム（mundane realism）が対比された上で，社会心理学の研究においては前者が重要なのだと説く。実験が現実的であるとは，「被験者にとってリアルであると感じられ，被験者が状況に組み込まれ，真剣に考慮しなければならなくなり，インパクトを与えられる」ような状況を実験設定として作り上げることである。つまり，被験者に対して実験の本当の意図を告げないデセプション手続きの正当化を高らかに宣言していたのである。

その一方で，こうした実験研究が行われるようになるにつれて，方法論ならびに研究倫理に関する深刻な懐疑を引き起こすことになっていった。研究倫理に対する関心が強まっていったのはこの頃からである。

4.4　認知心理学の興隆

行動主義は1930～40年代ころに最盛期を迎えるが，後の認知心理学的研究の萌芽が見られていた。たとえば新行動主義者のトールマンは迷路学習が成立したネズミは，1つのルートに障害物を置かれてもそこを迂回する行動をすぐに形成できることから，ネズミが認知地図を完成させていると考えた。バンデューラ（Albert Bandura, 1925-）は，人間は直接的な学習（直接経験したことによる学習）だけではなく，間接的な学習（模倣）によって様々なことを学ぶとして社会的学習という概念を提唱した。彼は後に「ボボ・ドール実験」として著名になる研究を1963年に行った。ボボという人形への攻撃行動の模倣が子どもたちの間で生ずることを示したものである。

さらに，1950年代以降に応用数学者シャノン（Claude Elwood Shannon, 1916-2001）によって開拓された「情報処理モデル」が融合したことによって認知心理学が誕生することになる。シャノンは1948年に「通信の数学的理論（A mathematical theory of communication）」という論文を発表し，情報をゼロ・イチで符号化するビットという単位を提唱し，それまでは曖昧であった情報を定量的に扱う道を開いた。シャノンの情報理論が人間のコミュニケーションのモ

デルとしても有用であると考えたのはサイバネティクス研究者のウィーバー（Warren Weaver, 1894-1978）であり，彼らは共著『通信の数学的理論（*The mathematical theory of communication*）』を発刊した（1949年）。情報処理モデルの影響は，「マジカル・ナンバー7±2」という論文（1956年）を著したジョージ・ミラー（George Armitage Miller, 1920-2012）による短期記憶の情報保持量に関する研究や，生成文法論（1957年）を唱えたチョムスキー（Avram Noam Chomsky, 1928-）などに影響を与えた。

トベルスキー（Amos Nathan Tversky, 1937-1996）とカーネマン（Daniel Kahneman, 1934-）は認知的ヒューリスティックの研究を行い，プロスペクト理論や心理的会計簿を唱え，行動経済学の確立へとつなげた。カーネマンはノーベル経済学賞を受賞した（2002年）。早くに没したトベルスキーは，同時受賞の栄誉を逃した。

認知心理学は，ニュールック心理学を打ち立てたブルーナーによる人間の能動的な概念形成の過程についての『思考の研究（*A study of thinking*）』（1956年）などで着実に発展し，ナイサー（Ulric Gustav Neisser, 1928-2012）が『認知心理学』（1967年）を出版し，揺るぎない分野となった。

ただし，認知心理学が展開する中では，そのあり方への批判も現れている。コンピュータのアナロジーで考えたり，実験室でのみ人間を考えることに限界を見出す動きである。ジェームズ・ギブソン（James Jerome Gibson, 1904-1979）のアフォーダンス理論，ナイサーの生態心理学，ブルーナーの意味づけ，などが新しい動向として芽生え始めた。

なお，生態学的妥当性（ecological validity）という語を提唱したのは，知覚実験を通じて確率論的機能主義を唱えたブルンスウィック（Egon Brunswik Edler von Korompa, 1903-1955）である（1956年）。もともとは，近刺激が環境をどれだけ表しているか，という知覚に関する概念であったが，心理学の妥当性概念に組み込まれていった。すなわち，心理学実験が，どれだけ現実の環境や社会と関連しているか，そして，得られた実験結果を，現実社会・環境に即して一般化できるかどうかの程度を示す概念として定着している。

4.5 臨床心理学制度の成熟

　第二次世界大戦以前の臨床心理学は，ドイツ語圏の精神病理学，特にフロイトの精神分析，フランスのジャネ（Pierre Janet, 1859-1947）のトラウマ等の研究，アメリカのウィトマーの心理クリニックなどによって，その土台が作られた。こうした新しい専門職の制度を，その訓練法から体系化しようとしたのはアメリカの心理学者たちであった。

　アメリカでは，第二次世界大戦の間に多くの兵士が重い精神症状を呈したため，退役軍人管理局（USA Veteran Administration）が臨床心理学の専門職育成を求め始めた。いわゆる PTSD（posttraumatic stress disorder）を呈していた傷病兵や帰還兵の対応には，当時の精神科医だけでは手がたりず，臨床心理学の専門家を育成することが求められたのである。そして1946年，合衆国政府退役軍人管理局の退役軍人病院において心理職の訓練課程が設置され，臨床心理学実践者の制度的な養成が開始された。

　1947年，アメリカ心理学会の会長職にあったロジャーズは，シャコウ（David Shakow, 1901-1981）に対して「臨床心理学における訓練についての委員会」を組織してこの問題を検討するように依頼した。シャコウによるこの委員会は以下の3つの勧告を行った（1949年）。

1. 臨床心理学者は心理学者として訓練される。つまり，実践のスキルと知識をもった科学者として育成される。
2. 臨床的訓練は心理学の非臨床的フィールドにおいてできるだけ厳格になされるべきである。PD（博士号取得者）の訓練の基準を設定することを含む。
3. 臨床的訓練の内容は，測査（assessment），介入（treatment）そして研究（research）に焦点化されるべきである。

　シャコウの勧告をどのように実現していくべきか。これを検討するために始まったのが，アメリカコロラド州の都市ボールダーで開催された会議である（1949年）。この会議の意義は以下の3つにまとめられる。

1．博士号学位（Ph. D）を必要な学位としたこと。つまり研究者としての要件を重視したこと。
2．医療の現場ではなく，大学の心理学専攻における訓練を重視したこと。
3．臨床心理学者は科学者－実践家モデルに沿って訓練されるとしたこと。

ボールダーモデル（Boulder model）とも称されることになる科学者－実践家モデル（scientist-practitioner model）では，臨床心理学者はまず心理学研究者であることが求められることとなった。すなわち，人間行動の科学的理解を基盤として，現実の場面におけるクライエントの苦悩を取り除く実践を行うべきだということを意味している。臨床心理学者になりたい者は，まず心理学の博士課程を修了して研究者としての実力証明である博士号を取得し，その上で臨床心理学実践を行うことを推奨するモデルが科学者－実践家モデルなのである。

5. 日本における近代心理学の成立と展開

5.1 日本における心理学の受容

日本に心理学が本格的に紹介され始めたのは明治維新以降であり，当時の啓蒙学者西周（にしあまね）がアメリカの哲学者ヘイヴン（Joseph Haven, 1816-1874）の *Mental philosophy: Including the intellect, sensibilities and will*，直訳すると「知情意を含む精神哲学」の翻訳として『奕般氏著心理学』を出版したのが最初である（1875年）。

その後，アメリカのジョンズホプキンス大学でホールに師事した元良勇次郎（もとらゆうじろう）が帰国して帝国大学（東大の前身）教授となり，研究と教育に力を尽くした。元良は実験心理学だけを行っていたわけではなく，学校における「成績不振児（当時の言葉では低能児）」の学習補償などにも関心を示していた。また，元良は心理学研究会を組織して弟子の育成に務め，準学術誌『心理研究』が発刊される（1912年）とその顧問も務めた。

元良が54歳の若さで亡くなると，松本亦太郎（まつもとまたたろう）が後を継いで日本の心理学を発展させた。松本はアメリカのイェール大学に留学した後，ドイツのライプツィヒ大学にも赴いてヴントの指導を受けており，最適の後継者であった。松本

第1章　原理・研究法・歴史

自身は知能の研究や軍隊や産業の場面における心理学の応用に力を尽くすことになるが，松本が元良の後を継いだ直後に大きな事件が起きた。

その事件とは福来友吉（ふくらいともきち）による透視・念写学説の提起である。福来は東京帝大助教授として「変態心理学（abnormal psychology ＝異常心理学）」を担当し，催眠を用いた心理療法を行うなど，臨床心理学の分野を担っていくことが期待されていた学者だった。しかし彼は，密封された箱の中を見る力があるとか，精神の力で写真を写すことができる力がある，ということに関心をもち始め，臨床心理学から離れていったのである。透視と念写は多くの人の関心をひいて何度か公開実験が行われたが，福来以外にこの現象を確実視する人はいなくなっていった。結果的に福来は東京帝大助教授の地位を追われ，日本における臨床心理学はその初期において発展する芽を摘まれてしまった。

5.2　戦前期の展開

大正時代の日本の心理学においては，大学において心理学専攻が設置され始めた時期であり，さらに日本大学や関西学院大学など私学において心理学の研究と教育が始まった時期だといえる。このことによって卒業生の進路が問題になり始めたが，学生の数が増え研究が増加した時期だったと言うことが可能である。臨床心理学の発展の芽は心理学の中からは摘まれたままだったが，医師の森田正馬（もりたまさたけ）（1874-1938）が森田療法を開発し，神経症の治療にあたったのも大正時代であった。

1927（昭和2）年，日本心理学会と関西応用心理学会が相次いで成立した。心理学を学ぶ者が増え，また，卒業生が日本各地で職場を得たため，全国規模で情報交換などの会を持つ必要が生じたからである。

昭和期の日本の心理学は，ゲシュタルト心理学の影響を受けた知覚研究が活発に行われる一方，適性検査や知能検査を開発する意欲も高く，内田勇三郎（1894-1966）による作業検査（内田-クレペリン検査）が開発された。

戦時体制のもとでは，陸海軍の人事選抜や訓練などで心理学者が様々な仕事に従事した。傷痍（しょうい）軍人の数が増加すると彼らのリハビリテーションや職業訓練にも関わるようになった。

表1.4　1963（昭和38）年までの8学会と成立年

1927（昭和2）年	日本心理学会	1949（昭和24）年	日本グループ・ダイナミクス学会
	関西応用心理学会	1959（昭和34）年	日本教育心理学会
1931（昭和6）年	応用心理学会（東京）	1960（昭和35）年	日本社会心理学会
1933（昭和8）年	動物心理学会	1963（昭和38）年	日本犯罪心理学会
1946（昭和21）年	東西応用心理学会統合	1964（昭和39）年	日本臨床心理学会

5.3 戦後の発展

1945年の太平洋戦争敗戦後，戦勝国であるアメリカの影響を受けるようになると，教育に関する心理学が勃興した。グループダイナミクス，ガイダンス，統計手法，行動主義などはいずれも，教育を受ける対象である子どもをよく知るための学問として日本でも発展することになった。臨床心理学分野では，ロジャーズの方法に関心が高まった。

戦後の日本の心理学は戦前に成立した3つの学会に加え，1964（昭和39）年までに8つの学会が成立した（表1.4）。1972年には第20回国際心理学会（International Congress of Psychology; ICP）を東京で開催するなど，他の社会における復興と同様，心理学においても復興および国際社会への再参加が行われた。

日本の心理学は，第二次世界大戦前はドイツの影響を，戦後はアメリカの影響を強く受けてきた。欧米中心から脱却し，日本やアジアの心理学をどのように打ち出していくのかが今後の大きな課題であろう。そして，2016年，国際心理学会が再び日本（横浜）で行われることになった。この大会における日本の心理学者たちの活動が，今後日本においてどのような心理学が展開していくのかの試金石になるだろう。

要点の確認

- 心理学史もしくは歴史を学ぶ意味は，対象（ここでは心理学）の時間的展開を理解することである。第2章以下で展開される様々な分野の心理学について学んだ後に再び第1章に立ち戻ってみると思えることが重要である。
- 心理学の前身は魂に関して考える学問であった。ヨーロッパにおいてキリスト教の影響力が小さくなっていくことによって，魂ではなく心について関心をよせる学者

第 1 章 原理・研究法・歴史

が現れ，心理学の形が作られていった。
- 現在の心理学の原型を作ったのは，19 世紀末の学者達であった。特にドイツ・ライプツィヒ大学のヴントは，魂ではなく意識を対象にした学問を心理学として打ち立てた。また，その際に生理学的手法の特徴である実験を取り入れることにより，研究の生産性を高めることに成功した。ヴントの元には世界各国から若者が集まり，心理学の手法と知識を母国に持ち帰り，学問としての心理学を広めていった。
- 20 世紀に入る頃にはヴントの心理学の限界も見えてきた。心の内容を要素に分解している（要素主義），実験で得るデータが個人の内観に基づくものであったため公共性がない，人間は意識だけで行動するわけではない，社会との接点が少ない，といった批判が出てきたのである。これらに対して，ゲシュタルト心理学は，全体やまとまりを重視する心理学を提唱し，行動主義はデータの取り方を行動に限定する心理学を提唱し，精神分析は無意識を重視すべきだと訴えた。また，教育や法の分野の課題を解決する応用心理学が勃興した。臨床心理学も応用心理学の一分野として展開していくことになる。
- 19 世紀末以降，心理学が日本にも取り入れられるようになった。最も重要な人物は元良勇次郎である。第二次世界大戦の敗戦国となった日本は心理学の発展にも打撃を受けたが，1970 年には国際心理学会をアジアで初めて開催，2016 年にも二度目となる国際心理学会を開催する。

文献ガイド

サトウタツヤ・高砂美樹（2003）．流れを読む心理学史　有斐閣．
　　▷世界の心理学史についてコンパクトに流れをつかむことができ，日本の心理学史についてもある程度の知識を得ることができる。心理学史の方法論（歴史の書き方）は，事例研究や質的研究にも通じるものがある。

サトウタツヤ（2015）．心理学の名著 30　筑摩書房．
　　▷心理学を認知・行動，発達，社会という 3 つの領域に分けて各 10 冊ずつ，計 30 人の心理学者の本をとりあげ，その内容について掘り下げている。臨床領域は，行動療法，発達臨床，社会とストレスなど，それぞれの領域の中に位置づけている。心理学の今の構造と，ここに至るまでの過程を知ることができる仕掛けになっている。

第2章

学習・認知・知覚

太田信夫・生駒　忍

(1) 学習の領域では，まず行動主義の考え方について説明し，次に条件づけについて述べる。古典的条件づけやオペラント条件づけに関する重要な知見を解説する。次にこれらの条件づけのタイプとは異なるいくつかの学習についても述べる。最後に，行動主義の学習理論の応用例について言及する。
(2) 認知の領域では，認知心理学の考え方について述べた後，短期記憶，長期記憶，日常記憶に関する，今日までの記憶研究の成果について概観する。次に，知識や思考（問題解決）に関する主要な事項について説明する。また次節の知覚領域とも関係するが，情報処理の観点より高次視覚認知についても触れる。
(3) 知覚の領域では，まず視覚の神経基盤について説明し，色の知覚，かたちの知覚，運動と奥行きの知覚について，重要な知見を解説する。また様々な恒常性に関して，あるいは錯覚に関しても面白い例と共に解説する。次に，聴覚について述べる。そして最後に，クロスモーダル知覚について触れる。

第2章　学習・認知・知覚

本章では，学習，認知，知覚に関する領域を扱う。心理学の基礎となるポピュラーな領域を大きく発達心理学，認知心理学，社会心理学，臨床心理学に分けると，本章は，認知心理学に入る。認知心理学は広義での知的な働きを扱う学問である。外界からの刺激を受容し（知覚），それについて憶えたり考えたり（認知）しながら，人は行動を変容させていく（学習）。この刺激の受容から行動の変容までのメカニズムの解明を研究目的とする領域を，本章では扱う。

学習（learning）とは，いわゆる学校教育での学習よりも大きな概念で，人間の一般的な行動の変容を意味する。レストランへ入ってクラムチャウダーを知り大変美味しく感じ，それ以来それが大好物となることがあれば，これは学習である。人と知り合ったり，ある町のバスの乗り方を知ったりするのも学習である。心理学の歴史における行動主義とか認知主義とかいわれる理論の進歩のプロセスは，学習理論の歴史ともいえる。本章では，条件づけの話を中心にいろいろな学習について解説する。

認知（cognition）とは，行動という目に見える観察対象の，目に見えない内的な知的プロセスを指す。すなわち記憶，思考，情報処理などの頭の中の働きをいう。この領域は，1950年代に広く世の中に出現したコンピュータにより情報処理的な見方が主流となり，その後の半世紀で飛躍的な進歩を遂げている。そして，現代では，臨床心理学，社会心理学，発達心理学など他の領域へも，認知に関する知見や視点は重要な影響を与えている。

現代の認知心理学の発展の基礎となる考え方は，1950年代以前にもゲシュタルト心理学（p. 20参照）や新行動主義心理学（p. 38参照）などに見られる。記憶研究では，エビングハウス（Ebbinghaus, H.）やバートレット（Bartlett, F. C.）の研究があり，現代の認知心理学にも大きな影響を与えている（太田，2011）。

知覚（perception）の節では，詳しくは感覚・知覚に関する内容を扱う。色，光，音などのごく単純な刺激の受容は一般的に感覚と呼ばれ，形，運動，奥行きなどの，感覚よりは多少複雑な刺激の受容を知覚という。この領域の研究は，学習の場合と同様に，心理学の誕生（ヴントによる1879年の実験室開設）前後から今日まで着実に行われており，心理学としては長い歴史を持っている。

1. 学　習

1.1　行動主義の考え方

　学習とは何だろうか。このテキストを開いて勉強するのも，学習である。しかし，心理学では，学習ということばを，もっと広い意味で使う。一般には，学習とは，「経験による比較的永続的な行動の変容」と定義される。そのため，さまざまな行動の変容が，学習の範囲に含まれる。また，学習はヒト以外の動物にも起こる。反射や走性（刺激に対して向かうか遠ざかる運動）といった，生得的な行動のほかに，高等な動物であればあるほど，さまざまな行動を，経験から獲得していくことができる。頭の中で起きていることは，外から見てもわからないが，行動が変われば，学習が起こったことがわかる。

　心理学の中で，行動主義という立場がある。第1章で見てきたように，心理学は，目に見えないこころをどのようにして研究したらよいのか，さまざまに思索を重ねてきた。そのうち，行動主義は，こころ自体は見えないので科学の対象には適さないとして，心理学は客観的に観察可能な行動を研究する科学であるべきとする立場である。行動をとらえる心理学である行動主義は，学習の定義・研究とよくなじみ，その発展に貢献してきた。

　特に，行動主義の中心的な立場では，S-R理論と呼ばれる考え方がとられてきた。Sは刺激をあらわすstimulus，Rは反応をあらわすresponseの頭文字である。刺激といっても，「刺激的」なものに限らず，心理学では生体に入力されるものはすべて刺激であり，それに対して生体が起こすのが反応である。そして，ある刺激Sに対して起こる反応Rとの結びつきが，経験によって変化してくることがあれば，これは学習であるといえる。その典型的な現象として，条件づけがある。

1.2　古典的条件づけ

　図2.1の中央の人物は，イヌの消化腺の研究でノーベル賞を得た生理学者のパブロフ（Pavlov, I. P., 1849-1936）である。パブロフは，消化液の一種である唾液が，本来ならエサを摂取するときに反射的に出るはずであるのに，エサを

第2章 学習・認知・知覚

図2.1 古典的条件づけの発見者，パブロフ（Pavlov, I. P.）

持ってくるときの足音だけで，もう出るようになることに気づいた。そこで，エサを与える前にベルを鳴らすようにすると，ベルの音だけで唾液が出るようになった。ベルの音という中性刺激と，唾液が出る無条件反応との間に，もともとはなかったS-Rの関係が学習されたのである。このような学習は，後に古典的条件づけ，あるいはレスポンデント条件づけと呼ばれることになる。

　古典的条件づけの基本的な構造を，「パブロフの犬」の実験を例に，図2.2に示した。条件づけがされる前から，エサの提示は唾液を出させる。この関係は条件づけと関係がなく，無条件に認められることから，それぞれ無条件刺激（unconditioned stimulus; US），無条件反応（unconditioned response; UR）と呼ばれる。この時点では，ベルの音は唾液を出させないので，その反応とは無関係であり，中性刺激（neutral stimulus; NS）と呼ばれる。しかし，エサとベルの音とを合わせて対提示することを繰り返すと，しだいに連合が形成される。そして，ベルの音だけを提示しても，唾液が出るようになると，古典的条件づけが成立したことになる。このとき，ベルの音は条件刺激（conditioned stimulus; CS），唾液が出る反応は条件反応（conditioned response; CR）と呼ばれることになる。条件づけが成立し，新しいS-Rの関係が現れた下では，同じ刺激，同じ反応への呼び方が変わることに注意してほしい。

　USとCSとの提示タイミングには，図2.3に示したような，いろいろなやり

1. 学 習

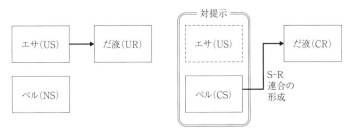

図 2.2　古典的条件づけの構造

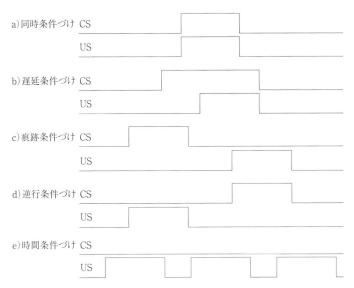

図 2.3　古典的条件づけにおける US と CS との提示タイミングのいろいろ（宮崎, 2006, p. 34）

方がある。一般に，両者の提示タイミングが重なるほうが S-R の連合が起こりやすい。また，重ならない場合は時間的に近接しているほうが起こりやすいが，US を先にしての逆行条件づけの成立は難しい。時間条件づけは，US だけが提示されているように見えるが，一定の時間間隔での提示を繰り返すことで，その時間経過が CS となる特殊な手法である。

　条件づけは，条件刺激だけでなく，それと似た刺激への反応にも影響を及ぼす。たとえば，あるベル A の音だけで唾液が出るような条件づけが成立したの

ちに，別のものだが音色が似たベルBを鳴らした場合にも，ある程度の条件反応が起こる。このように，学習された行動が，ほかの似たような場面でも起こるようになることを，般化（generalization）と呼ぶ。一般には，AとBとが似た刺激であるほど，般化の効果が認められやすい。一方，もしベルAはいつもエサと対提示されるが，ベルBが鳴った時にはエサは出さないというように，似た刺激の間でも無条件刺激との対提示の有無を変えると，ベルAに対しては条件反応が起こり，ベルBに対しては起こらないというように，起こる行動を別々にさせることができ，これは弁別（discrimination）と呼ばれる。

　いったん成立した条件づけも，条件刺激のみの提示を繰り返していくと，しだいに薄れていく。ベルの音のみの提示を続けると，だんだん唾液が出なくなり，しまいには条件反応が消える。これが消去（extinction）である。ただし，消去すると文字どおりきれいに消えてなくなってしまうわけではなく，出にくいように抑制がかかるのだと考えられている。そのため，消去が確認できたのちにしばらく期間をおいてから，条件刺激であった刺激をまた提示すると，時間がたち抑制が弱まっていることからまた条件反応が現れる，自発的回復（spontaneous recovery）という現象が知られている。

1.3 オペラント条件づけ

　古典的条件づけは，唾液が出る反応のような反射的な行動（レスポンデント行動）の条件づけであることから，レスポンデント条件づけと表現されることがある。一方，ヒトなど高等動物の行動は，刺激に対して自動的に起こる反射ばかりではなく，多くは生体が自発する行動である。そのような自発される行動をオペラント行動と呼び，古典的条件づけとはまた別の条件づけが成立することが知られている。

　アメリカの心理学者ソーンダイク（Thorndike, E. L.）は，ネコが問題箱と命名された檻から出る行動の研究を行い，学習の解明を図った。そして，はじめのうちは檻の中でいろいろな行動が起こり，たまたま扉が開く仕掛けに触れて脱出できるが，繰り返すうちに扉を開ける行動がすぐ起こるようになることを明らかにした。ソーンダイクは，このような試行錯誤を通した学習の研究から，自発されるいろいろな行動のうち，よい効果をもたらす行動はまた起こりやす

1. 学　習

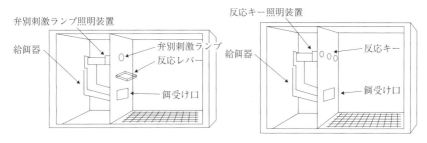

図2.4　スキナー箱（山田, 2006, p. 48）左：ネズミ用，右：ハト用

くなるという，効果の法則（law of effect）を提唱した。

　後に，アメリカの心理学者スキナー（Skinner, B. F.）は，このような学習を，古典的条件づけとは異なる条件づけとして整理し，オペラント行動の条件づけであることから，オペラント条件づけと命名した。スキナーは，オペラント条件づけの実験研究を行動分析学として体系化すると共に，教授学習場面などへの応用にも関心をもち，幅広く活躍した。

　オペラント条件づけでは，ある行動と，それが生起したときにそれに続いて起こることとの関係（随伴性，contingency）に注目する。たとえば，子どもがきちんとあいさつをしたところ，褒められたとしよう。おそらく，褒められたことで，きちんとあいさつをする行動は，また起こりやすくなるだろう。このように，あるオペラント行動について，随伴したできごとによって起こる確率が高まることを強化（reinforcement）と呼び，強化を起こしたものを強化子と呼ぶ。動物実験では，エサを強化子として強化を行うことが一般的である。

　学習心理学の基礎研究では，図2.4のような，レバーを押したりキーを突いたりするとエサが出てくる，スキナー箱と呼ばれる実験装置を使って，ラットやマウスがレバーを押す行動や，ハトがキーを突く行動を学習させる実験が，好んで行われる。一方，起こる確率を下げるのは罰，あるいは弱化と呼ばれ，それを起こしたものは罰子，または弱化子と呼ばれる。動物実験では，罰として電気ショックが用いられることが多い。ヒトにも罰の効果はあるが，倫理的な問題をともないやすいので，実験でも臨床実践でも，罰を用いて行動を制御することには注意が必要である。

51

第2章 学習・認知・知覚

表2.1 オペラント条件づけにおける正／負と強化／罰との関係

	行動が増加	行動が減少
事象が加わる	正の強化	正の罰
事象がなくなる	負の強化	負の罰

　行動が増える，つまり強化が起こる場合には，先ほどのあいさつの例のように，何かが新たに起こる場合の他に，それまであったものごとがなくなるパターンもある。たとえば，続いていたかゆみが，薬を塗ることで落ち着いたら，薬を塗る行動は増えるだろう。このような強化は負の強化と呼ばれ，これに対して，新たに起こるものごとによって行動が増えるのは正の強化と呼ばれる。罰にも同様に，正の罰のほかに，たとえばいつも出てきていたご飯を抜きにするような，負の罰も存在する。正／負と強化／罰との関係を，表2.1に示した。
　オペラント条件づけにおいても，般化，弁別，消去がみられる。ある場面に対して強化された行動は，ほかの似た場面にも般化し，起こりやすくなる。一方で，まったく同じオペラント行動に対して，ある場面では強化子を随伴させ，似ているが別の場面ではさせないという，分化強化という手続きをとると，それぞれの場面に対して起こりやすい行動が変わり，弁別がみられる。また，強化子を随伴させていた行動に，ある時から強化子がともなわなくなると，強化されて起こりやすくなっていたところから，だんだんと起こる確率が下がっていき，これが消去であるということになる。
　ある行動に対して，強化子が必ず随伴する場合を，全強化と呼ぶ。しかし，強化子は毎回必ず出なくても，行動を強化することができる。子どもがあいさつをしても，いつも必ず褒めてもらえるとは限らず，気がつかなかったり機嫌が悪かったりして反応しない大人も出るはずだが，褒められることもある限りは，強化が起こりうる。同じ行動に対して強化子が伴う時と伴わない時との両方がある場合の強化を，部分強化と呼ぶ。部分強化のほうが，全強化に比べて強化が起こりにくい。しかし，部分強化の手続きで強化された行動は，強化子を随伴させることをやめても，なかなか消去されない。このような状態を，消去抵抗が大きいと表現する。
　部分強化において，強化子を与えるかどうかのタイミングの決め方を強化ス

ケジュールと呼び，このスケジュールによって行動の起こり方が変わってくる。たとえば，いったん強化子が得られると，そのあとしばらくは，どんなに同じ行動を繰り返しても強化子が得られず，ある時間がたってからまた得られるようになり，そこで再度得るとまたしばらくは得られないというように，間の時間をあける場合は間隔スケジュールと呼ばれる。間隔スケジュールのうち，1時間ごとに1回のように，あける時間が固定されている場合を定間隔（fixed interval; FI）スケジュール，次に強化子が出るようになるまでの時間が毎回変わるようにした場合を変間隔（variable interval; VI）スケジュールと呼ぶ。定間隔スケジュールで学習すると，いったん強化子が出るとしばらくはその行動がやみ（強化後反応休止），そろそろというタイミングにまた行動が増えるパターンがあらわれる。

　一方で，回数で決めるスケジュールもあり，こちらは比率スケジュールと呼ばれる。たとえば，スキナー箱で，レバーを押して1回エサが出てくると，そのあと99回は押しても何も出ないが，100回目にまた出て，また99回は何も出ず，という繰り返しがこれにあたり，この場合は全体でみると100分の1の確率に定まることから，定比率（fixed ratio; FR）スケジュールと呼ばれる。一方，毎回ごとにエサが出る確率を100分の1の確率にするような場合は，変比率（variable ratio; VR）スケジュールと呼ばれる。変比率スケジュールでは，何回反応しても強化子が得られないことも，2回の反応で2回続けて得られることも，どちらも確率的には起こりうる。そのため，強化後反応休止が見られにくい。ギャンブルはこの変比率スケジュールの性質をもち，そのため勝つと「次もまた」，負けると「次こそ」と，どんどんはまり込んでしまいやすい。

　負の強化による学習として逃避学習がある。シャトル箱と呼ばれる，二つの部屋を飛び越せる高さの仕切りで区切った装置にラットを入れ，片方の部屋でだけ，足もとに電流を流す。ラットは痛がるが，電流が流れていないほうの部屋へ移動すると，その苦痛から抜けられる。これを繰り返すと，電流が流れるとすぐ，となりの部屋へ逃げる行動が学習される。また，電流を流す少し前にブザーを鳴らして予告すると，何度も繰り返すうちに，電流が流れ出してからの逃避ではなく，ブザーが鳴ったらすぐとなりの部屋へ逃げて，電撃をまったく受けずにかわすような行動が学習できる。この場合は回避学習と呼ばれる。

一方，繰り返しの必要がほとんどなく，すばやく学習が成立するのが，嫌悪条件づけである。中でも，味覚嫌悪条件づけの実験が有名である。この実験ではまず，ラットに人工甘味料であるサッカリンをとかした水を与える。ラットにとっては，ふだん体験しない味である。その後しばらくしてから，放射線の一種であるガンマ線を照射する。間もなく，そのダメージのために，ラットは体調をくずしてしまう。すると，これ以降はサッカリンの味がするものをとらないようになる。この条件づけは，一度だけの体験でも強い効果があること（ガルシア効果という），サッカリン味の水の摂取行動から，体調不良，つまり罰までの間がかなりあるのに連合が成立すること，いったん成立すると効果が安定して続くことに特徴がある。生物が身の安全を守るために，一度痛い目にあわされたものはもう食べないよう，このような組みあわせ方の学習が生得的に起こりやすくなったことのあらわれだと考えられている。

1.4 さまざまな学習

レスポンデント条件づけとオペラント条件づけとで，さまざまな学習を説明することができる。しかし，これら以外にも，さまざまなタイプの学習がある。

同じ刺激が繰り返されると，だんだんと反応の程度が変わっていくことがある。一般には，反応がしだいに弱くなることが多く，馴化（habituation）と呼ばれる。一方で，比較的強い刺激では，繰り返しのはじめのうちには，いったん反応が強まる時期があり，これは鋭敏化と呼ばれる。これらは，同じ刺激Sの繰り返しだけで成立し，連合の過程を含まない，非連合学習と呼ばれる原始的な学習である。

一方，より高度な過程の関与が考えられる学習もさまざまである。ゲシュタルト心理学者のケーラー（Köhler, W.）によれば，天井から吊るされたり，檻の外におかれたりした果物を，チンパンジーが道具をうまく利用してとる行動は，さまざまな行動が自発される中で，たまたまうまくいったものがだんだんに獲得されるのではなく，突然に正解に達して，一度成功するとそれからは迷わずに同じ行動が起こる。これは，頭の中で解決方法をよく考えて，考えついたものを行動に移したのだと考えられることから，洞察学習と呼ばれる。

また，ブロジェット（Blodgett, H. C.）やトールマン（Tolman, E. C.）は，強

化子を与えなくても起きている，効果の法則にはなじみにくい学習を見いだした。迷路を抜ける行動は，強化を受けることでより速く効率的になるが，強化なしに迷路を抜けるだけの試行を繰り返してから，途中から強化子を提示するように切り替えると，はじめから強化子がある試行を繰り返した場合の成績にすぐ追いついてしまう。これは，強化を受けなくても頭の中に迷路の地図が作られるという，行動としては見えない学習が進んだと考えられることから，潜在学習（latent learning）と呼ばれる。

サルやヒトは，自分が直接に体験していないことでも，容易に学習することができる。他者の行動やその結果を見るだけでも，学習が起こり，これは観察学習（observational learning）と呼ばれる。ほかの子どもが親切な行動をして褒められると，それを見ていた子どもにも，その行動が増えるようになる，代理強化という現象がある。何かの行動を直接に，あるいはテレビや絵本などで見ただけでも，子どもは好んでまねをするが，これも観察学習である。特に，暴力的な映像の視聴による悪影響が，しばしば問題になる。自己効力感の研究でも知られるバンデューラ（Bandura, A.）は，他者から学習するこのような過程を研究し，社会的学習理論を提唱した。

人間ならではのより知的な学習も，心理学では早くから関心がもたれた。エビングハウス（Ebbinghaus, H.）は，文字列からなる単語のリストをいったん完全に覚えて，時間がたってどれだけ記憶に残っているかを測る実験から，図2.5のような忘却曲線を導いた。エビングハウスの記憶研究は，自分自身で覚えて自分の記憶を測定したこと，単語としての意味をなさない新奇な文字列である無意味綴りを記憶材料にしたこと，同じリストを覚え直す時には前の記憶が残っているほど有利になることを利用した再学習法という手続きを用いたことなどに特徴がある。これと，有意味な絵や物語の記憶を扱ったバートレット（Bartlett, F. C.）による記憶研究とは，後に認知心理学が成立してからの記憶研究（次節参照）に，大きな影響を与えることになる。

1.5　行動療法

行動主義の学習理論は，日常のさまざまな行動に適用できる。オペラント条件づけから導かれた原理により，効果的に知識を固めるプログラム学習や，こ

第2章 学習・認知・知覚

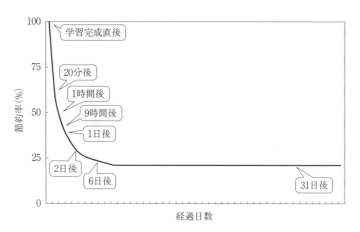

図2.5 エビングハウスの忘却曲線（和田, 2006, p. 90）

れを自動化する装置であるティーチング・マシンのように，教授学習場面への展開も提案された。一方で，心理臨床への応用も広がっており，条件づけを活用する心理療法は，まとめて行動療法と呼ばれる。

　レスポンデント条件づけを応用した行動療法としては，系統的脱感作法が有名である。これは，南アフリカの精神科医ウォルピ（Wolpe, J.）が考案した，恐怖症に対する心理療法である。クライエントは，まず心身をリラックスに導く技法を体得した上で，恐怖を起こす対象に対して，リラックスを連合させる条件づけを行う。恐怖とリラックスとは同時に起こることができないので，条件反応としてリラックスが連合すれば，その刺激に対して恐怖は起こらなくなるという原理である。このとき，恐怖症の症状を強く起こすものから弱いものまでを上下に並べた不安階層表をあらかじめ作成し，その下から順に条件づけの手続きを進めていくのがポイントである。すると，新しい連合からの般化の効果もあり，恐怖症の病的な恐怖をだんだんと消していくことができる。また，より簡便な方法として，安全な環境で恐怖を起こす対象への接触を続け，反応を弱めることをねらう持続的エクスポージャー（曝露療法）がある。

　オペラント条件づけの臨床場面への応用は，応用行動分析（applied behavior analysis）と呼ばれ，特に近年では，発達障害や感情的な不安定を示す子ども

の行動修正によく用いられる視点である。たとえば，たびたび注意しても改善されない自傷行為や不適切な場面での排泄などが，実は注意を集めることでむしろ強化されていることがあり，消去の手続きにより改善が図れる。罰も原理的には有効であるが，倫理的な制約や，幅広く罰を加えると般化して行動自体が起こらなくなる学習性無力感の危険があるため好ましくない。不適切な行動とは同時に起こすことのできない適切な行動を強化する，他反応分化強化を使う手法がよいだろう。また，一定数を集めると子どものほしいものと交換できるシールやスタンプを用いて，適切な行動が起こるたびに即時強化を行うトークン・エコノミー法は，さまざまな子どもに適用可能である。目標とする行動の難易度が高い場合には，それに近い行動をこまめに強化しながら，しだいに目標へ近づけていくシェイピング（行動形成）の手続きが有効である。

　行動療法の考え方は，後に発展した認知臨床心理学と合わさって，認知行動療法へとつながった。認知行動療法は，科学的な根拠（エビデンス）に基づく効果的な技法として，今日，よく利用されている。

2. 認　知

2.1 認知心理学の考え方

　前節で述べた行動主義は，観察可能な行動のみを，心理学の研究対象とみなした。一方で，1950年代中ごろから，頭の中で起きているはたらきである認知を積極的に研究する動きが出てきた。このころから発展を見せていった，情報処理装置としてのコンピュータを参考に，頭の中での情報処理をモデル化して研究する考え方が，新しい発展を招いた。また，コンピュータ上に人間と同じような知的能力を実現する人工知能（artificial intelligence; AI）の研究も，人間の認知の研究を促した。こうして，認知を研究する心理学の領域として，認知心理学（cognitive psychology）が登場した。

　行動主義や，第1章で紹介したゲシュタルト心理学は，S-R関係や知覚の法則化を重視したが，認知心理学では，情報の入出力の対応ルールそのものよりも，情報が中でどのように処理されていくのかに関心をおく。情報が解析，変換されたり留められたりする「箱」と，その間の流れをあらわす矢印とで，認

第2章　学習・認知・知覚

知の過程を表現することが多い。たくさん入ってくる情報のすべてが処理されるわけではないことを，箱の容量や認知処理を行うための資源の制約で説明する。近年では，コンピュータ上でのシミュレーションや，機能的磁気共鳴画像法（functional magnetic resonance imaging; fMRI）などの高度な装置を用いた脳画像研究（→第6章）の成果とも統合され，実証的，科学的な解明がさらに進んでいる。

2.2　短期記憶

　記憶は，情報が入力され，頭の中に保持され，そして必要に応じて出力される過程であるため，認知心理学の典型的な研究対象となってきた。中でも，アトキンソン（Atkinson, R. C.）とシフリン（Shiffrin, R. M.）による記憶モデルは，その成果として有名なものである。そこでは，図2.6のように，人間の記憶の過程を，感覚記憶，短期記憶，長期記憶の3種類の貯蔵庫からなると考える。実際には，感覚記憶（sensory memory）は1秒程度で失われてしまうもので，目立った認知処理が行われるわけではないこともあって，短期記憶と長期記憶とを主な成分と考え，二重貯蔵モデルと呼ばれることが多い。
　そのうち，短期記憶（short-term memory; STM）は，文字どおり短い間だけ，情報を保持するはたらきを持つ。しかも，保持時間だけでなく，保持容量にもきびしい制限がある。たとえば，黒板に書かれた板書を，ノートに書き写すときには，このきびしさにたびたび直面することになる。ひと目ですべて視界に入る分量の板書だからといって，ひと目見ただけで一気にノートにすべてを書き写すことは難しい。黒板を見ては少し書き，また見ては少し書きと，何度も往復せざるをえないはずである。これは，一度に短期記憶に入る量に限界があるために起こる。短期記憶に残った分を書き，また黒板を見て，そして短期記憶に残った分だけを書き，となっているのである。
　では，短期記憶に一度に入る量は，どのくらいだろうか。これについては，ミラー（Miller, G. A.）による，「マジカルナンバー7±2」という論文が有名である。ミラーは自分で実験して測ったわけではないが，この論文を参考に，短期記憶の容量は7チャンク程度だと主張されることも多い。チャンク（chunk）とは，情報のまとまりのことである。

2. 認　知

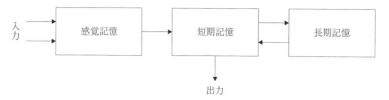

図 2.6　多重貯蔵モデル（アトキンソン・シフリン・モデル）の概観

表 2.2　短期記憶に保持しにくい刺激と保持しやすい刺激の例（生駒, 2011 をもとに作成）

保持しにくい	IDDKOMOCODTTN
保持しやすい	NTTDOCOMOKDDI

　チャンクのイメージをつかむために，表2.2の上の文字列を読んで，目を閉じて復唱できるか，試してみよう。おそらく，正確にできた人はなかなかいないだろう。では，こんどは表2.2の下の文字列で試してみよう。こちらは，ずっと簡単にできたはずである。上下を見くらべるとわかるように，この二つは，まったく同じ文字の組み合わせで，並び方だけを逆にしたものである。覚えやすさが大幅に違ったのは，上はふつうに左から読むと，アルファベットが13文字並んだだけの，無意味綴りのような文字列にすぎないが，下はよく知られたことば（社名）の組み合わせとして読めるためである。上のほうは，チャンクとしてまとめることがむずかしいが，下のほうは，チャンクにまとめるチャンキングという処理をすれば，わずか2チャンクになるので，短期記憶に丸ごとそのままを，かんたんに入れることができるのである。なお，その後の研究では，7は大きすぎで，容量は4から5チャンク程度だとされることもある。

　いったん短期記憶に入った情報も，そのままではせいぜい数十秒しか続かない。しかし，これは意識して延ばすことができる。たとえば，板書をノートに書き写すとき，見て覚えた内容を頭の中で何度も繰り返して，書くまで忘れないようにすることが，よくあるだろう。このような繰り返しを，維持リハーサル，あるいは単にリハーサル（rehearsal）と呼ぶ。そして，リハーサルは，短期記憶に情報を留め続けるだけでなく，長期記憶へ送ることにも効果をもつ。

第2章　学習・認知・知覚

なお，今日では，短期記憶を発展させた，ワーキングメモリ（working memory）という概念を考えることが多い。ワーキングメモリの考え方では，単に情報を短時間置いておくだけでなく，情報の処理を行う作業場としての側面も加える。計算をしたり，図形を思い浮かべてイメージを動かしたりといった活動も，この場所で合わせて行われると考える。また，保持が視覚情報と聴覚情報とで別々であること，これらに処理資源を配分して管理する働きである中央実行系を仮定することにも特徴がある。

2.3　長期記憶

短期記憶に入った情報は，数十秒で失われてしまうが，その後もなお，記憶に残るものは少なくない。それらは，長期記憶（long-term memory; LTM）に保持されているといえる。生涯忘れない記憶もあるように，長期記憶は長く持続する。容量も無限だとされていて，ある程度以上覚えるとそれ以上入らなくなったり，昔のものから押し出されて消滅するといったことはない。

短期記憶と長期記憶との2種類の「箱」があると考える根拠としては，系列位置効果（serial position effect）が挙げられることが多い。記憶実験で，たくさんの単語を順番に提示してすぐ，それらの単語をできるだけ思い出して書き出すよう教示すると，記憶成績は図2.7のように最初と最後との成績が高くなるU字型となる。これが系列位置効果である。後ろが高いのは新近性効果（recency effect）と呼ばれ，これは短期記憶にまだ残っている分が回答できるためだと考えられる。その証拠としては，単語の提示が終わった後，しばらく別の認知課題をさせてから回答を求めると，新近性効果は消えることが挙げられる。また，はじめが高いのは初頭効果（primacy effect）と呼ばれ，リハーサルをたくさん行えるためだとされることが多いが，初頭効果と新近性効果とが起こるメカニズムについては，ほかにもいくつか考え方がある。

いまの例のような，記憶内容を自分で出力する回答方法を，再生（recall）と呼ぶ。これに対して，回答時にも単語を提示していき，それぞれが覚えた中にあったかどうかを○×で回答するやり方でも，記憶を測ることができる。このような，記憶と照らしあわせて判断し，正答を選ぶ回答方法を，再認（recognition）と呼ぶ。一般には，再生よりも再認のほうが成績が高くなりやすいが，

2. 認　知

図2.7　リスト学習における系列位置効果のイメージ

覚え方との関係にも左右される。また，再認の場合は，提示されたものを忘れ，×と回答するだけでなく，提示されなかったはずのものに○で回答してしまう，フォールス・アラーム（誤警報）という誤答のパターンにも注意して，採点や分析をする必要がある。ほかに，単なる○×ではなく，目で見たのか耳で聞いたのか，見たのはいつだったか，聞いたのは誰の声であったかなど，記憶の入力のされ方を判断するソースモニタリングを求める実験も行われる。

　記憶研究は，長期記憶に残りやすくするさまざまな方法を見いだしてきている。単語を見たときに，その意味に注目した処理を行うと，単語のかたちや発音に注目するよりも，より記憶成績が上がることが知られている。クレイク（Craik, F. I. M.）によると，知覚的な処理よりも，意味的，概念的な処理のほうが，処理水準が深いと考えられ，深い処理をすることでより再認や再生がしやすくなるという。また，特にその対象の意味やイメージをすでに持っている知識へと結びつけることが有効で，このような認知処理を精緻化と呼ぶ。

　覚えることを符号化（coding），思い出すことを検索（retrieval）と呼ぶが，この両者の対応関係も，記憶成績を左右する。符号化のときの提示方法，認知処理，文脈などが，検索のときと一致した場合に，一致しない場合に比べて高い成績が得られるという法則性が知られており，これを符号化特定性原理と呼ぶ。例として，飛びこみサークルの大学生を対象として，符号化と検索とを陸上と水中とで組みあわせた実験の結果を，図2.8に示した。

　そういった，ある時点で見聞きした過去のこととして思い出される記憶は，エピソード記憶（episodic memory）と呼ばれる。エピソード記憶は，学校の勉強から人生の思い出まで広く働く，長期記憶の重要な成分であるが，長期記憶にはまた別に，特定の過去を思い出しているという意識を伴わずに働く記憶も

第2章 学習・認知・知覚

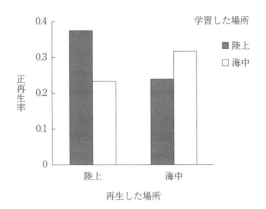

図2.8 海岸の実験にみる符号化特定性（Godden & Baddeley, 1975をもとに作成）

あり，それぞれ顕在記憶と潜在記憶と呼んで区別する。自分で気づかない記憶の働きである潜在記憶の発見は，健忘症者の事例によってもたらされた。他の認知機能は正常なのに，記憶の働きだけが選択的にダメージを受けた状態が健忘である。中でも，海馬や側頭葉内側部の損傷は，新しくものごとを覚えることができなくなる，重い健忘を引き起こすとされた。

しかし，そのような健忘症者であっても，以前の経験を「記憶」できていることがわかってきた。たとえば，に□ん□ち，□きおく□のような，虫食いになった文字列の空いたところに文字を入れて，意味のとおる単語にする，単語完成課題と呼ばれるものを行うと，その前に「にほんいち」「さきおくり」といった単語を見ていることで，それを思いついて正解できる確率が高まる。健忘症者自身は，前に見た単語を意識的に思い出せない一方で，思い出す必要のない課題では，過去の記憶を無意識的に使えるのである。もちろん，このような潜在記憶（implicit memory）のはたらきは，自分では気がつかないだけで，健忘症ではない人でも，子どもから高齢者まで，誰にでも同じようにあるものである。これに対し，顕在記憶（explicit memory）には発達差が明確に認められる。3歳くらいまでの記憶がほとんど思い出せない幼児期健忘（infantile amnesia）は，そのころまではエピソード記憶が未発達であるために起こり，それからだんだんと記憶の能力は伸びていくが，青年期にはもう頭打ちとなり，加

齢に従って緩やかに落ちていく。

2.4 日常記憶

　初期の認知心理学は，目に見えない認知の世界を，統制された実験で検証することを重視した。しかし，厳密で「実験室的」な実験ほど，日常の暮らしや社会の中でのふるまいとの一致度である生態学的妥当性（ecological validity）が低いのではないかという批判がされるようになった。これを受けて，1980年前後から，より実際的な場面での認知活動を探る研究も盛んになった。

　記憶についても，日常記憶と呼ばれる，日常の中での側面への関心が高まった。エピソード記憶の中でも，人生上での意味あるできごとの回想である自伝的記憶の研究が行われるようになった。中でも，大事故などの衝撃的な瞬間の記憶は，実験室での記憶では考えにくい，鮮明で詳細なものであることに関心が持たれ，まるで写真のフラッシュをたいたかのようであることから，フラッシュバルブ記憶と呼ばれた。しかし，それが正確な記憶であるとはかぎらないこともわかっている。フォールス・アラームだけでなく，重大な犯罪や事故の目撃証言や，幼児期健忘のために覚えているはずのない幼い頃の自伝的記憶に，実際にはなかったできごとの「記憶」が混ざることもあり，これらは偽りの記憶（false memory）と呼ばれる。また「明日，この手紙を投函しよう」とか「あの人に会ったら先日のお礼を言おう」とかいうような未来の行動の記憶を展望記憶（prospective memory）と言い，盛んに研究されている。

　記憶をより増やし，かつ正確に働かせるためには，記憶についての記憶である，メタ記憶（metamemory）のはたらきも重要である。メタ記憶は，誰にでもあてはまる，あるいは特に自分の場合の記憶の特徴の知識と，それに基づいて認知をコントロールして適切に記憶を働かせる技能との2種類の側面からなる。たとえば，いくつかのことを一度に言われたときに，覚えきれそうかどうかをこれまでの経験からの知識で判断し，十分に余裕があれば特に何もせず，ぎりぎりであればがんばって覚えようとリハーサルなどを使い，覚え切れないことが確実ならば，聞き直したりメモに残したりといった工夫を加えるだろう。また，思い出すときにも，いま出てきていなくてもがんばれば思い出せそうかどうか，どんな手がかりがあれば思い出せそうかを判断して，より効率的な想

起につなげることができる。子どもの記憶力が発達とともに伸びるのは、メタ記憶の発達に依るところも大きい。

2.5 知識と問題解決

　人間がことばを理解するときには、単語やそれがさすものとの結びつきを、小さい頃に覚えた記憶として一つずつ思い出して再体験して理解するわけではない。いつどのように覚えたかがわからない膨大な知識から、一瞬のうちに理解が行われるのが普通である。認知心理学は、このような知識の構造や働き方を、コンピュータ上での知的な処理を可能にする人工知能の研究の影響を受けながら、解明してきた。

　カナダの心理学者のタルヴィング（Tulving, E.）によれば、知識は記憶として「思い出す」性質をもつエピソード記憶とは異なる、「知っている」性質の記憶として、意味記憶（semantic memory）と呼ばれる。人間の知識は、コンピュータのディレクトリやフォルダの上下関係のように体系的に整理されているわけではなく、意味記憶はいろいろな知識のひとつひとつが、意味的な関連性に応じて結びついてネットワーク構造をとっていると考える、意味ネットワーク理論が提唱されている。これは図2.9のように表現され、丸で描かれた個々の知識は「ノード」、間をつなぐ結びつきは「リンク」と呼ばれる。

　ある情報が入力されて、それに対応するノードが活性化することが、それがわかった状態であると考える。しかし、どこかのノードが活性化すると、それだけでは終わらず、この活性化はリンクを通して他のノードにも伝わっていく。すると、ほかの関連する知識にも少しずつ活性化が起こるため、関係があることをすぐ理解したり、予測したりすることに役だつ。このような、活性化が自動的に広がる現象である活性化拡散によって、知識の素早く効率的な働きが起こると考えるのが、活性化拡散理論である。

　知識には、ばらばらの単語だけでなく、ものごとのやり方としてのルールもあって、これも必要に応じてうまく使うことができる。そこには、自分でその内容を意識して、説明できるようなものと、きちんと使えているのにうまく説明できないものとがあり、それぞれ宣言的知識（declarative knowledge）と手続き的知識（procedural knowledge）と呼んで区別される。たとえば、中学校か

2. 認　知

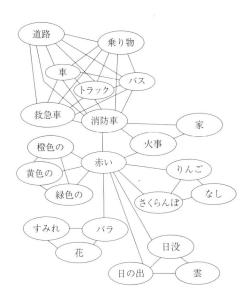

図 2.9　意味記憶のネットワーク構造（Collins & Loftus, 1975. 訳は邑本, 2011, p. 167 による）

ら文法を習って身につけた英語で，おかしな文をおかしいと判断するときには，どこがどういう理由で文法に反しておかしいのかを，他の人にわかるように説明できそうであり，するとこれは宣言的知識のはたらきがあると考えられる。一方で，物心つく前から身についていた日本語では，こうなるとはかぎらない。たとえば，助詞の「は」と「が」の使い分けは，どちらがより適切か，ある使い方がおかしいかどうかといった結論だけは考えなくてもすぐわかるのに，なぜそうなのかを外国人の日本語学習者にわかるように説明するのはむずかしい。するとこちらは，手続き的知識のはたらきであるということになる。

　宣言的知識には，「AはBである」というかたちの，命題という構造をうまく考えることができる。これを組みあわせることで，論理的に正しい結論を導くのが，演繹的推論である。たとえば，「認知心理学は心理学である」と，「心理学はおもしろい」との二つの命題から，「認知心理学はおもしろい」と結論するような，三段論法と呼ばれる形式は，典型的な演繹的推論である。これに対して，個別的な事例を集めていって一般的な命題を導こうという方向の推論が，帰納的推論である。こちらは，たとえば黒いカラスをどんなにたくさん集

第2章　学習・認知・知覚

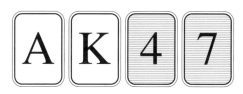

図2.10　4枚カード問題

めても，どこかに白いカラスが現れないとまではいえず，「カラスは黒い」という命題を証明することはできない。一方，演繹的推論では，前提となる命題が正しい限りは，そこから導かれたものも必ず正しいものとなる。

　しかし，人間が演繹的推論を正しく，論理的に行えるかというと，必ずしもそうとは限らない。有名な例として，4枚カード問題，またはウェイソン選択課題（Wason's selection task）と呼ばれるものがある。表にアルファベット，裏に数字が書かれたカードが，表を向けたもの2枚，裏を向けたもの2枚の計4枚ある。図2.10のような場面で，「表が母音なら，裏は偶数」という命題がここに当てはまるかどうかを検証することを求める。ただし，めくって反対側を確認するカードの枚数は，できるだけ少なくしなければならない。正答は「A」と「7」となる。ところが，「A」をめくる必要があることはわかりやすい一方で，「7」のほうには気づかれないことが多い。「4」をめくる必要があるという誤答も出てくる。ここには，命題に当てはまること，ここでは母音である「A」の反対側は偶数，偶数である「4」の反対側は母音，といったところが意識され，仮説に合ったものを証拠として集めたがる確証バイアスの影響がある。「7」の反対側が母音であったら「表が母音なら，裏は偶数」に反するため，「7」の確認は命題の検証に必要なのに，反証のほうは気づかれにくい。また，まったく同じ論理構造で，母音-子音と偶数-奇数の組みあわせではない具体的な材料に入れかえて，「表に切手が貼ってあれば，裏は封がされている」，「表が未成年ならば，裏はソフトドリンク」などのようにすると，正答がずっと容易になる材料効果も知られており，人間は演繹的推論を純粋に論理的に解いているとはいえないことがわかる。

　論理そのもののかわりに，問題解決でよく使われるのが，ヒューリスティック（heuristic）である。これは，必ずしも確実ではないが，簡便で処理資源も

少なくてすみ，日常の中では正しい結論に達することが多い直観的な方法である。これに対して，コンピュータが得意とする，完全に決まった手順の通りに解くと必ず正解に達する方法は，アルゴリズム（algorithm）と呼ばれる。たとえば，rから始まる3文字以上の単語と，3文字目がrの単語とのどちらが多いかを判断するには，アルゴリズムであれば，3文字以上の単語をひたすら調べてすべて数えあげるしかないが，そんなことをせずに，rから始まるほうが多いと，比較的すぐに回答する人が多い。それぞれを思い浮かべてみて，rから始まるほうが頭の中で探しやすく，見つかりやすいことから，数が多いにちがいないというヒューリスティックを使っているのだと考えられる。

2.6 高次視覚認知

目に映ったものが見える働きのうち，単純な色や形どまりではなく，具体的な物体や意味のあるパターンとして捉えたり，見る人が能動的に注意を操作したりする認知過程は，より高次の視覚であるとされる。そこでは，知識や意図のようなものが見え方に影響を与えるような処理もかかわっていて，目に映ったものが次第に分析されて特定のものとわかる処理だけではないことがわかっている。この2つの方向の認知処理をそれぞれ，トップダウン処理とボトムアップ処理と呼ぶ。

文字や単語の認知は，この2種類の処理によって支えられている。文字がわかる過程の説明として，文字を構成する部分を分析していって，その組み合わせとして成り立つ候補のうち最も適切なものが選ばれるという，パターン認識の特徴分析モデルが知られている。これは，ボトムアップ処理に基づくといえる。一方で，図2.11を見てほしい。「THE CAT」と容易に読むことができるが，「H」と「A」とはまったく同じかたちである。同じものが前後の文脈によって別のものとして読まれており，部分の分析に基づく特徴分析モデルでは説明しにくい。これは，トップダウン処理のあらわれである。

また，文字以外の視覚情報に対しても，トップダウン処理の働きは認められる。たとえば，図2.12は，ルビンのつぼ，あるいはルビンの杯と呼ばれるもので，白い部分はそのつぼ，ないしは杯の形で，黒い部分は左右から顔が向きあった形である。両方の見え方が同時に起こることはないが，一方を見ようと

第 2 章　学習・認知・知覚

図 2.11　トップダウン処理が同じかたちに異なる読みを与える

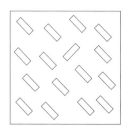

図 2.12　図地反転図形の一種，ルビンのつぼ

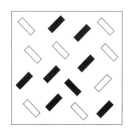

図 2.13　視覚探索の画面例（永井，2011, p. 51）

いう意図をもって見ると，その通りにそちらを見ることができ，もう一方を見ようとすればまた，もう一方が見えるように切りかえることができる。

　意図をもった見方で興味深いもののひとつに，視覚探索がある。その実験では，図 2.13 のようなたくさんの視覚刺激の並んだ画面を見て，指定された条件のものがあるかどうかを探し，判断をくだすことになる。ここで，図 2.13 の左の画面で一つだけある「仲間はずれ」を見つけるのは簡単だが，右の画面では，それに比べると難しくなる。このように，探索の効率は，組み合わせ方の違いで変わることが知られている。

3. 知　覚

内外で起きている事象をとらえ，気づく働きを知覚と呼ぶ。一般に，視覚，聴覚，嗅覚，味覚，触覚が五感とされるが，各種の触覚と内臓感覚および深部感覚を合わせた体性感覚や，加速度や重力の向きを捉える平衡感覚といったところまで含まれる。ここでは，心理学で古くから主要な研究対象となっている，視覚と聴覚とを中心に取りあげる。

3.1　視覚の神経基盤

ものが見えるためには，まず，外界のものからの光が目に入ることが必要である。目は左右とも，断面図を図2.14に示したような構造となっていて，水晶体を通して上下左右が反転した外界の像が，網膜へ投影される。網膜上には，光が入力されると反応して神経インパルスを発する視細胞が，多数並んでいる。

網膜のやや耳側には，視細胞が分布しない盲点がある。ここは視細胞への入力が視神経として束ねられて，脳に向かう出口である。視神経は，後頭葉の後ろのほうに位置する一次視覚野へと伸びていく（→第6章）。

一次視覚野（V1）では主に，線のかたむきのような単純な視覚情報の処理が行われている。個々の神経細胞が扱う空間範囲である受容野は狭いが，これが網膜上の配置に対応するように，大脳皮質上に平面的に並ぶ。ここからは，頭頂葉へ向かい，空間や位置関係や運動の把握にかかわる背側経路と，側頭葉へ

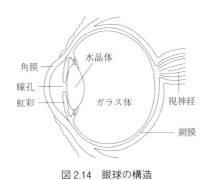

図2.14　眼球の構造

第2章　学習・認知・知覚

向かい，注意や記憶とかかわりながら物体を理解する腹側経路とに分かれて，視覚情報処理が進んでいく。

3.2　色の知覚

　図工の授業で，赤・黄・青の3種類の絵の具があれば，どんな色でも作れると習った人もいるだろう。しかし，これは誤りである。絵の具の黄色と青とでできる緑は，ややくすんだ落ち着きのある色になり，鮮やかなグリーンは得られない。赤・黄・青はしばしば三原色と呼ばれるが，色を混ぜ合わせる混色のうち，この3色が「原色」として使えるのは，それぞれの色の光を足し合わせて行う加法混色の場合である。コンピュータのモニタやテレビの画面は，3色のいずれかを発する小さな素子を多数組み合わせて，その強弱のバランスを変えることで，自在なカラー表示を実現している。絵の具のように，光を発するのではなく，ある波長の光を吸収し，またあるものは反射するようなものを重ねあわせて行う減法混色では，シアン・マゼンタ・イエローの3色が原色となり，カラー印刷に応用されている。

　可視光線から色が知覚される過程を巡っては，古くから論争があった。三原色のような3色の要素の神経反応の組み合わせでさまざまな色の知覚が起こるという考え方は，光の波動説で知られる物理学者のヤング（Young, T.）が着想し，ヘルムホルツ（von Helmholtz, H. L. F.）によって体系化されたことから，ヤング＝ヘルムホルツ説とも呼ばれる。一方で，ドイツの生理学者ヘリング（Hering, K. E. K.）はこれに反対し，赤－緑，黄－青，白－黒の3組の対になる

図 2.15　透明視の成立

色の組み合わせから色覚を説明する反対色説を唱えた。三色説は，前述した3種類の錐体が色覚をもたらすことと対応しそうに見えるが，残像現象で知覚される色は，たとえば赤いものを注視した後に得られる残像は緑色になることから，反対色説の方でよく説明できる。今日では，末梢レベルでは三色説がなじむが，その入力が中枢で反対色説的な過程に変換されると考えられている。

　絵の具に透明という色はないが，人間は色のない透明のものを，透明として知覚することもできる。手前のものの見え方に，その後ろにあるはずのものが重なっていると判断される場合，手前のものは透明ないしは半透明であるという，透明視が成立する。図 2.15 に，透明視が成立する刺激の例を示した。

3.3　かたちの知覚

　人間の視覚は，網膜上に多数ならんだ視細胞に由来するが，実際に見えているのは，さまざまな色の点の集まりではなく，ものが集まって形作られた世界である。一次視覚野がさまざまな位置のさまざまな傾きを検出し，これらの組み合わせからものの形を取り出し，それが集まることで視覚世界が成立する。

　その基本的なメカニズムとして，図と地の分化がある。図（figure）はより手前に，形のあるものとして捉えられ，地（ground）はその後方で，背景として図の後ろ側にまで回りこむように感じられる。図と地との境目は，図の輪郭として知覚される。輪郭を境にどちらが図，どちらが地に回るかについては，一般に，より小さく，閉じた領域で，よい形としてまとまるほうが図として知覚されやすい。図 2.16 では，白い部分を図として捉えてしまいやすいため，大きな字で「FILE」と書かれてあることにはなかなか気づかない。また，前に紹介した図 2.12 のように，図と地とを交替することで異なるものが見える

図 2.16　図地の分化が文字に気づきにくくさせる（生駒, 2013, p. 8）

第 2 章 学習・認知・知覚

図 2.17 カニッツァの三角形

ように工夫された図形もあり，図地反転図形と呼ばれている。

　一方で，すべての輪郭が揃わなくても，まとまりのある形が図として知覚されることがある。図 2.17 では，白い正三角形が中央に浮かぶように見えるが，何もないところにまでその輪郭があるように知覚される，主観的輪郭という現象が起こっている。なお，この図形は，考案者の名前をとって，カニッツァ（Kanizsa, G.）の三角形という名前がつけられている。また，その三角形の角のところで地に回ってみえる黒い部分は，黒い真円が角で一部を隠されているように感じられる。こういった，直接には感覚入力が揃っていないところを埋めあわせて完全なものがとらえられる現象は，知覚的補完と呼ばれている。

　視野にひとつのものだけが見えることはめったになく，ふつうはさまざまなものが，同時に多数見えている。それらは，個別にばらばらなままではなく，一定の法則にしたがって，まとまりを構成して見える。どのような法則に基づいてまとまりが作られるかについては，ベルリン学派のゲシュタルト心理学者であるウェルトハイマー（Wertheimer, M.）がまとめたゲシュタルト要因がよく知られている。図 2.18 には，距離が近いものどうしがまとまって見える近接の要因，同じようなものどうしがまとまって見える類同の要因，閉じた組みあわせになるようにまとまって見える閉合の要因の例を示した。また，よい連続の要因，よい形の要因といった，より自然でなめらかなまとまりを優先する要因もある。こういった，できるだけ簡明で秩序ある状態にまとまる傾向を，ドイツ語でプレグナンツ（prägnanz）の法則と呼ぶこともある。さらに，複数のものが動いている場合には，同じ時点に同じ方向へ動くものどうしがまとま

図2.18 視知覚のゲシュタルト要因の例（吉野, 2000 をもとに作成）

って見える，共通運命の要因がはたらく．

3.4 運動と奥行きの知覚

　網膜上を何かの像が，眼球運動とは無関係に，だんだんと移動していけば，その像が運動しているように知覚される．あるいは，動く物体を目で追う追従眼球運動をしていると，物体の像は網膜の中心に入ったままでほとんど動かなくても，それは眼球運動が原因であるとわかるので，運動が正しく知覚される．

　一方で，実際には運動は起きていない場合でも，視覚刺激の入力内容によっては，運動が知覚される場合がある．中でもよく知られており，心理学史の中でも重要な現象として，仮現運動（apparent movement）がある（→第1章）．

　真っ暗な空間の中に光点を一つだけつけると，その光点がゆらゆらと動くような知覚が起こる．これは自動運動と呼ばれ，背景との関係で動きを判断する働きが，光点以外は真っ暗で何も見えないために使えないことで起こる．動く量をはっきり捉えることも難しい，あいまいな知覚である．また，背景との関係で運動を知覚する働きは，動いているものを背景としてとってしまうことで，動いていないものが動いて見える，誘導運動をもたらす．月夜に雲が流れるのを見ていると，実際に動いているのは雲なのに，月が雲の中を動いていくように見えることがあるのが，その例である．

　自分が動いていくと，目に映る像もそれに合わせて移動する．電車に乗って風景を眺めていると，遠くのものはあまり位置が変わらなくても，近くのものは速く目の前を通り過ぎていく．自分が動くことで起こる視野中での位置のずれを運動視差（motion parallax）と呼び，この大きさによって，自分からの距離の大小がわかり，奥行きの知覚をもたらす．また，自分が正面を見て前に進

第 2 章　学習・認知・知覚

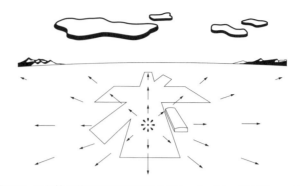

図 2.19　飛行機の着陸時の光学的流動パターン（リード, 2006, p. 116）

んでいくときには，図 2.19 のような，近づくにしたがってだんだん速度を上げて，視野の周辺へと流れていく光学的流動パターンが起こる。同じようなパターンを，大きなスクリーンに映して見ると，奥行きを感じるとともに，自分自身が前に進んでいく，あるいは吸いこまれるように感じる，視覚誘導性自己運動知覚が起こりやすく，これはバーチャルリアリティ技術に応用されている。

　奥行きの知覚は，まったく何も動いていないときでも，容易に得られる。比較的近くのものであれば，水晶体で網膜像のピントを合わせる調節の働きが距離の検出に利用でき，また，近くのものほど両眼を鼻側へ寄せた寄り目の状態で見ることになることも，奥行きの手がかりになる。そして，左右の目に映る像のずれである両眼視差は，奥行き知覚を強力に規定する。3D の映画は，特殊なフィルターを通して左右の目に別々に映像が入力できるようにして，両眼視差を作ることで立体感を知覚させている。なお，左右の目に映る内容がまったく対応せず別物の場合には，両眼を合わせて奥行きのある適切な世界を知覚することが不可能となる。その場合，ある時は左の像が，またある時は右の像が意識に上るというように交替を繰り返す，両眼視野闘争（binocular rivalry）と呼ばれる不安定な視覚体験が発生する。

3.5　恒常性と錯視

　網膜に映る像は，見る角度や距離，光の当たり方，自分の動きなどによって，

さまざまに変わる。一方，実際の知覚内容は，そういったものの影響を抑えて，安定した形で得られる。このような性質を知覚の恒常性（constancy）と呼ぶ。

　近くにある対象ほど，網膜には大きく映り，対象までの距離が大きくなるにしたがって，それに反比例して像は小さくなっていく。しかし，距離にかかわらず，正しい大きさがだいたいわかり，距離がかわることで大きさが変化するようには見えない。これは大きさの恒常性の働きである。また，写真やテレビで見るものは，実物よりもはるかに小さい像になっていることがほとんどだが，ミニチュアのように見えることはなく，適切な大きさで理解される。

　同じものでも，見る角度によって網膜に映る形は変化していく。しかし，その物体が変形していくようには見えにくく，比較的正しい形を容易に捉えることができる。紙の上に描かれた真円を見るとき，正面から見れば網膜像も真円で，見る角度を変えていくと，網膜像は楕円状に歪んでいくが，それほど歪んでは感じにくく，実際には真円であることもだいたいわかる。これは形の恒常性の働きである。

　物体を動かすのではなく，自分が移動する場合には，視野の中のさまざまなものが，網膜上での位置関係を変えていく。また，眼球を上下，左右へ動かすと，網膜像全体がそれぞれ反対方向へ動く。しかし，実際にそれらの物体が移動して位置が変わっていくようには見えない。これは位置の恒常性の働きである。また，目を動かさずにじっと見ているつもりでも，眼球はごくわずかに動き続ける（固視微動）が，知覚される世界が揺れて見えることはない。特殊な装置でこの固視微動の影響を打ち消して，静止網膜像と呼ばれるまったく揺れない網膜像を与えると，まったく同じ網膜上の位置に同じ入力が続くため，順応が起きてしまい，視覚像が数秒で薄れて消えていくことが起こる。

　近くのものと遠くのものとでは，実際に移動している場合に網膜上に像が動く速度は異なってくるが，距離の影響を修正して，正しい速度がだいたいわかる。これは速さの恒常性の働きである。また，光の強さや色が変わると，その物体から目に届く光の量やスペクトルも変わるが，ふつうは物体そのものの色合いが正しくわかる。これは明るさの恒常性や色の恒常性の働きである。図2.20は，エーデルソン（Adelson, E. H.）によるチェッカーシャドウ錯視で，Aの場所とBの場所とは，灰色の濃さは同一であるが，影による明るさの変化の

第2章 学習・認知・知覚

図 2.20　チェッカーシャドウ錯視

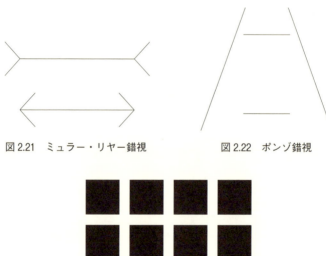

図 2.21　ミュラー・リヤー錯視　　図 2.22　ポンゾ錯視

図 2.23　ヘルマン格子錯視

3. 知 覚

分を恒常性の働きが修正してしまうことで，同じ濃さには見えなくなる。指などでまわりを隠していって，濃さが同じであることを確かめてみよう。

対象が実際の物理的特性とは異なる状態に見えるような現象を，一般に錯視と呼ぶ。恒常性の働きを含め，本来は適切な視覚につながるための情報処理過程が，錯視の原因にもなっていると考えられている。図 2.21 はミュラー・リヤー錯視，図 2.22 はポンゾ錯視と呼ばれる幾何学的錯視である。いずれも，物理的には同じ長さの横線が異なって見え，奥行き知覚と関連すると考える説もある。一方，図 2.23 はヘルマン格子錯視と呼ばれ，十字状の交点の中央にぼんやりと黒いものがちらついて見える。この現象には，末梢の神経機構がかかわっているとされる。

3.6 聴覚の基礎

耳は，聴覚および平衡感覚をもたらす感覚器官であり，断面は図 2.24 のようになっている。空気の振動である弾性波が，内耳にある蝸牛（かぎゅう）のコルチ器と呼ばれる構造で周波数分析され，神経信号に変えられて聴神経に送られ，中脳の上オリーブ核で左右からの聴神経の大半が交差して，主に反対側の側頭葉の聴覚野に届くことで音として知覚される。弾性波のうち，人間に音として聞こえる周波数の範囲のものが可聴音であり，健常青年では 20 〜 20,000Hz 程度が聴覚を起こす適刺激である。聴覚の加齢変化では，そのうち高い周波数の音が聞こえにくくなりやすい。

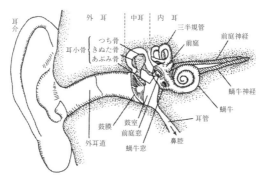

図 2.24 耳の構造（重野, 2003, p. 20）

第2章　学習・認知・知覚

表2.4　dBで表現された音の大きさ（Roads, 2001をもとに作成）

音源	dB
ささやき声	30
会話（平均値）	70
叫び声（平均値）	80
ピアノ（瞬間最大）	100
最大編成のオーケストラ（瞬間最大）	120
ロック音楽コンサート（定常値）	130

　音の大きさは，デシベル（dB）で表現されることが多い。これは，底を10とする常用対数によるレベル表現のベルに，10^{-1}をあらわす接頭辞デシをつけた単位である。聴覚が生じる絶対閾を基準にしての比を，常用対数であらわす。これは，感覚量は物理量の対数であるとするフェヒナーの法則（→第1章）によくなじむ。表2.4にさまざまな音の大きさをデシベルで示した。
　音の高さは，周波数と対応して，周波数が高いほど高い音であると考えられやすいが，そう単純ではない。音波が正弦波の形をとる純音であれば，周波数がひとつに定まるが，実際の音にはさまざまな周波数成分が重なっている。楽器の音であればたいてい，一番低い成分である基音と，その整数倍の周波数の音である倍音とから成っていて，一般には基音の周波数が高さを，倍音の分布が楽器の音色を規定する。一方で，いくつか重なっているものの周波数の最大公約数にあたる高さの音が聞こえる，ミッシングファンダメンタルと呼ばれる現象もある。たとえば，1,800Hz，2,000Hz，2,200Hzの純音を同時に鳴らすと，実際には鳴っていない200Hzに相当する低音の知覚が得られる。
　ある音の知覚が，合わせて鳴っている他の音によって妨げられることがある。これはマスキング（masking）と呼ばれ，大きな音ほど他の音をマスクする効果が大きいのはもちろんだが，高さの異なる音が同時に鳴った場合には，より低い音がより高い音をマスクしやすい傾向がある。マスキングは，騒音対策や，音響データの圧縮技術などに応用されている。

3.7　音声の知覚

　音声でも，一人の声にはさまざまな周波数成分が重なっている。どのような

3. 知 覚

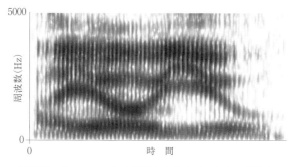

図 2.25 "I owe you." と発音した時のスペクトログラム

成分が多いかを分析して図にしたものであるスペクトログラム（spectrogram）を描くと，たとえば図 2.25 のようになる。色の濃い部分は，その周波数の成分が多く含まれていることを示している。この縞のようなところをフォルマント（formant）と呼び，周波数の低いものから順に，第 1 フォルマント，第 2 フォルマントというように呼び分ける。各フォルマントの高さは，発音する時の口や舌の位置によって変わり，ここから母音が聞き分けられる。また，フォルマントをデジタル処理で変化させることで，同じことばを発する音声のままで，声の音色が変わって聞こえるようにできる。

しかし，言語音の聞き分けには，聴覚だけでなく，実は視覚も活用されている。それを示す現象として，マガーク効果（McGurk effect）が知られている。これは，発音の聴覚提示と合わせて，それと異なる口の動きを見ると，口の動きに影響されて実際の発音とは異なる音が知覚されるというものである。たとえば，「バ」の音を聞くときに，「ガ」の口の動きを観察すると，「ダ」のような音が聞こえる。ただし，マガーク効果の大きさには文化差があり，日本人では比較的小さい。これは日本語の母音の種類が少ないことと関係があるとされている。

一人ではなく，何人かの音声が同時に入力されても，すべてが混ざって何も聞き取れなくなってしまうことは，まず起こらない。いわゆる聖徳太子のように，すべてを同時に理解することはむずかしいが，特定の人物の声に意識を絞れば，その内容は比較的容易に理解できる。ヘッドフォンを使って，左右の耳

79

第2章　学習・認知・知覚

にまったく別々の音声を提示する両耳分離聴の状態では，どちらかというと右耳のほうが聞き取りやすいが，どちらか一方の内容をそのまま自分で声に出すようにさせる（シャドーイングさせる）と，どちらでも大きな問題なく行うことができる。その一方で，声に出していないほうの耳に入っている音声が何を言っていたのかは，ほとんど理解されない。このような効果は，賑やかなカクテルパーティでも話し相手の発声だけは理解できていることになぞらえて，カクテルパーティ効果（cocktail-party effect）と呼ばれる。ただし，声に出していないほうの耳でも，男声か女声かが切りかわったり，自分の名前が呼びかけられたりすると気づくことから，まったく情報処理がされていないわけではないこともわかっている。

3.8 クロスモーダル知覚

複数の感覚の種類（モダリティ，modality）から入った情報は，別々に処理され，知覚されるだけでなく，あるものが他のものへと影響を与えることもある。前に触れたマガーク効果や，視覚誘導性自己運動知覚は，そのよく知られた例である。また，まったく同じ重さのものを手に持っても，見かけの体積が大きいほど軽く感じられるシャルパンティエ（Charpentier）の錯覚や，音が実際に出ている場所からややずれた位置に，スピーカーなど音源に見えるものがあると，そこから音が出ているように聞こえる腹話術効果も，異なる感覚の間でのクロスモーダルな知覚現象である。これらには，視覚が他のモダリティに影響を与え，その逆ではないという方向性が見られやすい。重さによって物体の体積が増減して見えたり，音が出ている位置のほうにスピーカーが移動して見えたりすることはない。

> **要点の確認**
>
> ・オペラント条件づけのさまざまな強化スケジュールについて，日常生活の中ではどんなものがどのスケジュールに近いか，考えてみよう。また，それぞれで起こる行動の累積回数を縦軸に，時間を横軸にしてグラフに描くと，各強化スケジュールはどんなパターンになるだろうか。
> ・洞察学習，潜在学習，観察学習について，レスポンデント条件づけやオペラント条

件づけでは説明しにくいところはどこだろうか。また，このような学習ができることは，どんなことに役に立っていると考えられるだろうか。
・短期記憶と長期記憶とはどこが違うだろうか。潜在記憶と顕在記憶とではどこが違うだろうか。エピソード記憶と意味記憶とではどこが違うだろうか。いろいろな記憶の性質の違いについて，整理してみよう。
・4枚カード問題で，まちがわれやすいのはどこだろうか。なぜそこがまちがわれやすいのだろうか。そして，どんな工夫をすればそのまちがいが減らせるだろうか。
・視知覚における恒常性のはたらきにはいろいろなものがあるが，同時にはどれかひとつだけしか働かないということはない。複数の恒常性がはたらき，適切な知覚ができる場合にはどんな場面があるだろうか。
・音の大きさ，高さ，音色は，音が持つどのような特徴によって決まってくるのだろうか。

文献ガイド

日本認知心理学会（編）(2013)．認知心理学ハンドブック　有斐閣．
　▷ハンドブックという名前のように，いつもの勉強や研究の傍らにおいて辞書的に利用してほしい本。発展し続ける現代の認知心理学の重要な173項目について，それぞれ見開き2頁，あるいは4頁で解説されており，大変読みやすい。

小野浩一（2005）．行動の基礎　培風館．
　▷条件づけの考え方が，基礎にある哲学から，近年の理論的発展まで含めて，体系的に学べる。実験動物の行動はもちろん，人間の言語行動や社会的行動までに広げていく視点が興味深い。

下條信輔（2008）．サブリミナル・インパクト　中央公論新社．
　▷ものが見え，わかり，覚え，考え，選ぶといった働きのかなりの部分が，自分では意識されないところで働いていることを読みやすく整理した新書。認知の特性を改めて意識するだけでなく，社会や人間の自由のあり方まで考えさせられる。

太田信夫（編）(2006)．記憶の心理学と現代社会　有斐閣．
　▷人間の記憶について，社会のさまざまな場面と関連づけて，応用的な視点から解説し，議論する。記憶のはたらきの特徴が，ありとあらゆる場面に生かされていることが見えると同時に，どんな問題につながっていて，どのように気をつけなければいけないのかも明らかにされていく。

横澤一彦（2010）．視覚科学　勁草書房．
　▷ものが見えるとはどういうことか，どのようにして成り立っていて，限界はどこまでなのかといった，視覚の科学的な探究の成果がまとまっている。最新の知見がしっかりとつまっていて，中級者向き。

日本認知心理学会（監修）(2010)．現代の認知心理学（全7巻）　北大路書房．

第2章　学習・認知・知覚

▷認知心理学が関係する全領域にわたり，今日の学問的水準を保ち，わかりやすく書かれている。各巻は2部構成で，「基礎と理論」と「展開と実践」から成る。初学者から研究者まで，それぞれが目的に応じて参照できる内容になっている。各巻のタイトルは，（第1巻）『知覚と感性』，（第2巻）『記憶と日常』，（第3巻）『思考と言語』，（第4巻）『注意と安全』，（第5巻）『発達と学習』，（第6巻）『社会と感情』，（第7巻）『認知の個人差』である。

コラム1　記憶力に心配は無用

　「私は記憶が悪い」とか，「記憶がよければ，もっとよい成績をとれるのに」とか，「記憶がよければ，もっとスムーズに仕事ができるのに」などと思っている人は，年代を問わず少なからずいることだろう。
　こんな心配は無用である。記憶の良し悪しはちょっと工夫したり気をつければ変えられるからだ。一般的に言って記憶力本来の個人差はあるが，それよりもその人の記憶に対する考え方や実践の個人差の方がはるかに大きい。それが証拠に，記憶術を使って100の単語を一度見ただけで憶えてしまう人や，円周率の数字を5万桁まで言える人がいる。極端な例かもしれないが，これらの人たちは日常は普通の記憶力の持ち主である。しかし特定の記憶方法を身につけ，驚くような記憶力を発揮する。また将棋や碁の棋士，野球やサッカーなどのプロの選手は，経験した試合の詳細を普通の人の何百倍もよく憶えている。何事にもプロといわれる人は，そのことに対して経験や知識が多く，興味も人一倍だからであろう。
　このようにして私たちのような凡人でも，特定の方法を身につけたり，特定の内容に高い専門性を発揮するようになれば，記憶力を向上させることができる。自分の記憶力を嘆く前に，記憶や学習の仕方，忘れないための工夫や効率のよい思い出し方などについて考えてみよう。
　話はがらりと変わるが，人間の記憶は，実は普通に考えているより，はるかに長く確実に保持されるものである。それは潜在記憶（本文 p. 62）の存在を知れば，よく理解できる。潜在記憶とは，意識的に思い出すことはできなくても，適切な判断や行動の可能性を支えている記憶のことである。たとえば自転車に乗ったり泳いだりすることができるのは，その方法に対する潜在記憶があるからだ。その方法を意識してその行為をしているわけではない。日本語の文法の知識について意識しなくても，日本人は日本語を話すことができる。これも文法に関する潜在記憶のお蔭である。この記憶のお蔭で，相当に日本語のうまい外国人がしゃべるちょっとおかしな日本語にも，私たちはすぐに気づく。
　このような潜在記憶は，たいていは死ぬまで保持されるものである。いわゆる日常的な意味の記憶（顕在記憶）は，時とともに次第に忘却されるものだが，

潜在記憶はそれよりもはるかに保持がよい。自転車に乗ることも泳ぐことも日本語も，何十年も経験しなくても忘れることはない。

私たちは，潜在記憶という強固な能力と，工夫次第で強化できる顕在記憶という能力の2つの記憶を持っているのだ。

最後に，筆者の考える「記憶をよくする7つのルール」を紹介しよう。しっかりと記憶したい内容について，次のようにするとよいだろう。

①要点を数個（3～5）にまとめる。
　覚えることを自分なりにカテゴリに分けたり，キーワードを中心にまとめる。そのカテゴリ名やキーワードをしっかりと覚え，想起の手がかりとする。
②自分の知識や経験と関連づける。
　新しいことや難しいことを理解し覚えるときに使ったりする。自分の言葉で理解し，納得すること。
③図に書いたりイメージを使う。
　抽象的なこと，あいまいなこと，複雑なことは，できるだけシンプルに図式化，イメージ化すると，頭の中が整理整頓できる。
④体や五感（視覚，聴覚，運動感覚など）を使い，感情も働かせる。
　感情を込めて，声に出したり書いたり，また動作に表したりする。面白さや驚きの発見，感動したことはいつまでも記憶に残る。
⑤思い出す（想起する）練習をする（自己テスト効果）。
　覚える時間の半分は，何も見ないで行ったり書いたりして自己テストを繰り返す。そうすると自分の理解不足・記憶不足のところが分かる。
⑥時間（日にち）をおいて繰り返す（反復効果）。
　何時間も集中してするよりも，適当に分散して勉強したほうがよい。
⑦理解し覚えようという強い意欲を持つ。
　その学習の重要性や意義を考え，モティベーションを高める。

第3章

発達・教育

子安増生

(1) 19世紀に先進諸国で開始された公教育は，多くの子どもたちを学校に集めて教育することの困難さ，年齢による発達差と発達の個人差への対応などの課題に直面することとなり，そのことが発達心理学と教育心理学を発展させる大きな原動力となった。
(2) 20世紀に入り，知能検査が開発され，発達段階に関する理論が体系化され，障害児教育が整備され，学校不適応への取り組みも行われるようになったが，このような課題に対する心理学の貢献について振り返ってみる。
(3) 発達心理学の基礎として，発達の基本的な概念を整理した後，生物としての人間と社会的存在としての人間の両面から発達について考える。
(4) 教育心理学の基礎として，個人差に対応する教育，行動主義的教育観から認知主義的教育観への変遷，教育評価，障害者支援プログラム，生涯学習を支える認知的能力について検討する。
(5) 発達心理学と教育心理学の発展を支えてきた発達・教育分野に特有の研究法として，遺伝研究法，フォローアップ研究，心理アセスメント法，乳児対象の実験法について紹介する。

第3章 発達・教育

1. 発達・教育研究の歴史と課題

1.1 公教育の開始

　発達と教育に対する学問的関心の源流は，たとえばチェコの思想家コメニウス（Comenius, J. A., 1592-1670）が近代の学校を構想して『大教授学』を書き，絵入りの百科事典であり世界最初の視聴覚教材と言われる『世界図絵』をまとめた事績や，スイス・ジュネーヴ生まれの思想家ルソー（Rousseau, J.-J., 1712-1778）が発達論でありかつ教育論である『エミール，または教育について』を書き，子どもは小さな大人ではなく，子ども固有の成長のプロセスがあるとし，それを手助けする教育を構想した事績（Rousseau, 1762）などに遡ることができよう。

　しかし，当時は教育の中心は，富裕な家での家庭教師による教育か，徒弟奉公による職業訓練であり，学校教育は教会の学校などごく限られた範囲でしか行われず，国家が主体となる公教育（formal education）の成立は19世紀以後のこととなった。たとえば，イギリス（イングランドとウェールズ）の5歳から12歳の子どもを教育する公共の学校の設置を義務づけた初等教育法（Elementary Education Act）が成立したのは1870年である。ただし，そこにうたわれた就学義務制度と授業料無償制度が完全に達成されるのはずっと後のことであり，イギリスの場合，全面的な教育無償制は第一次世界大戦の終わる1918年に成立した教育法（Education Act）によって実現したとされる。

　わが国では，最初の近代的学校制度を定めた教育法令である学制が1872年（明治5年）に，次いでその問題点を修正し，より現実的な学校制度を目指した教育令が1879年（明治12年）に定められ，欧米各国とさほど遅れることのない時期に公教育が開始されたことは特筆すべきである。

　学校教育は，多くの子どもたちを学校に集めて教育するという新たな機会を生み出すものであったが，そのために一律の方法で教育することの困難さ，年齢による発達差，発達の個人差などの課題に直面することとなり，そのような問題が発達心理学と教育心理学を推進する大きな原動力となったのである。

1.2 発達心理学・教育心理学の登場

　現代心理学は，ドイツの生理学者・哲学者のヴント（Wundt, W. M., 1832-1920）が1879年にライプツィヒ大学教授として同大学に世界最初の心理学実験室を開設したことを出発点としている。同じころアメリカでは，ハーヴァード大学教授のジェームズ（James, W., 1842-1910）が生理学から心理学に転じ，1890年に『心理学原理』，1907年に『プラグマティズム』を著し，心理学とプラグマティズム哲学の発展に尽くした（James, 1892参照）。

　発達心理学と教育心理学の祖として，アメリカのホール（Hall, G. S., 1844-1924）という心理学者の名前があげられることが多いが，ホールはヴントの『生理学的心理学綱要』に触発されて心理学を志し，1878年にハーヴァード大学のジェームズのもとでアメリカ最初の心理学の博士号を取得後，ライプツィヒ大学のヴントに直接教えを受けた。1888年にクラーク大学の初代総長に就任，1892年にはアメリカ心理学会を組織して初代会長に就任した。1909年にホールは，クラーク大学の創立20周年記念式典に精神分析の創始者であるオーストリアの精神科医フロイト（後出）らを招いて講演の機会を与え，そのことが精神分析がアメリカにおいて認知されるきっかけとなったとされる。

　アメリカのプラグマティズム哲学者・教育哲学者のデューイ（Dewey, J., 1859-1952）は，ジョンズ・ホプキンズ大学の大学院でホールのもとで学んだ後，シカゴ大学教授として同大学に実験学校をつくり，1899年『学校と社会』を発表，1904年からはコロンビア大学哲学教授となり，同大学に50年近く務めた。また，1916年に『民主主義と教育』を発表した（Dewey, 1916）。

　わが国では，元良勇次郎（1858-1912）が日本の心理学の祖とされる。同志社英学校最初の学生となり，その後渡米してデューイの講義を受けた。1890年，東京大学の前身の帝国大学文科大学教授に就任し，1893年に心理学・倫理学・論理学第一講座担当となった。

　発達心理学にも関係が深いのは，知能や素質に関する研究を行った松本亦太郎（1865-1943）であり，1893年東京帝国大学卒業後，ライプツィヒ大学のヴントのもとに留学した。1906年に京都帝国大学心理学講座教授，1913年に元良勇次郎のあとを継いで東京帝国大学教授に就任，1927年に日本心理学会を設立し初代会長となった。

第3章 発達・教育

　以上のように，欧米諸国では19世紀末の間に公教育が開始され，独立した学問領域としての心理学が成立し，発達と教育の心理学的研究も開始された。わが国がこの世界の趨勢に遅れずに公教育と心理学をスタートさせたことを知っておきたい。このことは，以下に見るように，知能検査の研究やピアジェの発達心理学の研究に関してもあてはまる。

2. 20世紀の新たな課題

2.1 知能検査の開発

　既述のように，多くの子どもたちを学校に集めて教育する学校教育は，一律の方法で教育することの困難さ，すなわち年齢による発達差，発達の個人差，障害や学校不適応の理解などの課題に直面することになった。この課題に対する取り組みの一つが知能検査（intelligence test）の開発であった。

　フランスでは，1881年に義務教育制度が導入されたが，普通教育の授業についていけない子どもたちをどのように処遇するかが大きな課題となった。フランスの発達心理学者ビネー（Binet, A., 1857-1911）は，教育当局からこの課題を解決する方法の開発を求められ，医師のシモン（Simon, Th., 1873-1961）の協力を得て，1905年にビネー＝シモン知能測定尺度を作った（Binet et Simon, 1917）。これが世界最初の知能検査である。

　ビネー式知能検査は，年齢や性別，貨幣の名称等の日常的質問から，記憶・計算・推理の問題にいたるまでのさまざまな問題を集め，それを易しいものから難しいものへと並べ，年齢範囲ごとに適切な問題群を設定し，すべての子どもに同じ問題を与えるのではなく，対象児の年齢と解答の正誤に応じて問題の与え方を柔軟に変える方式であったことが成功の鍵であったとされる。

　ビネーらの知能検査は，ビネーの早世という悲運もあり，その後フランスでは必ずしも順調に発展したとは言えないが，むしろアメリカをはじめ世界中に広まっていった。その端緒は，スタンフォード大学の心理学者ターマン（Terman, L. M., 1877-1956）らが1916年に作成したいわゆる「スタンフォード＝ビネー知能検査」である。ターマンの知能検査の特徴は，知能指数の概念を導入し実用化したことと，教育困難児の発見だけでなく，優秀児の知能を測定する

ことを目標とした点にある。

　わが国では早くも1908年に，精神医学者の三宅鉱一（1876-1954）が医学専門誌にビネー検査の紹介を初めて行った。その後，東京帝国大学心理学科出身でクラーク大学に留学してホールに師事した久保良英（1883-1942）が1917年ごろからビネー検査の日本語改訂版作成を試みた。本格的にビネー検査の日本語版の標準化を行ったのは，滋賀師範学校出身（後に京都大学文学博士）の鈴木治太郎（1875-1966）であり，大勢の子どものデータをもとに作成した実際的個別的知能検査法（鈴木ビネー式知能検査）を1930年に公刊した。また，京都帝国大学と東京帝国大学大学院で松本亦太郎に師事した田中寛一（1882-1962）は，1947年に田中ビネー式知能検査を公刊した。鈴木ビネー式と田中ビネー式は，個別式知能検査の双璧として，共に長く利用されてきたものである。

　知能検査の開発史でもう一人重要な人物が，ウェクスラー式知能検査シリーズを開発したウェクスラー（Wechsler, D., 1896-1981）である。ルーマニアで生まれアメリカに帰化したウェクスラーは，コロンビア大学等で学び，ニューヨークのベルヴュー精神病院に勤務していた1939年にウェクスラー・ベルヴュー知能検査を公刊したことを皮切りに，1949年に子ども（7歳～16歳）が対象のWISC（Wechsler Intelligence Scale for Children），1950年に16歳以上の成人が対象のWAIS（Wechsler Adult Intelligence Scale），1966年に就学前児（2歳半～7歳）が対象のWPPSI（Wechsler Preschool and Primary Scale of Intelligence）を発表した。ウェクスラー式知能検査シリーズの特徴は，下位尺度として言語性知能を測る検査群と動作性知能を測る検査群が用意され，言語性IQ，動作性IQ，全検査IQの3種の知能が表示できること，臨床診断的特性を持つこと，「偏差知能指数（DIQ）」の指標を導入したことにある（「5.3　心理アセスメント法」も参照）。

　ウェクスラーの知能検査は，子どもの知能と大人の知能を連続的に捉える立場から開発されたものであるが，この両者の質的な違いに注目する研究も行われるようになった。イギリス出身でアメリカで活躍した心理学者キャッテル（Cattell, R. B., 1905-1998）は，記憶・計算・図形・推理など情報処理能力の正確さと速さに関わる流動性知能（fluid intelligence）と，単語理解や一般的知識など教育・社会・文化等の影響を受けつつ経験と共に蓄積・熟成される結晶性

知能（crystallized intelligence）の2因子に知能を大別するモデルを提唱した。流動性知能は，短期記憶の能力に依存し，未知の問題の解決に役立ち，10歳台で伸長した後，20歳前後でピークを迎える。他方，結晶性知能は長期記憶の能力に依存し，知識の獲得と技能の習熟によって成人後も成長し続け，能力のピークに達する年齢が遅く，老年期を迎えてもなお発達可能なものである（Cattell, 1963）。

アメリカの心理学者ギルフォード（Guilford, J. P., 1897-1987）は，知能を「内容」4因子（図形，記号，意味，行動）×「操作」5因子（評価，収束的思考，拡散的思考，記憶，認知）×「所産」6因子（単位，類，関係，体系，変換，含意）の合計120因子から成る知性の構造モデル（structure-of-intellect model）を提案した（Guilford, 1967）。これはあくまでも理論的モデルであり，すべての因子の存在が確認できたのではないが，中でも重要な因子として，多くの情報から一つの答えを導き出す収束的思考（convergent thinking）に対して，一つの前提からさまざまな答えを導き出す拡散的思考（divergent thinking）がある。収束的思考が流動性知能に関連するものとすれば，拡散的思考は結晶性知能とも関連し，老いてもなお創造的な仕事や作品を生み出し続ける能力であると言える。

2.2 発達段階と発達課題

多くの子どもたちを学校に集めて教育する学校教育は，「学年」という単位での教育を必須のものとした。そのことは，「年齢による発達差」の問題について考えさせ，その結果発達段階（developmental stage）についての理論化を推し進めた。アメリカの物理学者で発達と教育の研究も行ったハヴィガースト（Havighurst, R. J., 1900-1991）は，子どもがある発達段階から次の発達段階にスムーズに移行するために，その発達段階で獲得あるいは習得しておくべきことがらを発達課題（developmental task）と呼んだ。発達段階は，その段階の発達課題と共に提示されなければならないのである。

◉ ピアジェの発生的認識論

スイス生まれの発達研究者ピアジェ（Piaget, J., 1896-1980）は，故郷のニューシャテル大学で生物学の博士号を得た後，前出のシモンのもとで知能研究を

行い,スイスとフランスの研究機関で子どもの認識の発生過程を研究して発生的認識論（genetic epistemology）の体系を樹立する中で,0歳から15歳までの期間の発達を次の4期に分けた（Piaget, 1966, 1970）。

感覚－運動期（sensori-motor period）は,誕生から2歳頃までの時期をいう。感覚－運動とは,把握反射（掌に触れたものを握ろうとする）や吸綴反射（頬に触れたものをくわえて吸おうとする）といった原始反射（primitive reflex）のように,表象や言語がほとんど介在せずに感覚刺激と運動反応が直に結びついた状態をさす。ただし,たとえば赤ちゃんがガラガラを振ると,その音が振る動作をうながし,振る動作がまた音を作り出すという双方向的関係が生ずる。ピアジェは,このような関係を「循環反応」と呼んだ。感覚－運動期の後半には,歩行と言語が可能となりはじめ,探索行動が子どもの認知発達を促進していく。その結果,物体は見えなくなったり聞こえなくなったりしても存在し続けるという対象の永続性（object permanence）が理解されるようになる。

前操作期（preoperational period）は,2歳頃から7歳頃までの時期をいう。2歳前後からことばが出はじめ,あるもので別の何かをあらわす記号的機能が出現する。ままごとのようなごっこ遊び（pretend play）あるいは象徴遊び（symbolic play）は,葉で皿を,枝で箸をあらわすなど,遊びの中に記号的機能が用いられる。1歳前後からはじまる描画（drawing）は,感覚－運動的ななぐりがき（scribble）が2歳を過ぎると人間・動物・植物などをあらわす表象的描画へと変化する。動作として理解できることが動作に頼らなくても頭の中だけでできるようになることをピアジェは操作（operation）が獲得されたと定義したが,この時期は操作が獲得される前の段階（前操作的段階）である。たとえば,足し算は目の前に物があればできるが,暗算はまだできない。この時期に特徴的な心性にアニミズム（animism）がある。これは,動物や植物だけでなく,動くおもちゃのような人工物,あるいは石のような自然物に対してまで,「生きている」「楽しいと思う」などの生命性を感ずることである。

具体的操作期（concrete operational period）は,7,8歳頃から11歳頃までの時期に当たる。この時期にはさまざまな論理操作が可能になるが,まだ材料の具体性に影響され,同じ形式の論理的思考であっても,内容によってできたりできなかったりする。たとえば,この時期の子どもは「鉄1kgと綿1kgでは

どちらが重いか？」というなぞなぞに簡単に引っかかってしまう。物質がその見かけなどの非本質的特徴において変化しても，数・重さ・面積・物質量・液体量などの本質的特徴は変化しないことを保存性（conservation）というが，具体的操作期の児童は，保存性を獲得する途上にある。たとえば，同形同大の2つのコップに同じだけ水を入れ，等量であることを確認させた後，片方のコップはそのままにし，もう片方を別の形をした容器に移しかえ，「水が増えたか，減ったか，それとも同じか」と尋ねると，容器の形状に影響される児童が少なくない。しかし，「水を元のコップに戻せば同じ」であることが分かれば，可逆性（reversibility）の原理を理解したことになる。

形式的操作期（formal operational period）は，11，12歳から14，15歳にかけての時期をいう。形式的操作期の思考は，論証の形式と内容を分け，事実についてだけでなく，可能性の問題についても論ずることや，仮説検証的な推理を行うことを可能にする。①「かつ」や「または」を用いて考える命題の組合せ，②ある現象に対して作用しているように見える要因の中から真に関連する要因を取り出す関連要因の発見，③天秤の左右に重りを乗せてつりあうかどうかをみる比例概念が特に重要とされる。

ピアジェは，11〜15歳にかけて形式的操作の思考が完成すると考えたが，その後の追試研究では，このことは確認されなかった。むしろ大学生になっても形式的操作の思考ができない者が結構多いのである。1972年にピアジェは，具体的操作から形式的操作へという発達の順序性は動かないが，その到達の時期に大きな個人差があること，また，発達段階の概念と適性分化の概念を調和させて考える必要があることを認める立場を表明した（Piaget, 1972）。

ピアジェの発生的認識論では，心は「まだ何も書きこまれていない白紙」のようなタブラ・ラサ（tabula rasa）の状態ではありえず，認識するための枠組みであるシェマ（schema）を用いて外界から情報を取り入れる同化（assimilation）の過程と，既存のシェマではうまくいかなくなった時にシェマ自体を変更する調節（accommodation）の過程の両方が認識の発達にとって重要である。

ピアジェは，1920年代前半から次々と精力的に著作を発表しているが，ほぼフランス語での発表であったために，第二次世界大戦以前は英語圏での影響力が乏しかった。特にアメリカでは，ようやく1963年にフレイヴル（Flavell,

J. H., 1928-)が『ジャン・ピアジェの発達心理学』を公刊したことを契機に知名度が高まった。他方わが国では，戦前から波多野完治（1905-2001）らがフランス語の原典をもとにピアジェの研究紹介を行ってきた。

◉ コールバーグの道徳発達理論

アメリカの心理学者コールバーグ（Kohlberg, L., 1927-1987）は，ピアジェの発達理論の影響のもとに，道徳性の発達を次のように3水準6段階に分類した（Kohlberg, 1969）。なお，カッコ内は，各段階の行動基準の例を示す。

　水準1：慣習以前の水準
　　第1段階：服従と罰への志向（例：どうしたら罰せられないか）
　　第2段階：自己利益への志向（例：自分にとってよいことか）
　水準2：慣習の水準
　　第3段階：対人的調和と同調への志向（例：良い子にみられるか）
　　第4段階：権威と社会秩序維持への志向（例：規則にしたがう行為か）
　水準3：慣習以後の水準
　　第5段階：社会契約の志向（例：皆のために規則を変更した方がよいか）
　　第6段階：普遍的な倫理的原理への志向（例：良心に恥じない行為か）

アメリカの女性心理学者キャロル・ギリガン（Carol Gilligan, 1937-）は，コールバーグの共同研究者であったが，1982年に『もうひとつの声』を著し，コールバーグの理論が男性中心の正義の倫理であり，女性にとっては人間関係中心のケアの倫理（ethics of care）が重要であると主張した（Gilligan, 1982）。

◉ フロイトの心理－性的段階論

オーストリアの精神科医で精神分析の創始者のフロイト（Freud, S., 1856-1939）は，子どもが快楽と安心をどこに求めるかという観点から，心理－性的発達段階を次の5期に区分した。

　口唇期：出生時から2歳まで。乳児は，お乳や指を吸うことにより快感を

得る。適切にお乳をもらえることは，信頼感を育てる。
肛門期：2歳から4歳頃まで。排便による肛門の快感を得る。適切なトイレット・トレーニングは，満足感に基づく我慢と自信を形成する。
男根期：3歳から6歳頃まで。男女の性器の違いに関心を持ち，性器いじりにより快感を得る。異性の親への愛情と同性の親へのライバル心（エディプス・コンプレックス）が見られる。
潜伏期：7歳から思春期の開始まで。性的関心は表面にはあまり現れず，勉学やスポーツなど社会的に価値のある活動にエネルギーが向かう。
性器期：思春期から始まる最後の段階。男子で精通，女子で月経が開始し，性的に成熟していく。

以上のようなフロイトの発達段階論は，発達の原動力を性欲においたために汎性説（pansexualism）と呼ばれるが，その妥当性をめぐって批判も受けている。

◉ **エリクソンのライフサイクル論**
ドイツ生まれのアメリカの心理学者エリクソン（Erikson, E. H., 1902-1994）は，精神分析の訓練を受けて臨床家として活躍し，アメリカ・インディアンの子どもの発達と養育についての研究などから，以下のような生涯にわたる8つの発達段階を区分し，それに対応する発達課題を提唱した（Erikson, 1950）。

乳児期（0〜1歳）：基本的信頼 対 不信
幼児前期（1〜3歳）：自律性 対 恥
幼児後期（3〜6歳）：積極性 対 罪悪感
児童期（6〜12歳）：勤勉性 対 劣等感
青年期（12〜18歳）：同一性 対 役割混乱
成人前期（18〜35歳）：親密性 対 孤独
成人後期（35〜64歳）：生殖性 対 沈滞
老年期（65歳〜）：自我統合性 対 絶望

以上の発達課題の説明において，「対」の左側はそれぞれの段階の発達課題

に成功した場合，右側は発達課題に失敗した場合に生ずることがらを示している。なお，青年期の終期については，平均寿命も学歴も短い時代に構想された理論ということもあり，大学生も青年期に含めることが多い現在の基準から見ると，かなり早い時期の18歳としていることに留意したい。

　エリクソン自身が青年期にヨーロッパ中のさまざまな国を回って放浪生活を送り，「自分は何者か」，「自分が帰属すべき集団は何か」などという自己自身への問いを抱き続けたのであるが，青年期を自我同一性（ego identity）あるいは自己同一性（self identity）を獲得すべき時期として特徴づける考え方は，後の青年心理学の中核的理論となった。その際，より望ましいアイデンティティ確立のためにさまざまな決定を先延ばしにすることを，「災害・恐慌時に預金の払い戻しなどを一時停止するモラトリアム（支払猶予）」という経済学的概念を借用して，心理社会的モラトリアム（psycho-social moratorium）と呼んだ。エリクソンの発達段階論は，青年期以後の生涯発達にも広く目を向けるものであり，ライフサイクル（life cycle）という言葉で特徴づけられる。

● 日本の標準的発達期の区分

　以上のように，発達期の区分は，何を発達課題とするかなどの観点により，研究者によってさまざまな提案がなされてきた。以下に示すのは，日本の法律制度（母子保健法，学校教育法，国民年金法など）にも準拠した標準的な発達区分であり，時期と発達課題のポイントを示している（思春期と中年期は別格）。

　　新生児期：生後4週間。呼吸，体温調節，授乳の開始。
　　乳 児 期：1歳半まで。歩行と言語の準備期。
　　幼 児 期：6歳の就学まで。身辺の自立と話しことばの基礎。
　　児 童 期：小学生の時期。書きことばの基礎。計算能力の発達。
　　◇思春期：第二次性徴（後出）の発現にともなう心理的適応。
　　青 年 期：中学生から20代後半。就職・結婚との折り合い。
　　成 人 期：30代から64歳まで。仕事，家庭，子どもの養育。
　　◇中年期：青年でも老年でもない狭間の時期。
　　老 年 期：65歳から。第二の人生。老化と死。

2.3 障害児の教育

　学校教育の中でも大きな課題は，さまざまな障害を持った子どもたち（障害児）の教育処遇のあり方であった。障害児（disabled child）は，発達の過程において遺伝的原因や病気・事故などの原因により，心身の機能の発達が部分的に，または，全体にわたって抑制・阻害された子どものことをいう。

　「学校教育法」（1947年制定）では，障害児のための教育を長らく「特殊教育」と呼んできたが，2006年の法改正で「特別支援教育」に名称が変更された。具体的には，学校教育法の第72条において特別支援学校が規定され，同法第81条2項では特別支援学級が規定されている。また，「学校教育法施行規則」の第140条において，特別支援学級の児童・生徒でなくても，障害に応じた特別の指導を行う必要があるものを教育する場合には，特別の教育課程によることができるとして，言語障害者や自閉症者などがあげられた。2004年制定の「発達障害者支援法」では，第2条の発達障害（developmental disorder）の定義として，「自閉症，アスペルガー症候群その他の広汎性発達障害，学習障害，注意欠陥多動性障害その他これに類する脳機能の障害であってその症状が通常低年齢において発現するものとして政令で定めるものをいう。」と規定された。

◉ 特別支援学校の対象となる障害の程度

　特別支援学校の対象となる障害の程度は，「学校教育法施行令」の第22条の3において次のように規定されている（以下，「又は」は「または」と表記）。

> 視覚障害者：両眼の視力がおおむね0.3未満のものまたは視力以外の視機能障害が高度のもののうち，拡大鏡等の使用によっても通常の文字，図形等の視覚による認識が不可能または著しく困難な程度のもの。
> 聴覚障害者：両耳の聴力レベルがおおむね60デシベル以上のもののうち，補聴器等の使用によっても通常の話声を解することが不可能または著しく困難な程度のもの。
> 知的障害者：1. 知的発達の遅滞があり，他人との意思疎通が困難で日常生活を営むのに頻繁に援助を必要とする程度のもの。2. 知的発達の遅滞の程度が前号に掲げる程度に達しないもののうち，社会生活への適応が著

しく困難なもの。
肢体不自由者：1.肢体不自由の状態が補装具の使用によっても歩行，筆記等日常生活における基本的な動作が不可能または困難な程度のもの。2.肢体不自由の状態が前号に掲げる程度に達しないもののうち，常時の医学的観察指導を必要とする程度のもの。
病弱者：1.慢性の呼吸器疾患，腎臓疾患及び神経疾患，悪性新生物その他の疾患の状態が継続して医療または生活規制を必要とする程度のもの。2.身体虚弱の状態が継続して生活規制を必要とする程度のもの。

◉ 特別支援学級の教育の対象となる障害の程度

　障害のある児童・生徒を小・中学校の特別支援学級において教育する場合のその教育の対象となる障害の程度，通級による指導を行う場合のその指導の対象となる障害の程度については，2002年の文部科学省初等中等教育局長通知「障害のある児童生徒の就学について」によって，以下のように示されている。

知的障害者：知的発達の遅滞があり，他人との意思疎通に軽度の困難があり日常生活を営むのに一部援助が必要で，社会生活への適応が困難である程度のもの。
肢体不自由者：補装具によっても歩行や筆記等日常生活における基本的な動作に軽度の困難がある程度のもの。
病弱者及び身体虚弱者：1.慢性の呼吸器疾患その他疾患の状態が持続的または間欠的に医療または生活の管理を必要とする程度のもの。2.身体虚弱の状態が持続的に生活の管理を必要とする程度のもの。
弱視者：拡大鏡等の使用によっても通常の文字，図形等の視覚による認識が困難な程度のもの。
難聴者：補聴器等の使用によっても通常の話声を解することが困難な程度のもの。
言語障害者：口蓋裂，構音器官のまひ等器質的または機能的な構音障害のある者，吃音等話し言葉におけるリズムの障害のある者，話す，聞く等言語機能の基礎的事項に発達の遅れがある者，その他これに準じる者

（これらの障害が主として他の障害に起因するものではない者に限る。）で，その程度が著しいもの。

情緒障害者：1. 自閉症またはそれに類するもので，他人との意思疎通及び対人関係の形成が困難である程度のもの。2. 主として心理的な要因による選択性かん黙等があるもので，社会生活への適応が困難である程度のもの

　この時点では，自閉症（autism）が情緒障害（emotional distubance）に含まれるなど，分類上の問題がまだ残っていた。しかし，文部科学省初等中等教育局長通知「通級による指導の対象とすることが適当な自閉症者，情緒障害者，学習障害者または注意欠陥多動性障害者に該当する児童生徒について」が2006年に出され，発達障害の位置づけが明確にされた。障害の有無とその程度の決定には医学的診断が不可欠だが，そのための根拠として次の2種類がある。

　第一は，国際連合の組織である世界保健機関（WHO）が公表している疾病及び関連保健問題の国際統計分類（International Statistical Classification of Diseases and Related Health Problems; ICD）であり，あらゆる病気の原因や死因などの統計などに関する情報の国際的な比較や，医療機関における診療記録の管理などに活用されている。略称「国際疾病分類」あるいはICDは，1900年に最初に制定され，以後何度も改訂が重ねられ，現在の版は1990年に制定された第10版で，ICD-10という略称で呼ばれている。

　もう一つは，疾病の中でも特に精神医学的問題に絞ってアメリカ精神医学会（APA）が1952年に定めた精神障害の診断と統計の手引き（Diagnostic and Statistical Manual of Mental Disorders; DSM）である。1994年に発表された第4版のDSM-IVではICD-10との整合性が確保されるように改訂が行われ，2000年に発表されたDSM-IV-TRが世界中で長く使われてきたが，2013年にDSM-5が発表された（American Psychiatric Association, 2103）。

2.4 学校不適応

　精神的あるいは身体的障害の有無とは別に，さまざまな理由で学校教育にう

まく適応できない子どもたちの問題も，公教育の開始以来，大きな課題となっている。そうした児童や生徒は，かつては「成績不良」あるいは「操行不良」という理由で罰せられたり，退学させられたりしたが，現在では学校不適応として，教育相談および心理的支援の対象と考えられるようになっている。学校不適応は，学校という環境の中で児童や生徒が自己実現に失敗する時に生ずるさまざまな現象を取り扱う幅広い概念であり，次のようなものを含む。

◉ 学業不振

　勉学にとってマイナスとなる心身の障害があるわけではないのに，学業成績が長期的に低下あるいは低迷することを学業不振という。学業不振の原因には，本人の慢性的な病気や身体の不調，基礎学力の不足，学習意欲の低下，教師との信頼関係の欠如などの問題や，家庭の経済的事情，親からの精神的重圧，両親の不和など家庭環境に起因する問題など，さまざまなものがあり，幾つかの原因が複雑に絡まっている場合も少なくない。

◉ 不登校

　病気欠席以外の理由による長期欠席は，学校恐怖症や登校拒否と呼ばれた時期もあるが，現在では不登校という中立的な用語が用いられている。不登校の原因は，「勉強がきらい」，「学校に行ってもおもしろくない」，「志望した進路でなかった」，「クラスでいじめにあう」などの理由で意図的に学校に行かない場合もあれば，本人に学校に行かなければならないという気持はありながら，登校時間が近づくと「頭痛がする」，「熱が出る」，「心臓がどきどきする」などの身体症状を呈して，長期にわたって登校ができない状態になる場合もある。

◉ 校内暴力・非行

　学校不適応は，教師をなぐったり学校内の器物を壊したりする校内暴力（school vandalism）や，警察の補導の対象となる未成年の飲酒・喫煙やけんかなどの不良行為や，窃盗・恐喝・暴行などの刑罰法令に触れる行為を行う非行（delinquency）など，さまざまなレヴェルの行動化（acting-out）に結びつく場合がある。いじめ（bullying）は，そのレヴェルがさまざまなために軽視され

第3章 発達・教育

がちであるが，恐喝や暴行まがいのものは十分刑罰法令に触れる行為である。

学校不適応をおこした児童・生徒やその親や教師に対して，一定の助言・援助活動を行う心理職の専門家のことをスクールカウンセラー（school counselor）という。わが国では，文部科学省が1995年からスクールカウンセラー事業を開始し，一定の資格要件と専門的知識を有する特別職の専門家が学校等で勤務して，児童・生徒との心理カウンセリング，保護者ならびに教職員への助言・援助などの心理コンサルテーション等の業務を行っている。

3. 発達心理学の基礎

3.1 発達の概念

発達（development）にはさまざまな意味があるが，人間に適用する場合には，「受胎から死にいたるまでの時間系列にそった心身の系統的な変化」という意味になる。「発達する」に対応する英語の動詞 "develop" の語源は，「巻物をひろげる」という意味であり，発達は遺伝子（gene）という巻物にプログラムとして書きこまれた人間の素質が「巻物をひろげる」ように発現していく過程とみることができる。他方，人間を取り巻く自然環境は，エネルギーや食糧や住居などさまざまな恩恵を与えるものであり，巻物をひろげるための大きな力となる。発達には，このような「生物としての人間」の側面と，正常な発達を促進も妨害もする可能性がある家族・学校・地域・国家などの社会環境の影響を如実に受ける「社会的存在としての人間」という2つの側面がある。

英語の "development" は，生物学・医学系では「発生」と訳される。生命が地球上で誕生し，単細胞生物から多細胞生物へ，さらには複雑な身体組織・器官をもつ生物へと進化してきた過程を系統発生（phylogeny）という。これに対して，受精卵が細胞の増殖と分化をくりかえし一個の成体になるまでの過程を個体発生（ontogeny）という。ドイツの生物学者ヘッケル（Haeckel, E. H. P. A., 1834-1919）は，「個体発生は系統発生を繰り返す」と主張したが，この反復説（recapitulation theory）はそのままでは承認されない。生物の発生に関しては，生殖細胞の中に最初から存在する何らかの構造に基づいて発生が生ずるとする前成説（preformationism）が長く信じられたが，18世紀から19世紀

にかけて胚発生の研究が進むと共に、そのような構造があらかじめ存在するということはなく、細胞や器官の形態が次第に作られて行くとする後成説（epigenesis）が優勢となっていった。

　発達とよく似たことばに成長、成熟、加齢がある。成長（growth）は発達と同じ意味で用いられることも多いが、強いて区別するとすれば、発達が言語や歩行の能力の獲得のような「質的変化」をさすことが多いのに対し、成長は計測可能な身長や体重などの「量的変化」をさすことが多い。成熟（maturation）は、個体が成長して生殖機能が完成することをいう。この意味では、成熟は発達に含まれる1つの過程であるとみなすことができる。他方、成熟は遺伝的に規定された発達の側面をさし、経験や訓練の結果としての変化である学習（learning）と対立する概念としても用いられる。加齢（aging）は、広義には年齢にともなう心身の変化のことをさし、この意味では加齢と発達はまったく同じものをさしている。しかし、加齢は狭義には成熟以後の心身の衰退過程をさし、この場合は老化と訳される。

　発達の様子は、地域や時代をこえて普遍的なものであるとはかならずしも言えない。たとえば、わが国では1900年から「学校保健統計調査」が毎年行われているが、最高身長などの値が年々高くなる年間加速現象や、最高身長に達する年齢が年々早まる成熟前傾現象が報告されている。女子の初潮（月経の開始）の時期が年をおって低年齢化する傾向も成熟前傾現象である。栄養条件などの改善と都市化による生活スタイルの変化などに起因する以上のような現象を概括して発達加速（developmental acceleration）という。細かく言うならば、身長や体重などの量的側面については成長加速になる。同一の知能検査を用いて年代による平均知能の推移を調べる知能の時代差の研究がおこなわれており、多くの国で知能の発達加速傾向が見られるという報告を組織的に行ってきたニュージーランドの心理学者フリン（Flynn, J. R., 1934-）の名前を取ってフリン効果（Flynn effect）という（Flynn, 2012）。以上とは反対に、いわゆる「学力低下」など、世代をおって発達が遅くなっていくことを発達減速という。また、都市地域の子どもたちがそうではない地域の子どもたちよりも早期にある基準に達するなど、世代内での発達差の傾向を発達勾配という。

3.2 生物としての人間の発達
● 発生の過程
　人間も生物の一種であるから，生物学的な発生研究から受ける示唆は重要である。発生学は，個体発生の初期段階である胚の発生過程を研究するものであり，細胞の構造体である胚葉は，人間の場合には外胚葉・中胚葉・内胚葉の3層に分かれ，発生の進行とともに形成される器官や組織の種類は胚葉ごとに異なる。すなわち，外胚葉からは皮膚，毛髪，感覚器官，脳神経系が，中胚葉からは骨格，筋肉，心臓血管系が，内胚葉からは胃腸などの消化器系や肺などの呼吸器系ができあがる。胚発生より後の時期の老化や再生を含む生物の変化の過程を研究する分野は，発生生物学（developmenal biology）と呼ばれる。さらに，個体発生と系統発生の関係を遺伝子の発現調節という観点から研究する分野を進化発生生物学（evolutionary developmental biology）という。

● 生理的早産
　スイスの生物学者ポルトマン（Portmann, A., 1897-1982）は，さまざまな種類の動物の発生・形態・行動を比較する研究の成果をもとに，1944年に『人間はどこまで動物か』を著わした（Portmann, 1951）。ポルトマンによると，動物は就巣性と離巣性に大別される。多くの鳥類やネズミのように，多胎で妊娠期間が短く，出生後しばらくは未熟で動き回れず，巣にいて親からの餌に頼って生きるタイプを就巣性（独：Nesthocker）といい，シカやウマのように，胎児数が少なく，妊娠期間が長く，出生時にかなり成熟し自力で親について動けるタイプを離巣性（独：Nestflüchter）という。人間は，胎児数は少なく妊娠期間は長いのに，運動能力が未熟な状態で生まれ，親からの養育に頼らなければならないという矛盾した特徴を持っており，二次的就巣性と呼ばれている。
　ポルトマンは，人間の乳児が生後1年間に著しい身体的成長を示し，1歳前後で歩行と言語が始まることから，離巣性動物の基準からすると，人間は1年早く生まれる生理的早産（physiological prematurity）の動物であると解釈した。ここで「生理的」とは，「病的でない」自然の状態という意味である。妊娠期間は，最後の月経の開始から計算され，出産が妊娠22週までの場合を流産，22週から36週までを早産，37週から41週までを正期産（40週目に分娩予定日），

3. 発達心理学の基礎

42週以降を過期産という。なお，未熟児は，早産などで出生時の体重が2,500グラム未満の低出生体重児のことである。過期産では胎児が大きくなりすぎて，産道を通ることが極めて困難になる等，母子ともに出産リスクが高まるので，もう1年以上胎内に留まるどころではない。人間は，生理的早産で生まれてくるからこそ，周りの大人からの養育が極めて重要になる。

◉ 行動生物学

　動物の行動を研究する分野を行動生物学（ethology）という。同じ意味で，比較行動学あるいは英語のカタカナ表記でエソロジーと呼ばれることもある。
　行動生物学の代表的な研究者として，第一にオーストリアの動物学者ローレンツ（Lorenz, K. Z., 1903-1989）をあげることができる（Lorenz, 1952）。ローレンツは，自宅で多くの動物と共に暮らしたが，ハイイロガンのヒナが孵化する瞬間に立ち会った後，そのヒナがローレンツを母親と誤認して付いて歩く刷り込み（imprinting）という現象が確認された。刷り込みは，「刻印づけ」と訳される場合もあるが，この場合は出生直後に目の前にいる動くものを親と瞬時に認識する（自然界では極めて適応的な）学習であり，その後の行動を支配する点で，初期経験（early experience）の重要性を示唆するものである。さらに重要なことは，この刷り込みが成立する時期が生後何時間かの範囲に限定されていることであり，そのような重要な時期のことを臨界期（critical period）という。
　オランダ出身で後半生はイギリスで活躍したティンベルヘン（Tinbergen, N., 1907-1988）は，ローレンツとならんで1973年にノーベル生理学医学賞を受賞した動物行動学者だが，動物の本能（instinct）の再解釈を行う研究を行った。本能は，種に特有の行動（species-specific behavior）と定義され，一定の刺激がその行動を引き起こす生得的解発機構（innate releasng mechanism; IRM）が存在する。ティンベルヘンは，トゲウオ（イトヨ）のオスの行動を研究し，メスの産卵場所となるべきなわばりの防衛を行う時期，婚姻色で腹部が赤くなった実際のオスだけなく，赤い腹部を持つものなら模型でも何でも，攻撃行動を解発する刺激になることを実験的に示した。ティンベルヘンは，1960年代の早期に，自閉症児の研究を行ったことでも知られている。

第3章 発達・教育

◉ 代理母による母子分離実験

アメリカの心理学者ハーロウ (Harlow, H. F., 1905-1981) は，アカゲザルの乳児を対象に，代理母 (surrogate mother) を用いた母子分離 (maternal deprivation) についての一連の実験的研究を行った。代理母には，顔の模型は付いているが木製の土台に針金のボディがむき出しになった「針金母 (wire mother)」と，針金のボディの上に柔らかな布を巻いた「布地母 (cloth mother)」の2タイプがあり，哺乳ビンを針金母の方のみに設置した条件では，子ザルは常に布地母にくっつき，必要な時のみ針金母の方に行ってお乳をのむ行動が観察された。また，音の出るおもちゃが突然現れると，子ザルは怖がって布地母に抱きついた。このような母子分離を生後から長期にわたって経験した子ザルは，成長した後も，群れの仲間との社会関係を築くことなどが困難であった。

◉ 愛着理論

イギリスの児童精神科医ボウルビィ (Bowlby, J., 1907-1990) は，ローレンツやハーロウの動物研究から示唆を受け，第二次世界大戦中の疎開児童や戦後の戦災孤児らの発達上の問題を母子分離あるいは母性的養育の剥奪の悪影響によるものと主張し，愛着 (attattment) の理論を展開した。この語は，カタカナで表記したアタッチメントのまま用いらることも多い。愛着を乳児の側から見ると，「母親が自分に何らかのケアをしてくれ，自分がそれに笑顔やうれしい声で応えると，さらに母親からのケアが得られる」という確かな内的作業モデル (internal working model) が乳児の中に形成されることになる。

ボウルビィから直接に愛着理論を学んだアメリカの心理学者エインズワース (Ainsworth, M. D. S., 1913-1999) は，乳児が活発な探索行動を行うためには，愛着関係が成立している養育者を安全基地 (secure base) とする必要があると考えた。エインズワースは，乳児の母子関係を調べる研究方法として，ストレンジ・シチュエーション法 (strange situation method) を考案した。乳児とその母親に観察室に来てもらい，次のような条件で観察し記録する。

1. 母と子が実験室に入る。
2. 子は部屋を探索し，母はそれを見守る。

3．見知らぬ女性が入ってきて母と会話する。
　子に話しかけている間に，母はこっそり退室する。
4．見知らぬ女性は，子に合わせた行動をとる。
5．母が戻り，子に話しかけ，次いで大人2人は退出する。
6．子は1人で残される。
7．見知らぬ女性が再入室し，子に合わせた行動をとる。
8．母が再入室し，子を抱き上げる。見知らぬ女性は退出する。

　観察の結果，乳児の愛着関係にA群（愛着の薄い不安定群），B群（信頼感を内包する安定群），C群（信頼感を持てない不安定群）の3タイプがあることが明らかにされた。
　その後，愛着の研究は乳児から成人に拡張され，子どもの頃の愛着や内的作業モデルの状態を面接法で回想的に調べるアダルト・アタッチメント・インタヴューが行われるようになった。この結果，発言が一貫し内容もバランスのとれた自律型，親のことが念頭から離れず過去に怒りや複雑な感情を持つ先占型，否定的な感情は一見表に出ないが発言は防衛的で矛盾も見られる放逐型などが区分された。
　なお，乳児期の母子関係の長期的影響について，アメリカの女性の心理学者ホリングワース（Hollingworth, L. S., 1886-1939）は，家族からの青年の自立を示す語として心理的離乳（psychological weaning）という語を使った。
　他方，親の側から見て子どもとの心理的離乳がうまくできない場合を空の巣症候群（empty nest syndrome）という。子どもが進学，就職，結婚などを契機として，長く住みなれた家を巣立っていった後，残された親が孤独感や燃え尽き症候群などのうつ的状態に陥ることをこのように呼ぶ。これは，職場における不安，子どもの将来についての不安，両親の介護についての不安，自分の老後についての不安などから生ずる中年の危機（midlife crisis）の一つである。

● セックスとジェンダー

　人間の性の生物学的側面はセックス（sex），その社会側面はジェンダー（gender）という言葉で表される。性の生物学的側面の発達は，3段階に区分される。

性別は，精子を生産する精巣か，卵子を作り出す卵巣か，どちらの器官があるかによって決まるので，この区別を第一次性徴という。精巣も卵巣も，性別に対応する生殖器官も，胎児の間に形成される。しかし，第一次性徴の段階では，まだ実際の生殖能力はない。これに対して，性的に成熟する過程で現れる性差を第二次性徴という。第二次性徴の変化が顕著になる思春期（puberty）に，脳の視床下部から脳下垂体を経て精巣または卵巣に性ホルモンの産生を促す指令が出る。男性ホルモンはアンドロゲン，女性ホルモンはエストロゲン（卵胞ホルモン）とゲスターゲン（黄体ホルモン）である。思春期には，身体特徴の性差が明確になる。男性は，筋肉や骨格が発達し，性毛と体毛が生えて濃くなり，のどぼとけが出てきて声変わりし，精通（初めての射精）が起こる。女性は，体つきが丸みを帯び，乳房が発達し，性毛とわき毛が生え，初潮（初めての月経）が起こる。

　第三次性徴は，生物学的には根拠がなく，社会的・文化的な性差のことをいい，現在ではセックスでなくジェンダーという言葉をあてることが多くなっている。アメリカの女性の心理学者ベム（Bem, S. R. L., 1944-）は，男性性，女性性，両性具有性（アンドロジニー，androgyny）という3種類のジェンダー・アイデンティティを測るベム性役割尺度を1971年に開発し，単純な男性／女性というステレオタイプ的区分を打破しようとした。

3.3 社会的存在としての人間の発達
● 社会的微笑

　人間には外界の刺激に対する感受性や反応性の強さに関する生得的な個人差があると考えられ，そのことは気質（temperament）という言葉で呼ばれてきた。身体的な個人差の遺伝的に規定された原因が体質であるとするならば，気質は精神的な個人差の遺伝的に規定された原因ということになる。しかし，体質が食事や運動や服薬などの影響を受けるように，気質もまたさまざまな社会的環境の影響を受けるものである。

　たとえば微笑は，生後間もない赤ちゃんにも，お乳でおなかがいっぱいになった時などの快適な状態のあらわれとして見られるが，生後2〜3カ月頃になると，だれかが顔を近づけるだけでほほ笑むようになる。これを社会的微笑

(social smile) といい，そのことが保育者からの関わりを誘うものとなる。そして，生後6カ月を過ぎる頃には，愛着関係が形成された特定の大人に対してなつく反応を示す一方，知らない大人には人見知りを示すようになっていく。

● 言語コミュニケーション

社会的微笑などを契機とする保育者と乳児の間の視線・表情・声によるコミュニケーションは，次の発達課題である言語発達 (language development) の基礎を形成する。健常な子どもなら誰でも言語を使えるようになることについて，アメリカの言語学者チョムスキー (Chomsky, A. N., 1928-) は，生得的言語習得装置 (language acquisition device; LAD) の存在を仮定した。アメリカの心理学者ブルーナー (Bruner, J. S., 1915-) は，チョムスキーの主張を受け，保育者が子どもに語りかけるなどの働きかけを通して，相互作用的に言語発達を促進させるとする言語獲得支援システム (language acquisition support system, LASS) がもう一つの重要な鍵であると主張した。

● 言語発達障害と遅滞

音声言語コミュニケーションは，発声，発音，聴取，語意と文法の理解などの複雑な要素から成り，発音だけでも咽喉，声帯，鼻腔，口腔，口蓋，舌，唇などの身体部位 (発語器官) を用いる複雑なシステムであるため，発語器官のどの部分に問題があっても，言語発達障害となりやすい。このような発語器官の異常による発音の障害を器質性構音障害という。その場合は，外科手術や装具による治療と，言語聴覚士による言語機能訓練を受ける方法がある。他方，発語器官には医学的異常が認められないのに発音が正しく行われない場合を機能的構音障害という。その他の構音障害として，身体の運動コントロールがうまくいかない運動性構音障害，耳の聞こえに異常があるために生ずる聴覚性構音障害などがある。また，いわゆる「どもる」という現象は，話し方の流暢性とリズムの障害であり，吃音 (stuttering, stammering) と呼ばれるものである。

言語発達の状態が同年齢の標準的水準より遅れている場合を言語発達遅滞という。その原因として知的障害に伴うことばの理解と表出の発達の遅れや，自閉症性障害によるコミュニケーション能力の発達の遅れ等が知られている。

コミュニケーション障害（communication disorder）は，以上のようなことばの理解と表出に関わる障害と遅滞を総称する概念である。

◉ 反抗期

発達の遅れや障害がなくても，親子のコミュニケーションがうまくいかない場合がしばしば生ずる。その典型的な現れは，発達途上において二度にわたって生ずるとされるいわゆる反抗期である。

第一反抗期は，2歳頃から4歳にかけての時期に，子どもが自分の気持ちや感情を明確にし，それをあらわに表現するようになり，保護者からの働きかけに対して何でも「いや」や「だめ」と言って拒絶したり，さらには駄々をこねて泣き叫んだりするものである。とりわけしつけの場面では，何かをさせたい（させたくない）親と，そのことをしたくない（やめたくない）子どもとの間で，お互いに自分の意志を通そうとする葛藤が見られる。しかし，保護者の方がうまくその葛藤の調整をはかることができれば，「反抗」はおさまっていく。

第二反抗期は，第二次性徴が明確になり始めるいわゆる思春期に見られるもので，身体的にも性成熟の面でも大人に近づき，自立への欲求が高まるうえに，大人の世代の価値観よりも仲間の世代の価値観に立つようになり，世代間の価値観の葛藤が家庭の中だけでなく，学校や社会の中でも見られるようになる。法律・規則・慣習は大人の世代が作ったものであるから，それに従うことをよしとせず，さまざまな逸脱行動（deviant behavior）が生じてくる。多くの逸脱行動は，家庭や学校の中で受け止められるが，逸脱行動が法に触れる場合は，未成年者は非行少年として，14歳未満なら触法少年として，非行少年には該当しないが飲酒・喫煙・深夜徘徊その他自己または他人の徳性を害する行為を行っている場合には不良行為少年として，相応の扱いを受けることになる。

◉ 児童虐待

前項とは反対に，保護者から子どもに対して逸脱行動が行われれば，児童虐待（child abuse）となりかねない。「児童虐待の防止等に関する法律」（2000年）による児童虐待の定義は，保護者がその監護する18歳に未満の子どもに対して次のような行為を行うことをいう（第2条の条文の一部を分かりやすく変更）。

1. 子どもの身体に外傷が生じ，または生じるおそれのある暴行を加えること。
2. 子どもにわいせつな行為をしたり，子どもにわいせつな行為をさせること。
3. 子どもの心身の正常な発達を妨げるような著しい減食または長時間の放置，その他の保護者としての監護を著しく怠ること。
4. 子どもに対する著しい暴言または著しく拒絶的な対応，同居する配偶者に対する暴力その他子どもに著しい心理的外傷を与える言動を行うこと。

この児童虐待防止法では，虐待をしてはならない（第3条）だけでなく，教職員，児童福祉施設職員，医師，保健師，弁護士といった職種の人々は，児童虐待の早期発見に努めなければならない（第5条）と定められている。

◉ 自己の発達

社会的存在としての人間にとって最も重要な課題は，自己と他者（self and other）の認識の問題である。まず，自己自身のことについて理解するということは意外と簡単なことではない。生まれて間もない赤ちゃんは，自分自身の顔を見る機会はなく，周りの人間の顔や身体を見ることしかない。鏡で自分の姿を見せられても，最初は自分だと分からないのである。自然界の動物は，当然鏡を見ることはなく，人間に鏡を見せられたときに，自分の姿であることを認識できる動物種はごく限られている。アメリカの心理学者ギャラップ（Gallup, G. G., Jr., 1941-）は，麻酔で昏睡状態にしたチンパンジーの顔の一部に無臭の染料を塗った後，鏡で自己像を見せるミラー・テスト（mirror test）を行い，チンパンジーが鏡の方でなく染料が付着した自分の身体に触れれば鏡像自己認知が可能であると判定した（Gallup, 1970）。人間の乳幼児の研究では，1歳未満の子どもは鏡に映った自己像をだれか別の他者のようにみなすが，2歳前後から鏡の中の像が自分自身であることが分かり始め，ミラー・テストでこっそり鼻に付けられた塗料に手で触れる反応が見られることが示されている。

アメリカの心理学者プレマック（Premack, D., 1925-）とウッドラフ（Woodruff, G.) は，チンパンジーが他の仲間や人間の心の内容を読み取る能力を心の理論 (theory of mind) と呼ぶことを 1978 年に提唱した (Premack & Woodruff, 1978)。オーストリアの心理学者パーナー (Perner, J., 1948-) らは，あるところに置かれていた物が今は別のところに移されたのに，元のところにあると思い込んでいる人の誤りが理解できるかを調べる誤った信念課題 (false belief task) を 1983 年に開発した (Wimmer & Perner, 1983)。チンパンジーでは心の理論の獲得は証明できないが，人間は 4 歳から 6 歳の間にこの能力の基本的な部分を獲得していくことが示されている。

一般に困っている他者を助けたり，何かを分け合ったり，なぐさめたりする行動を援助行動 (helping behavior) といい，向社会的行動 (prosocial behavior) の一種とされる。その際，相手からの見返りや報酬を求めたり期待したりせずに行う援助行動は，愛他的行動 (altruistic behavior) と呼ばれる。子どもは，最初は社会的なルールの学習の中で援助行動を行うようになるが，やがて相手の気持ちを理解した愛他的行動が行えるようになる。

自分自身のことを考えるとき，主体となる方を自我 (ego)，客体としてとらえるものを自己 (self) と呼んで区別する。そして，自分とはこういう人間であるという自己定義のことを自己概念 (self concept) という。自己概念のうち，自己の価値に関する自己規定を自尊心 (self-esteem) という。これを英語のままセルフエスティームと呼ぶ研究者も少なくない。カナダ出身でアメリカで活躍する心理学者バンデューラ (Bandura, A., 1925-) は，自分が何らかの働きかけをするとその成果が得られるという感覚を自己効力感 (self efficacy) と呼んだ。自己効力感が低いと，無力感に陥りやすくなる (Bandura, 1971)。

人間は，時に危機的状況に置かれ，精神的なダメージをこうむる。その際，ダメージの受けやすさやダメージからの回復のしやすさを回復力あるいはレジリエンス (resilience) というが，精神的に逞しい子どもに育てるには，正しい自己概念の形成，ならびに，高い自尊心と自己効力感の涵養が重要である。

● 文化と発達

人間の発達は，当然ながらその時代やその地域の文化の影響を受けるものである。旧ロシアに生まれ旧ソビエト連邦の時代に活躍した心理学者ヴィゴツキ

ー（Vygotsky, L. S., 1896-1934）は，発達の文化－歴史理論を構想したが，その理論を十分展開する前に早世した。ヴィゴツキーは，「子どもが自力で達成できる発達水準」と「大人からの導きにより達成できる発達水準」の間に発達の最近接領域（zone of proximal development）があるという考え方を提唱した。同じような意味に見えるが，発達の準備性を意味するレディネス（readiness）が個人中心の見方であるのに対し，発達の最近接領域は個人と社会・文化の間のダイナミックな関係をあらわすものとなっている。

ロシア生まれでアメリカにわたって活躍した心理学者ブロンフェンブレンナー（Bronfenbrenner, U., 1917-2005）は，次の4層からなる生態学システム理論（ecological systems theory）を提唱した。

1. マイクロシステム：家族・学校・地域のような，子どもが直接属する集団。
2. メゾシステム：家庭と学校の関係のように，マイクロシステム同士の関係。
3. エクソシステム：子どもの直接的な環境と間接的な社会状況との関係。
4. マクロシステム：より大きな文化や民族といったような要因の影響。

4. 教育心理学の基礎

4.1 個人差に対応する教育

学校教育が進展し，多くの子どもたちを学校に集めて教育するようになると，一律に教育することの困難さに直面し，学習者の多様な個人差に対応するために，さまざまな教育システムの制度設計と，個性教育プログラム（individualized educaion program）の開発が行われるようになった。

アメリカの心理学者クロンバック（Cronbach, L. J., 1916-2001）は，教育測定・教育評価研究の大家であり，テスト項目などの信頼性の指標として用いられるクロンバックの α（Cronbach's alpha）にもその名を残しているが，表3.1のように能力の個人差に対応する教育システムを分類した。この表において，教育目標と教育方法を全員同じにするのが「固定」，能力に応じて教育目標や

第3章　発達・教育

表3.1　個人差に対応する教育の分類

教育目標	教育方法	個人差への対応方法
固　定	固　定	1a. 多段選抜（できる／できない）
		1b. 教育期間弾力化（スピード）
選　択	固　定	2a. 複線型学校制度
固　定	選　択	3a. 治療教育・補償教育
		3b. 適性‐処遇交互作用

教育方法を変えるような制度になっているのが「選択」の意味である。

1a. 多段選抜：目標の達成が「できる」か「できない」かの二分法的能力観に基づき，教育目標と教育方法を全学習者に対して固定とし，義務教育修了以後は試験を受けて「できる」者だけが先に進めばよいとする考え方である。高等教育までを視野に入れると，すべての国で行われている教育システムである。

1b. 教育期間弾力化：目標の達成が「はやい」か「おそい」かの能力観に基づき，飛び級や落第制度を用いて，教育期間を個人ごとに調節するという考え方である。第二次世界大戦後のわが国では，この方式は回避されてきた。

2a. 複線型学校制度：ヨーロッパ諸国で伝統的に見られるもので，中等教育修了以後の教育目標をアカデミズムとエリート主義に基づく学校（英国のパブリックスクール，ドイツのギムナジウム，フランスのリセなど）と職業訓練的色彩の強い学校の二系統に分離設定する方式であり，それぞれの系統内では教育方法は固定される。

3a. 治療教育・補償教育：学校の「メイントラック」を走る教育目標は基本的に固定的だが，教育方法を学習者に合わせる考え方で，次の2タイプがある。治療教育（remedial education）は，学習の遅れや行動上の問題があってメイントラックを走れない者，特に障害児に対する教育をいう。補償教育（compensatory education）は，家庭の経済的貧困や学力不足などが原因でメイントラックを走れない子どもたちのために，その準備教育や補習教育を施すことをいう。代表的な例として，1965年以降

4. 教育心理学の基礎

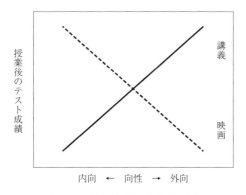

図 3.1　適性－処遇交互作用の例

アメリカで行なわれてきた小学校入学時に「頭を揃えて出発」させるヘッドスタート計画（Project Head Start）という幼児向け就学前教育プログラムがある。

3b. 適性－処遇交互作用：メイントラックを走る教育目標は同じだが，教育方法は学習者に合わせて変更するもう一つの考え方として，クロンバックとスノウ（Snow, R. E., 1936-1997）が提唱したのが適性－処遇交互作用（aptitude-treatment interaction; ATI）である（Cronbach & Snow, 1977）。たとえば，大学の一般教養の物理学を教える場合，学生を指名して発言を求めるアメリカ式の講義は外向的な学生には適切な授業法だが，内向的な学生には講義よりもむしろ映画（フィルム・ライブラリー）の方が効果があがるという結果が得られた（図 3.1 参照）。

情報処理や判断の個人差は，認知スタイル（cognitive style）として研究されてきた。たとえば，アメリカの心理学者ケイガン（Kagan, J., 1929-）が提唱した熟慮－衝動型（reflection-impulsivity）の区分が有名である。正解数は同じでも，解いた問題数は少ないがその正解率は高い熟慮型と，解いた問題数は多いのにその正解率が低い衝動型とでは，指導の方法が当然異なってくる。

4.2 行動主義的教育観から認知主義的教育観へ

　教育心理学において最も重要な概念の一つは,「経験による比較的永続的な行動の変容」と定義される学習 (lerning) である。1920年代から1950年代末まで, 特にアメリカにおいて, 心理学の主流は行動主義 (behaviorism) であった。行動主義的教育観では, 学習とは刺激と反応の結びつきの強化 (reinforcement) であり, そのことを成立させる訓練 (training) が中心におかれた。

　この立場の代表的研究者は, オペラント条件づけ (operant conditioning) の理論を提唱したアメリカの心理学者スキナー (Skinner, B. F., 1904-1990) である。スキナーの理論は, 解答可能な小さな単位に教材を分割するスモールステップの原理 (principle of small step) に基づいて作成した問題を提示し, それに対する学習者の積極的な反応を即時強化することで学習効率を高めるプログラム学習 (programmed learning) と, 発達障害などの子どもの行動を分析し行動修正プログラムを考える応用行動分析 (applied behavior analysis; ABA) に結実した。

　なお, 学習教材の提示において, 全体を一まとめにして提示するか, あらかじめいくつかの部分に分けて順に教材を提示していくかという学習法上の区別のことを全習法／分習法 (whole method/part method) という。プログラム学習は基本的に分習法の立場であるが, 簡単な課題内容の学習や熟達度が進んだ学習者には全習法の方が相応しいことが多い。

　学習心理学では, 正しい行動だけではなく, 悪癖などの誤った行動も学習されるものと考える。たとえば, アメリカの心理学者セリグマン (Seligman, M. E. P., 1942-) は, 電気ショックからの回避ができない状況に長期に置かれたイヌが, その後回避が可能な状況に変わっても身動きができなくなるという学習性無力感 (learned helplessness) の現象を1960年代後半に報告した。

　行動主義的教育観では, 賞や報酬は学習を促進し, 罰は学習を阻害する「強化子」としての役割を重視する。しかしやがて, 特に強化子がなくても学習が成立することを強調する理論がアメリカの心理学者トールマン (Tolman, E. C., 1886-1959) らによって提唱されるようになった。たとえば, 迷路学習の状況に置かれたネズミは報酬がなくても迷路の「地図」を学習するという潜在学習 (latent learning) や, 学ぼうとする意図や動機があって行う意図学習 (intentional learning) だけでなく, そのような意図や動機がなくても成立する偶発学習

(incidental learning) の問題が取り上げられるようになった。

また，何故その行動を行うのかという学習への動機づけにおいては，賞罰が与えられることによる外発的動機づけ (extrinsic motivation) だけでなく，興味や知的好奇心による内発的動機づけ (intrinsic motivation) も重要であり，特にその行動を自分の意志で行うことを決める自己決定の要因が内発的動機づけをさらに強めるとする考え方がアメリカの心理学者デシ (Deci, E. L.) らによって提唱されている。

以上のように，学習を賞罰のような強化子の効果として説明するではなく，学習者の主体的活動に基づく認知構造 (cognitive structure) の変化として説明すべきであるというのが認知主義的教育観である。

アメリカの心理学者オースベル (Ausubel, D. P., 1918-2008) は，学習にとって重要なことは，機械的な暗記学習ではなく，学習者が既存の認知構造を変容させるように情報を受け入れる有意味受容学習 (meaningful reception learning) であり，特に学習に先立って提示され，その後の認知構造を形成する核となる先行オーガナイザー (advance organizer) の役割を強調した。

受容学習とは対称的に，学習者自身が学習すべき内容を主体的な探究活動を行う中で発見するように求める学習を発見学習 (discovery learning) という。わが国で行われてきた発見学習の授業実践として，科学教育の研究者の板倉聖宣（きよのぶ）(1930-) が提唱した仮説実験授業がある。これは，理科などの授業の中で，最初にある場面で学習者に仮説をたてさせ，その後に実際に実験を行ってその結果を観察させ，認知構造の変容を起こさせるものである。

学習者が自身の学習の成果（成績）の原因をどのようにとらえるかが重要であると考えたアメリカの心理学者ワイナー (Weiner, B., 1935-) は，学習の成功／失敗に関する原因を安定性（安定，不安定）と統制の位置（内的，外的）の2次元で分類する帰属理論 (attribution theory) を提唱した。成績の帰属因として，自己の「能力」は内的－安定，「努力」は内的－不安定，「課題の困難度」は外的－安定，「運」は外的－不安定な要因である。

学習者に対する教師の認知もまた重要な問題である。ドイツ生まれのアメリカの心理学者ローゼンソール (Rosenthal, R., 1933-) は，学習者への教師の期待がその後の成績を左右するという効果をピグマリオン効果 (pygmalion effect)

第3章 発達・教育

と呼んだ（Rosenthal, 1968）。ピグマリオンとは，自分が彫った彫刻に恋をし，生身の人間になることを日々祈ったところ，とうとう実現したというギリシア神話の登場人物である。なお，ピグマリオン効果の実在性そのものは，ごく部分的にしか証明されていない。

4.3 教育評価
◎ 教育評価の意味

　ある教育目標に向かって一定の教育活動を行った後，教育目標が実際にどの程度達成されたかを知るために，教育課程，教育方法，教育成果，教育環境などについて調査し，報告する活動を教育評価（educational evaluation）という。

　近年のわが国の教育目標は，中央教育審議会の1996年の答申の中で提案された「自分で課題を見つけ，自ら学び，自ら考え，主体的に判断し，行動し，よりよく問題を解決する資質や能力」ならびに「自らを律しつつ，他人とともに協調し，他人を思いやる心や感動する心など，豊かな人間性」と規定される生きる力の涵養がその中心となっている。

　教育課程（curriculum）については，文部科学省が小学校から高等学校までの各学校の各教科等で教える学年別の基本的な履修内容を学習指導要領に詳しく定めている。わが国の例のように，国全体で共通する統一的に定められた教育課程のことをナショナル・カリキュラム（national curriculum）といい，英国（スコットランドを除く），インド，オーストラリアのようにそれを定めている国と，州や地域ごとに独立した教育課程を持つアメリカのような国がある。

　教育方法には，一斉授業／グループ学習／個別指導という区分や，前出のプログラム学習／有意味受容学習／発見学習などの区分がある。最近では，「情報通信技術を用いた教育」という意味のICT教育（information and communication technology in education）が盛んになっている。

　このような教育活動を通じて学習者が獲得した学力（scholastic ability）は，教育成果の代表的指標であり，学力テスト（scholastic ability test）などによって測定される。近年話題となっている国際学力比較調査として，経済協力開発機構（OECD）が行う学習到達度調査PISA（Programme for International Student Assessment）は，参加国が共同して開発した読解リテラシー，数学的リ

テラシー，科学的リテラシーの3分野のテスト問題を15歳児を対象として実施するもので，2000年に開始され，以後3年ごとに調査が行われている。

教育環境は，小・中・高校のそれぞれに学校設置基準があり，学級の児童・生徒数，教諭数，校舎・運動場の面積，校舎内の施設（教室，図書室，保健室，職員室など），校具・教具等の基準が細かく定められている。

このような施設・設備に加えて，学級雰囲気のようなものまでをも教育環境とみなすことができる。たとえば，授業中に児童・生徒が勝手に席を離れて歩き回ったり，教室を出て行ったり，口々に話したり大声で叫んだりして授業の進行が妨げられ，授業に集中することが困難な状況が常態化する学級崩壊などは，最悪の教育環境の代表例である。

学級の中でのグループ間の対立や，いじめの横行のような歪んだ人間関係もまた最悪の教育環境となる。集団内の人間関係を測定する方法として，オーストリア系アメリカ人の精神分析家モレノ（Moreno, J. L., 1889-1974）が考案したソシオメトリック・テスト（sociometric test）は，かつては学級内の人間関係の診断のためによく用いられたが，学級内で選択あるいは排斥の感情を抱く子どもの名前を書かせる手法は倫理的に問題があり，現在は使われなくなった。

● 学力の評価

学力の評価を行う時，学級・学校・居住地域など，所属集団の中での学習者個人の相対的位置（順位，偏差値など）を示すことを相対評価または集団準拠評価（group referenced evaluation）という。これに対して，教育目標に対する達成の可否や達成の程度で学習者を評価することを絶対評価または基準準拠評価（criterion referenced evaluation）という。後者は，到達度評価あるいは習熟度評価とも呼ばれる。かつて通知簿で行われていた相対評価では，5段階評価の各段階の人数が厳格に定められ，上位に優秀者がいるといくら頑張っても「5」になれないという問題点が指摘された。他方，絶対評価では各段階の人数に制限はない。そのため，評価者（教師）が最低ランクを意味する「1」を避けるなど，評価インフレが生じやすいとされる。

次に，個人内で学力を評価する指標として，知能に比して学力がどの程度高いかを表す成就指数（achievement quotient）がある。これは，次の式に示すよ

第3章 発達・教育

うに，標準学力検査で測られた学力偏差値を知能検査で測られた知能偏差値で割って100倍した数値（小数点以下は四捨五入）をいう．

$$成就指数 = 学力偏差値 \div 知能偏差値 \times 100 \qquad (3.1)$$

成就指数が100を大きく上回る者をオーバーアチーバー（overachiever），100を大きく下回る者をアンダーアチーバー（underachiever）という．特にアンダーアチーバーの場合は，持っている潜在能力を十分発揮できていないという意味になるので，その原因を探り，取り除く必要がある．

● 障害者支援プログラム

特別支援学校が対象とする視覚障害，聴覚障害，知的障害，肢体不自由，病弱などは，障害や病気の原因あるいは症状が比較的明確であり，確立した教育法があるケースも少なくないが，以下は，それ以外の近年特に焦点があてられるようになった障害である．

　学習障害（learning disabilities; LD）：単一の障害ではなくさまざまな状態が含まれるもので，全般的な知的発達に遅れはないが，聞く，話す，読む，書く，計算する，推論するといった能力のうち特定のものの習得と使用に著しい困難を示す．原因として，中枢神経系の機能障害が推定されるが，視覚障害，聴覚障害，知的障害などの障害はなく，環境要因も直接の原因ではない．
　注意欠陥多動性障害（attention-deficit hyperactivity disorder; ADHD）：注意欠陥は一つの活動に集中できず気が散りやすいこと，多動は落ち着きがなく衝動性が高いことをさす．両者は別のものだが，両方の障害が併存する場合も少なくない．
　広汎性発達障害（pervasive developmental disorder; PDD）：『精神疾患の診断・統計マニュアル』第4版（DSM-IV-TR）では，自閉症，アスペルガー症候群，レット障害，小児期崩壊性障害，特定不能の広汎性発達障害が分類されていたが，第5版（DSM-5）ではこの細かな区別は行われなくなり，自閉症スペクトラム（autism spectrum disorder; ASD）に統合さ

れた。
二次的障害：LD，ADHD，高機能自閉症等の児童・生徒は，知的発達に大きな遅れは認められず，極端に学習能力が低いということもないため，認知や行動上の特性が障害として気づかれず，まわりの親・仲間・教師から「わがまま」，「なまけもの」，「かわりもの」などと厳しい見方をされ，よけいに意欲を失ったり，自己評価が低くなったりして，本来ならできることも困難になってしまう状態をいう。

以上のような問題に対する支援プログラムとしては，次のようなものがある。

ソーシャル・スキルトレーニング（social skills training; SST）：あいさつのしかた，聞き方，頼み方，断り方，仲間の入り方，トラブルの解決法など対人関係を中心とする社会生活能力と自己対処能力を高める訓練法である。

ペアレント・トレーニング：ADHDのようなしつけが難しい子どもに対して，子どもの特性と発達過程を理解し，ポジティヴな関係を築けるように，親自身の能力を高めるための訓練を行うものである。

TEACCH (Treatment and Education of Autistic and related Communication handicapped CHildren)：アメリカの心理学者ショプラー（Schopler, E., 1927-2006）によって考案され，1971年に発表された自閉症児とその家族に対する治療・教育プログラムである。TEACCHでは自閉症を認知障害ととらえ，その認知特性の弱点を補うような認知的配慮に基づく活動が行われる。

5. 発達・教育の研究法

発達心理学と教育心理学の研究方法は，基本的には他の心理学分野と同じく，観察，実験，検査，面接，質問紙調査があるが，発達と教育の分野独特の研究テーマから開発された研究法もある。ここでは4つの研究法を取り上げる。

第3章 発達・教育

5.1 遺伝研究法

公教育が開始され展開していった19世紀後半から20世紀にかけての時期は，多くの国々で産業が発展し，人口の増加が著しい時期でもあったが，その人口増を支える食糧生産の問題を解決しようとして，育種（breeding）あるいは品種改良の研究盛んにが行われた。そして，それを支える学問領域としての遺伝学（genetics）も同時期に発展していった。

生物の持っているさまざまな身体的，精神的，行動的特徴のことを遺伝学では形質（characteristic）というが，遺伝（heredity）とは親から子へと形質が伝わる現象のことである。遺伝学では，生物に実際に現れた性質のことを表現型（phenotype），それを決定している遺伝子の構成を遺伝子型（genotype）という。たとえば，ABO式血液型では，表現型はA，B，AB，Oの4タイプであるが，遺伝子型はAA，AO，BB，BO，AB，OOの6タイプになる。

遺伝学の発展を支えたものに生物測定学（biometrics）がある。イギリスの遺伝統計学者ピアソン（Pearson, K., 1857-1936）は，回帰分析，相関係数，カイ二乗検定など，現在心理学で広く用いられる統計分析法を開発した。また，ピアソンの勤務したロンドン大学における講座継承者のフィッシャー（Fisher, R. A., 1890-1962）は，実験心理学の研究に不可欠な実験計画法（experimental design）と，そのデータの統計的分析に欠かせない分散分析（analysis of variance; ANOVA）の技法を開発し，集団遺伝学と推測統計学の発展に貢献した。

◉ 家系研究

遺伝が身体的特徴や精神的特徴に及ぼす影響を調べるために行われた初期の研究法は，家系研究（family tree study; pedigree method）であった。医学的には，種々の家族性疾患の存在が明らかにされてきた。精神的特徴では，たとえば，ドイツの著名な作曲家・音楽家のバッハ（Bach, J. S., 1685-1750）が，16世紀後半から18世紀までのドイツで活躍したバッハ一族という音楽家の家系に連なっていることなど，多くの事例が研究されてきた。しかし，後者の場合は，育った音楽的環境の要因を抜きに考えることはできない。

◉ 双生児研究

　遺伝要因の効果を検証する最も有力な研究法として早くから用いられてきたのが双生児研究（twin study）である。双生児には，同一の受精卵から発生し，遺伝子共有率100%である基本的に同性のペアの一卵性双生児（monozygotic twin; MZ）と，同時に生まれて来るきょうだい（異性のペアも可能）であり，遺伝子共有率50%の二卵性双生児（dizygotic twin; DZ）がある。さまざまな形質について，ペア間の一致率や類似性が一卵性双生児では高く二卵性双生児では中くらいであれば，その形質は遺伝に規定されていると判断できる。

　特定の形質の発現に及ぼす遺伝と環境（heredity and environment; nature and nurture）の影響の研究がさまざまな分野で行われてきたが，心理学では知能の遺伝性に関して多くの研究が積み重ねられてきた。イギリスの心理学者バート（Burt, C. L., 1883-1971）は，双生児研究にもとづいて知能の遺伝規定性が大変高いとする知能遺伝説を唱えた論者として知られている。しかし，血液型などの場合は検査法が確立され，遺伝の仕組みも明快で，その発現に環境の影響を受けないことは明らかであるが，知能は測定法が一義的に定まらず，多数の遺伝子が関与する可能性が高く，遺伝的形式の発現にさまざまな環境要因が関わっていると考えられ，単純な知能遺伝説は支持されない。

　アメリカの心理学者ジェンセン（Jensen, A. R., 1923-2012）は，環境条件が一定の水準（閾値）を越えないと遺伝的形質は発現しないとする環境閾値説（theory of environmental threshold）を唱えた。環境要因を重視する主張のようであるが，逆の見方をすると，環境条件が良くなればなるほど，遺伝要因の影響が強まることを意味している。

5.2　フォローアップ研究

　知能や性格の発達など，その発現にさまざまな要因が関わっていると考えられる現象を解明する方法の一つにフォローアップ研究（follow-up study）がある。その本来の意味は，災害・薬害などの悪影響のリスクを負った集団や，教育・治療などのプログラムを受けた集団を対象とし，その効果がどう変化していくかについて，一定期間ごとに追跡調査を行う研究のことである。しかし，広義には，そういった前提条件なしに，ある集団の発達的変化を長期間にわたって

調査する研究もフォローアップ研究という。その際，対象となるグループがある一定の期間に出生した集団であったり，同一の社会事象を同時期に経験した集団である場合にはコーホート（cohort）と呼ばれる。たとえば，年齢別の人口のグラフにおいて，ある年齢以上のところで急激に人口が減少していたとしても，必ずしも加齢により死亡率が上昇する「年齢効果」とはかぎらず，過去の一定期間に起こった戦争や疫病の影響による「時代効果」なのかも知れない。そして，その戦争なり流行病なりを何歳の時に体験したかで生存率が異なってくるとすれば，それが「コーホート効果」であり，そのような効果の存在の有無をチェックする分析のことをコーホート分析（cohort analysis）という。

なお，発達研究の方法には，年齢ごとに異なる集団を調査対象とし，その発達的変化や発達のメカニズムを明らかにしようとする横断的研究（cross-sectional study）と，フォローアップ研究のように，ある個人や集団を長期にわたって追跡した実際の発達的変化を調べる縦断的研究（longitudinal study）が区別される。後者から得られるデータは，同一集団由来のものなので，結論の確実性が高いが，研究に要する時間と研究経費の負担が大きい方法である。

5.3 心理アセスメント法

発達において見られるさまざまな指標の差が生ずる原因を大別すると，性差，年齢差，学年差，学級差，学校差，国・地域差，民族差など集団間の違いとして現れる集団差（group difference）と，集団の中での個人間の違いに現れる個人差（individual difference）の2つがある。

個人の心理学的特徴を調べて査定することを心理アセスメント（psychological assessment）という。心理アセスメントとは，面接（interview）や心理検査（psychological test）を行って，個人に関する情報を収集し，心理的障害・疾病や心理的問題などについての状態や特徴を評価・分類し，心理的支援の計画に資する報告を行うことをいい，研究法というよりも医学における診断（diagnosis）に近い。

心理アセスメントには，知能検査，発達検査，性格検査などさまざまなものがあるが，重要なことは，心理検査の結果の表示においてはいくつかの指標が示されるが，どの指標に意味があるかは心理アセスメントの目的によって変わ

るということである。

● 知能検査の指標

　心理アセスメントの基本形である知能検査の測定法について以下に説明する。ビネー式知能検査では，精神年齢（mental age; MA）という指標が考案され，実用に供された。精神年齢は，受検者が正答した検査問題数の合計に基づき，たとえば「6歳0カ月」のように表現される（図3.2参照）。これを受検者の暦年齢である生活年齢（chronological age; CA）とくらべて，知能発達の進み具合や遅れ具合を判定する。

　生活年齢と精神年齢の差で知能発達の進み具合や遅れ具合を見る方法は，たとえば，「Aさんは生活年齢5歳0カ月，精神年齢4歳0カ月」「Bさんは生活年齢10歳0カ月，精神年齢9歳0カ月」と表現され，どちらも精神年齢は1歳の遅れとなる。しかし，一般に発達の遅れは幼少の時ほどより重篤とされる。差による表現ではこのことが表されない。そこで，

$$知能指数 ＝ 精神年齢 ÷ 生活年齢 \times 100 \tag{3.2}$$

という比による表現にしたのが知能指数（intelligence quotient; IQ）である。なお，この式で全体を百倍しているのは，小数のままだと分かりにくいので，整数値で表記する意味である（小数点以下は四捨五入）。上記の例では，Aさんの知能指数は (4/5)×100＝80，Bさんの知能指数は (9/10)×100＝90 となり，Aさんの知能の遅れの方がより重篤であることが明らかになる。前述のように，知能指数はスタンフォード＝ビネー知能検査から使用され始めたものである。

　さて，「IQ200の天才」という表現がある。たとえば，生活年齢が5歳0カ月で精神年齢が10歳0カ月なら，確かにIQ200の天才と言ってよい。しかし，生活年齢が50歳なら，IQ200は精神年齢100歳ということになる。これには，何か違和感が感じられるだろう。年齢尺度（age scale）としての生活年齢は，誰でも毎年1歳ずつ直線的に増えていくが，精神年齢は10代後半で伸びが止まっていくので，(3.2)式で定義されるIQの適用範囲は，せいぜい18歳くらいまでを想定したものである。

　他方，同じIQでも，ウェクスラー式知能検査シリーズから導入された偏差

第3章 発達・教育

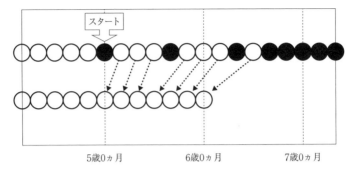

図3.2 ビネー式検査の実施・得点化のイメージ図（子安, 2007） 上段：5歳0カ月相当の問題からスタートしたが，誤答だったので年齢をさげて5問連続正答まで実施し，その後，年齢をあげて5問連続誤答になるまで実施した例。下段：正答数だけを数えると，精神年齢6歳0カ月に相当。

知能指数（deviation IQ; DIQ）は，基準となる年齢集団において「平均が100, 標準偏差が15」になるようにデータを変換した指標である。したがって，ウェクスラー式では，成人用の知能検査も可能となっている。しかしながら，偏差知能指数の場合，IQ は 55～145 の間にほぼすべてが入るように統計学的に設定されているので，IQ200 という数値を出すことはなかなか考えにくい。知能検査だけでは，知的障害児の知能も天才の知能も測りきれないのである。

● 発達検査の指標

知能検査の測定対象年齢の下限は，言語応答がぎりぎり可能な2～3歳であり，それ以前の乳幼児には発達検査（developmental test）が適用される。発達検査では，認知・言語能力だけではなく，身体運動能力や社会性の発達なども評価の対象となり，知能指数と同様の手続きによって，個人の発達指数（develompetal quotient; DQ）が算出される。

わが国で用いられてきた発達検査として，京都市児童院（現・京都市児童福祉センター）がビネー式検査をもとに1951年に開発した「K式発達検査」（現在は「新版K式発達検査2001」），九州大学教授であった遠城寺宗徳によって1958年に開発された「遠城寺式乳幼児分析的発達検査法」，お茶の水女子大学教授であった津守眞らが1961年に開発した「乳幼児精神発達診断法」（現在

124

の名称は「津守・稲毛式乳幼児精神発達診断検査」）などがある。

◎ 人格目録

心理アセスメントにおいて知能検査と同様に重要なものは，個人のさまざまな特性であるパーソナリティ（personality）を測定する検査である。パーソナリティにはさまざまな特性があるので，それを多面的に測定する人格目録（personality inventory）という考え方が基礎となっている。これは，個人の資産を預貯金，有価証券，不動産，貴金属等に分けて財産目録を作成するように，個人のパーソナリティ特性を目録にするという考え方である。

一般に心理検査の作成過程では，まず多くの質問項目を集めて，対象となる集団のサンプルに対して予備調査を実施し，そのデータに基づき，不適格な項目を除外するために項目分析（item analysis）を行い，同一カテゴリーの項目を集めて下位尺度（subscale）を構成する。項目分析の方法として，全項目の合計点で得点の上位（good）群と下位（poor）群を構成し，両群で平均得点差のない項目を除外するG-P分析（good-poor analysis）という古典的な手法もあるが，現在では，知能検査の研究において開発された因子分析（factor analysis）により，項目分析と下位尺度の決定を同時に行う方法が定番となっている。

代表的なパーソナリティ検査の一つに，1943年にアメリカのミネソタ大学病院の研究者によって開発されたミネソタ多面人格目録（Minnesota Multiphasic Personality Inventory; MMPI）がある。質問紙法検査として実施され，質問に対して「あてはまる」，「あてはまらない」，「どちらともいえない」のどれかで答える三肢選択形式である。最初1,000以上の質問項目が集められたが，項目分析の結果，10の下位尺度550項目が残った。その10の下位尺度は，①心気症，②抑うつ，③ヒステリー，④精神病質的偏倚，⑤男性性・女性性，⑥パラノイア，⑦精神衰弱・強迫神経症，⑧統合失調症，⑨軽躁性，⑩社会的内向性と命名されている。このほか，「どちらともいえない」が多すぎる回答者や，自分を好ましく見せようとする回答者などをチェックできるようになっている。

5.4 乳児対象の実験法

発達研究独自の課題として，質問をしても言語で答えてくれることのない乳

児を対象とする研究方法の開発がある。乳児の行動観察は簡単にできても，乳児の認知過程を調べる実験を行うことは簡単ではない。そのような制約の中で考案された2つの方法を紹介する。

アメリカの心理学者ファンツ (Fantz, R. L., 1925-1981) は，生後6カ月頃までの乳児を対象に，選好注視法（preference looking method）を用いた一連の研究を1960年前後に次々に発表した (Fantz, 1961)。たとえば，2つの図形を同時に見せて，どちらの図形の注視時間が長いかを測ったところ，単純な図形よりは複雑な図形を好む（注視時間が長い）こと，複雑な図形の中でも「人間の顔」の形をかたどった図形をとりわけ好むことなどが明らかにされた。

人間だけでなく多くの動物において，同じ刺激を繰り返し提示されると，その刺激に対する注意反応が低下していく馴化（habituation）という現象が見られる。他方，ある刺激に馴化した後，全く別の刺激を提示すると注意反応が回復することを脱馴化（dehabituation）という。たとえば，赤色の刺激を見せた時に生じた注視反応に馴化が生じた後，緑色の刺激を見せると注視反応が回復するかどうかを調べることによって，乳児が赤色と緑色を区別しているかどうかが分かる。この場合，乳児に赤緑色覚異常があれば，脱馴化は生じないことになる。この馴化‐脱馴化法（habituation-dehabituation method）によって，乳児の認知の特徴が幅広く研究されるようになった。

6. むすび　21世紀の課題：生涯発達と生涯学習

19世紀後半から20世紀前半には，人口ピラミッドの底辺を支える子どもたちの人口が着実に増加し，産業化する社会に対応できる知識と技能を子どもたちに習得させる学校教育の拡充が喫緊の国民的課題であった。20世紀後半から今世紀にかけて，先進工業諸国ではおしなべて平均寿命が著しく延びた。わが国の1947年の平均寿命（0歳の平均余命）は男50.06歳，女53.96歳であったが，2世代後の2012年には男79.94歳，女86.41歳となっている（厚生労働省調べ）。この間に成人後の人生の長さは約2倍に増加し，子どもの時に学校で習得した知識や技能だけで一生を過ごすことは困難になっているのである。

フランスの教育思想家ラングラン (Lengrand, P., 1910-2003) は，人間の誕生

から死に至るまでの一生を通じて教育の機会を提供することの重要性を1965年に提唱し，生涯教育（lifelong education）と呼んだ。その時代には，子どものときに十分な学校教育を受けられなかった世代の存在が大きく，社会に出た成人後にも教育機関や訓練機関に容易にアクセスできるようにするリカレント教育（recurrent education）の重要性が高かった。なお，生涯教育は，現在では学ぶ側の視点に立って生涯学習（lifelong learning）と呼ばれることが多い。また，人間の一生を通じての発達は，生涯発達（lifespan development）と呼ばれている。

20世紀後半から今世紀にかけて，先進工業諸国ではおしなべて少子化と高齢化が進行し，学校教育の重要性が必ずしも低下したわけではないが，生涯発達と生涯学習のあり方を考えることは，個人にとっても社会にとっても，また発達心理学と教育心理学にとっても，取り組むべき最も枢要な課題となっている。

要点の確認
- 発達と教育の問題は，心理学の創設当初から重要な研究テーマであった。
- 20世紀の発達と教育の課題は，一律の方法で教育することの困難さ，すなわち年齢による発達差，発達の個人差，障害や学校不適応の理解などの課題に取り組むことであった。知能検査は，その取り組みの初期の成功例である。
- 研究の進展とともに，発達の順序性が明らかにされるとともに，その到達の時期に大きな個人差があることが明確になっていった。生物としての人間の発達と社会的存在としての人間の発達，個人差に対応する教育と教育評価・学力評価についての研究が進展した。
- わが国の障害児教育は，その起源を19世紀末にさかのぼることができるが，現在では特別支援教育として，さまざまな研究と実践が行われている。
- 発達・教育の研究法を知り，今後の生涯発達と生涯学習のあり方を考えることは，個人にとっても社会にとっても，発達心理学と教育心理学にとっても，今後取り組むべき最も枢要な課題である。

文献ガイド
日本発達心理学会（編）（2011～現在）．「発達科学ハンドブック」シリーズ（既刊

第3章　発達・教育

8巻）新曜社.
▷発達心理学は，隣接の学問分野から影響を受けつつその領域を広げ，発達的視点を中核においた発達科学として発展してきた。第1巻「発達心理学と隣接領域の理論・方法論」と第2巻「研究法と尺度」の総論の2巻に引き続き，第3巻以後は個別のテーマ領域で編集が行われ，現在も刊行が続いている。

無藤隆・子安増生（2011, 2013）．発達心理学Ⅰ・Ⅱ　東京大学出版会.
▷総論，胎児期・周産期，乳児期，幼児期，児童期，青年期，成人期，老年期，家族・地域・メディア，障害と支援という「幹」の10章で発達の基礎をおさえ，それぞれの幹から広がる身体，認知，感情，言語，社会の5つの「枝」を章ごとに総覧する2巻本構成であり，2色刷りで読みやすく分かりやすいテキスト。

日本教育心理学会（編）（2003）．教育心理学ハンドブック　有斐閣.
▷教育心理学について，日本教育心理学会の豊富な執筆陣がまとめたハンディで便利な本。教育心理学は何をするのかということから始まり，教育心理学の歴史，社会に果たす役割，研究動向，研究法，研究の倫理，学び方，基本用語など，初学者から大学院生まで，幅広いニーズに対応している。

子安増生・田中俊也・南風原朝和・伊東裕司（2015）．ベーシック現代心理学6　教育心理学 第3版　有斐閣.
▷教育心理学の標準的テキストして，1992年の刊行以来長きにわたって使用され，2度目の改訂を経て最新版となっている。各章は，教育心理学の課題，発達過程，適応と障害，学習の基礎，学級集団，授業の方法，教師の役割，教室でのICT活用，教育評価の方法，教育データと分析結果の見方などのテーマを取り扱っている。

コラム2　映画に描かれた障害者たち

　障害を持った人の生き方を描いた映画は多いが（ウィキペディアの「障害を扱った作品の一覧」参照），アメリカのアカデミー賞を受賞した作品の中から，名作を4本紹介しよう。

　『奇跡の人』（1962年）：視覚・聴覚の重複障害者ヘレン・ケラーの自伝をもとにした舞台劇を映画化したもの。原題は「奇跡を起こす人（The miracle worker）」であり，主人公はヘレンではなく，家庭教師としてヘレンを教えたアン・サリヴァン先生の方である。サリヴァン役に扮したアン・バンクロフトが主演女優賞，ヘレン役を熱演した当時14歳のパティー・デュークが助演女優賞のダブル受賞となった。

　『愛は静けさの中に』（1986年）：聾学校に赴任してきた陰のある教師ジェームズ（ウィリアム・ハート）と，その聾学校で働いている心に傷を負って閉ざしたままの元生徒サラ（マーリー・マトリン）との間の愛の物語である。マーリー・マトリンは，自身に重度の聴覚障害があり，障害者初でしかも史上最年少（21歳）のアカデミー主演女優賞受賞が話題となった。

　『レインマン』（1988年）：自閉症のため幼くして家族から離されて施設に入れられた兄レイモンド（ダスティン・ホフマン）と，父親の死によって生じた遺産相続問題で初めて兄の存在を知った弟チャーリー（トム・クルーズ）との心の交流を描いたロード・ムービー。レイモンドは，超人的記憶力を持つ「自閉症サヴァン」だが，日常生活のルーティンから逸脱するとパニックになる。作品賞，監督賞（バリー・レビンソン），主演男優賞（ダスティン・ホフマン）を受賞。

　『英国王のスピーチ』（2010年）：英国の現女王エリザベス2世の父で後にジョージ6世に即位したヨーク公アルバート（コリン・ファース）は，幼時の過酷な被虐待体験で吃音となり，国民の前でスピーチができないことを苦にしている。その治療にあたった言語療法士ライオネル（ジェフリー・ラッシュ）との身分の差を越えた人間的ふれあいを描く。作品賞，監督賞（トム・フーパー），主演男優賞（コリン・ファース），脚本賞の4部門で受賞。

第4章

社会・感情・性格

池上知子

(1) 人々の間にみられる性格の違いや個性に関する研究がどのように始まり，今日のパーソナリティ研究に発展してきたか，その歴史的変遷を追いながら，その歩みの中で得られた主要な知見を解説する。なお，本章では，近年の学問動向に鑑み「性格」より広い概念を表す「パーソナリティ」という用語を主に用いることとし，必要に応じて「性格」も使用する。

(2) 感情は人間の行動を動機づける原動力であり，もっとも基本的な精神現象でありながら，客観科学を標榜する近代の心理学の中では，倫理的，方法論的制約から必ずしも体系的な研究が進まなかった。しかし，認知科学や脳科学の進歩により，今日，感情研究は次第に脚光を浴びつつある。そのような感情研究の歴史的変遷と主要な知見について解説する。

(3) パーソナリティ研究や感情研究に代表されるように，心理学は主として個人の内的世界や内的活動を考察の対象としている。そのなかにあって，社会的集合体ないし共同体としての人間がもたらす諸現象に関心を払い，その背後にある心理を追究しているのが社会心理学である。当初，思弁的考察に止まっていた社会心理学が，実証科学としての地位をいかにして確立したかをみながら，そこで明らかになった重要な知見を紹介する。

第4章 社会・感情・性格

1. パーソナリティ

　心理学は，人間の普遍的性質に関する一般法則を見出そうとする法則定立的 (nomothetic) 科学である一方で，個人差や個性の理解をめざす個性記述的 (idiographic) 科学でもある。パーソナリティ心理学は，心理学の諸分野の中でも人間の個別性を重視する個性記述的な学問分野といえる。

　十人十色といわれるように，人間の性格や能力，態度や価値観は，千差万別であり，そうした差異がなぜ生じるのかという疑問は，一般の人たちの大きな関心事でもある。そのような素朴な疑問に答えるべく心理学の世界において個人差と個性に関する研究が始まった（矢野，1994参照）。

1.1 個人差と個性への関心

　個人差研究の先鞭をつけたのは，イギリスのゴールトン (Galton, F., 1822-1911) である（岡本，1987参照）。家系調査による遺伝的天才の研究，親子間の身体的特徴の類似性に関する研究，双生児法による生得的本性（nature）と養育的影響（nurture）に関する比較研究などが代表的な研究として挙げられる。また，身体能力をはじめ，感受性や感覚能力（重さの弁別等），観念内容（心像，連想等）などさまざまな心的能力を測る独自の検査を次々と考案し，個人差や民族差について考察している。また，観念内容の個人差にもとづき，人々を「視覚型」「聴覚型」「運動型」に類型化してとらえようとしたことでも有名である。彼の研究の成果は，『人間能力とその発達の研究』（1883年）にまとめられている。彼は，ダーウィンのいとこにあたり，その影響を強く受けたといわれる。したがって，これらの研究の背景に，ダーウィンが自然淘汰論のなかで論じた個体変異の考え方があることは想像に難くない。ゴールトンは，人間に備わっている精神的資質（知性や道徳性など）にみられる個人差は，遺伝的要素の変異によるところが大きいと考えていたといわれる。

　ゴールトンと同時代を生きたビネー (Binet, A., 1857-1911) も個人差研究の先達の一人である。ビネーは，知能検査の開発者として，しばしば紹介される著名な研究者であるが，人間の思考や判断，注意や記憶などの高次精神過程に

みられる個人差に強い関心を向けていたことでも知られている。ビネーは，年齢差や性差を含むあらゆる個人差が量的にとらえられていることを批判し，もっと個人と個人の間の質的差異をとらえなければならないと強調した。そして，個々の諸能力の個人差のみを問題とするのではなく，個人のパーソナリティ全体のなかにそれら諸能力を位置づけ一つの統一体として分類する必要性を説いた。彼が，自分の2人の娘を対象に数々の実験を行い，一人を「外向的な観察者」，もう一人を「内向的な創造者」と特徴づけていたことからも，それはうかがえる。自らの研究を「個人心理学」と称したように，ビネーの研究は，狭い意味での知能の個人差の把握にとどまるものではなく，人間の個性の把握を視野に入れていたといえる。ビネーにとって個人心理学は，人間の精神機能の一般法則を探求する一般心理学と対置せられるものであった。一般心理学が理論志向であるのに対して，個人心理学は個人の診断と処遇に役立つ実践的・応用的志向の強い学問と位置づけられる。それはちょうど，医学における基礎医学と臨床医学の関係に似ている。ビネーの考えについて知るには，彼自身の著作『新しい児童観』（ビネー，波多野（訳），1974）が参考になろう。

　ビネーの個人心理学を理論的・方法論的に体系化したのが，ドイツのシュテルン（Stern, W., 1871-1938）である。彼は，ベルリン大学において記憶の実験的研究で有名なエビングハウスに師事し，後にハンブルグ大学に新設された心理学部で教鞭を執った。心理学だけでなく，哲学や教育学にも造詣が深く，『応用心理学雑誌』や『教育心理学雑誌』の編集に携わっている。シュテルンもビネーと同様，実践的・応用的志向が強く，理論だけでなく日常生活や教育現場への貢献を重視した。彼は，とりわけビネーの開発した知能検査に関心をもち，これをドイツにおいて継承，発展させた。ビネーが知能の判定基準として，精神年齢（mental age; MA）と生活年齢（chronological age; CA）の差に注目したのに対して，シュテルンは後者に対する前者の比にもとづく知能指数（intelligence quotient; IQ）を用いることを提唱した。この知能指数の登場により，知能は，子どもの知的発達の成熟度をあらわすものから，生涯を通じて変らない個人に固有の知的素質の水準とみなされるようになる。また，知能を人格とは独立した機能であるかのような見方が広まった。しかしながら，これはシュテルンの本意ではなく，彼は，知能は人格の一部をなしているものであり，個

第4章　社会・感情・性格

人の興味や目的意識と切り離すことのできない創造的なものとしてとらえるべきであると主張した。彼のこのような立場は，人格主義とも呼ばれている。

　シュテルンの最大の功績は，差異心理学（differential psychology）の樹立であったといえる（Stern, 1921；矢野，1994参照）。彼は，個人が持つさまざまな心的機能を個人の特性とみなし，それらの統一体としての個性をとらえることを差異心理学の目的と考えていた。しかし，特性や個性は，直接知覚できるものではなく，具体的には，個人の体験内容や行為として現れる。このような具体的で観察可能な現象から，その背後にあってそれらを発現させている個人内部の比較的恒常的な特性や個性を把握し記述すること，それらにみられる個人間の差異を明らかにすることが差異心理学の重要な課題だと述べている。このような課題を達成するには，特定の個人や少数の人物に焦点を当てて分析する個性記述的アプローチが適している。しかし，実際には，多人数を対象に特定の特性における個人差を量的に把握したり，複数の特性間の相関をみる，法則定立的アプローチに偏することが多かった。そのため，シュテルンの差異心理学は，人一般にみられる人格構造を明らかにすることには寄与したが，本来の目的は十分達成されなかったといわれている。

1.2　パーソナリティ心理学の誕生

　パーソナリティ心理学の礎を築いたのは，ゴードン・オールポート（Allport, G. W., 1897-1967）である。彼は，アメリカのハーバード大学で心理学を学び，卒業後，ドイツに留学した。当時アメリカでは，行動主義心理学が全盛を誇っていたが，彼はドイツ留学中に学んだゲシュタルト心理学やシュテルンの人格主義的心理学に深く感化され，帰国後，ハーバード大学で教鞭を執りながら，人格の全体性や能動性，独自性を強調する人間学的心理学の主唱者となった。

　オールポートによれば，パーソナリティとは，個人に特徴的な思考や行動を発動させる精神力学的体制と定義される。個人内部にあって，状況を超えて機能的に等価な一貫した行動を生み出す個人的資質ないし個人的傾向ととらえる点は，先のシュテルンの考え方と類似している。オールポートも，パーソナリティへのアプローチには，多くの人に共通する特性を用いて他者との相対比較によって個人を理解する方法と，ある個人に固有のパターンや構造を主観的な

記述を通して把握する方法があり，パーソナリティ研究はこれらが両輪となって進められるべきであると説いている（Allport, 1937; 1961）。

なお，パーソナリティと似た概念に性格（character）がある。詫摩（2003）によれば，これらは同義に用いられることもあるが，そのニュアンスは厳密には異なる。前者は知能，態度，関心なども含むより広義の概念であり，オールポートの定義に示されているように，個人の環境に対する適応様式全体を指している。一方，性格はある個人に一貫してみられる比較的安定した特徴といった意味合いで用いられることが多い。ドイツでは「性格」がよく使用され，アメリカでは，「パーソナリティ」が一般的である。パーソナリティには，「人格」の訳語が当てられることもあるが，日常的に使用される「人格」という言葉には道徳的価値が含まれるため，心理学の専門用語とは区別する必要がある。

1.3 類型論と特性論

パーソナリティの多様性をどのようにとらえるかという点で，大きく類型論と特性論の立場に分かれる。以下に，それぞれの系譜を辿ることにする。

◉ 類型論の系譜

類型論（typology）とは，一定の観点からパーソナリティを少数のグループに分類し，各グループの典型像を設けて類型化して把握するものである。類型論は，20世紀前半のヨーロッパで隆盛するが，その源流はギリシャ時代のガレノス（Galenos, K., 129頃-199頃）による四気質説にまで遡ることができる。ガレノスは，当時，人間の体内には，血液，黒胆汁，胆汁，粘液の4種類の体液があると考えられていたことから，これらの体液のいずれが優勢になるかによって，多血質（快活），憂うつ質（悲観的），胆汁質（短気），粘液質（粘り強い）と表わされる特徴がみられるようになると説いた（詫摩, 2003参照）。今日では，この学説は否定されているが，パーソナリティを身体生理学的特徴と結びつけてとらえる構想自体は，その後もさまざまな形で継承されていく。

ドイツの精神医学者であったクレッチマー（Kretschmer, E., 1888-1964）の体格と性格に関する学説は有名である（クレッチメル，相場（訳），1960）。彼は，自身の臨床経験に基づき，統合失調症の患者には細身の体形（細長型）が多く，

第4章 社会・感情・性格

躁鬱病の患者には太った体形（肥満型）が多いことを見出し，さらに，てんかん患者は闘士型の体形が比較的多いことを明らかにした。これらの精神疾患にはそれぞれ特有の病前性格が認められたことから，一般の人たちにも体型と気質に一定の対応関係があると考えるにいたる。すなわち，細長型は内気，非社交的などを特徴とする分裂気質（内閉性性格），肥満型は開放的，社交的などを特徴とする躁うつ気質（同調性性格），闘士型は，硬さと爆発性などを特徴とする粘着気質に対応させる説を唱えたのである（詫摩，2003参照）。

体型と性格の関係を，健常な青年男子一般を対象に実証的に検討したのが，アメリカの心理学者であり医学者でもあったシェルドン（Sheldon, W. H., 1899-1977）である。彼は，胎児の胚葉の発達にみられる特徴にもとづき，体型を外胚葉型（神経系統の発達が優勢，細身），内胚葉型（消化器系の発達が優勢，肥満体形），中胚葉型（筋骨の発達が優勢，筋肉質）に分類し，それぞれ，頭脳緊張型（控えめ，神経過敏），内臓緊張型（社交的，協調的），身体緊張型（闘争的，大胆）と称される3つの気質に対応することを示している（大山，2010参照）。

類型化の基準を身体的特徴ではなく，精神的特徴に求める立場もある。フロイトに傾倒し，後に袂を分かつことになった，スイスの精神医学者ユング（Jung, C. G., 1875-1961）は，心的エネルギー（リビドー）の向かう方向性に着目し，関心が外界に向かいやすい外向型と自己の内面に向かいやすい内向型に分類できるとする向性論を唱えた（ユング，林（訳），1987）。外向型と内向型では，意志や感情，考え方や社会性において対照的な特徴を示す。さらに，人間のもつ主要な4つの精神機能として，思考，感情，感覚，直観をあげ，これらのうちどれが優位であるかによって，論理的，客観的に考える思考型，共感性が高く調和を重視する感情型，直接観察可能な事実を重視する感覚型，事実の背後にある本質（関係性や構造）を見極めようとする直観型に分類している。そして，これらを外向-内向次元と組み合わせて8つの類型を提案した。

ほかには，ドイツの哲学者・心理学者のシュプランガー（Spranger, E., 1882-1963）が，個人が最も価値を置いている生活領域に応じて，経済型，理論型，審美型，宗教型，権力型，社会型の6つに分類することを提案している。

類型論は，個人の全体的特徴を端的に把握するには優れているが，少数のカテゴリーにあてはめようとするあまり，中間的特徴をもつ者をとらえることが

できないというきらいがある。このような問題を克服する形で登場してくるのが以下に述べる特性論である（瀧本, 2003 参照）。

◉ 特性論の系譜

　特性論（trait theory）とは，パーソナリティを構成している基本的要素である複数の特性を同定したうえで，それぞれの量的程度を測定し，それらの組み合わせもしくは総和によって個人のパーソナリティを記述し，理解する立場をさす。特性論に基づくパーソナリティ理論を最初に体系的に論じたのは，先述のオールポートである（Allport, 1937）。彼は，辞書に載っている人間の態度や行動の特徴をあらわす言葉を網羅的に収集したのち，比較的恒常的で一般性の高い特性語を選出し，多くの人々に共通する共通特性（common trait）と，ある個人に特徴的にみられる独自特性（unique trait）に分類した。そして，共通特性の程度を個人間で比較可能なように尺度を構成し，各尺度の測定値にもとづき心誌（psychograph）を描くことによって個人の特徴を表現する方法を考案した。これら共通特性のなかには，たとえば，先述のユングの外向-内向も含まれているが，特性論では，これらを連続次元としてとらえ，個人は各次元上の両極の間のどこかに位置づけられる。これにより中間的特徴をもつ者も漏れなくとらえることができる。

　しかし，無数にある共通特性のうち，どのような特性をどのくらい含めればよいのかという点は曖昧であった。この問題に対して，因子分析（factor analysis）という統計手法を用いて解決を図ろうとする研究が次々と登場する。このようなアプローチは因子論的研究と呼ばれている。

　イギリスのロンドン大学で学位を取得し，後にアメリカに渡り活躍した心理学者キャッテル（Cattell, R. B., 1905-1998）は，観察や質問紙など多様な方法で収集したデータに対して因子分析を適用し，二十数個の特性に絞り込んだ。彼は，これらを根源特性（source trait）と呼んでいる。これはパーソナリティを構成する元素のようなもので，あらゆる個性がこれらの組み合わせによって出現すると考えられている（Cattell, 1965）。このうち特に重要な 16 個を選び 16 人格因子質問紙法検査（16PF）を作成している。

　同じくアメリカで活躍した心理学者ギルフォード（Guilford, J. P.）も因子分

析を用いて13個の特性に絞り込む作業を行っているが，その研究をもとに考案された検査の日本版である矢田部・ギルフォード性格検査（YG性格検査）は，現在もわが国で広く使用されている。

　一方，ドイツに生まれ，イギリスのロンドン大学で学位を取得したアイゼンク（Eysenck, H. J., 1916-1997）は，健常者と神経症患者を対象とした研究に基づき，パーソナリティを構成する究極の因子として外向－内向と情緒安定－不安定（神経症傾向）の2つの基本的因子を抽出した。これらは，キャッテルの根源特性より上位の概念である類型に相当する。アイゼンクは，これら「類型」の下に特性が位置し，「特性」はさらに下位の概念である習慣的反応から構成され，「習慣的反応」の下に特定の状況でみられる行動である「特殊反応」を位置づけるという，4層構造を想定した。そして，類型は，相互に高い相関をもつ複数の特性の集合であり，たとえば，内向性は持続性，硬さなどの5つの特性からなり，外向性は活動性，社交性など7つの特性からなると述べている。この考えに基づいて作成されたのが，アイゼンクが当時兼務していたモーズレイ病院の名を付したモーズレイ性格検査（Maudsley personality inventory; MPI）である。また，彼は，神経症と精神病の違いを明確にしたことでも知られており，両者は共に情緒不安定であるが，前者は内向的，後者は外向的であるとして，それぞれの特徴を詳細に分析した。このようにアイゼンクの理論では，類型論と特性論が巧みに折衷されている（Eysenck, 1960）。

　最近では，パーソナリティを構成する基本因子は5つであるとする特性5因子モデル（Five Factor Model; FFM）が有力である。各因子の命名や解釈は研究者間で微妙に異なるが，「外向性」「調和性」「誠実性」「神経症傾向」「経験への開放性」が比較的よく知られている。これら5つの因子はビッグファイブと呼ばれ，それらを測定する性格検査（5因子性格検査；FFPQ）も開発されている（辻, 1998参照）。

　因子論的研究は，特性語の分類を帰納法的に行ない，定量的に個人のパーソナリティを記述している点で，類型論に比べ恣意性が低く客観性が高いことは事実である。しかし，結局のところ，性格を表現する言葉の分類を行っているにすぎず，抽出された因子の実在を裏づける理論的根拠があるわけではない。ここに特性論の限界があると言わざるを得ない。

1.4 パーソナリティの理論

　人間のパーソナリティを深く理解するためには，行動の背後にある心理学的構造を解明し，体系立った理論を構築する必要がある。パーソナリティに関する理論はさまざまあり，基本的な考え方や背景，アプローチも相互に異なっている。以下に，代表的な理論を紹介する。

◎ 精神分析理論

　パーソナリティ研究にもっとも大きな影響を与えたのは，ウィーンの精神科医であったフロイト（Freud, S., 1856-1939）により創始された精神分析学である（フロイト，懸田（訳）1973; 宮城, 1959 参照）。フロイトは，無意識の精神領域を重視したことで知られているが，それは同じくウィーンの精神科医であったブロイアー（Breuer, J., 1842-1925）と共に手がけた症例（アンナ・Oの症例）が契機となっている。この患者は数々のヒステリー症状（心因性の身体症状）に苦しんでいたが，催眠状態に誘導し忘れていた過去の不快な記憶を語ると症状が消失した。これよりフロイトは，人間の行動を深く理解するには，意識的に体験されている精神過程だけでなく，意識化が困難な無意識の精神領域に存在する衝動や感情を分析する必要があると考えるようになる。

　フロイトによると，人間の心は，イド（エス），自我（エゴ），超自我（スーパー・エゴ）の3つの領域から構成されており（心の構造論），各領域間の力関係の均衡が保たれることによって健全な精神状態が維持される。イドは，人間の精神活力の源泉をなし快楽原則に従い欲望のままに行動することを促し，自我は，イドの衝動を現実に適応可能なように抑圧，修正する装置であり，現実原則に則り合理的に行動するよう働きかける。超自我は，社会の規範や理想が内面化されたものであり道徳や良心に従って行動するよう仕向ける。イドが強いと無軌道な行動が生起し，超自我が強いと道徳的な振る舞いが多くなるが，超自我が強すぎると非現実的な罪障感や完全主義に苦しむことになる。イドの突き上げと超自我の圧力に屈することなく現実社会にうまく適応できるようにする役割を担っているのが自我である。したがって，自我が機能不全に陥ると適応上問題となる行動が現れやすくなる。

　そこでフロイトは，イドや超自我によってもたらされる葛藤に自我が対処で

第4章 社会・感情・性格

きるように，脅威となる現実を否認，歪曲するなどさまざまな防衛的措置を人は講ずると考えた。この着想は，彼の娘のアンナ・フロイト（Freud, A., 1895-1982）により自我防衛機制として概念化され体系的に論じられている。代表的な自我防衛機制に，「抑圧」「反動形成」「投射」「置き換え」「合理化」「同一化」「退行」「昇華」などがある。

　フロイトの思想や理論は，心理学や精神医学のみならず，広く文学や芸術にもその影響は及んでいる。フロイトの後継者として，劣等感と補償に関する研究で有名なアドラー（Adler, A., 1870-1937），普遍的無意識や向性論で知られるユング（Jung, C. G., 1875-1961）を挙げることができる。ただし，両名とも後年はフロイトから距離を置くようになる。また，サリヴァン（Sullivan, H.），ホーナイ（Horney, K.），フロム（Fromm, E.）は，フロイトの生物学主義を批判し，社会文化的要因を重視する新フロイト派と呼ばれる学派を形成した。

◎ 場の理論

　ゲシュタルト心理学の草創期に重要な役割を果たしたレヴィン（Lewin, K., 1890-1947）は，人間の行動は，行為者自身の特性によってのみ規定されるのではなく行為者を取り巻く環境の影響が大きいとする場の理論（field theory）を提唱した（Lewin, 1935）。行動がどのような条件の下で生起するのかという問題に焦点を当てたところに，彼の理論の独自性がある。場の理論では，行動（behavior; B）は，人（person; P）と環境（environment; E）の相互作用の産物であると考えられており，その関係は，$B=f(P, E)$ という公式によって表現される。また，人（P）と環境（E）を含む全体を生活空間（life space）と呼ぶ。

　レヴィンは，人間の内部構造についても独特の視点から考察している（瀧本，2003a 参照）。それによると，人間の内面は，周辺部に位置する知覚・運動領域と中心部を構成する内部人格領域に分かれ，内部人格領域はさらに部分領域に細分化される。これら部分領域は中心部に位置するものほど外部の影響を受けにくくなり，もっとも深いところに核が存在する。レヴィンの理論では，パーソナリティの個人差は，部分領域の数に反映される「分化度」と部分領域間の通過困難度を示す境界の「硬さ」によって理解される。一般に年齢とともに分化度と硬さは増大すると考えられている。分化度と硬さの低い子どもは，ある

部分領域での緊張が容易に全体に波及する。また，通過の容易な領域が表層部に限定されているか，中心部近くにまで及んでいるかによって対人関係に違いが現れる。前者は閉鎖型（とっつきにくくなかなか親密になれない），後者は開放型（人なつっこく急速に親しい関係になる）と呼ばれる。

● 状況論

　人間の行動は，行為者の個人特性よりも状況によって規定されるという議論を，急進的かつ先鋭的に展開したのがアメリカの心理学者ミッシェル（Mischel, W., 1930-）である（Mischel, 1968）。一般に特性論では，個人のとる行動には状況を超えた一貫性が認められ，それをもたらしている個人の特性を実体のあるものとみなしてきた。これに対して，ミッシェルは，人間の行動は状況によってさまざまに変動するものであり，持続的で安定した特性が存在するという信念に強い疑念を呈した。たとえば，学校では友人とおしゃべりに興じていても，家庭では無口であるように，同じ個人が状況を問わず常に話好きな態度を取るとは限らない。彼の批判は，パーソナリティ研究全体の意義に関わる問題に発展し，いわゆる「人間－状況論争」（一貫性論争）を巻き起こすことになる。近年では，具体的な状況下での行動パターンに個人に特有の特徴が認められることから，その状況－行動パターンを見出すことをパーソナリティ研究は目指すべきであると論じている（Mischel & Shoda, 1995）。

● 生物学的進化論

　一方，特性の実在性を裏づけるべく，パーソナリティを構成する特性次元の生物学的基盤を解明する研究も活発に行われている。先述のアイゼンクは，自身が見出した基本2次元である外向－内向と情緒安定－不安定について，脳神経系の特徴と関連づけて理解することを試みており，前者は大脳皮質神経の興奮性（外向型は内向型に比べ興奮しにくい）を，後者は自律神経系の反応性（不安定型は安定型に比べ刺激に反応しやすい）を反映すると述べている。
　パーソナリティ次元の生物学的基盤を求める研究では，各特性次元は人類が進化の途上で生存に有利に働くような行動様式や心理的形質を獲得した結果を反映しているとみなす。たとえば，アメリカの心理学者でパーソナリティ障害

第4章　社会・感情・性格

の研究でも知られるミロン（Millon, T., 1928-2014）は、次の3つの次元を提案した（Millon & Davis, 1996）。1つは、生に対する動機にかかわるもので快楽追求－苦痛回避であり、前者は貪欲に生を楽しもうとするのに対して、後者は苦痛を避け安全を追求する。2つ目は、繁殖方法にかかわる自己志向－他者志向であり、前者は自律的で子を多く生み養育には関心を払わないのに対して、後者は親和的で子を少なく生んで養育に関心を払う。3つ目として、環境への適応にかかわる能動性－受動性を挙げ、前者は環境を自ら変えることによって、後者は環境に自らを合わせることによって適応を図る態度を示す。

同様に、アメリカの心理学者で精神科医でもあるクロニンジャー（Cloninger, C., 1944-）は、新奇性追求、損害回避、報酬依存の3次元の存在を主張している（Cloninger et al., 1993）。これらは、環境内に存在する新奇刺激、危険刺激、報酬刺激への反応様式の個人差を表すものといえ、新奇性追求の強さは活発であるが衝動的な心性を、損害回避傾向の強さは悲観的で用心深い心性を、報酬依存の強さは他者からの承認に敏感で温情的な心性を、それぞれ生み出すと述べている。さらに、これら3次元と脳内の神経伝達物質との関連にも言及しており、新奇性追求はドーパミン、損害回避はセロトニン、報酬依存はノルアドレナリンと関連するという仮説を提起した。これらの物質の代謝にかかわる遺伝子配列の研究が進めば、パーソナリティ特性が生物学的基盤をもつ実体のある心理的形質であることを証明することができるかもしれない。

1.5　パーソナリティの測定

パーソナリティを測定、診断する方法はさまざまある。代表的な方法として、質問紙法、検査法、観察法、面接法について述べる（瀧本，2003b 参照）。

● 質問紙法

パーソナリティの測定において、最もよく使用されるのが質問紙法（questionnaire method）である。実施が簡便であり、大勢の人間に同時に行えるという利点があるからである。具体的な行動、態度をあらわす質問項目を多数用意し、自分がそれにどのくらいあてはまるかを「はい」「いいえ」「どちらでもない」というように回答してもらう。その結果を統計的に処理し数量的に個人の

特徴を把握する。測定する特性は、単一の場合もあれば、複数の特性を同時に測定する場合もある。すでに言及したキャッテルの16人格因子質問紙法検査（16PF），アイゼンクによるモーズレイ性格検査（MPI），また，日本で広く使用されている矢田部・ギルフォード性格検査（YG性格検査），最近ものとして5因子性格検査（FFPQ）などがある。さまざまな行動の背後には，安定した持続性の高い特性が存在するという特性論の考え方が基礎にある。

　質問紙法は，回答者の内省を通した自己報告に基づいているため，個人の真の姿を正確にとらえているかどうかは疑問の余地が残る。質問項目の言葉の意味を取り違えたり，項目内容について恣意的な解釈がなされることもあろう。また，社会的に望ましい回答をしようとして回答が意識的に歪曲されることもある。加えて，無意識的な自我防衛機制が働き回答に影響を与える場合もある。質問紙法は，結果の処理における客観性という点では優れているが，そこに反映されているのは，本人が比較的容易に自覚できる人格の表層領域もしくは表面的特性に限定されている嫌いがある。

◉ 検査法：投影法と作業検査法

　これに対して，本人が意識化できていない心的傾向をとらえるための方法が開発されてきた。その一つが投影法（projective technique）である。これは，それ自体では意味が曖昧で多義性の高い図版や言葉を提示し，それらに対して自由に反応してもらう方法である。それらの刺激に対する反応の仕方に，個人の内的世界が投影されているという前提に立っている。ただ，反応の解釈の妥当性については，検査者の力量に負うところも大きく，誰もが容易に使用できるわけではない（→第5章）。質問紙法に比べれば，本人は測定されている内容がわかりにくいため，意識的バイアスはかかりにくい。しかし，言語反応を求めることから，直截な表現を避け平板な反応がなされることもしばしばある。

> ロールシャッハテスト（Rorschach Test）：インクのしみのような左右対称の図版を提示し，何に見えるか自由に答えてもらう。反応内容（人，動物，無生物等），反応領域（全体，部分），反応決定因（形態，色彩等），形態水準（明確さ，適切さ）の観点から反応を評価する。

第4章 社会・感情・性格

主題統覚検査（Thematic Apperception Test; TAT）：人物を含む主題の曖昧な絵を見て，物語を作ってもらう。物語の主人公について語られる欲求，感情，態度が，回答者自身のものであるという前提を置いて結果を解釈する。

絵画欲求不満検査（PFスタディ；Picture Frustration Study）：日常的な欲求不満場面を漫画風に描いた図版を用意し，登場人物のセリフを自由に書き込んでもらう。登場人物のセリフの内容に，回答者の葛藤に対する態度（外罰的，内罰的，無罰的）が反映されると考えられている。

言語反応を求めることなく作業課題に従事してもらい，その遂行量によってパーソナリティ特徴をとらえるのが作業検査法である。代表的な検査に内田‐クレペリン検査がある。この検査は，複数の数列から構成されているシートを用意し，制限時間を設けて隣同士の一桁の数字をできるだけ速く加算し結果を順次記入するよう求める。作業量を1分ごとに区切り，その推移から緊張度や意志力をみる。非言語検査であることから，言語的障壁が小さく文化間比較も行いやすい。ただ，長時間にわたる作業への従事を求めること，測定できる側面が限定されているという短所がある。

● 観察法と面接法

質問紙法のように自己報告を求める場合は，本人の内省力が不十分であると，妥当性は低下する。そのような場合は，第三者に実際の行動を観察し評価してもらう観察法（observation method）のほうが信用できる。観察法には，観察する側面をあらかじめ決めておく場合と特に決めずに自由に行う場合がある。被観察者と距離を置き，第三者の立場で観察する場合と，参与観察といって，観察者もその場に加わり相手の行動を観察する場合がある。参与観察の場合は，観察者の介入により相手の行動に影響を与えることがある。また，場面全体の持つ意味が変ってしまう可能性がある。いずれにせよ，観察法は，観察者の主観に左右される部分が大きいため，あらかじめ，目的や観点，観察すべき行動の内容や基準を明確にしておくことが望ましい。また，同一人物の行動を複数の観察者が評定し，観察者間の一致率を確認するなど信頼性を保つ工夫が必要

である．加えて，人間の行動は状況によって変ることが多いので，どのような場面での行動であるかを正確に記録しておかなければならない．

　ある人物の人柄を知るには，直接会って話をするのがよいと一般に考えられている．パーソナリティ研究においても面接法（interview method）はもっとも基本的な方法といってよいだろう．面接では，発話の内容だけでなく，非言語的な行動や態度から，相手を全体的に把握しその内面を深く知ることができる．質問内容や質問順序を面接者の自由裁量に任せる非構造化面接と質問の内容と順序をあらかじめ決めておき質問票に沿って進める構造化面接，両者の中間である半構造化面接がある．非構造化面接は，相手について豊富な情報が得られる半面，面接者の主観に左右される部分が大きい．構造化面接は，主観の入る込む余地は少ないが，得られる情報は限定される．ただし，質問紙法に比べると，応答時の様子を観察することができるという利点がある．

2. 感　情

　人間を行動に駆り立てる原動力となるのは感情（affect）である．感情は人間が経験するもっとも重要な精神現象といってよいかもしれない．しかしながら，心理学の分野において感情研究が主流をなすことは以前はなかった．実験科学を標榜する心理学にとって，感情を扱うことが倫理的にも方法論的にも困難を伴うものであったからだと考えられる．けれども，今日，認知科学や脳科学のめざましい進歩により，感情研究は急速に脚光を浴びつつある．心理学で扱う感情は，対象志向性，持続性，強度の点から「情動」「気分」「好み・評価」の3つに整理することもできる．情動（emotion）は，「喜び」「怒り」のように原因事象が明確で持続時間は比較的短いが生理的興奮や身体的表出を伴う強い感情を指す．気分（mood）は，「楽しい」「ゆううつ」といったように特に対象が特定されない弱いが長時間持続する漠然とした感情を指す．好み・評価は，「好き」「嫌い」といったある対象に対する恒常的な主観的評価を指す．

2.1　感情の分類

　感情研究は，われわれが主観的に体験する多様な感情を同定し一定の観点か

第4章　社会・感情・性格

ら分類することから始まった。なお，感情研究の原点となる研究が，実験心理学の創始者であるヴント（Wundt, W., 1832-1920）によって行われていたことは興味深い。彼は，内観法を用いて，メトロノームを聴いているときの主観的体験について詳細な言語報告を求め，その内容を整理分類している。その結果，人間の感情は，「快-不快」「緊張-弛緩」「興奮-沈静」の3つの方向に変化することを見出し，それらの結合によってさまざまな感情が生成されるとする感情の三方向説を唱えた（大山, 2010 参照）。

　感情は顔の表情に表れることから，表情写真の分類を行うことによって感情の種類を同定する試みもなされている。アメリカの心理学者シュロスバーグ（Schlosberg, H., 1904-1964）は情動の円環モデルを提出し，「幸福」「驚き」「恐怖」「怒り」「嫌悪」「軽蔑」という6種類の感情が「快-不快」と「注意-拒否」の2次元からなる平面に情動同士の類似度に応じて円環状に配置されることを示した（Scholosberg, 1952）。さらに，アメリカの心理学者エクマン（Ekman, P., 1934-）らは，さまざまな文化の人たちに表情写真から感情状態を推測してもらう課題を実施し，「幸福」「驚き」「恐怖」「怒り」「嫌悪」「悲しみ」の6つの基本情動に対応する表情は，文化を超えて正確に識別されることを見出した（Ekman & Friesen, 1972）。

2.2　感情の生起に関する理論
◉ 感情の生起に関する古典的理論

　19世紀末から20世紀初頭にかけて，われわれが日常体験する喜び，悲しみ，怒りは，どこから来るのかという問いが大きな論議を呼んだ。大著『心理学の原理』を著したことで知られるアメリカの心理学者ジェームズ（James, W., 1842-1910）が，情動の本質を論じるなかで「『悲しいから泣く』のではなく，『泣くから悲しい』のだ」と述べたことは有名である（James, 1884）。これは，情動は刺激によって生じた身体の変化を知覚することで生起するものであり，情動が生起した結果，身体に変化が生じるのではないことを意味している。同じ頃，デンマークの生理学者ランゲ（Lange, C. G., 1834-1900）も同様の主張を行ったことから，ジェームズ＝ランゲ説と称されるようになった。

　これに対して，アメリカの生理心理学者キャノン（Cannon, W. B., 1871-1945）

とバード (Bard, P., 1898-1977) は，動物実験に基づき情動の原因は脳の中枢にあり，末梢の身体器官（臓器や筋肉）にあるのではないと主張した。つまり，知覚された情報が視床に入ることによって，自律神経が興奮するとともに，大脳皮質にも情報が伝達され情動が体験されるというもので中枢起源説，あるいはキャノン＝バード説として知られている (Cannon, 1927)。

その後，20世紀後半に入り，社会心理学者のシャクター (Schacter, S., 1922-1997) が，情動の生起には身体的変化とその原因に関する認知の両方が関与するとする情動二要因説を唱えた (Schacter & Singer, 1962)。彼は，アドレナリンを投与され同じような身体の変化（心拍数の増加等の生理的興奮）が生じていても，そこに居合わせた他者（サクラ）の振る舞い（不機嫌 vs. 上機嫌）によって体験される情動（怒り vs. 喜び）が異なることを実験によって明らかにした。情動は身体の変化によって直接規定されるのでもなく，身体変化の知覚によってもたらされるのでもない。身体に変化が生じたときの状況をいかに解釈し言語的にラベルづけするかによって情動の内容が規定されることになる。

◉ 感情の生起に関する理論の展開

上に述べた3つの古典的学説は，その後の感情研究に大きな影響を与えることになる。ジェームズ＝ランゲ説の発展型として登場したのがトムキンス (Tomkins, S. S., 1911-1991) の顔面フィードバック仮説である。それによると，人は情動を喚起する刺激を知覚すると，その情動に固有の各種表情筋が反応し，それらが脳に伝達されることによって，情動体験が生まれると考えられている。これは，裏を返せば，表情を人為的に操作することによって，主観的感情状態を変化させうることを意味している。

基本情動説の提唱者であるエクマンは，各情動に固有の神経生理学的パターン（表情，姿勢，自律神経系の活動等）が存在するのは，進化の過程で適応的価値の高い情動が形成される際，それらが遺伝的に組み込まれたからであると述べている。彼は，基本情動として，恐れ，驚き，怒り，嫌悪，悲しみ，喜びの6つを挙げているが，各情動に固有の表情をとらせると心拍や皮膚温に変化が見られることを実験によって確認している (Ekman et al., 1983)。

キャノン＝バード説では，情動の起源を脳の中枢に求めたが，近年では，感

第4章 社会・感情・性格

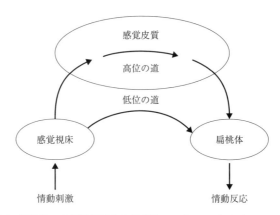

図 4.1　扁桃体への低位経路と高位経路　ルドゥー（2003）p. 195 より

情を生み出す脳内機構が詳細に検討されている。代表的なものとして，アメリカの脳科学者ルドゥー（LeDoux, J. E., 1949-）の恐怖条件づけを用いた研究がある（LeDoux, 1996）。それによると，恐怖反応の生成ルートには2種類あるとされる。視床（thalamus）に入った刺激情報が扁桃体（amygdala）に直接到達する場合（低位経路）と，皮質を経由してから扁桃体に到達する場合（高位経路）である。前者の直接ルートは素早いが正確でないことがあるのに対して，後者の間接ルートは，刺激を詳細に分析してから反応するため，ゆっくりしているが正確である（図4.1参照）。

　情動の体験には生理的要因と認知的要因が両輪となっていることを主張した情動二要因説は，状況や刺激事象に対するどのような認知的解釈が個々の感情を引き起こすのかを体系的かつ詳細に分析する感情の認知的評価理論（cognitive appraisal theory）へと展開されていく（唐澤, 1996 参照）。認知的評価理論に含まれるものにはさまざまあるが，共通しているのは，状況や刺激事象を多様な側面から評価し，それらの組み合わせによって複合的な感情が生成されると想定されている点であろう。シャーラー（Scherer, K. R.）の理論では，刺激事象が，新奇性，快適性，目標重要性，適応可能性，規範一致性の観点から順次評価され，それに伴って感情が分化していく様子が記述されている。達成場面における成功と失敗の原因をどのように解釈するか（統制可能か否か）によ

148

って，無力感，意欲喪失の度合いが異なることを論じた研究，ストレス事態の重大性（自分にとってどのくらい脅威か）や適応可能性（自分の力でどのくらい対処できるか）をどのように受け止めるかによって，ストレス反応の程度や対処行動の取り方が変化することを論じた研究なども認知的評価理論の範疇に入るといってよいだろう。

認知的評価理論は，感情の生起に先立ち認知過程が存在することを前提としている。これに反論したのがアメリカの社会心理学者ザイアンス（Zajonc, R. B., 1923-2008）である。彼は，ある見慣れぬ刺激を繰り返し提示した後，その刺激を新奇刺激と対にして選好判断を求めるという単純接触効果（mere exposure effect）に関する実験を行った。すると，事前に提示された刺激を記憶していないにもかかわらず，それらの刺激を一貫して選好することが見出された。彼はこれより，刺激に対する感情反応は認知に媒介されずに生起しうるとする認知‐感情独立仮説を提起し（Zajonc, 1984），認知先行説を主張するラザルス（Lazarus, R. S., 1922-2002）と論争を繰り広げた（Lazarus, 1984）。

2.3 感情のもたらす帰結に関する理論

感情がどのようにして引き起こされるのかという問題と並んで，感情が生起するとわれわれの認知や行動にどのような変化が見られるのかという問題も感情研究の重要なテーマである。感情のもたらす影響については，認知心理学の理論とパラダイムが感情研究に導入されるようになった1980年以降，飛躍的に研究が増大する（池上，1998; 2008a 参照）。

◉ 気分一致効果をめぐる理論

感情のもたらす影響の一つに気分一致効果（mood congruency effect）がある。ある気分が生起すると，その気分と評価的に一致する記憶や判断，行動が促進される現象を指す。たとえば，人間は快い気分のときは，楽しい内容のできごとを記銘しやすく想起しやすい，社会的判断が楽観的になりやすい，援助行動など向社会的行動が増大するのに対し，不快な気分のときは逆の影響が現れることが，さまざまな実験により検証されている。

アメリカの認知心理学者バウアー（Bower, G. H., 1932-）は，気分一致効果を

第4章 社会・感情・性格

説明するために感情ネットワークモデルを提唱した (Bower, 1981)。われわれの心内には，さまざまな情報が相互に結び合わされ貯蔵されている。各情報はネットワークの結節点であるノードとして表現されており，特定のノードが活性化すると連結している近隣のノードにもそれが伝播し，対応する情報の処理が促進される。各感情もネットワーク内に固有のノードをもち，関連する概念や事象に連結していると想定されている。特定の感情が喚起され対応するノードが活性化すると，関連する概念や事象にも波及し，それらに対応する情報処理が促進されるため気分一致効果が生じることになる。

気分一致効果については，感情誤帰属説と称される別の説明も提起されている (Schwarz & Clore, 1983)。感情誤帰属説では，人間はある対象について評価や判断を求められると，自分自身の感情状態を評価や判断を行うための情報源として利用すると考える。たとえば，楽しい気分のとき，人はその原因が評価対象のもつ性質に由来すると錯覚し，対象の評価が肯定的になる。ただし，このような錯誤は気分の原因が明白であるときは起こりにくい。感情誤帰属説は，曖昧な状況下でなされる判断の産出段階への気分の影響を説明するには有効であるが，その適用範囲は限られているといえよう。

なお，気分一致効果には非対称性が認められ，概してポジティブな気分のほうが，ネガティブな気分より効果が大きい。人間は快い気分はいつまでも持続させたいと願うが，不快な気分からは早く逃れたいと欲するであろう。すなわち，ポジティブな気分のときは気分維持動機が働き，気分の効果は強まるが，ネガティブな気分のときは気分修復動機が喚起されるため，気分の影響が弱められるというのが，非対称性があらわれる原因と考えられている。このような気分維持修復動機説は，気分の影響が感情ネットワークモデルの想定するような自動的な活性化拡散によってのみ生ずるわけではないことを示している。

◆ 感情と情報処理方略をめぐる理論

シュワルツ (Schwarz, N., 1953-) は，感情の影響は情報処理方略の選択にもあらわれると述べている (Schwarz & Clore, 1988)。一般にポジティブな感情状態のときは，人は直観にもとづく簡便な処理方略に頼るようになるのに対して，ネガティブな感情状態にあるときは，詳細で分析的な処理を行う。これは，人

が自身の感情状態を判断や意思決定の情報源として利用するという感情情報機能説の考え方にもとづいている。ポジティブな感情は，状況が良好である場合に生起するため，人は楽観的になりやすく深く考えることなく意思決定を行う。ネガティブな感情は状況が好ましくないときに生起するため，意思決定において用心深くなる。感情状態に応じて異なった処理方略が選択されるのには一定の合理性があるといえる。

　感情が認知と行動に及ぼす影響について，先駆的研究を精力的に進めているオーストラリアの社会心理学者フォーガス（Forgas, J. P., 1947-）は，処理方略の選択に感情が影響する場合だけでなく，感情の影響を受けにくい場合も考慮に入れて，感情と処理方略の関係を包括的に説明するモデル（感情混入モデル，affect infusion model; AIM）を提出している。それによると，判断方略には，直接アクセス型，動機充足型，実質処理型，ヒューリスティック型の4つがあり，判断対象の熟知性や典型性，判断者の認知容量や自我関与の程度，状況に起因する特殊な動機の存在によって，感情の影響の及ぼし方が変動することが示されている。

2.4 感情の起源

　感情は，しばしば理性と対置させることが多い。その場合，感情は人間を不合理な行動に導く元凶であるかのように語られる。けれども，近年の心理学では，感情を進化の過程で個体の生存と種の繁栄に資するために獲得されてきた心理的形質であるととらえ，感情のもつ合理性や効用を強調する立場が目立つ。それは，感情は個体を取り巻く状況の良否を個体自身に伝達し，適切な行動を取るよう動機づける働きがあるといった主張に端的に表れている（Frijda, 1988; Schwarz & Clore, 1988）。また，一般的には問題視されやすい負の感情にも生態学的妥当性があるという議論も見受けられる。たとえば，怒りや恐怖は，野生環境では外敵から身を守るうえで有効に機能していたという戸田正直（1924-2006）によるアージ理論（戸田，1992），嫌悪は個体に危害をもたらす対象から自身を遠ざける機能があり，進化の途上でその対象が食物から動物，そして人へと拡大したと述べるアメリカの心理学者ロージン（Rozin, P., 1936-）の説が挙げられる。

第4章　社会・感情・性格

　感情を進化の産物ととらえる一方で，社会構成主義の観点から感情は社会文化的状況との相互作用の中で構築されるとする立場も存在する。精神科医の土居健郎（1920-2009）が「甘え」は日本人に固有の感情であると述べたことにそれは象徴されている。最近では，個人主義文化と集団主義文化とでは体験される感情の種類に違いがみられ，同じように命名されていても，その機能的役割が異なることが，実証的に明らかにされつつある（北山, 1997 参照）。

3. 社　会

　心理学は，個人の内的世界や内的活動を検討することを目的としていることを考えれば，総じて個人主義的学問であるといえるかもしれない。しかし，人間は一人で生きているわけではなく，多くの他者と関わりながら生きている。そのような社会的集合体としての人間に焦点を当て，人間のもつ社会性について考察しているのが社会心理学である。

3.1　社会心理学の起源

　個人としての人間にみられる現象ではなく，集合体としての人間が引き起こすマクロな現象への関心は，ヨーロッパにおいて19世紀後半ごろから見受けられた（廣田, 1994 参照）。民族精神とか集団心といった概念が注目を浴びたことに表れているように，人々は個人を超えた集合体の間で伝承され形成される「心」が存在すると信じていたことがうかがえる（カープ, 大橋（監訳），1987）。実験心理学の創始者であったヴントが『民族心理学』と題する大部の著作を上梓していたことにもそれは見て取れる。

　けれども，これらの研究は思弁的な色彩が強く，自然科学的な実証科学を目指そうとしていた心理学から批判を受けることになる。その結果，人間の社会性に関する研究は，主としてアメリカを舞台に集団場面や二者関係といった社会的文脈におかれたときの個人の内的過程を実験的アプローチにより解明することを目指すようになった。これが今日の社会心理学の始まりである。

3.2 集団と個人

● 他者の存在

　実証的かつ客観的な科学としての社会心理学の誕生に重要な役割を果たしたのは，フロイド・オールポート（Allport, F. H., 1890-1948）であった。パーソナリティ心理学の樹立に貢献したゴードン・オールポートの兄である。彼は，個人が単独で行うより集団で行うほうが，単語連想課題や意見産出課題の遂行量が増えるという社会的促進（social facilitation）に関する先駆的研究を行ったことで知られている（Allport, 1920）。社会的促進は，どちらかというと単純な課題でみられる現象であり，複雑な課題の場合は，集団で行うと逆に成績が低下する社会的抑制（social inhibition）が起こる。これらを統合的に理解する枠組みを提供したのが単純接触効果の研究でも有名なザイアンス（前出）である。ザイアンスは，人は傍らに他者が単に存在するだけで覚醒水準が上昇し，その結果，習熟した課題の遂行は円滑になされるようになるが，未習熟な課題は誤反応が誘発されやすくなるという動因説を提唱した（Zajonc, 1965）。また，ラタネ（Latane, B., 1937-）は，集団で協力して課題（拍手，発声）を遂行する状況では，自分ひとりくらい手を抜いてもかまわないと考えるようになる社会的手抜き（social loafing）が生じることを明らかにしている（Latane et al., 1979）。

　これらの研究は，人間は集団の中に入ると単独の場合とは異なる振る舞いをすることを示している。ただし，それは個人が自分の周囲にいる他者を環境刺激の一つとして受け止め，その影響を受けているにすぎないのであって，集団自体に個人を超えた何らかの性質が備わっているというわけではない。これは集団現象とみえるものも，すべて個人内過程に還元されうることを意味しており，オールポートが訴えようとしたのは，まさにこの点にあったといえる。

● 他者の影響

　人間は傍らに他者が単に存在するだけでも影響されるのであれば，他者と相互作用を行う場合は，さらに強い影響を受けることが考えられる。そのような他者からの影響を巧妙な実験的手法を用いて検証し，実験社会心理学の樹立に大きな役割を果たした研究を紹介しよう。

　トルコ系アメリカ人のシェリフ（Sherif, M., 1906-1988）による知覚の自動運

動現象を利用した実験では，参加者は，最初は 1 人ずつ暗室に入り光点の移動距離を答える。そのあと，3 人一緒に暗室に入り，順に移動距離を答える。すると，個人によってまちまちであった判断値が，集団状況の下で他者の反応を観察するうちに，皆が似通った値を報告するようになった。この研究は，集団規範発生の原型を示すものとして位置づけられている（Sheriff, 1935）。

シェリフの実験では参加者が自分の判断に確信を持ちにくい状況であったが，ポーランドに生まれアメリカで活躍したアッシュ（Asch, S. E., 1907-1996）の同調実験では，正解が明白で個人が単独で答える場面では間違えないような課題でも，周囲の皆が自分と違う判断をすると，それに同調することが示されている（Asch, 1955）。多数意見に抵抗することがいかに困難であるかがわかる。

一方，人はいつも多数意見に同調するわけではない。ルーマニア出身のフランスの社会心理学者モスコビッチ（Moscovici, S., 1925-）は，少数意見が集団に影響を及ぼすマイノリティ・インフルエンスの先駆的研究を行っている（Moscovici et al., 1969）。スライドの色名を答える課題を 6 人一組で行う場面で，2 人が「青」のスライドを一貫して「緑」と答えると，他の 4 名もこれに引きずられることを示した。少数意見であっても，確信をもって首尾一貫した姿勢で主張されると，信憑性の高い意見として知覚されるようになるといえる。

人が他者の意見に影響されるにはいくつか理由がある。ひとつは，人は正しい判断を行いたいと考えているため，信憑性が高く本当らしく感じられる意見に傾くことである。もうひとつは，集団の中で孤立したくないという気持ちが働くため，周囲と異なる意見を表明することを憚る傾向にあることである。前者は情報的影響，後者は規範的影響と呼ばれている。

マスメディアの影響も広い意味での他者からの影響といえ，上述のような心理が働く。テレビやラジオ，新聞は，不特定多数の人々に一方的に情報を発信する。これらマスメディアによって報道される情報は人々を特定の意見や思想をもつように誘導し世論の形成に大きな役割を果たす。一般にメディアは，多数派の意見を報道することが多いため，人々はメディアで報道された意見を表明することには抵抗を感じないが，メディアで報道されていない少数意見を表明することには抵抗を覚える。少数意見を持つ人は孤立を恐れて沈黙しやすく，その結果，多数派の意見がますます目立ち，少数派は実際以上に少なく見える

ようになる。ノエル＝ノイマン（Noele-Neinman, E.）は，これを沈黙の螺旋（spiral of silence）現象と呼んだ（ノエル・ノイマン,池田・安野（訳），1997）。

◉ 集団合議

「三人寄れば文殊の知恵」という諺がある。一人で考えて決めるよりは，複数の人間が知恵を出し合ったほうが良い結果が得られるという意味であるが，集団は個人ではなしえない何かを生み出す力があるのではないかという期待が窺われる。そのような問題を取り扱っているのが，集団による問題解決や集団意思決定の研究である。しかし，集団合議のメカニズムを客観的に分析した多くの研究は，必ずしもこの諺が真ではないことを明らかにしてきた。

正解の存在する課題のような場合，集団のなかで最も優れた個人の遂行が集団全体の結果を規定するため，集団が個人を超えることはない。一方，分業化の進んだ作業の場合，集団の中でもっとも能力の低い個人に全体が合わせることになりやすく，その場合，集団は個人を下回る。個人の遂行の総和が集団の最終成果となる場合のみ集団の成績は個人を上回る（Steiner, 1966）。アイデアを競う創造的問題解決場面で推奨されるブレーンストーミングについても，他者の意見を聞くことで個人の思考が中断されるために，必ずしも効果的でないことが報告されている（Taylor et al., 1958）。

集団意思決定の研究は，一貫して集団による合議の危うさを示している。アメリカの心理学者ジャニス（Janis, I. L., 1918-1990）は，キューバ侵攻（1961年のピッグス湾事件）を決定した，当時のアメリカの大統領ケネディとその側近による会議の記録を詳細に分析し，有能で団結心の強い会議のメンバーが集団思考（集団浅慮）に陥り，情報を十分精査しないまま愚かな決定を下す場合のあることを明らかにした。集団思考（groupthink）は，斉一化への圧力，不敗幻想，外集団のステレオタイプ化といった特徴を伴い，集団の凝集性が高く，状況が切迫しているときに生起しやすい（Janis, 1982）。

集団による合議は，自分と同じ意見を他者から聞くことによって参加した個人の当初の意見を強化する働きがあり，集団としての結論は，個々人の意見の平均より極端な方向へ傾きやすい。これを集団極性化（group polarization）という。また，集団合議の場は，自分とは異なる意見，自分の知らない情報を聞

くことができる場でもあるのだが，人々は他者と共有している情報に言及しがちで，集団としての結論は，結局，それら共有されている情報の影響を強く受けることになる。これを共有知識効果という。

● 集団力学

今日の集団研究の礎を築いた人物として広く知られているのが，場の理論（field theory）を提唱したレヴィン（前出）である。レヴィンは，ドイツのベルリン大学で哲学と心理学を学んだが，ナチスの台頭による迫害を避けてアメリカに移住する。ベルリン大学時代にゲシュタルト心理学の影響を強く受け，アメリカでは，その構想にもとづいた独創的な研究を次々と発表した。

場の理論は，第1節でも触れたように，人間の行動を，それを取り巻く状況と一体化してとらえるべきことを説いており，これは社会心理学全般に貫かれている根本思想でもある。レヴィンは，場理論を集団レベルの現象に適用し，集団を一つの力学的全体とみなした。そして，集団凝集性，集団雰囲気，集団生産性といった集団自体のもつ特性に注目する集団力学（group dynamics）を創始し，その発展に大きく寄与した。社会的促進研究のオールポートが集団現象を徹底的に個人内過程に還元して説明する立場をとったのとは対照的である。

レヴィンが弟子のリピット（Lippit, R.）やホワイト（White, P.）と行ったリーダーシップ（leadership）と社会的風土に関する古典的研究は有名である。彼らは，リーダーの行動様式を専制型，放任型，民主型の3つに類型化し，各タイプのリーダーの下で活動した集団の生産性や雰囲気を比較した。その結果，民主型がもっとも好ましい影響をもたらすこと，専制型は生産量では民主型と変わらないが質の面では劣ること，放任型が質，量とももっとも劣ることが見出された。この研究で特筆すべきは，各リーダーの行動が，集団全体を覆う社会的風土の違いをもたらし，民主型リーダーの下で，もっとも友好的で協力的な雰囲気が醸成されたことである（Lewin et al., 1939）。

リーダーシップ行動がどのような側面から構成されているのかという点についても多くの研究がなされた。一般にリーダーの行動は，集団の目標や課題の達成にかかわる行動と集団のメンバー間の人間関係の維持に関わる行動に大別される。わが国における集団力学研究の普及と発展に貢献し，国際的にも高い

評価を受けた三隅二不二(みすみじゅうじ)(1924-2002)は，PM理論を提唱し，前者をP機能（performance），後者をM機能（maintenance）と名づけ，それぞれを測定するための尺度を開発した。彼は，これら両機能の高低の組み合わせによってリーダーシップ行動をPM，Pm，pM，pmの4類型に分け，両機能が共に高いPM型において集団生産性が一番高まることを実証している。

リーダーシップ研究は，当初，リーダーにはどのような資質や能力が求められるのかといった特性論的アプローチが主流を占めた。しかし，特定のタイプのリーダーシップ行動が常に集団に望ましい結果をもたらすわけではなく，集団の状況によって効果的なリーダーシップ行動が変化することが認識されるようになる。フィードラー（Fiedler, F. E., 1922-）の状況対応理論は，その代表的な研究といえる。それによると，集団は，リーダー－成員間の関係の良否，課題構造の明確さ，リーダーに与えられている権限の強さによって集団状況の統制可能性が規定され，統制の難易度に応じて最適なリーダーシップスタイルが決まる。統制が非常に容易な場合と，逆に統制がきわめて困難な場合は，課題志向型が効果的であるが，統制度がこれらの中間にある集団は，関係志向型が効力を発揮すると考えられている。

最近では，既存の集団の維持，繁栄を導くだけでなく，社会や環境の変化を敏感に察知し，それらへ適応できるように集団や組織の変革を図るリーダーシップ（変革型リーダーシップ）のあり方についても検討されつつある（ハウス・シャーミア, 篠原（訳），1995）。

● 集団間関係

ある集団のなかで一定期間活動していると，その集団に対する帰属意識や愛着が生まれ，自分の所属する集団（内集団）には好意的態度をとるが，他の集団（外集団）に対しては，非好意的ないし敵対的態度を取るようになる。このような集団エゴイズムないし集団間差別がなぜ起きるのかについては，さまざまな説明理論が存在する。その一つに，人は自分が所属する集団の利益や目標を脅かす他の集団を敵視するようになるという集団葛藤理論がある。シェリフ（前出）がサマーキャンプに参加した少年を対象に行ったフィールド実験が有名である（Sherif, 1956）。少年たちは，最初2つのグループに分かれ別々に活

動していたが，スポーツ大会を開催するなどグループの間に競争的関係を導入すると，互いに相手の悪口を言い合うようになった。ところが，緊急事態が発生し，両グループが協力して解決にあたらなくてはならなくなると，グループ間の対立感情が解消した。人は個人的感情とは独立に自分を取り巻く集団間の関係性によって行動が支配されることを示している。

もう一つは，ポーランド出身のイギリスの社会心理学者タジフェル（Tajfel, H., 1919-1982）によって提唱された社会的アイデンティティ理論である（Tajfel et al., 1971）。タジフェルらは，最小条件集団パラダイムを用いた実験を行い，恣意的な基準で構成され集団間に実質的な利害の対立がない場合でも，人は自分と同じ集団の成員をひいきすることを見出した。社会的アイデンティティ理論では，人はある集団に自分が所属していると認識すると，その集団の成員であることが自己概念の一部となり，集団の持つ価値を自己評価に反映させようとすると考えられている。これは社会的アイデンティティが獲得されたことを意味する。集団の価値は，他の集団との比較によって決まるため，人は外集団に対する内集団の優位性を確認するよう動機づけられるようになる。社会的アイデンティティ理論によれば，人々が肯定的な社会的アイデンティティを維持しようとするために集団間差別が生じるといえる。

3.3 社会的認知

ゲシュタルト心理学は，社会的対象の認識や理解を扱う社会的認知研究にも少なからぬ影響を及ぼした。また，1970年代後半，この領域に認知心理学的アプローチ（情報処理アプローチ）が導入されて以降の研究の底流にも，ゲシュタルト的構想が存在していたといえる（唐沢・池上・唐沢・大平, 2001 参照）。

● 対人認知

他者について得た個別の情報がどのように全体印象に統合されるのかという問題は，対人認知研究の基本的テーマである。同調実験で知られるアッシュ（前出）は，このような印象形成過程をゲシュタルト心理学の立場から説明している。彼は，ある人物の性格をあらわすものとして，2種類の特性語のリストを用意し，それらに基づいて人物の印象を形成するよう求めた。2つのリス

トの一方には「あたたかい」という特性語が，もう一方には「つめたい」という特性語が含まれていたが，それら以外はすべて共通の特性語から構成されていた。しかし，形成された印象が両者でかなり異なっていたことから，「あたたかい」もしくは「つめたい」といった特性が印象の中核をなし，他の特性の意味合いを規定したと考え，全体印象は個々の特性の単なる総和でなく，それらが統合されることによって個々の特性を超えたところに成立すると主張した。

　人物像の全体構造を明らかにしようとする方向性は，1970年代後半，対人認知研究に認知心理学的アプローチ（情報処理アプローチ）が導入されて以降も継承されていく。認知心理学的アプローチによる研究は，他者に関する個々の情報がどのように相互に関連づけられ心内に表象されているのかを主として記憶の指標を用いて検討している（Hastie et al., 1980）。その結果，人は他者の特徴を示す一連の情報から，それらを包括する特性（外向性，内向性）を抽出し，個々の情報をその基準特性と一致するか否かという観点からネットワーク構造のなかに位置づけて体制化することが示された。

　このように他者に関する個々の情報を意味づけ一定の観点から体制化するには，特性相互の共起性や特性と行動の対応関係に関して経験を通じて形成された知識を有していることが前提となる。対人認知研究は，この点についても古くから関心を向けてきた。たとえば，人はそれぞれ観察した行動事象を解釈するための独自の構成概念（特性概念）をもつと論じた「個人的構成体理論」，それら構成概念相互の関係性ないし共起性について，素朴ながら自分なりの理論をもつと論じている「暗黙裡の人格理論」がその代表的なものといえる。なお，暗黙裡の人格理論は人々に共通する認知構造が存在する点にも言及しており，それによると人々は「社会的望ましさ」と「知的望ましさ」の基本2次元から他者をとらえていることが示されている。

　加えて，人種や国籍，性別や年齢などの社会的属性にもとづいて他者が範疇化され，各集団に対して形成される固定化されたイメージであるステレオタイプが対人認知に大きな影響力を持つことが認識されるようになる。そして，ある社会集団に属する人たちに典型的に見られるとされる特徴を特定個人にも当てはめるといったステレオタイプ化が日常場面では起こりやすく，ステレオタイプにとらわれず，個人の特徴を詳細に把握する認知様式が採られるのは特

第4章　社会・感情・性格

別な場合であることが明らかになっていく。このような見解は，印象形成のプロセスをモデル化したブリューア（Brewer, M.）による二過程モデルやフィスク（Fiske, S.）による連続体モデルに典型的にみることができる。

◉ 原因帰属

　他者理解において最も重要な手がかりとなるのはその人物の取った行動であろう。ただし，同じ行為でもその原因をどこに求めるかによって，行為の持つ意味が異なってくる。行為の原因推論に関する理論的枠組みを最初に提唱したのはオーストリアに生まれ米国で活躍したハイダー（Heider, F., 1896-1988）である。彼は，物体知覚にみられる特徴を対人知覚に適用し，人々は，行為の生起には行為者の内的要因（意図，心的状態，特性）と外的な環境要因（物理的状況，社会的圧力）が関与すると認識しており，複数のステップを経ていずれかに帰属されることを指摘した。

　ハイダーの構想を受けて，その後，どのような場合に内的もしくは外的帰属が起こりやすいかが詳細かつ体系的に検討され，ジョーンズ（Jones, E. E., 1927-1993）がデイヴィス（Davis, K. E.）と共に対応推論モデルを，ケリー（Kelley, H. H., 1921-2003）が共変モデル（ANOVAモデル）を提唱している。これらの研究を通してわかったことは，人間の推論は必ずしも規範モデルに沿ってなされているわけではなく，非論理的で直感的な側面が多分にあるという点である。そのことを端的に表しているのが，人は他者の行為を観察したとき，行為の生起した状況を無視し行為の原因を行為者の内的特性に過度に帰属する傾向にあるという対応バイアスである。これは根本的帰属の過誤とも呼ばれている。

　また，認知心理学的アプローチが導入されて以降は，原因推論にも一般常識や行動と特性の対応関係に関する知識（因果スキーマ）が一定の役割を果たしていることが明らかになる。たとえば，不道徳な行為から不道徳な特性を推論しても，不道徳な人間が道徳的に振舞うことも可能であるため，道徳的な行為からただちに道徳的な特性は推論されない。加えて，人は，行為を観察するとほぼ自動的に特性を推論し（自発的特性推論），その後，状況要因を加味して推論内容を調整すること，対応バイアスは，処理資源を節約するために後半の段階が省略されることによって生ずることが示される。

◉ 態　度

　態度（attitude）の研究は，社会心理学成立当初より重要な研究テーマであった。これには人種のるつぼといわれるアメリカ社会において，黒人やユダヤ人など少数民族に対する偏見や差別が大きな社会問題となっていたことが深く関係している。ただし，初期の研究は，チェックリスト法や社会的距離尺度，等現間隔法（サーストン尺度）の開発にみられるように，特定の対象に対する態度をいかにして測定するかにもっぱら関心が向けられていた。その後，次第に態度の形成過程や変容のメカニズムに関する研究が興隆してくる。

　態度形成や態度変容といったダイナミックな側面について最初に独創的な考察を行ったのが，帰属研究に大きな功績を残した前述のハイダーであった。ハイダーは，ゲシュタルト学派に属していたことから，彼が提唱した認知的均衡理論には，その影響をみることができる。彼は，個人の態度は，本人（P）と態度対象（X），その対象と関係のある他者（O）の三者から構成される場の均衡を維持するように形成され，変化すると主張した（Heider, 1958）。たとえば，仲のよい友人と意見が一致していれば均衡状態にあることになり態度は維持されるが，一致していない場合は不均衡状態となり，均衡状態を回復すべく，友人と同じ意見となるように自らの意見を変化させるか，自分の意見に固執して友人と不仲になる。三者の間の心情関係が相互に矛盾せず一貫していることが重要なのである。

　同様に自分自身のなかに矛盾する認知を抱えることによって生じる不快な緊張感を認知的不協和（cognitive dissonance）と称し，これが態度変化を促すことを説いたのが，レヴィンの薫陶を受け米国で活躍した社会心理学者フェスティンガー（Festinger, L., 1919-1989）である（フェスティンガー，末永（監訳），1965）。彼がカールスミス（Carlsmith, J. M.）と行った実験は有名である。自分では「つまらない」と感じている課題について，はからずも「面白い」と他者に伝えさせられた参加者が，その後，課題に対する自身の評価を変えることで言行不一致に起因する不協和を解消することが確かめられている。

　一方，他者の態度を変化させるための効果的な説得方法を模索する研究もアメリカの心理学者ホヴランド（Hovland, C. I., 1912-1961）などによって，古くから盛んに行われてきた。たとえば，説得のためのメッセージには，唱導内容を

第4章 社会・感情・性格

支持する議論だけでなく，支持しない議論も含めるほうがよい，受け手の恐怖心を喚起する内容や高圧的な文言を含めると説得効果が低減するといったことが見出されている。また，メッセージの送り手の信憑性，受け手の教育水準や自尊心に規定される被説得性も重要な要因であることがわかっている。

1980年代に態度研究にも認知心理学的アプローチが導入されると，態度形成に至る情報処理様式と態度の安定性，持続性との関係が議論の焦点になる。メッセージの内容を詳細かつ入念に吟味した結果形成される態度と，非本質な周辺的手がかりに基づいて直感的に形成される態度とでは，前者のほうが安定的で持続しやすいことを論じた精緻化可能性モデルがよく知られている。

なお，態度は，個人が対象に対して取る行動を準備する仮説的構成概念であり，認知的（知識，信念），感情的（好悪感情），行動的要素（行為意図）を含む。しかし，態度の表明や表出は意識的に抑制される場合があるため，態度と行動は必ずしも一致しない。そこで，真の態度を測定するためには，意識的統制を受けにくい反応を観測する必要があるとして，潜在連合テスト（implicit association test; IAT）をはじめ，さまざまな測定法が考案されている。

● 自 己

人間が自分自身をどのように見ているのかという問いは，社会心理学に限らず心理学全体に通ずる重要なテーマである。アメリカの心理学の創設者であり情動の本質を論じたことで知られるジェームズ（前出）は，自己についても卓抜した考察を行っている。彼は，自分自身を認識する主体としての自己を主我，認識されている客体としての自己を客我と呼んで区別した。そして，客我の内容をさすものが自己概念であるとし，これには物質的自己，社会的自己，精神的自己が含まれると述べている。これらの自己概念を測定することが初期の自己研究の中心課題であった。複数の特性語について自分がどのくらいあてはまるか評定を求めたり，自分が何者であるか自らの言葉で述べてもらう方法（20答法など）が用いられた。

認知心理学的アプローチの台頭は，自己研究の様相も変えることになる。自己概念を自己に関する構造化された知識体系（セルフ・スキーマ）とみなし，自己や他者に関連する情報処理を制御する機能をもつことがさまざまな形で示

されるようになる（Markus & Smith, 1981）。たとえば，自分自身を外向的な人間であると認識している者は，外向性に関わる情報に注意が向きやすく，他者をみるときもその次元に力点が置かれる。また，自己を認識する観点もさまざまあることが明らかにされる。たとえば，自分を他者と異なるユニークな存在としてみる個人的自己（「自分は英語が得意である」），自分をある集団の成員としてみる集団的自己（「自分は日本人である」），自分を重要な他者との関係のなかでとらえる関係的自己（「自分は○○の妻である」）があり，いずれが優勢になるかによって態度や行動は変化する（Brewer & Gardner, 1996）。また，ヒギンズ（Higgins, T., 1946-）がセルフ・ディスクレパンシー理論を提起し，人は，現実の自分の姿（現実自己）だけでなく，自分がこうありたいと願う自己の姿（理想自己）や自分はこうあらねばならないと考える自己の姿（当為自己）を思い描いており，それらの間に齟齬があるとさまざまな感情が体験されることが示されている。たとえば，現実自己と理想自己との乖離は失望や落胆を生起させ，現実自己と当為自己の乖離は不安や焦燥をもたらす。

　人が自分をどのように評価しているのかも自己研究の重要なテーマである。自分の価値に対する評価的感情は自尊心（self-esteem）と呼ばれ，これを測定する試みが盛んに行われてきた。なかでも，ローゼンバーグ（Rosenberg, M.）が開発した自尊心尺度は有名である（Rosenberg, 1965）。ただ，測定された自尊心の水準が何を反映しているかはいろいろと議論のあるところである。前述のジェームズは，個人の願望がどのくらい達成されたか，願望に対する成功の度合いが大きいほど自尊心は高くなると考えた。ローゼンバーグは，自尊心とは自分がどのくらい好きか（自己好意），自分をどのくらい受け入れることができるか（自己受容）の指標とみなしている。最近では，自尊心は自分が他者からどのくらい受容されていると感じているかを反映しているとするソシオメーター説（sociometer theory）が提起されている（Leary & Baumeister, 2000）。

　自尊心は，人が自分自身に対して抱く全般的感情といえるが，これは自分の能力や性格など，自己の各側面に対する評価の総和でもある。ただ，自分の能力や性格の評価は，他者と比較しないとわからないことも多い。認知的不協和理論でも知られているフェスティンガーは，社会的比較理論（social comparison theory）を提唱し，人には，自分の能力や意見の妥当性について正確に知

りたいという動機があり，客観的基準が存在しないときは他者と比較することによって評価を行い，その際の比較対象は自分と類似する他者が選ばれやすいと論じた（Festinger, 1954）。

人は自分を正確に知ろうとする一方で，自分を肯定したいという強い動機をもつことも知られるようになる。そして，自分に対する肯定的評価を維持するためにさまざまな対処方略をとることが明かにされていく。テッサー（Tesser, A.）による自己評価維持機制モデルでは，その心的メカニズムが体系的に記述されている（Tesser, 1984）。たとえば，深く自我関与している課題領域で自分よりすぐれている他者に遭遇した場合は，他者との心的距離が近いほど脅威を感じ，その他者と距離を置こうとするが，さほど自我関与していない課題領域であれば，他者の栄光にあやかろうと心理的結びつきを強めようとする。また，成功の原因は自分にあり，失敗の原因は自分以外にあると考えるなど原因推論における自己奉仕的バイアス（self-serving bias）の存在も指摘されている。

加えて，人は，自分は平均的な他者よりは勝っていると考えがちであること，幸運なできごとは他者より自分に起きる可能性が高く，不運なできごとは他者に起きても自分には起きないだろうと自分については楽観的な見通しを持ちやすいことが見出されており，これらはポジティブ・イリュージョンと総称され，精神的健康を維持する働きがあることが論じられている（Taylor & Brown, 1988; テイラー，宮崎（訳），1998）。

3.4 対人関係

人間は他者とのかかわりを抜きに生きていくことはできない。集団と個人のかかわりについては，すでに3.2でみてきたが，個人と個人の関係がどのように成立し，維持されるのか，二者関係におかれた個人の心理も社会心理学の大きな関心事である。人はどのような相手に魅力を感じ，好意を抱きやすいのか，関係の進展や親密化を促す要因は何か，長く持続する関係と短期間で終結する関係の違いは何かといった問題が検討されている（池上, 2008b 参照）。

● 対人魅力

好意が成立しやすい条件について述べた古典的理論の一つに類似性が好意を

引き起こすという類似性 - 魅力仮説（Byrne & Nelson, 1965）がある。この理論の根拠となる実験では，参加者はまず，複数の意見項目への賛否を問う質問紙に回答した後，他者が回答したとされる記入済みの質問紙を見て，その人物に対する好意度を答えている。その結果，自他の態度（意見や考え方）の類似性が高いほど，好意度が上昇することが見出された。相手が自分と同じ意見であれば，自分の意見の妥当性を確認できること（合意的妥当化）が主な理由と考えられている。

類似性と好意の関係は，態度だけでなく，人種，学歴，性格等についても認められており，夫婦や交際中のカップルが，さまざまな点で似通っていることが多いことから，関係の成立に両者の釣り合いを重視する釣り合い仮説も登場する。まさに「類は友を呼ぶ」「釣り合わぬは不縁の基」という諺どおりのことが実証されているといえる。ただし，性格については，自分にない性質をもつ者に魅力を感ずるという相補説が知られ，社会的に望ましい性格をもつ人（「誠実な人」，「正直な人」）が一般的に好意をもたれやすいという調査結果もある。また，好ましい資質を連想させる身体的特徴も対人魅力と関係がある。たとえば，幼児的特徴を持つ顔（ベビーフェイス）は，あたたかく，正直で，素直だと見られやすく好感をもたれることが知られている。

対人魅力は，対象人物のもつ特性以外にも自分との関係性によっても規定される。たとえば，ウォルスター（Walster, E.）は，人は自信を喪失しているときに好意を示してくれた相手に魅力を感じやすいという好意の自尊理論を唱えている（Walster, 1965）。また，フェスティンガー（前出）は，アパートの住人が部屋の近接している者同士親しくなりやすいことを見出し，対人魅力の成立に近接性が一定の役割を果たすことを明らかにした（Festinger et al., 1963）。遠方にいる人より近くにいる人とのほうが，会うのに要する時間や労力が少なくすむというのが大きな理由といえる。このように対人関係をコストの側面からとらえる視点は，関係の維持や終結を説明する有力な理論にも見受けられる。

● 関係の維持と終結

対人関係の持続性に関する研究は，人は他者との相互作用から得られる利益を最大化したいと動機づけられていると想定し，人と人の相互作用を資源の交

第4章 社会・感情・性格

換過程とみる社会的交換理論が主流であった。代表的なものとして，ラズバルト（Rusbult, C. E.）による投資モデル（investment model）とウォルスター（Walster, E.）による衡平モデル（equity model）がある。投資モデルは，人は関係を通して得られる報酬から関係維持に伴うコストを差し引いた残りにあたる利得が大きいほどその関係に満足し，関係継続意図が強まるとされる。ただし，満足度が低くても関係を解消するとは限らず，それまで当該関係に投入した資源が大きい場合，代替関係から得られる利得が少ない場合は既存の関係に留まると考えられている（Rusbult, 1980）。衡平モデルでは，人は自分が得る利得を相手のそれと比較し，釣り合っているかどうかを評価すると考える。自分のほうが損をしている，あるいは得をしているとわかると，不衡平を解消するよう動機づけられ，それが困難だとわかると関係から離脱する。損得なく衡平であるとき関係は安定すると考えられている（Walster et al., 1976）。

このように社会心理学では，親密な対人関係を報酬とコストによって説明する視点が長らく優勢であったが，近年では自己との関連でとらえる立場も登場する。たとえば，シェイバー（Shaver, P.）らによる成人愛着理論（Shaver & Hazan, 1993）では，幼少期に養育者との間に形成された情緒的絆（愛着）の安定度が，生涯にわたり自己や他者への信頼感に反映されると論じられている。すなわち，養育者との相互作用を通して，自分は他者から受け入れられており，他者は信頼できる存在であるという自他関係に関する表象としての内的作業モデル（internal working model）が形成されることによって成長後も他者と親密な関係を構築し維持することができるというのがこの理論の要諦である。また，マレー（Murray, S. L.）によるリスク制御理論では，人は相手が自分を拒絶するかもしれないと知覚すると，自己が傷つくのを恐れて相手と距離を取ろうとするが，相手が自分を受容してくれると知覚すれば，相手との相互依存関係を強めるよう動機づけられると考える（Murray, 2008）。これらの理論では，安心感の得られる関係を人は欲していることが示されているといえる。

⚠ 要点の確認

・パーソナリティの個人差をとらえる方法論として類型論と特性論の2つの立場があ

るが，両者の違いを理解しておこう。
- パーソナリティの測定，診断においてよく使用される質問紙法，検査法（投影法，作業検査法），観察法，面接法について，それぞれの長所と短所を整理しておこう。
- パーソナリティに関する代表的理論である精神分析理論，場の理論，状況論，生物学的進化論の概要を把握し，それぞれの理論では人間の行動を引き起こす要因をどのようにとらえているか考えてみよう。
- 感情の生起過程において生理的要因と認知的要因が果たす役割について，心理学が明らかにした論点を整理しておこう。
- 感情が認知や行動に及ぼす影響について心理学が見出した主要な知見と説明理論を挙げてみよう。
- 集団と個人の関係のとらえ方が，社会的促進研究で知られるオールポートと集団力学を創始したレヴィンとでは決定的に異なっていた。それはどのような違いであるか，具体的な研究を挙げながら説明してみよう。
- 社会的認知研究に認知心理学の理論とパラダイム（情報処理アプローチ）が導入されて以降，対人認知，原因推論，態度，自己の研究にさまざまな変化が起きた。それらの変化に共通するものは何か考えてみよう。

文献ガイド

丹野義彦（2003）．性格の心理　サイエンス社．
　▷既存のパーソナリティに関する諸理論を性格5因子論の枠組みで整理し構成されたユニークな切り口の性格心理学の通論書。

木島伸彦（2014）．クロニンジャーのパーソナリティ入門　北大路書房．
　▷性格と遺伝子の関連性について世界で初めて言及したクロニンジャーの理論を初学者向けにわかりやすく解説した入門書。

鈴木直人（編）（2007）．感情心理学（朝倉心理学講座10）　朝倉書店．
　▷感情とパーソナリティの関係を考察することをテーマとして編纂された感情心理学の概説書。

北村英哉・大坪庸介（2012）．進化と感情から解き明かす社会心理学　有斐閣．
　▷進化論の枠組みで感情と社会的行動の関係を論じた社会心理学の入門書。

池上知子・遠藤由美（2008）．グラフィック社会心理学 第2版　サイエンス社．
　▷社会心理学の過去，現在，未来を一望できるように編纂された社会心理学の概説書。

池田謙一・唐沢穣・工藤恵理子・村本由紀子（2010）．社会心理学　有斐閣．
　▷社会の中に生きる人間の心のダイナミズムの解読をめざした本格的な社会心理学のテキスト。

第4章　社会・感情・性格

コラム3　小説と映画から学ぶ偏見と差別の心理

　偏見や差別を主題とした小説や映画は数多いが，話題となった国内外の作品を4点取り上げてみた。

　『橋のない川』：明治時代後期のある集落を舞台に繰り広げられる部落差別を描いた作品。住井すゑによる小説を1969～1970年に今井正監督が，1992年に東陽一監督が映画化した。被差別部落出身であるという理由から陰湿ないじめや理不尽な仕打ちを受ける2人のきょうだいと彼らを取り巻く人間模様に焦点をあて，差別する側と差別される側の心情が赤裸々に描写されている。

　『手紙』：強盗殺人犯となった兄をもつ弟の苦悩を描いた東野圭吾の小説。2006年に生野滋朗監督により映画化された。弟を思う気持ちから重罪を犯してしまった兄のために，進学，就職，結婚と人生の幸福からことごとく見放されていく弟の生き様が描かれている。犯罪の被害者の家族に焦点を当てた作品が多いなか，加害者の家族の思いを綴った点で話題になった。

　『高慢と偏見』：18世紀のイギリスの田園地方を舞台に当時の上流階級の女性の結婚事情をコミカルに描いたジェーン・オースティンの長編恋愛小説。何度か映画化されているが，最新作は2005年のジョー・ライト監督によるもの。家柄や財産における格の上下が意識されていたイギリスの階級社会に生きる男女が自分のなかのプライドや偏見ゆえに愛し合いながらなかなか結ばれない恋愛模様が綴られている。

　『ボーイズ・ドント・クライ』：1993年にアメリカの田舎町で実際に起きた殺人事件をもとに，キンバリー・ピアースが1999年に制作した映画。性同一性障害者の女性が男性として生きようとしたことから起きた悲劇。同性愛への嫌悪と不安の本質が鋭く描かれている。

第5章

臨床・障害

杉浦義典

(1) 臨床心理学には多様な学派があり，長い歴史もある。本章では，精神病理学・アセスメント論・介入論の3つの領域にわけて基礎的な知識を解説した。このような領域に分けることで学派にとらわれない理解が可能になる。
(2) 精神病理学は，様々な心の病気（心理的障害）について扱う学問である。不安障害，うつ病，統合失調症，発達障害，パーソナリティ障害など幅広い心理的障害について解説した。
(3) アセスメントは心理検査や面接の情報を総合して，クライエントの状態像を描き，介入の方針をたてる活動である。まず，各種の心理検査について述べた。これらの測定法が備えるべき条件として信頼性と妥当性という概念も紹介した。最後に，様々な情報を統合して報告する方法についても述べた。
(4) 心理療法では，クライエントに様々な働きかけを行うことで，その問題を改善することをめざす。様々な学派の心理療法を紹介した。具体的には，精神分析療法，クライエント中心療法，行動療法，認知療法である。日本独自の方法として森田療法や内観療法も紹介した。
(5) 臨床的な援助はクライエントの生活全体に関わる。そのため，クライエントの生きている幅広い文脈を考慮する必要がある。そのため，対象者の症状に加えて，時間的な広がり（発達），空間的な広がり（社会），身体を考慮する必要性について述べた。
(6) 臨床心理学の研究について，まず実証性やエビデンスといった概念を説明した。続いて，効果研究とプロセス研究という2つの主要な研究の形を紹介した。最後に，研究の進展によって同じ介入でもそのメカニズムに関する理解が変化しうることを述べた。

第5章　臨床・障害

　臨床心理学は，心の問題を抱えた人に対して，援助を行う実践活動およびそれを支える研究と定義できる。臨床心理学（clinical psychology）という名称は，ペンシルヴェニア大学に心理クリニックを設置したウィトマー（Witmer, L., 1867-1956）が1896年に初めて用いたとされる。精神医学でも心の問題を対話のような心理学的な方法で治療しようとする試みが同時期に登場した。さらに，1900年台の初頭に，小学校入学後に学業に困難を抱える児童を見つけるために，知能検査が開発された。このように，困難を抱える人を援助しようとする動きは，心理学の歴史と同じあるいはそれ以上に長いものである。臨床心理学には，「床に臨む」という名前が示すように，診療所やベッドサイドで苦しむ人に寄り添う態度とともに，苦しむ本人や周囲の人が解決することの難しかった問題に取り組むための知識を提供する科学的な研究が必要とされる。

1. 臨床心理学を俯瞰する図式

　ある学問分野について入門的に学ぶときに，その分野全体を見渡すことのできる図式（スキーマ）は重要である。臨床心理学には歴史のある複数の学派がある。それぞれの学派の中では，心の問題がなぜ生じるのか，それにどのように介入できるのかが，体系的に述べられていることが多い。しかし，異なる学派の関連は見えづらい。多くの学派を通じて全体像を見渡すスキーマの重要性は臨床心理学では特別に高い。

　本章では図5.1に基づいて概説を行う。図5.1は，心理的障害の種類に応じて，精神病理学，アセスメント論，介入論という3つの領域の研究がされている様子を示している。精神病理学は，心理的障害がどのような要因で生じるかを研究する。アセスメント論は，心理的障害（症状）やその悪化要因，また，介入による変化を測定する技法に関する研究である。介入論は，心理的な障害を改善するための働きかけの方法を研究する。

　この3つの領域は，アメリカ心理学会における臨床心理学の主要な学術雑誌の区分に応じている。精神病理学を扱う *Journal of Abnormal Psychology*，アセスメント論を扱う *Psychological Assessment*，介入論を扱う *Journal of Consulting and Clinical Psychology* の3誌である。

2. 精神病理学

	精神病理学	アセスメント論	介入論
うつ病			
摂食障害			
強迫性障害			
統合失調症			
︙	︙	︙	︙

図 5.1　臨床心理学の 3 領域

　さらに，これらの領域をどのような観点から研究するかという視点の相違もある。臨床心理学は個人レベルに限らず，家族・組織・文化などのより大きな集団に焦点をあてることもある。さらに，時間的な変化（発達）も重要になることが多い。臨床心理学では，不適応（病理）への介入という目的を歴史的に重視してきたが，近年では幸福感を増大させたり，より積極的に心の健康を高めようとする方向も登場している。心の問題と身体は密接に関連している。そのような広がりについても論じる。

2. 精神病理学

　心の問題は，極めて多岐にわたる。研究や臨床実践のためには，それらを区分して記述したうえで，問題が生じる仕組みを明らかにする必要がある。このような研究を精神病理学（psychopathology）と呼ぶ。これは臨床心理学の隣接領域である精神医学（psychiatry）と関係の深い研究である。まず，精神医学的な診断について述べたうえで，心の問題のうち，代表的なものを説明する。

2.1　精神医学的診断

　歴史的には多様な理論的立場によって，どのような状態を病理と捉えるのかは異なっていた。そのため，専門家同士のコミュニケーションを促進するために，1980 年代以降，背景にある原因を推測するのではなく，観察可能な症状

第5章 臨床・障害

をチェックリストに照らして判断する操作的診断基準が普及した。アメリカ精神医学会の発行している精神障害の診断と統計マニュアル（Diagnostic and Statistical Manual of Mental Disorders; DSM）や世界保健機構の発行している国際疾病分類（International Classification of Diseases; ICD）が代表的なものである。

臨床心理学にとって精神医学的診断が重要な理由はいくつかある。第一に、臨床心理学の活動領域として、医療は大きな割合をしめている。第二に、DSMやICDのように広く共有された診断基準は、知識の共有を助ける。個々のクライエントはそれぞれ独自であるが、重要な点において類似性のある人を対象としたすでに効果の検証された介入法があれば、それを用いるのがもっとも良い。重要な点における類似性はどのように判断するとよいのだろうか。現時点では、介入法は診断別に作成され、効果検証も診断別になされているものが多い。よって、診断は重要な情報となる。

操作的診断基準は、観察された症状に基づいているため、専門家のよって立つ理論によって診断が異なるということが避けられる。一方、研究が進むにつれて、同じ診断をもつ人でも、同じメカニズムで症状が発生・維持しているわけではないことも分かってきた。例えば、強迫性障害という診断のつく人の中には、不安の強い人とそうではない人がいることも分かってきた。逆に、強迫性障害と身体醜貌障害（身体の特定の部分の外見、例えば顔のパーツが左右対称ではない、という考えにとらわれてしまう障害）の人とで、共通する要因があることも分かってきた。よって、診断基準は順次改定されてきている。

研究が蓄積されるにつれて、精神疾患と健康は質的に相違するものではなく、程度の違いとして連続的に分布することが明らかになってきた。臨床的な治療の対象とならないような軽いレベルの不安や抑うつ気分などは幅広く経験されている。実際、不安や抑うつ気分の程度を幅広い対象者で測定した得点分布には質的違いを示すような切れ目がみられないことが多い。また、異なる診断の間も重なりがあることも分かってきた。一人の人に複数の診断がつくことが多く、例えば不安と抑うつのように異なる症状を測定すると相互の相関が高いことが多い（杉浦, 2009）。

このように、診断というカテゴリーが固定的な実体ではなく、相対的なものであることが分かってきた。そのため、精神病理学の研究は一つ一つの診断に

それぞれ別個のメカニズムが対応していると考えるのではなく，複数の診断に共通する背景要因を探そうとする方向に移行しつつある。アメリカの国立精神保健研究所（National Institute of Mental Health; NIMH）では，これまでの診断とは異なった分類を用いて研究をすすめる研究領域基準（research domain criteria; RDoC）という枠組みを提唱している。RDoC では，複数の診断に共通する背景要因の候補を，感情や認知といった心の機能別に分類して提示している。さらに，それぞれの機能について，自己報告から生物学的な方法論までを用いて分析することを推奨している。

2.2 気分障害

　気分障害（mood disorder）は，落ち込んだ気分や意欲の低下を特徴とするうつ状態や，高揚感や興奮を特徴とする躁状態を主症状とする。「感情」が特定の場面で一過性に生じる反応であるのに対して，気分はより持続する状態である。うつ状態は，落ち込んだ気分（うつ気分）と楽しい気分を感じられないこと（失快感症）という気分に加えて，自分や将来に関する否定的な認知や集中力や決断力の低下といった認知にも症状が現れる。加えて，意欲や活動性が低下したり，食欲や睡眠の乱れなどの身体症状も現れる。身体症状が目立つ場合には，クライエントはまず内科などを受診する場合もある。躁状態は，精力的，高揚感の高まり，睡眠の過少，といった特徴がある。

　うつ状態のみが生じるうつ病性障害と，うつ状態と躁状態が交互に繰り返される双極性障害（bipolar disorder）に大別される。うつ病性障害も双極性障害も DSM の第 4 版では気分障害と総称されていたが，第 5 版ではうつ病性障害と双極性障害は別のカテゴリーに含まれている。

　気分障害の素因として，感情が持続しやすいことが指摘されている。意欲が持続することで，まじめな努力をする傾向があるが，熱中する傾向により疲労時にも休養をとらないために，うつ病につながると考えられる。几帳面で他者のために尽くそうとする傾向が強いこともうつ病の素因として指摘されている。近年では，嫌なことがあったときに，自分のつらい感情に目をむけて，それについて考え続けてしまう反すう型反応スタイルがうつ症状を持続させることが知られている。

第 5 章 臨床・障害

2.3 不安障害

　不安障害（anxiety disorder）は，強さや持続時間の点で著しい不安が経験されることと，不安を経験しないように，様々な場面や活動を避けること（回避行動）が特徴である。不安を感じる対象によって種類が区分されている。

　パニック障害は，急激に生じる，強烈な身体反応を伴ったパニック発作が繰り返されることが特徴である。パニック発作はそれを体験する人にとっては，不安という心理的な反応というよりも，心臓発作などの重篤な身体疾患の症状として感じられることが多い。その結果，経験した人は安静にするために，あるいは，助けのえられない状況になることを避けるために，様々な行動を制限する。これを広場恐怖と呼ぶ。広場という名称であるが，クライエント本人がパニック発作のために恐怖を感じる様々な場所や状況が恐怖の対象になる。

　社交不安障害（社交恐怖）は，他者から注視されうる様々な状況に対する強い不安と，そのような場面から回避することを特徴とする。他者からネガティブな評価を受けるのではないかという懸念が目立つ。日本で古くから知られている対人恐怖症は社交恐怖に類似しているが，主に思春期に見られ，自分がいやな匂いを発しているのではないか，自分の目つきがきつくて，周囲にいやな思いをさせているのではないか，という懸念（加害恐怖）が強い。

　単一恐怖症は，特定の対象に対する著しい恐怖とその対象の回避に特徴づけられる。高所，動物，注射，飛行機など様々なものが恐怖の対象となる。

　全般性不安障害は，過剰な予期不安や心配が起こる日の方が多いという状態が 6 カ月以上続くことに特徴づけられる。他の不安障害と異なり，何が不安なのかは同じ人の中で常に変化する。そのため，一つの気掛かりが解消されても，次のことが気になるというように，気が休まるときがない。他の不安障害では，身体症状としては動悸や発汗などが目立つが，全般性不安障害では，筋緊張が特徴的である。これは，自覚症状としては肩凝りや頭痛といった形であらわれる。筋緊張は高次の認知活動を反映するとされている。つまり，心配して考え過ぎているために生じる症状と考えられる。

　外傷後ストレス障害（posttraumatic stress disorder; PTSD）と強迫性障害は，DSM の第 4 版では不安障害に含まれていたが，第 5 版ではそれぞれ外傷・ストレス関連障害と強迫関連障害という独立したグループを形成している。

外傷後ストレス障害は，生命に危険の及ぶようなできごとを経験したのちに，生々しい記憶が突然意識に侵入してきたり（フラッシュバック），睡眠障害，外傷と関連する状況の回避などが生じる。外傷的なできごとのあとは，誰しもこれらの症状を経験することがある。外傷後ストレス障害は症状が1カ月以上持続する場合に診断される。

　強迫性障害（obssesive-compulsive disorder）は，強迫観念と強迫行為に特徴づけられる。強迫観念とは，不合理で不快な考えやイメージが，自分の意志に反し繰り返し頭に浮かび，止めようと思っても意志ではどうにもならないことである。強迫行為とは，ある行為を，自分ではバカバカしいと思いつつも，それをしないと気がすまないことである。繰り返し手を洗う洗浄強迫，戸締まりや火の元を過剰に確認することなどである。戸締まりの確認を繰り返し行う人は，泥棒が入るのではないか，またそうなったら自分の責任になってしまうという不安を抱えている。その一方で，持ち物がすべて同じ方向に並んでいないと不快になるという人は，苦痛は感じているが，同じ方向に並んでいないと何か恐ろしいことがおきると考えているわけではない。このように，強迫性障害の人がすべて不安に苦しんでいるわけではない。そこで，DSMの第5版では，不安障害から独立させ，溜め込み，抜毛，繰り返し皮膚をつつくといった障害とともに強迫関連障害というカテゴリーを形成した。これらはいずれも，やめたくてもやめられないという特徴に基づいている。先述した身体醜貌恐怖も強迫関連障害に含まれる。

　病気への不安はこれまで心気症（hypochondria）と呼ばれていたが，DSMの第5版では，身体症状関連障害の中の病気不安障害になった。不安障害というカテゴリに含まれてはいないが，介入は不安障害に対する方法と同様のものが用いられる。パニック障害の人も，身体の病気に対する不安を持っているが，心臓発作で今にも死んでしまうのではないかといった時間的に差し迫った危険に対する恐怖をもっている。一方，病気不安障害の人は，がんなど進行に時間のかかる病気があるのではないかという不安をいだいている。そのため，繰り返しあちこちの病院で検査をうけたりする。強迫性障害の人も病気に対する不安を抱く傾向があるが，細菌や有害な物質に汚染されたのではないかという恐怖が特徴であり，それを洗い流そうとする強迫行為につながりやすい。

2.4 統合失調症

統合失調症（schizophrenia）は，2002年までは精神分裂病という名前で呼ばれていた。原語は変わらず，日本語のみの改称である。精神病（psychosis）という用語は，現在正式な診断名称としては用いられていないが，統合失調症あるいはそれに近い状態を指す用語として専門家の間でも用いられることがある。慢性の経過をたどるため，精神科の病棟の入院患者の多くを占める。

症状は多岐にわたる。①話す言葉に前後のつながりがなくなる思考の混乱（言葉のサラダ）。②外から入ってくる情報を選別できない注意の障害。③社会的に共有されていない考えを強固にもち続ける妄想（delusion）。特に，外部から迫害をうけていると信じる被害妄想がよく見られる。④外界に物理的に存在しない事物が見えたり，聞こえたりする症状である幻覚（hallucination）。統合失調症では，声が聞こえる「幻聴」がもっとも一般的である。⑤感情反応が著しく低下したり，逆に，場違いな感情を表現する。⑥独特の姿勢をとったり，興奮して動き回ったり，逆に固まったように動かなくなる特徴的な身体動作。

このように多様な症状が見られることから，統合失調症は複数の症候群からなるという仮説が提唱されている。代表的なのものは陽性症状と陰性症状とに区分する二症候群仮説である。陽性症状は健康時には見られなかった「目立つ」症状であり，幻覚，妄想，支離滅裂などを含む。一方，陰性症状は健康な時には見られた機能が欠けたり，低下するものである。感情の平板化，意欲の低下，会話の貧困などである。

2.5 解離性障害

解離性障害（dissociative disorder）は，記憶や意識の連続性が損なわれる障害のグループである。ある時間に経験した内容の記憶が欠けてしまう解離性健忘（心因性健忘），周囲の世界の現実感が薄れたり，自分の体験をあたかも外から眺めているように感じてしまう離人症・非現実感障害，一般に多重人格と呼ばれる解離性同一性障害などがある。多重人格では複数の人格が入れ替わり，他の人格が現われていた時のことは通常覚えていない。ただし，解離性同一性障害がそもそも存在するのか（演技ではないのか）という論争も古くからあり，近年では多重人格の演技を練習した人と，多重人格の診断のついた人とを比較

する研究がなされている。解離性障害でなくとも，ある時期の記憶が思い出せないといった経験のある人も多い。しかし，解離症状を測定する尺度を幅広い人を対象に実施した結果，少なくとも一部の解離症状は健常者の体験する類似した状態とは質的に異なることが示唆されている。

2.6 摂食障害

人は健康のため，あるいは美容のために，食べるという行動をコントロールすることがある。そのコントロールが過剰になったり，逆に破綻する状態が摂食障害（eating disorder）である。神経性無食欲症（anorexia nervosa）は，食べないこと（拒食）による著しい体重減少が特徴である。体重減少は健康に被害を及ぼしたり，時に生命にも危険が及ぶこともある。体重減少のために，拒食のみでなく，故意に嘔吐をしたり，下剤を乱用することもある。美容のためのダイエットがきっかけになることが多い。神経性大食症（bulimia nervosa）は，短時間に発作的に大量に食べるむちゃ食いを主症状とする。むちゃ食いの最中には，コントロールができないという感覚が伴う。通常，神経性無食欲症と併存することが多く，過剰なダイエットの反動（リバウンド）として生じることが多い。体重増加への恐怖心は残っているため，むちゃ食いの後には，故意の嘔吐や下剤の乱用などの排出行動が見られることが多い。

2.7 パーソナリティ障害

パーソナリティ障害（personality disorder）は，発症の時期が明確でなく，長期に持続する障害をさす。障害であるゆえんは，DSMによれば「その人の属する文化から期待されるものより著しく偏った，内的体験および行動」が持続することである。パーソナリティとはその人の持続的な特徴である。よって，パーソナリティ障害はその人のそれまでの（本来の）状態からの逸脱というニュアンスがある疾患とは概念的に区別される。しかし，他の精神疾患でも慢性化するものも多いため，パーソナリティ障害が疾患とは質が異なるという考え方には異論もある。また，様々な種類があり，統合失調症的な特徴をもつA群，衝動性や攻撃性の目立つB群，不安の目立つC群に大別される。

A群は，妄想性（paranoid），シゾイド（schizoid），失調型（schizotypal）を

含む。これらは，歴史的には統合失調症の病前性格（素因）として関心を持たれてきた。しかし，近年の研究は統合失調症という疾患の単位ではなく，妄想や幻覚のような個々の症状との関連が注目されている（例：妄想性パーソナリティ障害は妄想の素因となるか）。この背景には，統合失調症は，単一の疾患ではなく，異質な症状から形成されているという知見がある。

　B群は反社会性（antisocial），境界性（borderline），演技性（histrionic），自己愛性（narcissistic）を含み，いずれも派手で人目を引く行動，衝動性などを特徴とする。反社会性パーソナリティ障害は反社会的行動を繰り返すことによって定義される。類似した概念で，共感性やモラルの低さ，衝動性や攻撃性の高さといった特徴をもつサイコパシー（psychopathy）がある。サイコパシーは，反社会性パーソナリティ障害がもっぱら行動の特徴で定義されるのに対して，感情や認知の特徴によって定義される。感情反応が生じにくく不安や恐怖が低いため，危険な行為をおこないやすい。また，罰を受けても（あるいはうける恐れがあっても）行動が抑制されない。さらに，他者の感情を感じ取ることも苦手である。サイコパシーという概念は研究の中では反社会性パーソナリティ障害以上によく用いられている。PubMed（アメリカ国立医学図書館文献検索サービス）で論文タイトルを検索すると psychopathy で1179件，antisocial personality disorder で386件ヒットする（2015年12月9日現在）。境界性パーソナリティ障害は，歴史的には統合失調症のように現実認識が障害されていないが，不安障害のようには自分の問題を自覚していないという意味で，両者の中間的な状態として用いられた。現在では必ずしもそのように理解されているわけではないが，名称はそのまま用いられている。感情，対人関係，自己像が極端に揺れ動き，そのコントロールが難しく，なおかつ心理的な動揺が直接行動に出る点が特徴である。自己像は空虚感を抱えていることが多い。対人関係にはそれを埋めてくれることを期待する。そのため，わずかの好意に高揚する一方で，悪意のない反応でも見捨てられたと感じ，激しい攻撃性や自傷行為を示す。

　C群は，回避性（avoidant），依存性（dependent），強迫性（obsessive-compulsive）を含み，不安感に特徴づけられるグループである。例えば，回避性パーソナリティ障害は，社交恐怖，とりわけ全般性タイプ（不安を感じる状況が非

常に広いもの)との関連が密接である。一方,強迫性パーソナリティ障害は,過剰な几帳面さや融通のきかなさを特徴とする。かつては強迫性障害の病前性格と考えられていたが,現在では必ずしも重なるものではないと考えられている。強迫性障害と比較すると,強迫性パーソナリティ障害の場合は,自分の行動に違和感を感じることが少ない。

パーソナリティ障害と,正常なパーソナリティは密接に関連することが近年しめされている。正常なパーソナリティのモデルとしては,神経症傾向,外向性,開放性,調和性,勤勉性という5因子からなるビッグファイブ (big five) が有力である。過去に発表された複数の研究データを統合して再分析した研究の結果,パーソナリティ障害は開放性を除いたビッグファイブと対応する4因子に分かれることが見いだされた (O'Connor, 2005)。

2.8 発達障害

発達障害 (developmental disorder) は,発達早期から認められ,持続することが特徴である。どのような機能に障害が生じるかによって,種類が分けられるが,とりわけ発達早期には様々な機能が関連しあって成長するため,幅広い機能に障害が及ぶことも多い。発達障害は,乳幼児期より療育的な関わりが必要なケースもある一方で,大学入学や就職などのように求められる課題が大きく変化する時期に問題が表面化することもある。

精神遅滞(知的障害)は知能の低下を特徴とする。精神遅滞の原因でもっとも多いものはダウン症候群 (Down syndrome) である。イギリスの医師ダウン (Down, J. L. H., 1828-1896) が1866年に症例を報告した。遺伝子疾患であり,特異な顔貌,四肢の緊張などに特徴づけられる。

広汎性発達障害 (pervasive developmental disorder) は,自閉症に代表される。自閉症は対人関係や言語コミュニケーションに問題がみられ,その症状は3歳までに認められる。親子のアイコンタクトが成立せず,養育者や他の子どもも含めて他の人に興味を示さない。言葉のやり取りにも問題があり,相手の言葉をおうむ返しにする(反響言語)。言葉の発達の前提となる,対象を指さして示すような行動もみられない。興味も非常に限局する。例えば,おもちゃを車にみたてて遊ぶのではなく,車輪を回転させることを続けたりする。また,電

話帳の内容を読むことに熱中することもある。知能の低下が見られることも多いが，ごくまれに記憶力や音楽など特定の内容において非常に高い能力を示すこともある。アスペルガー障害は，言語や知能の遅れは著しくないものの，自閉症と同様の対人関係の困難を特徴とする。自閉症はかつては冷たい養育態度に由来すると考えられたこともあるが，現在では遺伝要因が大きいことが分かっている。近年では，アスペルガー障害も含めた自閉症スペクトラムという捉え方も広まっている。

注意欠陥多動性障害（attention deficit hyperactivity disorder; ADHD）は，落ち着きのなさ，注意の散漫さを特徴とする。じっとしていられない，衝動的な行動の目立つ多動が伴うことが多い。注意力の低さは年長になっても持続するが，多動は年齢があがるとある程度落ち着くことがある。学習障害（learning disorder; LD）では，全般的な知能には問題がないものの，計算や書字など特定の認知機能に困難が見られる。

2.9 心身症

心身症（psychosomatic disease）は診断名としては存在しない概念である。しかし，心と身体は密接に関連するため，臨床的には有用である。日本心身医学会は「心身症とは身体疾患の中で，その発症や経過に心理社会的因子が密接に関与し，器質的ないし機能的障害が認められる病態をいう。ただし，神経症やうつ病など，他の精神障害に伴う身体症状は除外する。」という定義を与えている。

器質的ないし機能的障害ということは，身体医学的な検査で病変が認められることもそうでない場合もあることを意味している。しかし器質的障害と機能的障害は連続的なものである。例えば，人が心配をしていると，本来であれば生じるはずの心拍数が上昇したり下降したりというゆらぎ（心拍変動）が生じにくくなる。心拍変動の低下は機能的障害であり，循環器に構造的な病変は観察されないが，心拍変動が低いと虚血性心疾患のリスクが高まる。例えば，中高年を対象とした研究では，心拍変動が低いと，冠状動脈性心臓疾患やその他の健康上の問題がおきやすくなる（Dekker et al., 2000）。その結果，循環器に構造的（器質的）な病変が生じる場合もある。

3. アセスメント論

　診断に加えて，クライエントの生育歴，現在の対人関係や社会的な機能，など臨床心理学で考慮すべき事象は多岐にわたる。よってそれらの情報を収集し統合するアセスメント（assessment）では幅広い内容を考慮する必要がある。心理アセスメントと心理検査は同義語として扱われることも多いが，前者は心理検査も用いながら対象者の状態を理解しようとする活動の全体を指すのに対して，後者は特定の情報を測定する道具そのものを指す。アセスメントの道具（心理検査）には，信頼性・妥当性など心理測定法としての基本的な条件（性能）が求められる。加えて，アセスメントには，複数の情報を統合してクライエントの状態像を描き出し，介入の方向を示す活動の全体が含まれる。そのために，複数の情報をえるために，検査（テスト）を組み合わせて用いることが多い。これをテストバッテリーと呼ぶ。アセスメントという行為自体がクライエントの問題について理解する助けとなり，そのまま介入につながる場合もある。以下では，まず代表的なアセスメントの道具（心理検査）についてまとめる。信頼性・妥当性という心理測定の条件についても簡単に触れる。最後に，検査の結果を統合する方法として検査報告と事例定式化について述べる。

3.1 面接法

　心理療法は多くの場合，対面で対話をすること（面接）を通じて行われる。そのため，面接（interview）はアセスメントにおいても基本的な手段となる。クライエントが訪れたとき，最初に述べた困難を主訴とよぶ。例えば，「今日はどのようなことでみえましたか」という質問に対して述べられる回答である。主訴のみでは診断をつけることはできないが，主訴は患者が援助機関に足を運ぶきっかけであり，介入を受けようとする動機も示しているため，重要な役割をもっている。クライエントが求めていることを知ることは重要である。また，困っている人は，聴いて欲しいことをたくさん抱えているものである。そのため，最初は，クライエント自身に自由に話してもらうことが重要になる。

　アセスメントのための面接でも受容性，共感性，誠実性というクライエント

第 5 章 臨床・障害

中心療法で重視されるような態度（後述）は重要になる。臨床家はクライエントの話の中に，診断や介入方針をたてるために役立つ情報を見いだしながら，しかし同時にクライエントが話しやすい話の流れを尊重するように面接を進める。クライエントの話した内容を適宜要約して伝えることは，誤解を防いだり，クライエントに安心感を与えて，さらに話してくれるのを促すことに役立つ。

　診断や症状の重度を確定するためには，あらかじめ決まった質問を行う構造化面接がもちいられる。クライエントがある程度自由に話した段階で，それまで聴いた内容も踏まえながらスムーズに構造化面接に導入するとよい。

3.2 質問紙法

構造化面接では対話の中で決まった質問を行うことで，必要な情報をえる。この方法を発展させ，質問を紙に印刷し，クライエント自身に回答をしてもらうこともできる。このような形式を質問紙法と呼ぶ。質問紙法自体は，臨床心理学以外の心理学や社会調査でも用いられるものであるが，臨床場面で用いられる質問紙（questionnaire）は，構造化面接法が自己記入式に改編されたものも多い。そのため，両者は親近性が高い。

　質問紙法は，症状やその時々の感情，パーソナリティなど多様な事象を測定可能である。そのため，形式は同じでも個々の検査が何を測定しているかは注意をしておく必要がある。例えば，質問紙法の中でも伝統があるミネソタ多面人格目録（MMPI）は，名称は人格（パーソナリティ）となっているが，内容は心理的障害の症状を測定するものである。一方，日本で広く用いられている矢田部・ギルフォード性格検査（YG性格検査）は，下位尺度の名称に「抑うつ性」や「神経質」のように疾患を思わせるものもあるが，パーソナリティを測定する。パーソナリティを測定する場合は，「いつものあなたにあてはまりますか」，「ふだんのあなたの様子を教えてください」といった教示で導入することが多い。一方，抑うつ症状を測定するベック抑うつ尺度（Beck Depression Inventory; BDI）は，最近 2 週間の状態をたずねる形式である。これはその人の持続する特徴をとらえるパーソナリティとは異なり，抑うつ症状という始まりと終わりのある（エピソード性のある）現象を測定することを目的とするからである。

臨床場面では，検査者が質問を読み上げたり，そばについて回答の援助をすることもあるが，質問紙は基本的に回答者自身で答えることが可能である。そのため，例えば医療機関の待ち時間に待合室で実施することも可能である。得点化の際に検査者の主観が入りにくいことも質問紙法の特徴である。この特徴は後述する信頼性を高めることに寄与する。さらに，一度に大人数を対象に実施することができるため，研究のために大学生や幅広い地域住民（コミュニティサンプル）などの非臨床群を対象として多数のデータを収集するといった使い方も可能である。そのような非臨床群を対象とした研究はアナログ研究と呼ばれ，不安や抑うつといった症状がどの程度幅広く見られるのか，日常生活を送れる程度の軽度な症状と介入を必要とするレベルの症状とは何が違うのか，どのような要因が不安やうつの悪化に影響するのか，といった臨床的に有益な情報をもたらしている（杉浦，2009）。

近年ではインターネット上で質問紙を実施する調査も行われている。インターネットで質問紙に回答する人と紙媒体の調査に回答する人とでは属性が異なるのではという懸念もあるが，一般に思われているような差異（例：インターネットの調査参加者は引きこもりがち，など）は見いだされないという研究結果もある（Gosling, Vazire, Srivastava, & John, 2004）。

質問紙法は多様な内容の測定が可能であるが，とりわけ，パーソナリティの測定の領域では大きな貢献をしている。パーソナリティは通常いくつかの特徴（構成概念と呼ぶ）について，あてはまる度合いの強弱で表現される。例えば，前述のYG性格検査は，12の概念の上でその強弱を表現する。質問紙法は一度に大量のデータが収集できるため，大人数からえたデータを統計的に解析することによって異なった理論に基づくパーソナリティの構成概念の類似性を判断したり，また，データに基づいて新しい概念を提唱することも可能である。

パーソナリティを表現する単語（性格特性語）を辞書からしらみつぶしに抽出し，大規模なサンプルを対象に評定をしてもらった結果，性格特性は以下の5つの次元で表現できるとするビッグファイブというモデルが提唱された。

・神経症傾向：不安や怒りなどネガティブな感情を経験しやすい傾向
・外向性：自分の外に興味が向きやすい傾向

- 調和性：他者と協調的に穏やかな関係をもとうとする傾向
- 勤勉性：誠実に，まじめに努力をする傾向
- 開放性：新しいものを好んだりする，柔軟な傾向

3.3 投影法

　曖昧なあるいは多義的な刺激を提示して，反応をもとめる心理検査を投影法（projective technique）と呼ぶ。通常は回答の自由度が高く，実施・得点化・解釈が検査者の技量に依存する部分が大きい。そのため，近年では信頼性・妥当性に問題があることが示されている。

　投影法の代表的な検査であるロールシャッハテスト（Rorschach Test）は，1921年にスイスの精神科医ロールシャッハ（Rorschach, H., 1884-1922）が開発したものである。インクの染み（インクブロット）からなる無意味な図形を被検査者に見せて，それがどのように見えるかを答えてもらう。結果の解釈は，インクのしみが何の形に見えたかという反応内容だけではなく，図形のどの部分に着目したか（反応領域），図版のどのような特徴からそう見えたか（反応決定因）といった観点からなされる。反応の形式に着目した点が，ロールシャッハの独自性である。つまり，動きや手触りなど，図形そのものの性質ではない特徴を見いだしている点にその人の心理的特徴が現れると考えるのである。実施や解釈の方法には厳密な手順が存在する。

　主題統覚検査（Thematic Apperception Test; TAT）はアメリカの心理学者マレー（Murray, H. A., 1893-1988）が開発した検査である。白紙を含む31枚の絵画から対象者に応じた20枚を見せて，物語を作ってもらう。この絵はあいまいさは含むものの有意味な刺激である。実施や解釈は，自由にアレンジして用いられることもある。

　絵画欲求不満検査（Picture-Frustration Study; P-Fスタディ）はアメリカの心理学者ローゼンツヴァイク（Rosenzweig, S., 1907-2004）が考案したマンガを用いた攻撃性の検査である。欲求不満場面（例：主人公が人に批判されている）が1コマに書かれており，そのセリフ（吹き出し）を埋めることを求める。人物の顔（表情）は書かれていない。反応は，攻撃の方向性（自罰，他罰，無罰）によってコード化される。セリフによって反応するところから，攻撃の表出に焦

点をあてた検査といえる。

バウムテスト（Baum test）は木（Baum はドイツ語で木のこと）を描いてもらうことで，パーソナリティを推測する方法で，スイスの心理学者コッホ（Koch, K., 1906-1958）が考案したものである。木のみでなく，家と木と人（house, tree, person）を描いてもらう HTP 法（House-Tree-Person Test）という技法もある。

投影法は，絵画やイメージなどを用いる点で芸術療法とも親近性が深い。芸術療法は，絵画やダンスなど多様な表現を用いる心理療法の総称である。感情を表現することは多くの心理療法に共通する要素である。通常それは言語的手段によっているが，芸術療法はそれを補完する意味があると考えられている。

投影法はいずれも刺激があいまいであるため，検査を受ける人が何を測定しているのかを察することが困難になると考えられる。そのため印象を操作するために意識的に反応をコントロールすることが難しいため，その人の無意識の部分がわかるとされてきた。しかし，（質問が言葉で明示されている）質問紙では測定できない内容を投影法が捉えられるわけではないという知見もある（Lilienfeld et al., 2000）。投影法の多くは，非常に歴史が古いものである。このことは，投影法が長年にわたって臨床家に愛されてきたという事実とともに，現代の理論に照らしてその意義を再考する必要があることも示している。

3.4 知能検査

全般的な知的能力を測定するのが知能検査（intelligence test）である。知能には様々な定義や理論があるが，それらはいずれも知能を人が環境に適応する能力の中で特に高度な部分であると理解している。知能検査は学校での学習に問題のある子どもを早期に発見し，個別の対応を可能にするという臨床的な用途で作成され，使用されてきた歴史がある（→第3章）。

ウェクスラー式の知能検査は脳損傷や認知症など多様な臨床的な対象者に用いられており，多くのデータが蓄積されている。認知心理学の実験的な研究で，課題の一部が用いられることもある。

3.5 作業検査法

なんらかの課題を行ってもらい，単位時間あたりの遂行量や，一定の内容を

第5章 臨床・障害

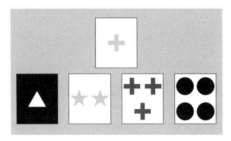

図5.2 Wisconsin Card Sorting Test（WCST）

遂行するのに必要とした時間を指標とする。広い意味では，知能検査や学力検査も作業検査法（performance testing）に含まれる。臨床場面では，発達障害，認知症，脳損傷の患者の認知機能を多面的に詳細に測定するために多数の作業検査が存在する。

　作業検査法の中には，脳損傷の患者を対象としたデータが蓄積されることで，逆に検査の成績から脳の機能を推測することが可能な検査もある。このような検査は神経心理学的検査と呼ばれる。名称から脳波測定などを連想させるが，形式はあくまで作業検査法である。ウィスコンシンカード分類検査（Wisconsin Card Sorting Test; WCST）は代表的な神経心理学的検査である（図5.2）。被検査者は見本カードと同じ種類だと思うカードをえらぶことを求められる。カードには図形が書かれているが，それは色と形と数という3つのパラメタ次元で操作されている。検査をうける人は，「同じ種類」がどのパラメタで定義されているかを推測する。例えば色が同じものと仮定して，同じ色のカードを選んでみる，といった具合である。すると，その正解・不正解だけがフィードバックされる。不正解というフィードバックをうけたら，今度は形が同じものをえらべばよいのだろうか，と探索していくわけである。10回連続して正解すると，「同じ種類」を定義するパラメタ次元が変更される。ここで，これまで正解だったはずの選択に突然に不正解のフィードバックが与えられることを経験する。このとき，それまでのルールを捨てて，新しいルールを探さなくてならない。

186

この切り替えがうまく行かず，以前の正解に固執して間違いを犯すこともある。これが，保続性エラーである。WCSTを遂行するには，仮説を生成し，それにしたがって行動し，さらに状況が変化したら行動を変化させるという柔軟なコントロールが必要とされる。このような認知機能は実行機能（executive function）と呼ばれ，前頭葉のはたらきとの関連が深いとされている。

3.6 観察法

　言語的な報告だけではなく，クライエントの行動を観察（observation）することで有益な情報を得ることができる。特に年少の幼児や児童の場合，言語報告以上の豊かな情報が得られることが多い。家庭や学校など実際の生活場面で観察を行えば，対象となる子どもの，より実態に即した情報が得られる。一方，ストレンジ・シチュエーション・パラダイムのように，実験室などで決まった手順を踏むことで，目的とする心理的な特徴を見やすくする方法もある（→第3章）。
　また，知能検査のような課題遂行を指標とする検査や，面接法などの言語反応を主とする方法であっても，アセスメントの最中の対象者の行動を観察しておくことは有益である。

3.7 心理検査に求められる条件：信頼性と妥当性

　心理検査も含む測定の道具は，信頼性と妥当性という2つの条件を満たすことがもとめらる。信頼性（reliability）とは測定値に誤差が少なく安定していることである。例えば，パーソナリティはその人の安定した特徴であるため，測定するたびに検査結果が変わってはいけない（再検査信頼性）。また，構造化面接では，クライエント自身の言葉を数値に変換するのは通常は面接者の作業となる。そこで面接者によって結果が異なることも生じうる。面接者あるいは評定者によって同じクライエントの状態の評価が一致する度合いを評定者間信頼性という。投影法は，評定者間信頼性が低いことがしばしば問題とされる。
　妥当性（validity）は，その測定値が測定したいものを反映しているかということである。例えば，抑うつ症状を測定する質問紙の得点は，うつ病のクライエントと健常者では異なると予想される（基準関連妥当性）。また，知能検査で

あれば特定の教科あるいは領域の内容に類似した設問ばかり含むことは望ましくなく，幅広い知的能力を測定する項目を含む必要がある。これは内容的妥当性と呼ぶ。投影法は，信頼性や妥当性の検討が不十分なことが指摘されている（Lilienfeld et al., 2000）。

3.8 検査報告と事例定式化

　アセスメントは，心理検査の結果も含めて対象となる人の状態を総合的に捉える活動を意味する。臨床心理学の専門家は，アセスメントと心理療法を一連の流れとして同じ人が担当して行うこともあれば，医師や他の専門家から特定の心理検査の実施を求められることもある。後者の場合は，検査報告を書くことが求められる。検査報告は検査を依頼された目的（医学的診断の補助，学校での指導への助言，など）を踏まえて，検査固有の専門用語（テストジャーゴンと呼ばれる）をなるべく避けながら，対象者の姿を描き出すことが求められる。

　心理療法もあわせて行う場合は，アセスメントの結果からクライエントの問題がどのように維持されているかを明らかにして，介入方針につなげることが必要である。これを事例定式化（case formulation）という。認知療法では，うつ病を初めとする心理的障害の症状がどのような要因で生じて維持されているかというモデルがある。このモデルは，多数の人を対象とした質問紙調査や実験研究によって検証されてきたものである。これを，面接や質問紙によって個々のクライエントからえた情報をもとに，その人に合わせた形に個別化して書き直すことが事例定式化になる。この作業をクライエントと共同して行うことが治療的な効果をもつ。

4. 心理療法論

　心理療法（psychotherapy）の多くは，特定の理論的立場に基づいている。それらの理論には，介入の対象となる心理的問題の理解も通常含まれている。しかし，そのような病理の理解は，必ずしもDSMの診断体系に沿っているわけではないため，以下では疾患別というよりは，代表的な理論的な立場ごとに，介入について述べる。

4. 心理療法論

4.1 精神分析

　オーストリアの精神科医フロイト（Freud, S.）の精神分析（psychoanalysis）の理論では，人は不安から自分を守るための方略である防衛機制を用いると考えている。もっとも基本的な防衛機制は苦痛な記憶や不安を喚起するような欲望（例：そんなことを望んだら罰を受けるのではないか）を意識に浮かばないようにする抑圧（repression）である。抑圧は完全には成功することはなく，無意識の中に抑圧された内容は意識に上ろうとする。そのとき，人は漠然とした不安を感じ，それに対応するために，さらに様々な防衛機制を用いるようになる。心理的障害はこのような悪循環から生じると考える。

　自由連想が精神分析における介入の基本技法である。クライエントは，寝椅子に横たわり，セラピストはその視界に入らない位置に座る。そして，こころに浮かぶことをそのまま言語化してもらう。これは日常会話とは極めて異なった状態であり，クライエントにとっては非常に困難な作業である。その結果，しばしば言いよどんだり連想が途切れたりする。そのような困難を観察して，そこから，クライエントの抱える葛藤を推測する。これを抵抗分析とよぶ。葛藤は抑圧によって無意識に止まっているため，それを意識化して気づいていく作業が治療につながる。また，クライエントが初対面であるはずのセラピストに知らず知らずに向けてくる感情から，その人の対人関係のパターンを推測する。これは，転移分析と呼ばれる。夢には無意識の内容が現れるという仮説に基づいて，夢分析という技法も用いられる。ただし，無意識の内容がそのまま反映されているわけではないため，夢の内容をもとに自由連想を行う。

　精神分析は創始者のフロイト以降，多くの分析家によって様々な変更がなされている。それらを総称して広い意味で精神力動療法と呼ぶ。たとえば，もともとは1回50分をほぼ毎日行っていたものを週に1回としたり，寝椅子は用いずに対面で座ったりといった形式（構造）の変化が生じた。また，当初は無意識の葛藤とは，幼少時の親子の間に生じたものが強調されていた。ただし，精神分析の過程で思い出された親子の間の葛藤は，現実に幼少時に起こったできごとが抑圧されていたものというよりもファンタジーであると捉えるほうが適切である。いうなれば，精神分析はファンタジーも含めた内面の世界を重視していたといえるが，近年では，ファンタジーよりも，現在の実際の対人関係

第 5 章　臨床・障害

に焦点をあてる場合も多い。また，実際の乳幼児と親との相互作用を観察する研究も行われている。

スイスの精神科医ユング（Jung, C. G., 1875-1961）も広い意味では，精神力動療法の一派と考えられることもあるが，無意識の考え方は，フロイトのものと大きく異なっている。ユングは意識から締め出された（抑圧された）内容が無意識を構成すると考えるのではなく，個人の境界すら越えた原初的なものを無意識と捉えている。意識的な自我とはその無意識の大海に浮かぶ小島のようなものである。無意識は，自我の働きを保証すべく，自我に不足した部分を表現した「影」として夢の中に現れてくる。心の中心は自我でなく，無意識全体も含めた自己が中心にあり，自己に導かれて自我と影とが統合される。この過程を個性化という。ユングは社会適応の高い中年期以後の人の個性化に焦点をあてるなど，心理療法を心理的障害の治療以外にも拡張した功績がある。

交流分析（transactional analysis）も，精神分析から派生したものであるが，無意識は重視せず，自我の機能を大人／親／子どもの３つの側面にわけて，パーソナリティを理解するとともに，その３側面に注目して，対人的な交流を分析する。交流分析では，他者と関わるときの役割（例：親のように相手に接する，など）を強調している。交流分析に基づいたエゴグラムという検査は３つの自我機能のバランスからパーソナリティを捉えようとするものである。

4.2　クライエント中心療法

アメリカの臨床心理学者ロジャーズ（Rogers, C. R., 1902-1985）は，人は自分の可能性を最大限発揮しようとする自己実現の傾向をもっていると考えた。しかし，自己概念と現実の経験との間，あるいは理想とする自己と現実の自己の間でずれが生じやすいと考えた。クライエント中心療法（client-centered therapy）では，セラピストがクライエントの語りを真摯な態度で傾聴することで，クライエントのもつ成長する力が自ずからでてきて，自己をめぐるずれが解消されると考えている。

真摯な態度は，受容性，共感性，誠実性の３つの要素で構成される。受容性とは無条件に肯定的なまなざしを向けることである。セラピストが温かいまなざしをむけてくれることによって，クライエントは自分の中の認めたくない部

分をも受けいれることができる。その結果，人は自己概念と現実の経験との間，あるいは理想とする自己と現実の自己の間のずれを埋めていくことができる。共感性とは，あたかもその人になったかのように，その人からみえる体験を共有しようとすることである。セラピストは，クライエントの見ている世界を完全に共有することはできない。そのことは自覚しつつ，すこしでも寄り添おうと試み続ける。そのことによって，クライエントも自己に関して性急に決めつけることなく，じっくり見つめることができるようになり，自己理解が深まる。誠実性は，セラピストが裏表のない態度でクライエントに接し，それを伝えることである。自己をめぐるずれによって，クライエントは現実を歪めてみていたりする。セラピストの裏表のない態度は，クライエントが自分の経験に正面から向き合う助けとなる。

　ロジャーズは，セラピーの過程を録音して分析する実証的な研究を積極的に行った。そのような研究から，こうした態度をともなった傾聴によって自分の中にある感情と触れ合うことで，治療的な変化が生じることが見いだされた。また，アメリカの臨床心理学者ジェンドリン（Gendlin, E. T., 1926-）は，そのような変化を促進する技法としてフォーカシング（focusing）を開発した。フォーカシングでは，心の状態と相関する身体の様子——これをフェルトセンス（felt sense）と呼ぶ——に優しい注意をむけて味わうことで，それがイメージも伴いながら展開するさまとつきあう。

　さらに，ロジャーズはベーシック・エンカウンター・グループを創始した。これは，人が集い交流することで，自己の成長を目指すことを目的とする。リーダーに相当する人は，ファシリテーター（促進する人）と呼ばれる。このことばも，指示をしたり指導をする人という考えを好まないロジャーズの思想を反映している。

　無意識の影響を重視する精神分析や，環境による制御を重視する行動療法との対比で，クライエント中心療法は，人間性心理学（humanistic psychology）の一派とされる。人間性心理学は人の主体性や自己実現への傾向を重視する。その発想は，セラピーを受ける人を，病気を患うペーシェント（患者）ではなく，クライエント（顧客）と呼ぶところにもあらわれている。クライエントという呼び方は，臨床心理学全般で広く使われており，受容性，共感性，誠実性

という3条件は心理療法の流派をこえて重視されている。

　人間性心理学には，アメリカの心理学者マズロー（Maslow, A. H., 1908-1970）の欲求階層説やゲシュタルト療法も含まれる。マズローは人間の欲求は，欠乏することが問題となる生理的欲求から，安全，所属，承認への欲求をへて，最高次の自己実現の欲求までの階層性をなしていると考えた。マズローは自己実現と精神的健康との関連も明らかにした。ドイツ系ユダヤ人のパールズ（Perls, F. S., 1893-1970）のゲシュタルト療法（Gestalt therapy）では，「今，ここ」の体験の全体性を捉えることを重視する。ゲシュタルト療法では，今ここの場で自分が本当に望んでいることに向きあうことを重視する。この背景には，人は本来成長に向かう善良なものであるという人間性心理学と共通する基本的信念がある。しかし，人は自分の行動を分析したり，他人事のように話すことで，今この瞬間の自分に向き合わないでいることも多々ある。そのために，「私」という主語を用いて語ることを促したり，空の椅子（empty chair）に自分の感情が座っているとイメージして語りかけるエンプティチェアといった技法を用いる。

4.3　行動療法

　行動療法（behavior therapy）とは，学習理論に基づいて，行動の修正を行うことを目指す心理療法である。古典的条件づけ（→第2章）に基づいた方法として，系統的脱感作やエクスポージャーがある。

　南アフリカ出身の精神科医ウォルピ（Wolpe, J., 1915-1997）は恐怖症の治療のために系統的脱感作法（systematic desensitization）を開発した。恐怖症は，本来（さほど）恐怖を喚起しない刺激が著しい恐怖反応を引きおこしていることが問題であると考えられる。そのため，リラクセーション状態で，不適切な恐怖を喚起している刺激に直面する。リラクセーション状態は不安とは拮抗する（一方が生じていると他方は生じない）ため，その状態で恐怖刺激に直面すると次第にその刺激では恐怖が喚起されにくくなる。

　系統的脱感作法は以下の3段階からなる。①不安段階表の作成：その人が不安を体験する状況を強いものから弱いものまでリストアップする。②筋弛緩訓練：腕，顔，肩，胸，腹，背中，足，全身の順に，筋肉に力を入れ，次いで力

4. 心理療法論

を抜き，それを繰り返して，筋肉をリラックスさせる訓練をする。数日の訓練によって，全身の筋弛緩ができるようになる。③系統的脱感作：まず全身を弛緩させ，不安階層表で一番不安の低い場面から順次直面していく。

エクスポージャー（曝露(ばくろ)）法は，系統的脱感作法の発展形である。ウォルピのもともとの方法では，不安と拮抗する反応を用いることが重要であるとされたが，むしろリラクセーションをもちいることなく，刺激に直面することで，不安が自然に低下することを体験する方が効果的であることがわかってきた。多くの場合は，不安階層表を作成して，弱い刺激から強い刺激へと順に慣れていく。これに対して，はじめから強い刺激に直面させる場合は，フラッディングという。エクスポージャーの作用原理は馴化(じゅんか)である。恐怖対象に直面させると強い不安が生じる。しかし，この不安反応は時間がたてば自然に下がってくる。これは，不安や恐怖に限らず強い感情反応がもともともっている性質である。馴化が起きるためには，一度，不安を持ち上げることが重要である。リラクセーションをするとそれが妨げられるために行わないのである。

エクスポージャーで直面化する対象は多岐にわたる。例えば，パニック障害では動悸がしたり，息切れがしたりといった身体反応が恐怖の対象になる。その場合は，自分の体の感覚に対するエクスポージャーが行われる。エクスポージャーは現実の対象でおこなう場合と，イメージ上でおこなう場合（例：ビルの2階に行くことを頭の中で思い浮かべる）がある。前者を現実（in vivo）エクスポージャー，後者をイメージエクスポージャーという。最近では，この中間的な方法として，コンピュータ上でのヴァーチャル・リアリティを用いるエクスポージャーが開発され，効果を上げている（宮野，2006）。例えば，飛行機恐怖症の場合，治療のために何度も飛行機に乗るのはコストがかかり過ぎる。また，PTSDなどの場合，トラウマとなるようなできごとは通常繰り返し体験されるべきものではない（レイプ被害など）。このような場合には，ヴァーチャル・リアリティの利用が重要になる。

系統的脱感作が，古典的条件づけに基づいた，恐怖などの不随意な反応を変化させることを目指すのに対して，オペラント条件づけの原理に基づいて，随意的（能動的）な行動の変容を試みる方法が，応用行動分析である。行動は，それに続く環境の変化によってその頻度が増加する（強化）。機能分析は，弁

別刺激，反応，強化の随伴性を分析し，弁別刺激や強化を変化させることで行動の変化をもたらす手続きである。強化には色々なものが用いられるが，トークン・エコノミーは強化をある種の貨幣（シールやメダルなど）として与え，それを後に何らかの事物と交換できるようにする。また，強化を自分自身でコントロールすることは，セルフ・コントロールの一種である。治療で達成したい好ましい行動（目標行動）がもともと形成されていない場合は，それをスモールステップで形成していくシェイピング（Shaping）という手続きを用いる。

　行動療法の原理を応用した方法の一つに，ソーシャル・スキルトレーニングがある。心理的な障害は多様な要因によって発症・維持されるが，対人関係上の問題にうまく対処できないことが重要な要因であることも多い。そのため，モデリング，行動リハーサル，ロールプレイなどによって，グループでソーシャルスキルを習得するものである。退院後のクライエントに対するデイケアや，教育場面などにも応用されている。

4.4　認知療法

　物事に対する捉え方（認知）が感情に影響すると考えて，それを修正することを目指す療法である。認知療法（cognitive therapy）は，行動療法と親近性が高く，認知的な技法と行動的な技法を併せて用いることが多い。そのため，認知行動療法という呼び方もされる。アメリカの精神科医ベック（Beck, A. T., 1921-）が創始した。

　認知療法は，事例研究に加えて，実験研究や調査研究を蓄積して，様々な心理的障害をもつ人は，それぞれ物事を解釈する特有の傾向があることを見いだした。例えば，うつ病の人は自分は何かを失ってしまった，といった内容の考えを抱きやすく，不安障害の人は何か重大な危険が迫っているといった内容の考えを抱きやすい。このような非機能的な考えは自動的に頭に浮かぶため，自動思考（automatic thought）と呼ばれる。その名のとおり，経験している本人でもそのような思考が浮かんでいることや，それが自分の感情に影響していることには気づきにくい。

　認知療法ではまず抑うつや不安を感じたなるべく最近のエピソードについて，その状況や感じた感情などについてくわしく聴取し，自動思考が状況と感情と

の間に介在していることに気づいてもらう。このとき，状況，感情，考えなどを列に区分して記録する非機能的思考記録表を用いることが多い。思考記録表は，面接の場では，同じ用紙をセラピストとクライエントがそれぞれ手元にもって，クライエントにも自分の手で書き込んでもらう。これは，能動的な参加を促すとともに，後述するホームワークの練習にもなる。さらに，症状を感じた複数のエピソードを比較しながら，しばしば同じようなテーマの自動思考が浮かぶことをみつけていく。そしてその背景として，独特の考え方の枠組み（スキーマ）があることを明らかにしていく。このように，様々な要因が相互作用して症状が維持されている過程を個々のクライエントに即して，クライエントとともに共同作業によって図式化していく。この作業を事例定式化と呼ぶ。

認知を変化させるときは，クライエントのものの捉え方を一つの「仮説」と捉えて，どのような経験をする（データを収集する）ことで，それを検証あるいは反証できるかをともに検討し，実際にそのような経験をしてみることを重視する（行動実験）。行動実験は，通常そのクライエントが恐れて避けていた事象に直面化することを含む場合が多い。行動としてはエクスポージャーと同じである。しかし，その主眼は自分の認知（仮説）を反証することにある。事例定式化も行動実験も，治療者とクライエントが共同研究を行う科学者のように協力しあいながら行うことが特徴である。これを経験的協力主義と呼ぶ。

認知療法では，それまでクライエントが当然のことと捉えていた考え方を，一度距離をおいて眺めて，変化させることを重視する。長年慣れてきた考えを客観的に対象化したり，変化させることは容易なことではない。そのときには，科学者のような好奇心が大きな力になる。さらに，治療の目的は面接室にいるときだけ気分が良くなることではなく，生活の場にもどり，いくらかのストレスはあっても適応を続けることである。そのため，クライエントが自発的に適応的なスキルを用いることができるように援助することが重要になってくる。よって，クライエントは家にもどっても認知をモニタリングしたり，行動実験を自分で行うことをもとめられる。これをホームワークという。

認知療法という名称に反して，その発展の初期は必ずしも認知心理学に基づいて理論が構成されたわけではなく，むしろ臨床実践の中で編み出された方法である。しかし，1980年台より，あらためて認知心理学の知見との融合がな

第5章 臨床・障害

され，新しい介入法が開発されてきた。例えば，コンピューターゲームを用いて，ネガティブでない刺激に注意を向けるように訓練することで，不安の低減をはかる方法などが開発されている（Hakatama et al., 2010）。

4.5 家族療法

心理療法の多くが個人の内部のメカニズムを重視するのに対して，家族療法（family therapy）では家族の中のコミュニケーションを分析および治療の対象となる単位と考える。家族療法が発展した背景の一つは，統合失調症で入院していたクライエントが，退院して家族のもとに戻るとすぐに再発してしまうという問題である。敵意のある感情を強く表出するような家族のもとでは，統合失調症が再発しやすいことが分かった。家族療法は，そのようなコミュニケーションを改善するための有力な方法である。また，のがれようのない矛盾したメッセージをおくる二重拘束（ダブルバインド）は心理的障害につながりやすいコミュニケーションである。例えば，息子がのばした手に，体をこわばらせながら「あなたは私を愛していないの？」という母親は，息子に母親に近づくことも離れることも認めていない。ダブルバインド理論（double bind theory）は，アメリカの人類学者ベイトソン（Bateson, G., 1904-1980）が提唱した。

症状を発症している人は，コミュニケーションの問題が顕現した人と捉えられ，identified person（IP）と呼ばれる。つまり，その個人の中に病理の原因があるとは考えないのである。治療では家族のメンバーを集めてコミュニケーションのパターンに働きかける。例えば，引きこもる子どもを守るという形で，家族の団結が保たれている，といったパターンを特定する。治療の過程では，家族のメンバー間のやり取りの意味づけを変化させてみたり（リフレーミング），逆説的な指示をだすことで（例：あえて不適応な行動を増やしてもらう），コミュニケーションの変化を促す。逆説的な指示は，家族のメンバーにとって馬鹿げたものに感じられるため，家族はそれがいかにおかしな指示かを治療者に示そうとすることで，知らず知らずのうちに不適応な行動が減少する。家族の間のサブシステム（例えば，夫婦と子ども）の間の境界を明確にすることで，子どもの不適応行動が変化することもある。

家族療法は，個人の精神の内界を時間をかけて探索するよりも，現に生じて

4. 心理療法論

いる家族のやりとりに直接介入して変化を生じさせることを目指す。そのため，ブリーフセラピー（短期療法）にもつながった。ブリーフセラピーの一つであるソリューションフォーカスト（解決志向）アプローチでは，何がいけなかったのかという原因の追求ではなく，どう変化していけるのかに焦点をあてて面接をすすめることで，短期間で変化を生じさせることを目指している。

4.6 日本独自の心理療法

　日本の臨床心理学の歴史は，海外の理論をいち早く導入した先達の尽力による部分が大きい。フロイト，ロジャース，ユングといった先達の著作の多くが翻訳されている。一方，日本独自の心理療法もある。

　森田療法は精神医学者森田正馬（まさたけ）（1874-1938）によって開発された。1900年代の初頭の業績でありフロイトなどとも同時期である。森田療法は森田神経症と呼ばれる，どちらかという病前の適応のよい人を対象としてきた。森田神経症の背景には，身体の不調などに注意をむけて気にしやすいヒポコンドリー性基調というものがあり，そのような人は身体の不調に注意を向けることでかえってその感覚がつよまり，余計その症状が増強するという悪循環にはまりやすい。治療では，その人が本来向かっているはずの目的に向かうエネルギーに焦点をあわせ（目的本位），症状を低減することにエネルギーをさかれ過ぎないようにする。そのためには，不安はあるがままにうけとめることを重視する。この発想は，現在の認知行動療法とも類似しており（コラム6），先見の明の優れたものである。

　内観療法は，実業家で浄土真宗の僧侶吉本伊信（いしん）（1916-1988）によって提唱された方法で，浄土真宗の身調べに由来するものである。約1週間，朝から夜まで，ついたてに囲まれた空間の中で養育者や身近な人にしてもらったこと，して返したこと，迷惑をかけたことを想起してもらう。内観療法の適応範囲は非常に広い。近年感謝という感情のもつ適応的な側面が研究されていることから（コラム4），やはり現代的な示唆も大きい。

第5章 臨床・障害

5. 臨床心理学の広がり

　臨床心理学は，相談室でクライエントとセラピストの二者のみで成り立つ訳ではない。時間（発達）や社会システムの中での広がりがある。また，心と身体は独立したものではなく，相互に影響を与えている。さらに，不安や抑うつなどのネガティブな感情に由来する症状を低減するに止まらず，ポジティブ感情を向上させるような介入も行われている（コラム4）。

5.1 発　達

　人は発達してきた歴史を背負って生きている。しかし，成人の心理療法を行うときには，発達的な経緯を重視する場合とそうでない場合がある。

　精神分析療法では，自由連想の中で幼少期の親子の葛藤がテーマとして登場することがある。精神分析の過程で登場する葛藤はフロイトにおいては，性愛的な色彩を帯びていた（心理性的発達理論）。例えば，男子は父親を排除して母親と結ばれたいという願望をもつが，その結果として父親から去勢をされるのではないかという不安を抱く（エディプス・コンプレックス）という仮説が代表的である。これらは，大人の心の中で再構成されたファンタジーであり，実際の発達とは区別して理解すべきものである。

　その後，親との関係に限定されないより広い対人関係のもち方を重視する理論が登場している。ドイツに生まれたアメリカの精神分析学者エリクソン（Erikson, E. H., 1902-1994）は，心理社会的発達理論を提唱し，各発達段階に達成すべき課題があるとされた。特に，青年期におけるアイデンティティの確立とモラトリアムは重要な概念とされる。青年期には，人は自分が何者であるかを悩み，結果的に多数の可能性の中から自分はこれだ（これでしかない）という感覚（アイデンティティ）をつかんでいく。アイデンティティはすぐに確立できるものではないため，しばらく答えを保留する期間も重要である。これをモラトリアムと呼ぶ。エリクソンは，幼少期に限らず，成人期から老年期までを含めたライフサイクル論を提唱した。

　一方，認知療法や行動療法では，今現在の生活に焦点をあてるため，過去の

経験を再構成することは重視されない。しかし，自分の認知を対象化するためには，認知発達の程度が影響するため，それは考慮する必要がある。また，加齢による認知機能の変化が認知療法の効果に影響することも見いだされている。一方，パーソナリティ障害の場合は，認知療法においても，幼少時の経験によって形成された対人関係に関する認知も扱うことが重視されている。

5.2 社会システム

　システムとは，様々な要素の相互関係そのものを捉える概念である。内容を越えてその要素間の構造に注目することによって，異なったものを共通する枠組みで捉えることができる。家族療法は，明確にシステム論を名乗っているが，個人内の過程やより広い社会など，幅広い水準の事象をシステムとして捉えることが可能である。例えば，一人の人は脳の働きや内臓の反応や骨格筋の運動が相互作用するシステムとして捉えることが可能である。さらに，個人の相互作用が，家族，学校，地域社会といったシステムを構成する。さらに，その上位には国家や文化というシステムも存在する。

　児童期の心理的問題は学校という文脈で，成人期の心理的問題は職場という文脈で起きることが多い。そのため，個人を包摂する社会システムの援助機能を向上させることで，個人の心理的問題を改善するとともに，さらなる健康の向上を目指すという方法もある。地域社会との関わりを重視した臨床心理学のアプローチをコミュニティ心理学と呼ぶ。そこでは，病理をもった個人がクリニックなどの専門機関を訪れる，という形態に止まらず，教師など対象者の周囲の人に指導・助言を与えながら，その周囲の人が困難を抱える人を援助できるようにする（コンサルテーション）。また，災害などの大きな変化が生じたときに，個々の対象者が自発的に専門機関を訪れるのを待たずに，積極的に介入することもある（危機介入）。また，専門家が介入を行うのではないセルフヘルプグループも重要な役割を果たしている。アルコール依存の人のセルフヘルプグループである AA（Alcoholic Anonymous）が代表的である。

5.3　身　体

　臨床心理学は，心の問題を扱うが，そのさいに身体の役割は忘れることがで

第 5 章　臨床・障害

きない。近接領域である精神医学では，薬物療法が広く行われているが，これは身体器官の一つとしての脳に化学的に働きかける方法である。臨床心理学の専門家も副作用も含めて薬物の効果についての一定の知識が必要である。

　また，不安障害やうつ病では身体症状もともなう。よって，最初に受診するのが内科であることもしばしばである。そのため，内科の医師とも連携をとることが求められる。心と体は，双方向に影響しあっている。心理状態が免疫系や循環器系の機能に影響して，身体疾患の症状にも影響する（心身症の説明を参照）。さらに，身体疾患には心理的苦痛が伴うことも多い。専門家は心と身体の両方へのケアを視野にいれておく必要がある。

　身体に働きかけることで，心に影響を及ぼすこともできる。リラクセーション法はその代表的な技法である。漸進的筋弛緩法では，身体の各所に力をいれて，それを一気に解放することで，筋緊張を低下させることを目指す。その結果，不安感も低下する。逆に，自律訓練法では，言語を通じて身体に変化を生じさせる。自律訓練法は催眠療法に由来する方法であるが，一定の言語公式に沿った自己暗示を行うことで，リラクセーションをえる方法である。例えば，両手両足が重くなるという公式を唱えることで，手足の緊張がほぐれる。

6. 臨床心理学の研究

6.1　エビデンスと実証性

　臨床心理学においては，実践と研究は密接に結びついている。例えば，効果研究の結果を参照しながらその時点でもっとも大きな効果の期待される介入法を選んだり，実践の中から研究課題を見いだすといったことである。論文として発表することを目的としない場合も，クライエントの状態に関する見立てをして，介入を行い，結果をアセスメントしながら介入を修正するという実践の過程は，仮説を設定して，データを収集し，その結果を踏まえて仮説を修正していくという研究の過程と同じものである。

　実践と研究の関連の深さを示す概念として，歴史的には，科学者-実践家モデル（scientist-practitioner model）が有名である（→第 1 章）。より新しい概念として，エビデンスベイスト（evidence-based）というものがある。これは，

実践と研究の双方において実証的なデータを重視することである。効果研究を行うことのみでなく，個々のクライエントの変化を客観的に評価しながら介入を行ったり，幅広い研究成果を参照しながら新しい方法を工夫することも含む。医療の分野から広まった考え方である。専門家は，ランダム化比較試験（後述）などの結果を参照しながら実践をすることができる。

実証性という概念の哲学的な源流は，論理実証主義に求められることが多い。これは思弁的な観念ではなく，観察可能な事象から物事を考えようとする哲学の流れで，自然科学の発展と相互に影響を与えあっている。しかし，20世紀を通じて，経験的なデータも理論に影響されるという考え方が一般的になった。オーストリア出身の哲学者ポパー（Popper, K. R., 1902-1994）は批判的合理主義を唱え，仮説は反証可能（falisfiable）なように構成することで科学が発展すると考えた。これは仮説があってこそデータの意味が出てくるという考え方でもある。アメリカの科学史家クーン（Kuhn, T. S., 1922-）は特定の科学者集団に共有される認識の枠組み（パラダイム）があり，それが転換することで科学が発展すると考えた（科学革命）。さらに，オーストリア出身の哲学者ファイヤーベント（Fyerabend, P. K., 1924-1994）は，データも理論に染まったものであると唱え，科学の歴史は，多様な理論（伝統的な文化や信仰も含む）のせめぎ合いであるという相対主義を展開した。いずれの立場でも，理論とは独立した客観的なデータというものは成り立たないと考えている。そのうえで，理論が変遷することを重視している。そこからは，研究を続けて理論を更新し続けることが必要だという教訓を引き出すことができる。

6.2 効果研究

臨床心理学研究の代表的なものの一つは効果研究である。効果研究の中でもっとも強力とされるランダム化比較試験（randomized controlled trial; RCT）は，ある介入を行う群と対照群とにランダムに対象者を割りつけて，介入後の違いを検討する。対照群は介入を行わない群の場合もあれば，既存の介入を受けた群と比較することもある。介入法以外の条件は同一になるように統制する。ランダムな割りつけをすることで，特定の介入法を研究参加者自身が選択（希望）したことの影響（例えば，治療への動機づけがちがう）も出にくくなる。これに

よって，効果の違いは介入法によるという確信（内的妥当性）が高まる。

エビデンスベイストな臨床実践が可能になるためには，効果研究が積極的になされることと同時に，その成果を適切に集約・配信することが必要になる。例えば，多数の研究を概観したレヴュー論文が活躍する。特に，メタ分析（meta-analysis）は多数の効果研究の結果を数量的に集約することができる。

6.3 プロセス研究

効果研究は，治療の背景にある理論が正しいかどうかは検証できない（Salkovskis, 2002）。ある治療技法が効いたとしても，それは背景理論が仮定するメカニズムとは違うプロセスで効いている可能性がある。例えば，認知療法は当初ネガティブな思考の低減によって効いていると考えらえたが，近年ではネガティブな思考から距離をおくことによって奏功していることが見いだされている（杉浦, 2007；コラム 6）。

一方，プロセス研究は，ある治療法が，なぜ・どのように効くのかを検証する。実際の臨床介入では，確実に効果が得られるように，多様な要素を用いた「介入パッケージ」が用いられる。さらに，セラピストの裁量も大きい。するともし効果が認められた場合でも，なぜその介入が効くのかというメカニズムは未解決の問題として残ってしまう。メカニズムを明らかにする方法の一つは，多面的なパッケージのどの要素が効いているのかを調べる研究である。このような研究は，要素分解的研究（dismantling study）と呼ばれる。このような研究によって，どの要素が特に効果に影響しているかが分かれば，介入の効率化や，更なる介入効果の向上にもつなげられる。

プロセス研究には媒介分析（mediation analysis）という方法もある。例えば認知療法のうつ病に対する効果は距離をおくスキルが媒介していると予想される。そのためには，抑うつと距離をおくスキルを介入の前後で測定して，その変化を見ることが有益である。

6.4 研究による理論の発展

プロセス研究というものが必要となることからも分かるように，臨床心理学では必ずしも治療のメカニズムが十分に分かってから実践が行われるようにな

るわけではない。まず実践がなされ，その中で編み出された方法の効果がランダム化比較試験などの方法で検証されてのちに，なぜ効くのかというプロセス研究が行われることも多い。その過程の中で，メカニズムに関する理解が洗練されていく例もある。例えば，行動療法や認知療法で不安の治療の主要な手段とされるエクスポージャーの奏功するメカニズムの理解は研究とともに変遷がみられる（コラム6）。さらに，異なる流派における介入法が類似していることも古くから指摘されており，心理療法融合という流れがある。

要点の確認

Q 操作的診断基準とは何か。
A 心理的障害の場合，原因と一対一対応した疾患という実体を考えられない場合が多いため，観察可能な症状をチェックリストに照らして判断する方法が登場した。これを操作的診断基準という。

Q 心理検査と心理アセスメントはどのような関係にあるか。
A 心理検査は，パーソナリティや症状などを測定する道具を指す。心理アセスメントは心理検査や面接などの情報を総合して，対象となる人の状態を描きだすプロセスである。認知療法では，クライエントの症状がどのように発生し，維持されているかというモデルを個々人にそくして立てることは事例定式化という。

Q 心理療法の「流派」を問わずに共通する注意点は何か。
A どのような心理療法においても（さらには，アセスメントの実施においても）クライエントの話を傾聴する態度が重要である。クライエント中心療法では傾聴の条件を受容性，共感性，誠実性の3つであるとした。これらは，他の心理療法でも共通して重要となる態度である。

文献ガイド

杉浦義典（2009）．アナログ研究の方法　新曜社．
　　▷精神病理と健康な状態は連続的に分布するという考えをもとに，非臨床群を対象とした様々な研究の方法を紹介した。
G. C. デビソン・J. M. ニール・A. M. クリング　下山晴彦（編訳）（2006-2007）．
　　テキスト臨床心理学（全5巻）誠信書房．
　　▷アメリカで用いられている代表的な臨床心理学の教科書。

第5章　臨床・障害

丹野義彦（2001）．エビデンス臨床心理学　日本評論社．
　▷不安や抑うつなどのメカニズムに関する理論的研究をコンパクトに紹介した1冊。研究の方法やスタイルを特に意識している。どのような研究が生産的で面白いのかを論じている。

プロチャスカ, J. O.・ノークロス, J. C.　津田彰・山崎久美子（訳）（2010）．心理療法の諸システム　第6版　金子書房．
　▷心理療法には様々な学派があるが，それぞれについて典型的な事例も含めて詳細に解説した大部の書物。各学派について共通の枠組みにそって解説するとともに，それぞれを比較する章も含めることで，多数の理論を統合する方向性も提示している。

田中富士夫（編著）（1988）．臨床心理学概説　北樹出版．
　▷幅広い内容が1冊にまとまった教科書らしい教科書。学部の臨床心理学（入門）の講義で学ぶのに最適なレベル。

コラム4　レジリエンスとポジティブ臨床心理学

　心理的障害は，一度解決すれば再発することがないとは限らない。ストレスは人生の中でしばしば生じうるし，その人のパーソナリティがうつ病や不安障害の素因となる場合もある。そもそも，臨床的介入は，クリニックにいるときだけ安心感がえられればよい訳ではなく，むしろその人の本来の生活の場（家庭や職場など）に戻ったときの適応が重要である。そのため，個々の人がもつ（あるいは介入によって身につけた）適応のための「強さ」を扱う研究がいくつかある。ストレスからその人を守る要因を広くレジリエンス（resilience）と呼ぶ。

　レジリエンスを扱う研究の代表的なものの一つは，ストレスマネジメントの研究である。人はストレスにつながるような環境（ストレッサー）に受動的にさらされているわけではなく，その状況を自ら理解し（認知的評価），その状況や自分の感情的反応に能動的に働きかけている（対処）。ストレス対処研究はラザルス（Lazarus, R. S., 1922-2002）によって体系化され，実験や調査を通じて，効果的なストレス対処法を明らかにしてきた。一般に問題解決に直接取り組む対処は適応的な結果，問題から回避するような対処は不適応な結果につながる傾向が強い。

　ソーシャルサポートもレジリエンスとして研究の歴史が長い。周囲の人から支えられていると感じられる人は，同程度のストレッサーにさらされてもストレス反応が低くなるという緩衝効果が知られている。ベトナム戦争では，前線で生命の危険に晒された帰還兵が，帰国すると今度は反戦デモによる批判に晒されたことで，外傷後ストレス障害の発症が増えたといわれる。これは，外傷的なストレスの影響を緩和してくれたであろうソーシャルサポートがえられなかったということであろう。一方，ソーシャルスキルは，対人関係を円滑にするスキルである。自分の思いを伝えたり，相手を傷つけないものの言い方を学ぶことで，より軋轢の少ない健全な対人関係が可能になる。心理的障害は，対人関係が円滑でないためにこじれて長期化することも多いため，ソーシャル・スキルトレーニングは多くの問題に適用されている。

　また，2000年代，ポジティブ心理学という潮流が登場した。これは，ポジ

ティブ感情を初めとしたポジティブな心理的特質に焦点をあてた研究の流れである。

さらに，ポジティブ心理学の知見を心理的障害の治療に援用するポジティブ臨床心理学という流れも近年提唱されている（Wood & Tarrier, 2010）。例えば，その日あった感謝を感じたできごとを日記にすることで，心配が低減するといった知見が出されている。

また，幸福感を向上させることで治療後も残存する不安やうつ病の症状や再発に対応するウェルビーイング療法というものもある。ウェルビーイング療法では，認知療法と同様の思考記録表を用いて，幸福を感じたエピソードを記録してもらったり，幸福を感じることを妨げてしまう認知に気づいて修正したりする。例えば，さわやかな気分の時に，「こんな気分は続くまい」と考えてしまうと，せっかくの良い気分を味わいそこねてしまう。

コラム5　臨床心理学の対象となる社会問題

　臨床心理学は，様々な社会的問題への対応を求められることも多い。それらの多くは，従来の心理的障害の診断基準には含まれないものである。

不登校と引きこもり
　不登校（1年に30日以上学校を休んだものと規定）は，2012年には小学校で0.31％の児童，中学校で1.09％の生徒に認められた。理由としては，無気力，不安など情緒的混乱といった精神病理を示唆するものや，いじめを除く友人関係をめぐる問題，学業の不振といった学校での問題を示唆するものが多い。不登校には様々な臨床像と，発生・維持要因があると考えられる。

　引きこもりには，不登校に加えて，就労年齢になっても仕事につかず，家からでないといった状態も含まれる。DSMの各種の精神疾患の診断基準をみると，それぞれに特異的な症状に加えて，その症状が社会的機能に大きな支障を及ぼしていることが，疾患としての診断を下す根拠としてあげられている。つまり，精神疾患は，いずれの種類であっても，引きこもりにつながりやすい。逆にいえば，引きこもりが特定の精神疾患の診断と対応するわけではない。

　引きこもり親の会に対する調査では，どのような精神科的な診断がされたかについてのデータを得ている（境，2004）。その結果をみると，診断名としては多い順に，強迫性障害，うつ病，社交不安障害，パーソナリティ障害，統合失調症，摂食障害，パニック障害，自閉性障害，というように多岐にわたる。

　2003年に厚生労働省から保健所・精神保健福祉センター等に配布されたガイドラインでは，本人の精神疾患の可能性も考慮するとともに，暴力への対応など家族支援に重点をおいた内容になっている。

いじめ
　文部科学省では，いじめを「当該児童生徒が，一定の人間関係のある者から，心理的，物理的な攻撃を受けたことにより，精神的な苦痛を感じているもの」と定義している。さらに，「起こった場所は学校の内外を問わない」と付記されている。苦痛を被った子どもの立場にたって早急の対応をすすめる内容にな

っている。いじめの内容は，2012年度の文部科学省の調査では，小中高あわせて，「冷やかしやからかい，悪口や脅し文句，嫌なことを言われる」(66.8%)，「仲間はずれ，集団による無視をされる」(24.7%)，「軽くぶつかられたり，遊ぶふりをして叩かれたり，蹴られたりする」(25.3%) の順で多かった。

いじめの発生する要因が何であれ，安全確保が最優先であり，文部科学省ではいじめが相当しうる刑法の条文を列挙している。文部科学省の調査によれば，いじめが発見されたきっかけはアンケート調査など学校の取り組み，本人からの訴え，担任が発見の順になっており，学校側がつねにいじめの可能性に留意していることが重要であることがわかる。

ドメスティックバイオレンス (DV)

DVは字義どおりには家庭の中でふるわれる暴力であるが，日本語の家庭内暴力は子どもが親に対してふるう暴力を主に指す。DVという場合，家族の構成員の様々な組み合わせで生じる暴力を考慮する必要がある。また，婚姻関係にある夫婦のみでなく，恋人同士の間で生ずる暴力も考慮にいれる必要がある。

実際に身体に危険が及ぶ可能性があるため，臨床心理学以外にも様々な専門家の連携が必要となる。内閣府男女共同参画局が2012年に発表した調査結果では，約4人に1人は配偶者から被害を受けたことがあり，女性では約3人に1人に上ることがわかった。また，配偶者から被害を受けた女性の約4割はどこにも相談していないことも明らかになった。

狭義の家庭内暴力は，警視庁の調査によれば，2002年以降1,200～1,300の認知件数で推移しているが，2010年以降1,500件に近づいている。年齢では小学生6.3%，中学生45.4%，高校生30.3%と中学生がもっとも多いが，小学生も決して例外とはいえない数値である。理由は，しつけなどに反発59.9%，非行をとがめられて3.6%，物品の購入要求が受け入れられず10.9%といったものが多い。

児童虐待 (child abuse)

厚生労働省は，児童虐待を身体的虐待，性的虐待，ネグレクト（家に閉じ込める，食事を与えない，ひどく不潔にする，など），心理的虐待に区分している。児童相談所で対応した件数は2012年で66,701件となっている。また，虐

待による死亡例も58件ある（2011年）。虐待を受けているのは，0～3歳未満が18.8%，3歳～学齢前が24.7%，小学生が35.2%と未就学の年少児が多い。

対応は，子どもの安全確保を最優先としつつ，発生予防，早期発見・早期対応，子どもの保護・支援と保護者支援を行うことが重要視されている。児童虐待は，子どもの脳の発達を阻害し，将来的に幅広い心理的問題につながることも分かっている（McCrory et al., 2011）。未然の防止とともに，虐待を経験した子どもへの長期的なケアがもとめられる。

特別支援教育

文部科学省は，特別支援教育を「障害のある幼児児童生徒の自立や社会参加に向けた主体的な取り組みを支援するという視点に立ち，幼児児童生徒一人一人の教育的ニーズを把握し，その持てる力を高め，生活や学習上の困難を改善又は克服するため，適切な指導及び必要な支援を行うもの」と定義している。2006年に学校教育法が改正され，特殊教育が特別支援教育に変更され，従前の盲・聾・養護学校が特別支援学校に一本化，特殊学級にかわって特別支援教室という新しい制度になり，学習障害，ADHD，高機能自閉症も対象に含まれることとなった。しかし，特別支援教室は構想段階にとどまり，特殊学級が特別支援学級に変更された。特別支援学級は，少人数の学級（8人を上限）である。

第 5 章　臨床・障害

コラム6　認知行動療法が奏功するメカニズムの理解の変遷

認知療法

　認知療法は，これまで否定的な認知の内容を変化させることで奏功していると考えられていた。しかし，認知の内容が変化することよりも，否定的な認知から距離をおくスキルが向上することが効果を媒介することが見いだされてきた。そこで，自分の認知との関わり方を変化させる技法として，マインドフルネス瞑想を導入した心理療法のパッケージがいくつか登場した。マインドフルネス瞑想では，呼吸や身体の感覚をじっくりと見つめることを行う。これらは，目立たない刺激であり，すぐに注意がそれてしまう。注意がそれたことに気づいたら，また呼吸や身体の感覚に戻す。注意がそれると，人はつい「なぜこんなこともできないのだろう」，「こんなことをして意味があるのか」といった否定的な思考をいだきがちである。その結果，呼吸や身体の感覚を観察するのもやめてしまう。しかし，そのような思考が浮かんでも，それはそれとして置いておき，淡々と呼吸や身体の感覚に注意を戻すこともできる。これが，距離をおくスキルである。つまり，否定的な思考が浮かんだことと，その後の行動を切り離すのである。練習をつめば，うつ病につながるような否定的な内容の思考からも距離をおくことができるようになる。

エクスポージャー

　エクスポージャーは，恐れている対象に，逃げずに直面することである。例えば，広場恐怖の人には外出をしてもらう，クモ恐怖の人にはクモの写真から始めて実物のクモに触れるところまで行うといった具合である。どのようなエクスポージャーでも，直面するという行動は同じであるが，それが効くメカニズムに関する仮説は，拮抗条件づけ（リラクセーション状態で恐怖対象に直面すると，そのときには恐怖反応が生じなくなる），馴化（不安反応は時間がたてば自然に下がってくる）に加えて，近年では認知的な理解もされている。
　認知療法では，エクスポージャーは否定的な認知を修正する手段として位置づけられている。例えば，広場恐怖のクライエントは，外出先で心臓発作が起きてしまうという予期をしている場合がある。認知療法では，このような否定

的な認知をクライエントが抱いている「仮説」として捉える。そして，治療者とクライエントが「共同研究者」としてその仮説を反証するデータを探す。このような用い方は行動実験と呼ばれる。

　エクスポージャーによって，否定的な認知が低減するのみでなく，自己効力感が増大するという可能性もある。自己効力感とは，「ある結果を生み出すために必要な行動をどの程度うまく行うことができるか」という個人の確信であり，また自分の行為について自分がきちんと統制しているという信念である(Bandura, 1977)。例えば，ジョンストンら(Johnstone & Page, 2004)は，クモ恐怖の人を対象に，エクスポージャーの最中にクモとは関連のない会話をさせる条件では，クモに集中する条件よりも，不安が低減し，自己効力感が高まることを明らかにした。「クモを前にしても，会話ができる」という経験が自己効力感をもたらしたと考えられる。また，直面する行動がその人にとって重要な目標の実現につながる可能性もある。例えば，社交恐怖の場合，人が自分のことを笑っているという認知を反証するために，スピーチをするときに聴衆をよく見るということがエクスポージャーになるだろう。聞き手の様子をよく見れば，より上手に話ができるかも知れないし，会話ができたという充実感も増すだろう。不安の低減は重要な目標である。しかし，不安を減らすことだけを考えているのでは，不安にとらわれているのと変わらないともいえる。心理療法の本来の目的は，より良い生活である。これは森田療法の目的本位という概念とも類似している。

第6章

神経・生理

佐藤　德

(1) 学習，認知，知覚，感情などの私たちの心の働きは，私たちの神経系の活動に基づいている。神経系は，中枢神経系と末梢神経系からなり，中枢神経系には脳と脊髄が含まれる。本章では，私たちの心の働きの基盤となる脳について，その構造と，各脳部位と心的機能との関連について，その概要を学ぶ。
(2) 神経系の情報は，ニューロン内では電気的な情報として，他のニューロンに伝えられる際は神経伝達物質という化学物質を介して伝達される。脳における情報伝達の仕組みについてその概要を学ぶ。
(3) 神経活動はどのように測定されるのかについて，動物実験の方法，非侵襲的測定法，自律神経系の測定法について学び，そのうえで，その応用例として，睡眠研究，バイオフィードバックについて学ぶ。
(4) 遺伝の仕組みの基礎と，心理学でのその応用例について学ぶ。近年，DNA配列だけによらない遺伝の仕組みを研究する分野としてエピジェネティクスが盛んとなっている。エピジェネティクスは心理学に大きなインパクトを与える可能性があり，簡単にその概要も紹介する。

第6章 神経・生理

1. 脳の構造と機能

1.1 神経系

神経系は，中枢神経系（central nervous system）と末梢神経系（peripheral nervous system）とに分かれる。中枢神経系には脳と脊髄が含まれ，末梢神経系は体性神経系と自律神経系からなる。体性神経系の感覚神経は末梢からの知覚情報を中枢に伝え，運動神経は中枢神経からの指令を末梢の筋肉に伝え運動を開始する。感覚神経など，信号を末梢から中枢神経に運ぶ神経は求心性神経，運動神経のように，信号を中枢神経から末梢に伝達する神経は遠心性神経と呼ばれる。自律神経系は，意識とは独立して代謝・循環・呼吸などの生体にとって基本的な機能の調節を行う。自律神経系は，交感神経系と副交感神経系からなり，両者が拮抗的に働くことで体内環境の恒常性を維持している。交感神経系は一般に緊急時に活動し，いわゆる闘争 - 逃走（fight-flight）反応に体を整える。交感神経系が作動すると，瞳孔拡大，唾液の減少，呼吸や心拍数の増加，消化活動の抑制が起こり，副交感神経がそれらを元の状態に戻す。しかし，汗腺と立毛筋（皮膚の毛を逆立てる筋肉）には交感神経のみが作用する。

脳の分類法はいくつかあるが，位置による分類法では，脳の前半部にある前脳，中心部にある中脳，後半部にある後脳の3つに分類される。脊髄の頂点にある後脳には，延髄，橋，網様体，小脳が含まれる。延髄は脊髄が頭蓋骨に入った辺りの最初のわずかなふくらみであり，嘔吐，嚥下，唾液分泌，呼吸および循環，消化などを制御し，生命維持に不可欠な機能を担っている。延髄の上にあるのが橋（pons）であり，三叉神経，外転神経，顔面神経，聴神経といった多くの脳神経核が存在する。網様体は延髄から視床まで網目状に広がっており，覚醒や注意の制御に重要な役割を果たしている。小脳は，延髄の上部，橋の背部にあり，運動の協調や運動学習のみならず，近年では注意の切り替えなど高次の認知的処理に関わっていることが報告されている。中脳は，上丘と下丘，黒質からなる。上丘は視覚系の中継核であり，空間位置情報を処理し，目的の対象に目を向けるなど，眼球運動や頭部運動の制御をしている。下丘は聴覚系の中継核であり，音の周波数分析などの聴覚機能や，両耳に到達する音

の時間差や強度差などを手がかりとする音源の位置の特定（音源定位）などに関わっている。黒質はドーパミン作動性ニューロンを多数含み，この部位の変性がパーキンソン病の主たる病因だと見なされている。延髄と橋，中脳を合わせて脳幹と呼ぶ。ノルアドレナリン作動性ニューロンを多数含む神経核である青斑核やセロトニン作動性ニューロンを多数含む神経核である縫線核も脳幹部の橋周辺にある。広義には，間脳（視床と視床下部）も含めて脳幹と呼ばれる。

　前脳は，視床，視床下部，下垂体，辺縁系，大脳からなる。視床は感覚の中継基地として，嗅覚を除く，視覚，聴覚，体性感覚，味覚の感覚入力を大脳新皮質へ送る。視床下部は体液情報をモニターして自律神経系や内分泌系を調整する領域であり，摂食行動，飲水行動，性行動，睡眠など様々な本能的行動を制御している。下垂体は多くのホルモンを分泌する内分泌腺であり，下垂体前葉は視床下部からのホルモンを受けて各種のホルモンを分泌し，下垂体後葉からは視床下部で作られたホルモンが分泌される。辺縁系には，経験を長期の記憶とするのに重要な役割を果たす海馬（hippocampus）と情動行動に重要な役割を果たす扁桃体（amygdala）が含まれる。海馬には動物がある特定の場所を通過するときにだけ発火するいわゆる場所細胞が存在するとされている。

　辺縁系（limbic system）はアメリカの神経科学者マックリーン（MacLean, P. D., 1913-2007）が提唱した概念である。1878年にフランスの内科医・解剖学者のブローカ（Broca, P., 1824-1880）が，脳梁を取り囲む帯状回と海馬傍回をまとめて辺縁葉と呼び，それを受けて1937年にアメリカの解剖学者のパペッツ（Papez, J., 1883-1958）は，海馬→脳弓→乳頭体→視床前核→帯状回→海馬傍回→海馬という閉鎖回路が持続的に興奮することで情動が生じると主張した。この回路はパペッツの情動回路と呼ばれているが，現在では，むしろ，記憶との関わりが明らかとなっている。1952年にマックリーンは，このパペッツの情動回路に，扁桃体，中隔野，視床下部を加えた辺縁系という概念を提唱し，これらが情動行動に関わると主張した。マックリーンによると，ヒトの脳の中には進化の歴史が収められており，生命の維持と種の保存に必要な行動を制御する原始的な爬虫類脳（脳幹に対応）の上を，辺縁系と呼ばれる原始的な哺乳類脳が覆い，さらにその上を新哺乳類脳と呼ばれる大脳が覆っているという。

　サルが両側の側頭葉切除により扁桃体を損傷すると，ヘビなどを見ても，恐

第 6 章　神経・生理

怖反応を全く示さなくなり，敵に対しても何の反応もなく近づいていったり，手当たりしだい口に入れたり，食べられるものと食べられないものの区別がつかなくなったり，対象を選ばず交尾しようとしたり，実に多彩な症状が生じる。これらは発見者にちなんでクリューバー＝ビューシー症候群（Klüver-Bucy syndrome）と呼ばれる（1939 年）。両側の扁桃体を損傷しても，基本的な知覚，認知，運動機能の障害は生じない。物体や顔の識別も正常である。さらに，無条件刺激に対する反応も正常である。しかし，嫌悪条件づけ，さらには，条件刺激に対する反応は著しく損なわれる。扁桃体は価値評価ならびに価値学習に深く関与し，視床下部を通じて交感神経系やストレスホルモンであるコルチゾールの分泌を調整する。扁桃体への入力経路には，視床からの直接的な経路と，視床から感覚皮質を経て扁桃体に入る皮質経路が存在し，前者により時間のかかる対象の詳細な分析を経ずとも交感神経系を起動できる。扁桃体は信頼性の判断やアイコンタクトの有無の検出など社会的な認知にも関わっている。アイコンタクトがある場合，相手の顔をよく覚えられるが，これは扁桃体により顔の同定に関わる紡錘状回の活動が増強されるためと考えられている。

　大脳の外側の層は大脳皮質とも呼ばれ，前脳の他の構造は大脳のすぐ下にあり，皮質下構造とも呼ばれている。大脳は脳梁（corpus callosum）で繋がった左右二つの半球からなり，真ん中を大脳縦裂という深い溝が走っている。大脳を表面から見ると，皺だらけのように見えるが，この皺によるくぼみを脳溝，ふくらみを脳回と呼ぶ。

　脳の頭頂部には中心溝と呼ばれる左右に走る大きな溝が見られ，外側面には外側溝（シルビウス溝）と呼ばれる前後に走る溝が見られる。大脳皮質はこれらの大きな溝を目安に，前頭葉，頭頂葉，側頭葉，後頭葉の 4 つの葉に分けられる（図 6.1）。中心溝の前方で外側溝より上の部分は前頭葉，その後方で頭頂後頭溝と呼ばれる溝の前の部分が頭頂葉である。頭頂後頭溝を境界にその後方が後頭葉，外側溝の下側が側頭葉である。前頭葉の後方，すなわち，中心溝の前方には，一次運動野，運動前野，補足運動野，前補足運動野といった運動関連領域がある。大脳皮質の中で，感覚野と運動野のいずれにも属さず，網膜部位局在や体部位局在（後述）の見られない領野を連合野と呼ぶが，これらの運動関連領域の前方にある前頭葉の連合野は前頭前野と呼ばれる。また，外側溝

1. 脳の構造と機能

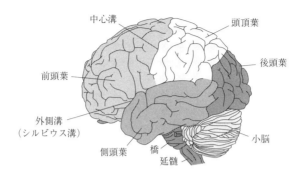

図6.1 ヒトの脳の外観（近藤, 2009c）

の奥の表面からは見えない部分には島皮質がある。現在でこそ、前頭前野は、プランニングや反応抑制、情報の保持と操作、反応の切り替えなど、定型的な反応では対処できないような場合に、状況を把握して適切な判断を行い、行動を組織化するのに重要な役割を果たしていると考えられているが、日本でも1975年に禁止されるまで、前頭葉を切除するいわゆるロボトミー（lobotomy）手術が重度の精神病者に対して実施されていた。

　大脳皮質の中でも哺乳類になって非常に発達した新皮質は、表面から、分子層（Ⅰ）、外顆粒細胞層（Ⅱ）、外錐体細胞層（Ⅲ）、内顆粒細胞層（Ⅳ）、内錐体細胞層（Ⅴ）、多形細胞層（Ⅵ）の6層構造となっている。Ⅱ層とⅢ層は皮質同士の連絡に関わり、Ⅳ層は視床（またはより下位の領域）からの入力を受けている。また、Ⅴ層とⅥ層にあるニューロンからは軸索が外に向かって出力されている。一次運動野では運動指令を送り出すⅤ層が厚く、Ⅳ層は比較的薄い。逆に、一次視覚野（線条皮質）ではⅣ層が厚く、Ⅴ層は薄い。ドイツの神経学者ブロードマン（Brodmann, K., 1868-1918）は、こうした層構造の違いをもとにヒトの大脳皮質を分類して1から52までの番号をつけており、ブロードマンの脳地図として知られている。いくつかの皮質領野では、層構造に加えて円柱状に似たような情報を扱う細胞が集まるカラム構造が認められる。カラムの特徴は、そのカラム内にある細胞すべてが、右眼からの入力を処理する、特定の傾きの線分のみに反応するなどの同じ機能特性を持ち、それが近くの他のカラムの機能とは違うという点にある。

第6章 神経・生理

　脳の組織断面を観察すると，灰色がかって見える部分（実際には薄いピンク色）と白く見える部分がある。前者を灰白質，後者を白質と呼ぶ。灰白質にはニューロン本体が集中し，白質にはそこから伸びる軸索が集中している。ヒトの脳をチンパンジーなど他の霊長類と比較すると，ヒトでは前頭前野（特に前頭極とも呼ばれるブロードマンの10野）が脳に占める割合が他の霊長類に比べて高い。しかし，灰白質容積だけを見れば，他の霊長類との差はない。差は白質容積のみにある。近年の研究では，ヒトでは，チンパンジーやアカゲザルとは異なり，生後2年の間に大幅な白質容積の増加がみられることが明らかとなっており，ヒトの脳の巨大化やヒトの知性の誕生には神経連絡の精緻化や強化が関わっていることが示唆されている。

1.2　大脳の機能局在

　現代では脳が心の働きを担うという考えは一般的であるが，たとえば，古代ギリシアの哲学者であるアリストテレスは，心臓が認知や感覚などの高次機能を制御していると信じており，脳は熱く煮えたぎる心臓を冷却する装置にすぎないと考えていた。それに対し，古代ローマ帝国のガレノスは，動物精気が脳に入り，神経の管を通って身体各部を行き来することで精神が成り立つと考えていた。しかし，脳と言っても関心が持たれていたのは，空気状の動物精気を作り貯蔵するとされる空洞状の脳室の方であった。その後，キリスト教の教父たちが，想像，理性，記憶などの心的機能を区別し，それらを脳室の異なる部位に局在させていく（脳室局在論）。19世紀初頭になると，ドイツの解剖学者のガル（Gall, F. J., 1758-1828）が，脳は，色，音，言語，名誉，友情，芸術，哲学，盗みなどの27の精神活動に対応する器官の集合体だと主張するようになる。ガルによると，それぞれの器官の発達の程度はその上の頭蓋骨の形状や大きさに反映され，頭蓋骨の形を見ればその人の性格や素質が分かるという。この骨相学（phrenology）は当時の欧米で大いに流行した。

　19世紀のフランスの科学界でも，骨相学に対する熱烈な支持が一部では見られた。しかし，当時のフランスの権威は，骨相学はまったくのでたらめだという意見であった。この二つの立場の他に，頭蓋骨を測定したり，少数のサンプルだけを扱うのは問題ではあるが，心的機能と特定の脳部位を関連づける大

脳皮質機能局在論の意義は認める少数のグループがあった。こうしたグループが脳損傷の事例から局在論を展開していたが，それに対する批判も多く，論争は熾烈を極めていた。その中で，1861年に前出のブローカが，「タン」としか言えなかったために「タン」というニックネームで呼ばれていた失語症患者の報告を行った。本名ルボルニュ（Leborgne）の「タン」氏はブローカが出会って間もなく死亡し，剖検の結果，その損傷部位は左半球の前頭葉の外側溝の直上に見つかった。この領域はブローカ野として知られ，発話の産出に関わっているとされる。この部位の損傷で表出性失語症（ブローカ失語症）が生じ，ゆっくりとたどたどしくはっきりしない発音で話すようになる。聞いていて話の意味は分かるが，形容詞や副詞などは省略され，鍵となる単語しか出てこなくなる。しかし，話された言葉や書かれた言葉の理解は正常である。

その後，1874年にドイツの神経科医ウェルニッケ（Wernicke, C., 1848-1905）が，左の側頭葉の損傷により異なるタイプの失語症が生じることを報告した。ウェルニッケ野と呼ばれる部位の損傷で起こるこの失語症は受容性失語症と呼ばれ，話された言語や書かれた言語双方の意味が分からなくなる。発話は問題なく，単語の発音も言葉の表面上の構造も保たれてはいるが，言い間違いや新造語も多く，聞き手は何を言っているのかその意味を理解できない。ウェルニッケはブローカ野とウェルニッケ野を連絡する弓状束の損傷によって生じる伝導失語も発見している。伝導失語では，自発的発話と言語の理解は比較的良好だが，他人から聞いた言葉を復唱するのが，特に無意味語で困難になる。

言語機能の局在論は，心的機能は局在せず脳全体で担われるとする全体論者から批判され，次第に衰退していったが，1960年代にアメリカの神経学者ゲシュヴィント（Geschwind, N., 1926-1984）が，これまでの知見を見直して新たなデータを付け加えて，ウェルニッケ＝ゲシュヴィント・モデルを提出し，再び言語機能の局在論が脚光を浴びるようになった。このモデルによると，ブローカ野は構音の符号を貯蔵しており，単語を発音するのに必要な筋肉の動きの系列化をつかさどっている。この符号が運動野に送られ，適切な順序で，唇や舌や喉頭の筋肉が動き，話し言葉が産出されることになる。他方，ウェルニッケ野には聴覚的な符号と単語の意味が貯蔵されている。言葉を話す際は，まず，ウェルニッケ野でその聴覚的な符号が活性化され，それが弓状束を通じてブロ

第6章　神経・生理

ーカ野へ伝達される。ブローカ野では関連する構音符号が活性化され，それが運動野を通じて関連する筋肉を動かすことになる。話された言葉を理解するには，まず，言葉が聴覚野からウェルニッケ野に伝達される必要がある。そのうえで，ウェルニッケ野で音声が聴覚的な符号に照合され，単語の意味が活性化される。文字の場合は，視覚野から角回に情報が送られ，角回で文字の視覚的な形とウェルニッケ野からの聴覚的な符号が照合され，聴覚的な符号が確認された場合にウェルニッケ野で聴覚的な符号が活性化され，その意味が確認される。言語に関わる複雑な処理を示すには単純なモデルであり，その後，多くの批判や修正を受けるが，言語の機能局在を示す古典的なモデルである。

　カナダの脳外科医ペンフィールド（Penfield, W. G., 1891-1976）は，てんかん患者の手術部位を決める際に，ヒトの大脳皮質を直接電気刺激し，刺激によって運動が生じる部位や感覚が生じる部位を明らかにした。中心溝をはさんで前方の中心溝前回には一次運動野（右半身の運動は左半球，左半身の運動は右半球支配である），後方の中心溝後回には一次体性感覚野があるが，刺激によって明らかとなった体部位局在地図が図6.2である。この図はペンフィールドとボルドレイ（Penfield & Boldrey）のホムンクルス（homunculus）として知られている。ホムンクルスは「こびと」の意味である。顔や手のように繊細な感覚や緻密な動作が必要とされる領域ほど，それらに対応する脳部位は広い。その大きさには個人差があり，経験や学習でもその大きさは変わる。

　事故や手術などで腕を失った人が，その後も腕の存在を感じ続ける現象を幻肢と呼ぶ。たとえば，インド出身のアメリカの神経科学者ラマチャンドラン（Ramachandran, V. S., 1951-）は，顔の左側を触られると，ないはずの左の指が触れられたように感じる患者の事例を報告している。ラマチャンドランはこうした幻肢が生じる理由を2つ指摘している。左手がなくなっても体性感覚野に指の地図は存在する。しかし，左手はなく，そこからの触覚情報は体性感覚野に入って来ない。その空いた領域に隣接領域である顔の皮膚からの入力が入り込む。その結果として顔の左側に触れると，指が触られたように感じる，というのが1つの理由である。もう1つの理由は，切断以前に部分的に隣接する領域からの入力があったとするものである。手がある場合は指からのベースラインの入力によって顔からの入力は抑制される。しかし，手がなくなると抑制を

1. 脳の構造と機能

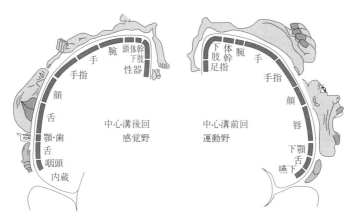

図 6.2　ペンフィールドとボルドレイのホムンクルス（近藤, 2009b）

受けることもなくなり、顔からの入力によって指に触感覚が生じるようになるという説である。いずれにしろ、指と顔は体部位局在地図上で隣接する領域であり、どのような幻肢が生じるかはこのホムンクルスから予測できる。ラマチャンドランはペニスから生じた感覚が切断した足に感じられるようになった例も報告しているが、生殖器の地図上の位置は足の位置のすぐ隣にある（図 6.2）。

左右の半球にも機能の違いがあり、半球機能差と呼ばれる。かつて脳梁離断術がてんかんの治療法として行われたのであるが、ヒトの半球機能差の知見の多くは、左右の半球間の情報伝達に関わる脳梁が切断された分離脳（split-brain）の患者を対象とする研究からもたらされた。言語野は左半球にあることが多いため（左利きの人では右半球にある場合も比較的多い）、右視野に文字を出すと、患者はその単語を答えることができるが、左視野に出すと答えることができない（視線を前方に固定した場合、固定点より左側、すなわち、左視野の刺激は右半球に入力され、右視野の刺激は左半球に入力される）。しかし、目の前に並べたものから表示されたものを選ぶように求めると患者は正しく選ぶことができる。また、「笑え」などと行動を指示すると、なにが表示されたかは理解できないにもかかわらず、正しい行動が取れる。ここでなぜその行動を取ったのか理由を尋ねると、意識できる範囲のことで一貫した説明をしようとして奇妙な作話がなされる。なお、女性は男性よりも左右の半球の神経連絡が密である。

第6章 神経・生理

　究極的な機能局在論は，自分のおばあさんを見たときだけに特異的に活動する単一または少数の細胞が存在し，それらの細胞が自分のおばあさんの認知に関わるとするおばあさん細胞仮説（grandmother cell hypothesis）である。しかし，いくつかの報告はあるものの，おばあさん細胞のような，複数の特徴の特定の組み合わせに対してのみ反応する単一の細胞が，実際に脳内に存在するかは議論が分かれている。

1.3 視覚系

　光刺激は網膜上に並ぶ錐体細胞や桿体細胞（両者を合わせて視細胞と呼ぶ）で電気信号に変換される。ヒトの場合，光の三原色の赤青緑のそれぞれに反応する錐体細胞があり（4種類の錐体細胞を持つ女性の事例も報告されている），色の識別を行っている。しかし，錐体細胞の光感受性は低く，薄暗闇ではほとんど色を識別できない。それに対し，桿体細胞は色の識別はできないが光感受性は高い。視野の中心部（中心窩）には錐体細胞が多く分布し，周辺部には桿体細胞が多く分布する。視細胞で変換された信号は双極細胞を介して神経節細胞に伝えられて脳に送られる。これらの細胞は直列に繋がっているのに対し，水平細胞は，網膜と水平に並び，多くの視細胞からシナプス入力を受けて一つの双極細胞に出力する。

　アマクリン細胞（amacrine cell）は双極細胞と他のアマクリン細胞からのシナプス入力を受け，その情報を双極細胞，他のアマクリン細胞，神経節細胞に伝える。視細胞が光刺激を受け取るとその信号は神経節細胞に送られるが，この際，隣接する細胞の活動は抑制される。これを側方抑制と呼ぶが，この側方抑制には水平細胞やアマクリン細胞が関わっている。側方抑制により明暗などのコントラストが強調されることになる。

　神経節細胞の軸索は束となって視神経となる。外界の対象は，水晶体のレンズの機能により，右視野にあるものはそれぞれの眼球の左の網膜上に，左視野にあるものはそれぞれの眼球の右の網膜上に投影される。さらに，左右それぞれの眼球の内側（鼻側）の視神経は，視交叉（chiasma）で左右入れ違い，視索と名を変えて，大脳の反対側にある半球に入る。外側（耳側）にある神経線維はそのまま同じ半球に入る。すなわち，それぞれの網膜の右側に入力された信

号は右半球に伝達され，左側に入力された信号は左半球に伝達される。

　網膜からの情報の多くは視床の外側膝状体に送られるが，一部は上丘に直接送られる。外側膝状体は6層の構造を持ち，1，4，6層は反対側の網膜の信号を，2，3，5層は同側の網膜の信号を受けている。外側膝状体からの情報のほとんどは一次視覚野（線条皮質）のⅣ層に送られる。他方，上丘からの情報は視床枕を経て頭頂葉に送られる。また，上丘は脳幹を介して眼転筋への指令を出し，目的の位置へと目を向けさせる。

　見えているとは意識できないのに見えている現象を盲視（ブラインドサイト）と呼ぶ。たとえば，スクリーンに光点を点灯させて当てずっぽうでいいから位置を当てるように指示すると，見えないはずなのに，光点を正しく指差すことができる。これは脳が並列的に視覚情報を処理しているためである。視覚的な意識に関わる経路は，一次視覚野から二次視覚野を経て下側頭葉視覚連合野に繋がる腹側経路だと考えられている。一次視覚野を損傷した場合に上記のような盲視が生じるが，その場合でも，上丘から視床枕を経て頭頂葉へと至る経路が働いていれば，空間的な位置の処理が可能であり，正しくその位置を指差すことができると考えられている。近年では上丘には見た点の位置を無意識に記憶する機能もあることが報告されている。

　一次視覚野（V1）から二次視覚野（V2）の腹側部を経て下側頭葉視覚連合野に繋がる腹側経路は「なに」経路とも呼ばれ，物体の形態処理や色の処理に関わる。視覚意識に関わる経路はこの腹側経路だと考えられている。もう一つ，V1からV2の背側部を経て頭頂葉と繋がる背側経路が存在する。背側経路は「どこ」経路と呼ばれ，対象の空間的な位置の処理に関わっているとされている。頭頂葉は空間的注意にも関わっており，右の下頭頂小葉を損傷すると，左側にある刺激を無視する半側空間無視が生じる。感覚処理系の個々の細胞が反応する末梢器官上または外界の空間の範囲のことを受容野と呼ぶが，受容野はV1よりV2というように，より高次な視覚野になるほど広くなる。

　顔の認知においても，顔の輪郭や目鼻立ちなど人物の同定に必要な情報が処理される経路と，視線，表情，唇の動きなど動的な情報を処理する経路が区別されている。前者は下後頭回から下側頭葉にある外側紡錘状回に至る経路である。顔を見ても誰の顔か分からず個人の識別ができなくなる症状を相貌失認

第6章 神経・生理

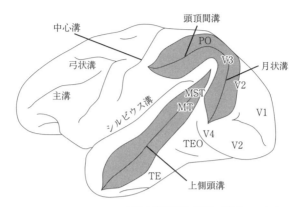

図6.3 マカクサルの大脳皮質視覚処理系（近藤, 2009a）

（prosopagnosia）と呼ぶが，紡錘状回を損傷するとこの相貌失認が生じる。

　紡錘状回から情報はさらに側頭極（側頭葉の前方）に送られ，そこで職業や住所などの個人情報や名前が検索される。後者は下後頭回から上側頭溝に至る経路である。相手が見ている方向を見ることを視線追従（gaze following）と呼ぶが，上側頭溝で処理された視線や頭の向きに関する情報が空間的注意に関わる頭頂間溝に伝わることで生じるとされる。また，発話に伴う唇の動きの処理に関わる上側頭溝と聴覚野が協調的に働くことで，唇の動きから音素が読み取られるという。

　表情の分析には扁桃体や島皮質などが関わっているとされる。すでに述べたように紡錘状回を損傷すると相貌失認が生じるが，表情認知は損なわれず，また，既知感も損なわれない。誰かは分からないが，表情は分かるし，親しみも感じる。しかし，両側の扁桃体を損傷すると，顔は同定できるものの，表情，特に恐怖表情が分からなくなる。カプグラ症候群（Capgras syndrome）では，よく見知った人物が，見知らぬ他人に入れ替わっていると感じられるが，前出のラマチャンドランは，紡錘状回と扁桃体の結合関係が切れているために，よく知った相手の顔がもたらす情動的な感覚が生じず，似ているが偽者だという妄想が生じるのではないかとしている。前部島皮質は嫌悪表情の認知や痛みの不快感との関連が知られている。

2. 脳における情報伝達

2.1 ニューロンと活動電位

　脳において神経伝達に直接関係するのは神経細胞あるいはニューロン（neuron）である。ニューロンはその一般的機能から，感覚ニューロン，運動ニューロン，介在ニューロンの3種類に分類される。受容器からの入力を中枢神経へ伝達するのが感覚ニューロンであり，脳や脊髄から筋肉や内分泌腺などへ遠心性の信号を伝えるのが運動ニューロンである。感覚ニューロンと運動ニューロンを接続するのが介在ニューロンである。

　ニューロンの形や大きさは種類によりさまざまであるが，いずれも樹状突起（dendrite）と呼ばれる神経情報の受け手に当たる部分と，細胞核を含む細胞体，および軸索からなる（図6.4）。軸索は細胞体から伸びている細い管で，他のニューロンに情報を伝える。軸索はその終端でたくさんの枝に分かれ，終末ボタンという小さな膨らみに終わる。終末ボタンは実際には受け手側のニューロンの細胞体や樹状突起とは密着しておらず，両者の間にはわずかな隙間がある。この接合部位はシナプス（synapse）と呼ばれ，隙間そのものはシナプス間隙と呼ばれる。樹状突起上のシナプス後膜は，棘（スパイン）と呼ばれる小突起に形成されることが多い。

　ニューロン内での情報伝達は活動電位と呼ばれる細胞の電気的興奮によって行われる。活動電位はニューロン内外のイオンと呼ばれる荷電された分子の働きの結果である。ニューロンの細胞膜には半透過性があり，ある化学物質は細胞膜を通り抜けるが，あるものは細胞膜にある特別な通過路，すなわちイオン・チャンネルが開いているときしか通過できない。活動電位を発生していない静止状態には，イオン・ポンプが細胞内からナトリウム・イオンを汲み出し，カリウム・イオンを取り込むことで，ニューロンの細胞膜は－70mVに分極して安定した状態にある（静止膜電位）。しかし，他のニューロンからの刺激による電位変化がある閾値を超えるとナトリウム・チャンネルが開き，ナトリウム・イオンが急激に細胞内に入り，一過性に膜の電位が反転する（脱分極）。すると，カリウム・チャンネルが開き細胞内のカリウム・イオンが流出するた

第6章 神経・生理

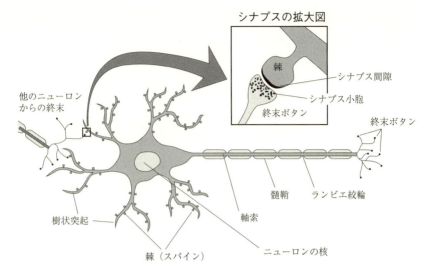

図6.4 神経細胞とシナプス（近藤, 2009d）

め興奮は急激に終息する（再分極）。

　この一連の電位変化が活動電位であり，この変化は減衰せず細胞全体に広がっていく（不減衰原理）。なお，興奮した膜のところは3ミリ秒ほど再度興奮できないようになっているため，電位は戻らず一方向に伝わっていく。また，脱分極するには閾値を超える大きさの刺激が必要であり，ニューロンは興奮するか否かのどちらかの状態しかとらない（全か無かの法則）。

　活動電位は細胞体のみならず，軸索に沿って伝わり，終末ボタンに到達すると，終末ボタンにあるシナプス小胞を刺激し，神経伝達物質をシナプスに放出する。軸索の多くは，絶縁体である髄鞘（ミエリン）によって覆われており，活動電位はランビエ絞輪と呼ばれる髄鞘の継ぎ目を次々と跳んで伝えられる（跳躍伝導）。髄鞘は骨格筋を刺激する軸索など活動電位の迅速な伝達が必要な部位に多く見られる。

　脳にある細胞はニューロンのみではなく，その9倍ほどの数をグリア（神経膠）細胞が占めている。グリア細胞には，中枢の髄鞘形成に関わるオリゴデンドロサイト（末梢ではシュワン細胞），異物や死んだ細胞を掃除するミクログリ

ア，ニューロンを空間的に支えるとともに血液脳関門（血液中の生体成分変化や薬物などを直接または無制限に移行させずにニューロンの恒常性を維持する仕組み）の形成に重要な役割を果たすアストロサイトなどがある。グリア細胞はニューロンを構造的に支えたり栄養を与えたり老廃物を排除するという補助的な役割にとどまらず，最近ではさまざまな物質を分泌してニューロンの活動の調整を行っていることが明らかとなってきている。

2.2 シナプスと神経伝達物質

活動電位が終末ボタンに到達すると，終末ボタンにあるシナプス小胞を刺激し，神経伝達物質をシナプス間隙に放出する。放出された神経伝達物質は，シナプス間隙を拡散し，シナプス後膜にある受容体に結合し，後シナプスニューロンに興奮性または抑制性の作用をする。興奮性では後膜側の静止膜電位を脱分極側に動かして閾値に達しやすくし，抑制性では逆に過分極（静止時よりもやや電位を下げる）側に動かして興奮しにくくする。一つのニューロンには多数のシナプス入力があり，この電位の総和が閾値を超えた場合に，はじめてニューロンは脱分極して活動電位を生じる。

いったん放出された神経伝達物質は，その種類により，シナプス終末に再吸収されて取り除かれるか（再取り込み），酵素によって分解されて不活性化される。神経伝達物質と受容体には鍵と鍵穴の関係があり，その特定の受容体に特異的に結合する物質をリガンド（ligand）と呼ぶ。リガンドには，受容体に作用して神経伝達物質と同様な効果を発揮するアゴニスト（作動薬）と，逆にアゴニストの作用を遮断するアンタゴニスト（拮抗薬）とがある。抗不安薬として使用されるベンゾジアゼピンは γ-アミノ酪酸（gamma amino butyric acid; GABA）A受容体のアゴニストであり，妄想型の統合失調症に使われるクロルプロマジンはドーパミンD2受容体のアンタゴニストである。選択的セロトニン再取り込み阻害剤は抗うつ剤として利用される薬物である。

ある神経伝達物質は常に興奮性であり，別のものは常に抑制性である。しかし，神経伝達物質の中には受容体によって興奮性になったり抑制性になったりするものもある。神経伝達物質は，アミノ酸類，アミン類，神経ペプチドに分類される。代表的なアミノ酸類の神経伝達物質は，グルタミン酸とGABAで

第6章 神経・生理

あり，グルタミン酸は興奮性の，GABAは主に抑制性（通常胎児の脳ニューロンでは興奮性）の作用を持つ。いずれも脳内に広く分布している。代表的なアミン類の神経伝達物質は，アセチルコリン，ドーパミン，ノルアドレナリン（ノルエピネフリンとも呼ばれる），セロトニンであり，脳内の特定の部位に局在して分布しており，それぞれアセチルコリン系，ドーパミン系のようにシステムとして考えられている。

アセチルコリンは新しい記憶の形成に関わる海馬にとりわけ多く分布し，アルツハイマー型認知症ではアセチルコリン濃度の著しい低下がみられる。また，アセチルコリンは，副交感神経や運動神経の末端から放出され，脈拍を遅くしたり，筋肉を収縮させたりする作用もある。

ドーパミン系は，動機づけと関わり，また，報酬予測誤差（実際の報酬 − 期待した報酬）にもとづく強化学習にも関わる。ラットの脳内に電極を植え込み，ラットがレバーを押すたびに脳内に弱い電流が流れるようにしておくと，電極の位置によっては，そのラットは好んでいつまでもレバーを押すようになる。この行動を脳内自己刺激と呼ぶが，ドーパミン系などの報酬系に電極を植え込んだ場合にこの効果は強くなる。また，ドーパミンは運動機能の調節やワーキングメモリにも関わる。セロトニンは，感情の制御に関わるとともに，睡眠や食欲の調整にも重要な役割を果たしている。ノルアドレナリンは中枢神経系では，覚醒，注意，感覚入力の調整，記憶の固定などに関わる。

神経ペプチドはアミノ酸が連なった小型のタンパク質で，もともと脳以外でホルモンとして見つかったものが，脳においても神経伝達物質として働いていることが発見されたものが多い。こうした神経ペプチドに対し，ドーパミンなどの神経伝達物質を古典的な神経伝達物質と呼び区別することもある。両者の大きな違いは，古典的な神経伝達物質は，神経終末で合成され，シナプス間隙に放出された後，再取り込みされて回収されるが，神経ペプチドは神経終末では合成されず，前駆物質の酵素的切断により生じ，いったん放出されたら再取り込みされることもないということにある。

神経ペプチドには，β-エンドルフィンやエンケファリンなどの内因性オピオイド（天然の鎮痛剤として作用），ソマトスタチン，コレシストキニン（CCK），オレキシン，バソプレッシン，オキシトシンなど，数多く存在する。オレキシ

ンは，もともと摂食行動を促進する因子の一つとして注目を浴びたが，その後，オレキシン・ノックアウト・マウスがナルコレプシー（後述）を示すことが明らかになり，この物質が覚醒の維持にも重要な役割を担っていることが明らかになった。従来は一つのニューロンは一種類の神経伝達物質のみを持っていると信じられていたが（デールの法則），神経ペプチドと古典的な神経伝達物質が同一のニューロンに共存することが明らかとなり，この考えは否定された。

中枢神経系の多くのシナプスは，以上のような化学シナプスが占めるが，シナプスには化学シナプスの他に電気シナプスもある。電気シナプスでは，ニューロンからニューロンへ直接電気信号が受け渡しされる。電気シナプスでは隣接するニューロンの膜が2〜4 nmまで密着しており，両者の間にギャップ結合が形成されている。ギャップ結合は，コネキシンというタンパク質の重合体で，2つの形質膜を横切るチャネルを形成している。このチャネルをイオンや小分子の物質が通過することで，直接情報が伝えられる。化学シナプスでは情報の伝達は一方向的なのに対し，電気シナプスでは双方向的な伝達も可能である。また，情報の伝達も速い。電気シナプスは無脊椎動物の神経系では一般的に見られるが，脊椎動物の神経系では化学シナプスが主要なシナプスである。しかし，哺乳動物の脳内でも電気シナプスが見つかっており，多数のニューロンを同期的に活動させるのに適した仕組みと考えられている。

2.3 シナプス可塑性と学習

1949年にカナダの心理学者ヘッブ（Hebb, D. O., 1904-1985）は，自らの著書に，「細胞Aの軸索が細胞Bを興奮させるのに十分に近くにあり，繰り返しまたは持続的にその発火に関われば，いくつかの成長過程あるいは代謝変化が一方あるいは両方の細胞に起こり，細胞Bを発火させる細胞の1つとしての細胞Aの効率が増加する」と書いている。このヘッブの考えは，シナプスの長期的変化によって信号の伝達効率が変化することが学習の神経的基礎であることを示唆しており，ヘッブ則（Hebb's rule）と呼ばれる。

学習がシナプスの可塑性に基づくことは，馴化のような単純な非連合学習からも明らかである。たとえば，アメフラシの水管を軽く刺激するとアメフラシはエラを引っ込めるが，繰り返し刺激すると，引っ込み反射が見られなくなる。

第6章 神経・生理

引っ込み反射は水管の感覚ニューロンの興奮性シナプスが運動ニューロンに接合するという単純な回路で実現されているが，馴化が起こると感覚ニューロンから分泌される神経伝達物質の量も減少する。

　ヘッブ則を支持する知見は，1973年にブリス（Bliss, T. V.）とレモ（Lomo, T.）によって報告された。彼らはウサギの興奮性の入力経路を高頻度で刺激すると，海馬歯状回でのシナプス伝達応答が増大し，これが数日間にもわたって維持されることを見出した。このような，シナプスでの刺激伝達が活発に行われるとその伝達効率が高まり，刺激が消滅した後もその状態がしばらく保たれるようになる現象を長期増強と呼ぶ。長期増強は，その後，海馬のみならず，大脳皮質，小脳，扁桃体などさまざまな脳領域で見つかっている。

　長期増強の分子メカニズムはさまざまであるが，そのうち，ブリスとレモによって報告されたNMDA型グルタミン酸受容体依存的な長期増強に関しては，ヘッブの予測を支持するような特性が見つかっている。その特性とは，「共同性」，「連合性」，「入力特異性」の3つである。共同性とは一つ一つのシナプスからの入力が長期増強を起こすには弱い場合でも，その弱い刺激が複数のシナプスからシナプス後膜の一部に集中して起きた場合には長期増強が起こるという特徴である。連合性とは，一つのシナプスからの刺激が長期増強を引き起こすのに十分な強さではなかったとしても，同時に，別のシナプスからの強い刺激があれば，長期増強が起きるという特性である（この場合両方のシナプスで長期増強が起こる）。最後の入力特異性は，長期増強は入力のあった特定のシナプスに限局して生じ，他のシナプスには影響を与えないという特性である。

　長期増強とは逆に，低頻度の電気刺激を行うとシナプスでの伝達効率が長期間抑えられる現象を長期抑圧と呼ぶ。小脳での運動学習は長期抑圧により実現されていると考えられており（間違った運動指令を伝えるシナプスが長期抑圧される），AMPA受容体がシナプス後膜上からなくなることがその分子メカニズムとされている。当初は小脳で見つかったが，大脳皮質でも観察されている。

2.4　ホルモン

　情報の伝達は血中に分泌されるホルモンを通してもなされる。ホルモンは，導管を経由せずに直接，血液中や体液中に分泌される。このような分泌の仕方

2. 脳における情報伝達

を内分泌と呼び，これを行なう組織を内分泌腺と呼ぶ。ホルモン受容体を持つ器官は標的器官と呼ばれるが，内分泌腺から分泌されたホルモンは血中を通って遠隔の標的器官まで運ばれる。それに対し，特定の細胞から分泌される物質が，血中を通さず，細胞外液を介してその細胞の近傍の細胞に作用することを傍分泌(ほうぶんぴつ)という。

　ホルモン分泌は，視床下部から下垂体前葉，視床下部から下垂体後葉の二つの様式によって制御される。前者は視床下部からのホルモンの分泌を通して，下垂体前葉からのホルモン放出ホルモンの放出を促進する。たとえば，ストレス事態では，視床下部から副腎皮質刺激ホルモン放出ホルモン（CRH）が分泌され，下垂体前葉からの副腎皮質刺激ホルモン（ACTH）の分泌が促進される。同様に，成長ホルモン放出ホルモンは下垂体前葉からの成長ホルモンの分泌を，性腺刺激ホルモン放出ホルモンは下垂体前葉からの性腺刺激ホルモン（ゴナドトロピン）の分泌を，甲状腺刺激ホルモン放出ホルモンは下垂体前葉からの甲状腺刺激ホルモンおよびプロラクチンの分泌を促進する。他方，下垂体後葉にはホルモン産生細胞はなく，視床下部の神経内分泌細胞で合成されたホルモンが下垂体後葉から分泌される。バソプレッシンやオキシトシンがこれに当たる。

　ACTHは，さらに，副腎皮質から副腎皮質ホルモン（コルチゾール）の分泌を刺激し，性腺刺激ホルモンは卵巣からエストラジオール，精巣からテストステロンの分泌を，甲状腺刺激ホルモンは甲状腺から甲状腺ホルモンの分泌を刺激する。これらのホルモンの分泌はネガティブフィードバックによって制御されている。たとえば，ストレスに対する危急反応として副腎皮質からコルチゾールが分泌されるが，海馬，視床下部，下垂体には糖質コルチコイド受容体が存在し，コルチゾールの分泌量が増大するとこれら受容体を介してCRHやACTHの合成・分泌を抑制し，結果としてコルチゾールの分泌量が抑制される。これらの分泌調整ループを，視床下部 - 下垂体 - 副腎皮質軸（HPA軸），視床下部 - 下垂体 - 性腺軸（HPG軸），視床下部 - 下垂体 - 甲状腺軸（HPT軸）などと呼ぶ。うつ病や外傷後ストレス障害ではこのHPA軸の調節異常が見られ，また，ストレス反応の調整に関わる海馬の神経細胞死も見られる。

　ゴナドトロピンにはFSH（卵胞刺激ホルモン）とLH（黄体形成ホルモン）の2種類が存在する。FSHは卵巣での卵胞の発育や成熟に関わるが，男性でも精

第6章 神経・生理

巣での精子形成や精巣の成長に関わっている。LHも同様であり，男女双方で性腺からの性ホルモンの産生を刺激する。排卵期では，LHサージと呼ばれるLHの大量放出がなされ，排卵が誘発されるが，このLHサージは，エストラジオールの分泌により，さらに性腺刺激ホルモン放出ホルモンやLHの分泌が促進されるというポジティブフィードバックにより引き起こされている。

ストレス反応では，副腎の内核にある副腎髄質も重要な役割を果たす。すなわち，交感神経の活動により，副腎髄質が刺激され，アドレナリンが分泌される。アドレナリンは血流を通して受容体のある標的器官に作用し，心拍数の増加や気管支拡張などの作用を及ぼす。また，アドレナリンには肝臓細胞でのグリコーゲンからグルコースへの転換を促進し，逆に，グルコースからグリコーゲンへの合成を抑制し，結果として血糖値を上昇させる作用もある。

バソプレッシンは抗利尿ホルモンや血圧上昇ホルモンとして，オキシトシンは子宮収縮ホルモンや乳汁射出ホルモンとして知られていたが，近年では，両者ともに，つがい形成に重要な役割を果たすことが明らかとなってきた。一夫一妻制を取るプレイリーハタネズミと乱婚制を示すサンガクハタネズミを比べると，両者にはバソプレッシン受容体（V1aR）やオキシトシン受容体の脳内分布に大きな違いが見られる。プレイリーハタネズミでは腹側淡蒼球に特にV1aRが多く分布するが，このV1aR遺伝子をサンガクハタネズミのオスの淡蒼球に導入すると，そのオスはメスと一緒にいるようになり，子育てにも関与するようになる。バソプレッシンやオキシトシンは，つがい形成のみならず，さまざまな社会的行動や社会的認知においても重要な役割を果たしていることが明らかとなっており，ヒトを対象とする研究も数多くなされている。たとえば，オキシトシンは，育児行動のみならず，共感性や信頼感の増加，顔の親近性判断の向上，アイコンタクトの増加などへの関与も報告されている。しかし，内集団びいきや外集団への防衛的な攻撃性の増加，妬み感情やシャーデンフロイデ（他人の不幸を喜ぶ感情。独：Schadenfreude）の増加など，オキシトシンの効果には暗黒面も存在することが指摘されている。

3. 神経活動の測定法とその応用

3.1 動物実験の手法

　心理学では脳機能を調べるためにヒト以外の動物を対象とした実験を行うことも多く，そこでは侵襲的な方法が用いられることも多い。たとえば，特定の脳部位の機能を調べる最もシンプルな方法は，その脳部位を破壊し，行動への影響を調べることである。この方法は破壊法と呼ばれる。破壊の方法には，吸引法，電気破壊法，神経毒による破壊法などがある。当然，こうした不可逆的な破壊法はヒトには適用できない。

　特定の脳部位の機能は，その部位にあるニューロンに電極を刺し，動物が特定の活動を行っている際の電気活動を記録することで調べることもできる。この方法を電気的活動記録法と呼ぶ。自身が特定の動作を行う場合のみならず，他個体が同一の動作を行うのを観察する場合にも活動するニューロン，いわゆるミラーニューロン（mirror neuron）はこうした方法を用いて発見された。皮質のカラム構造も同様である。また，特定の脳部位が担う機能をその脳部位を電気刺激することで発現させ，その機能を調べる方法を電気刺激法と呼ぶ。この方法は，てんかん手術などの特別な場合に限り，ヒトでも用いられることがある。たとえば，一次体性感覚野と一次運動野のホムンクルス（図6.2参照）は電気刺激に対する反応から作成されている。

　動物実験では，電気活動のみならず，神経細胞間の間隙での化学物質のやり取りを調べることもできる。脳部位に刺し入れた小型の探針であるプローブ（probe）から神経伝達物質を含んだ試料を経時的に回収するマイクロダイアリシス法（microdialysis）はその一例である。この方法では，比較的組織にダメージを与えずに，特定の神経伝達物質量の経時的動向を調べることができる。

　これらの方法では，プローブなり電極を脳の狙った位置に正確に刺し入れることが重要である。こうした研究では，脳定位固定装置を用いて，対象となる動物の頭部を固定し，三次元座標上で脳部位の解剖学的位置を指示した上でプローブなり電極なりを刺し入れる。こうした装置を開発したのは，脳外科医のホースレイ（Horsley, V. A. H., 1857-1916）とクラーク（Clarke, R. H., 1850-1926）

233

第6章　神経・生理

であり，1908年にサル・ネコ用の脳定位固定装置を開発している。

また，動物実験では遺伝子改変を行った動物を用いて，特定の遺伝子の障害がどのような行動の異常を引き起こすかが調べられる。哺乳類ではマウスが用いられることが多く，特定の遺伝子を欠損させたマウスをノックアウト・マウス，逆に特定の遺伝子を組み込んだマウスをトランスジェニック・マウスと呼ぶ。オキシトシン受容体遺伝子を欠損させたメスのマウスでは，生まれたばかりの子マウスの匂いをかいで巣に連れ帰るなど，野生型のマウスでは見られる典型的な母性行動が低下することが報告されている。

動物実験では，脳の組織切片を顕微鏡下で観察し，特定遺伝子の発現を確認するといった手法が用いられる場合もしばしばある。免疫組織化学法は，抗原抗体反応を利用して脳の組織切片を染めわけ，目的とするタンパク質の細胞内および組織内の局在を検出する方法であり，c-Fos などの最初期遺伝子（細胞への刺激に応答して速やかに発現が誘導される一群の遺伝子の総称）発現などがこの手法で確認できる。薬物の作用部位の解明，学習行動解析など，さまざまな研究で利用されている。

3.2 非侵襲的測定法

近年では，非侵襲的測定法の進歩により，ヒトや類人猿の脳活動を，外科手術を必要とせずに測定することが可能となった。代表的な非侵襲的測定法は，脳神経の電気活動を測定する方法と，神経活動の結果生じるエネルギー代謝に関連する変化を測定する方法の2つに大別できる。脳電図（electroencephalogram; EEG）と脳磁図（magnetoencephalogram; MEG）は前者の方法であり，陽電子放出断層撮影法（positron emission tomography; PET）と機能的磁気共鳴画像法（functional magnetic resonance imaging; fMRI）は後者の代表的な方法である。

脳電図（脳波とも呼ぶ）は，頭皮上に置かれた電極から神経細胞の集合が示す電気活動を記録する。脳波の研究では，個体が生きている限り絶え間なく自発的に生じる自発脳波と，光や音などの刺激入力や自発的な運動など，特定の事象に関連して一過性に生じる脳電位である事象関連電位（event-related potential, ERP）が解析対象となる。

3. 神経活動の測定法とその応用

　他方，MEGは，脳の電気活動に伴う磁場変化を，超伝導量子干渉素子磁束計センサーを用いて頭皮上から計測する方法である。磁場は電場とは対照的に頭蓋骨や頭皮による抵抗の影響を受けにくいが，磁場は距離の2～3乗に反比例して減衰するため，頭表から離れた脳深部の活動は計測しにくい。また，MEGではコイルに対して垂直な磁場しか測定できない。

　EEG, ERP, MEGともに，時間分解能はミリ秒単位と優れているが，電流発生源を推定するには逆問題を解く必要があり，同時に複数の脳部位の活動が予測される複雑な認知課題での電流発生源の推定は困難である。

　PETは，陽電子を放出する放射性同位元素で標識された薬剤を被検者に静脈投与し，その体内分布をPETカメラで断層画像に撮影することによって，脳や心臓などにおける物質代謝動態を画像化する方法である。放射線被曝を伴い，同位元素の半減期にもよるが，短いものでも時間分解能が分単位と劣るなどの欠点はあるが，脳血流や糖代謝の他にも，神経伝達物質や受容体機能の画像化もできることが大きな利点である。つまり，PETの場合，何を調べるかはどのような物質を標識するか次第であり，特定の受容体に特異的に結合する物質であるリガンドなどを標識すれば，その神経伝達物質や受容体の動態を画像化することもできる。

　磁気共鳴画像法（MRI）は，強力な磁場と電磁波を脳に当てて水素原子核から発生する信号を記録し，脳の構造に関する高分解画像を得る方法である。MRIでは脳の構造しか分からないが，血液中のヘモグロビンの酸化還元状態を利用すれば，脳の血流量の変化を画像化できる。血液中には，酸素分子と結合したヘモグロビン（酸化ヘモグロビン）と，結合していないヘモグロビン（還元ヘモグロビン）が存在する。赤血球中のヘモグロビンは肺で酸化され酸化ヘモグロビンとなり，組織で酸素を渡して，自身は還元ヘモグロビンとなる。この還元ヘモグロビンは，磁化率の高い物質であるため，磁場を不均一にし，磁気共鳴により引き起こされた水素原子核のスピン回転の位相を乱して磁気共鳴信号を減少させる。通常，安静時の脳は，静脈あるいは毛細血管内の還元ヘモグロビンにより，信号強度が低下した状態にある。しかし，何らかの刺激の提示により脳が活動すれば，数秒遅れて，当該部位の脳血流量が50%ほど増加することになる。そのうち，実際に消費される酸素はその5%程度であるため，

第6章 神経・生理

相対的に還元ヘモグロビン濃度が低下し，その領域だけ磁気共鳴信号が増加する。これを BOLD (blood oxygen level dependent) 効果と呼ぶ。fMRI は，この BOLD 効果を利用し，脳神経活動を画像化する方法である。fMRI は，脳血流の変化に伴う信号強度の変化を測定しているため，時間分解能は秒程度であるが，被曝の危険がなく同一の対象者の反復測定が可能であり，また，空間分解能が優れているため，心理学の実験でも頻繁に利用される。

3.3 自律神経系の測定

　試験の前など，精神的に緊張すると，手や足の裏に汗をかく。この発汗を精神性発汗と呼ぶ。それに対し，気温が暑いときなどにかく，体温調節のための汗を温熱性発汗と呼ぶ。精神性発汗の部位は手掌と足底であり，温熱性発汗の部位は手掌と足底を除いた全身の皮膚である。精神性発汗には，緊急時の闘争－逃走反応との関連が指摘されている。闘争時に掌に汗をかいていれば，武器を手から滑らさずにしっかり握れるであろうし，逃走時に足底に汗をかいていれば，その分，摩擦は大きく，地面を蹴る際にも滑らずしっかりと蹴ることができる。この精神性発汗を電気的に測定したものが，皮膚電気活動（electrodermal activity; EDA）である。EDA の測定法には，皮膚上の2点間に微弱な電流を流し，その通電量を測る通電法と，電流を流さず，2点間の電位差を測定する電位法とがある。通電法では皮膚抵抗変化と皮膚コンダクタンス変化が，電位法では皮膚電位活動が測定される。

　心拍変動も自律神経系の測定によく利用される。心拍数は一定の時間内（一般的には1分間）に心臓が収縮する回数のことである。しかし，一拍と一拍の間，すなわち，心電図上の鋭いピークであるR波（血液を左心室から大動脈に送り出すときに生じる）と次のR波の間隔（R-R 間隔）は，いつも同じわけではなく，周期的に変動している。心拍変動とは，この R-R 間隔の周期的な変動のことである。この心拍変動をスペクトル解析すると，0.04～0.15Hz の帯域にみられる低周波成分（low frequency; LF）と 0.15～0.40Hz の帯域にみられる高周波成分（high frequency; HF）の主に2つの成分が見られる。一般に，LF は交感神経，副交感神経双方の活動を，HF は副交感神経の活動を反映していると考えられており，LF と HF の比（LF/HF）をもって交感神経活動の指標

3. 神経活動の測定法とその応用

とされる。

循環器系の指標には他にも，血圧，血圧変動性，末梢血管における血流量を示す容積脈波，脈波伝播速度などがある。血圧とは血管内の血液の有する圧力のことであり，一般的には動脈の血圧のことを指す。心臓の収縮期の血圧を収縮期血圧，拡張期の血圧を拡張期血圧と呼ぶ。血圧は，摂食，運動，入浴など様々な要因で変動するが，近年では，血圧変動性と呼ばれるこの変動幅の大きさ（標準偏差）が脳卒中のリスク要因として注目されている。脈波伝播速度は，心臓の拍動（脈波）が動脈を通じて手や足にまで届く速度のことであり，動脈硬化により動脈壁の弾力性がなくなると，脈波が伝わる速度が速くなるため，動脈硬化度の指標として用いられている。

3.4 睡眠段階

睡眠はその深さからいくつかの段階に区別される。この段階を睡眠段階と呼ぶ。ヒトの睡眠段階は脳波と眼電図（electrooculogram; EOG）により計測される眼球運動のパターンによって分類されている。レクトシャッフェン（Rechtschaffen, A.）とケイルズ（Kales, A.）による睡眠段階分類の国際基準によると，睡眠は，浅い段階から深い段階までの段階1，2，3，4と，段階レム（rapid eye movement; REM）の計5段階に分けられる。段階1は入眠時の状態であり，覚醒時のアルファ波（周波数8〜12Hzの波）は減り，シータ波（周波数4〜7Hzの波）が混入するようになる。ゆっくりとした眼球運動が観察され，筋緊張はやや低下する。段階2は自覚的にも眠りに入った状態で，紡錘波（周波数12〜14Hzの波で律動的に連続して出現する）やK複合波が出現する。段階3は中程度睡眠に当たり，デルタ波（周波数4Hz以下の波）は20%〜50%未満である。段階4は深睡眠に当たり，デルタ波が50%以上を占める。段階1から段階4までをノンレム（non-REM）睡眠，そのうちでも段階3と段階4を徐波睡眠と呼ぶ。徐波睡眠の段階に入ると，体温の低下や呼吸，心拍数の減少が見られ，余程大きな刺激を与えない限り起きない。

段階レムでは，低振幅の脳波と急速眼球運動が観察され，また，筋緊張の著しい消失が見られる。この段階で起こすと夢を見ていたと報告することが多い。段階レムでは，男性での陰茎勃起，女性での膣液分泌が認められ，発汗や心拍，

第6章 神経・生理

血圧の上昇など交感神経系の活動亢進も見られる。睡眠は，通常，段階1から順に段階4まで進み，一度段階2または1に戻ってからレム睡眠が出現する。これを一周期として，睡眠はおよそ90分周期で，この周期が一晩に4，5回繰り返される。徐波睡眠は睡眠初期に集中して出現し，逆に，レム睡眠は睡眠後期に集中して出現する。

睡眠周期は年齢とともに変化し，新生児はほぼ半分をレム睡眠が占めるが，5歳児になるとこの割合は20～25%まで下がり，その後はほとんど変化しない。また，高齢になると，徐波睡眠が著しく低下する。日中に繰り返し抵抗できない睡眠発作が生じるナルコレプシー（narcolepsy）では，通常とは異なり，段階レムから睡眠が始まる。ナルコレプシーの病因としては神経ペプチドであるオレキシンの欠乏が指摘されている。

睡眠と覚醒のリズムは2つの方式によって調整されている。1つは，体内時計による時刻依存性の調節方式であり，サーカディアン（概日）性の調節方式とも呼ばれる。この方式に基づき，一般的には夜になると眠くなる。もう1つはホメオスタシス性の調節方式であり，時刻とは関係なく，断眠時間が続けば続くほど睡眠欲求は増大する。そして，断眠後の睡眠には不足分を補うかのように深い眠りが大量に出現する。生体リズムには，周期が20～28時間のサーカディアンリズム（概日リズム）の他にも，ノンレム・レムの睡眠周期のような20時間未満の周期のウルトラディアンリズム，月経周期のような28時間を超える周期のインフラディアンリズムが存在する。左右大脳半球の間にある松果体で生産されるホルモンであるメラトニンは，入眠前からその血中濃度が上昇し，生体が夜と認識する時間帯には高濃度を示し，生体が昼と認識する時間帯では分泌がほぼ消失するという，約25時間の周期の明瞭な日内変動を示し，サーカディアンリズムの最も安定したマーカーとして位置づけられている。このメラトニンの分泌は光により抑制される。

睡眠障害国際分類第2版（ICSD-2）によると，主要な睡眠障害には，①不眠症，②睡眠関連呼吸障害，③中枢性過眠症，④概日リズム睡眠障害，⑤睡眠時随伴症，⑥睡眠関連運動障害，⑦孤発性の諸症状・正常範囲と思われる異型症状・未解決の諸問題，⑧その他の睡眠障害の計8項目がある。寝つきが悪い，何度も目が覚める，朝早く目が覚め再度眠れない，眠りが浅く熟睡感がないな

どは典型的な不眠症の症状である。睡眠関連呼吸障害には睡眠時に呼吸停止または低呼吸になる睡眠時無呼吸症候群が含まれ、中枢性過眠症にはナルコレプシーが含まれる。

3.5 バイオフィードバック

　普段は意識にのぼらない生理的な反応を装置を用いて計測し、光や音などの知覚可能な刺激に変換して本人にフィードバックすることで、心理的、生理的状態の自己調整を促進させる方法をバイオフィードバック（biofeedback）と呼ぶ。訓練を重ねれば、こうすればこうなると、自身の所作とフィードバックとの関係が予測できるようになり、特に装置を用いずとも自己調整ができるようになる。心拍、皮膚温度、皮膚電気活動などの自律神経系の活動のみならず、筋電位活動や脳波などもバイオフィードバックの対象となる。筋電図（electromyography; EMG）を用いて筋肉の緊張状態を測定し、それをフィードバックすれば、筋緊張を和らげることができる。脳波を用いる場合は、ニューロフィードバック（または脳波フィードバック）とも呼ばれる。バイオフィードバックは、不安や緊張の低減、リラクセーション、気管支喘息、高血圧、偏頭痛、過敏性腸症候群の治療や予防など、医療現場でも用いられている。

　近年の研究では、できごとの前の自発的な脳の揺らぎがそのできごとの成否を予測することが明らかとなっている。たとえば、単語を見せられる前のシータ帯域の振幅が後の自由再生課題の成績を予測する（内側側頭葉のシータ振幅が大きければ後の再生成績が優れる）、ゴルフ上級者のパッティング前のアルファ帯域のパワー値がその成否を予測する（前頭正中部のアルファ帯域のパワー値が小さいほどパットが成功し、外した場合でもカップへの距離が短い）などである。ニューロフィードバックは教育や運動選手の競技力の向上にも役立てられる。

　バイオフィードバックでは、自身の所作の結果を装置を通してモニターすることで、自身の状態を自己調整する。この方法はサイバネティクス（cybernetics）の影響を強く受けており、バイオフィードバックという用語もサイバネティクスのフィードバックという概念に由来している。サイバネティクスは、1947年にアメリカの数学者ウィーナー（Wiener, N., 1894-1964）によって提唱された学問分野であり、生物と機械における通信、制御、情報処理の問題を統

第6章　神経・生理

一的に取り扱う総合科学である。サイバネティクスの語源はギリシア語の舵取りにある。船を目的の位置に向かわせるには，情報を逐次フィードバックして舵を取る必要がある。このように，あるシステムの出力（結果）を入力（原因）側に戻し，その値を目標値と比較し，両者を一致させるように修正動作を行う制御をフィードバック制御という。フィードバック制御では結果が出なければ，修正ができない。それに対し，結果に変動を及ぼす外乱を予測し，結果が出る前に，前もって修正動作を行うことをフィードフォワード制御と呼ぶ。

4. 遺　伝

4.1　遺伝子

　遺伝子は小さな繊維状の染色体に並んでいる。ヒトの場合，22対の常染色体と1対の性染色体の計46本の染色体がある。染色体は，デオキシリボ核酸（DNA）が，ヒストンというタンパク質などと結合し，重層的に折りたたまれたクロマチン構造をしている。1953年に，アメリカの生物学者ワトソン（Watson, J. D., 1928-）とイギリスの生化学者クリック（Crick, F. H. C., 1916-2004）により，DNAは二本の鎖がらせん状に並んでらせんの中央部で両鎖の塩基が向かい合わせに結合する二重らせん構造をしていることが提唱された。
　塩基には，プリン塩基であるアデニンとグアニン，ピリミジン塩基であるシトシンとチミンの4種類あり，アデニンはチミンと，グアニンはシトシンと結合する。タンパク質合成では，リボ核酸（RNA）ポリメラーゼが2本のDNA鎖の片側を鋳型にしてRNAを合成する。この過程でDNAの塩基配列はRNAに写し取られる（RNAではチミンの代わりにウラシルが使われる）。この過程を転写と呼ぶ。転写はヒトなどの真核細胞の場合細胞核内で行われる。

4.2　遺伝子と個人差

　遺伝子研究は心理学でも盛んである。有名なものは，セロトニントランスポーター遺伝子多型と抑うつ・不安傾向との関連である。この遺伝子のプロモーター領域（遺伝子の上流にありその発現を調整する部位）にはDNAの繰り返し配列多型が見られ，ヒトの場合，14回の繰り返しを持つもの（S型）と16回

の繰り返しを持つもの（L型）とに分けられる。S型はL型より転写活性が低い。このS型をホモまたはヘテロに持つ人は，L型をホモに持つ人に比べて，神経症傾向や損害回避傾向が高いことが報告されている。他にも，ドーパミンD4受容体多型と新奇性探究，オキシトシン受容体遺伝子多型と母親の感受性（乳児の行動の背後にある意味を読み取り即座に適切に反応する能力）など，同様な研究が数多くなされている。

近年では遺伝子と環境との交互作用についても研究が進められており，たとえば，セロトニントランスポーター遺伝子多型にS型をホモで持つ人は，それ以外の人に比べて環境の影響を受けやすいことが報告されている。つまり，S型をホモで持つ人は，早期の家庭環境が暖かく愛情深いものだった場合や，今の環境がポジティブである場合には，抑うつ症状が低いのに対し，その逆の場合は，抑うつ症状が亢進することが報告されている。他方，L型をホモまたはヘテロに持つ人ではこうした環境の影響は見られない。

遺伝子研究とfMRIなどの非侵襲的測定法を組み合わせた研究も盛んである。有名なものでは，セロトニントランスポーター遺伝子多型にS型をホモまたはヘテロで持つ人は，L型をホモに持つ人に比べて，恐怖刺激に対して扁桃体がより強く反応するという研究がある。また，前部帯状皮質背側部や前部島皮質は，注射を受けるなどの物理的な痛みのみならず，失恋や仲間外れにされるなどの心理的な痛みでも活動することが報告されているが，この両部位に高密度に存在するμオピオイド受容体の遺伝子多型がG/G型またはA/G型の人は，A/A型の人に比べて，仲間外れにされた際の両部位の活動が大きいことが報告されている。

しかし，以上の研究において，特定の遺伝子と特定の行動特性や性格とが関連があるといっても，単一の遺伝子のみで行動特性や性格が決定されるわけではない。単一の遺伝子で説明できるのは分散（個人差）のほんのわずかな部分であることに注意が必要である。

4.3 エピジェネティクス

遺伝は，必ずしもDNAを介したものだけではない。近年では，DNA配列だけによらない遺伝の仕組みを研究する分野であるエピジェネティクスが盛ん

第6章 神経・生理

となっている。エピジェネティクス（epigenetics）とは，1968年にイギリスの発生生物学者ワディントン（Waddington, C. H., 1905-1975）が作った造語であり，前成説に対する後成説（エピジェネシス）を起源としている。前成説では，精子のなかにすでに小人のような人間の素（ホムンクルス）が入っており，それが成長して人間の体ができると考えられていた。それに対し，アリストテレスは，受精後，無形の状態から人間の体の形ができあがると考え，後成説を提唱した。現在では，DNA配列だけでは説明できない細胞の記憶を扱う学問分野に対して，エピジェネティクスという言葉が使われている。また，DNAの塩基配列を変えることなく，遺伝子のはたらきを決める仕組みをエピジェネティクスと呼ぶ場合もある。特定の細胞の修飾状態はエピゲノムと呼ばれる。エピゲノムにより同じDNA配列を用いても柔軟で多様な表現型（遺伝子型が表面から観察できる形質として現れたもの）を生み出すことが可能となる。

　人間の体は60兆個もの細胞からなっており，それぞれ，心筋細胞，神経細胞などに分化している。しかし，細胞は，もともと一つの受精卵が細胞分裂を繰り返してできたものであり，細胞には，受精卵と同様に，一人の体全体を作るのに必要なDNAがすべて含まれている。しかし，分化した細胞のなかで使われている遺伝子はごくわずかであり，多くの遺伝子は眠っている状態である。このように一部の遺伝子のみが使われることでその細胞の個性が維持されており，その細胞の性質は分裂しても維持される。

　こうした遺伝子の使い方を制御しているのが，ヒストン修飾やDNAメチル化である。たとえば，特定のヒストン上の修飾部位（H3K9）がメチル化されるとHP1というタンパク質がそこに特異的に結合し，凝縮したクロマチン構造であるヘテロクロマチンを形成する。この場合，転写因子がDNAに結合できず，結果として遺伝子発現が抑制される。同様に，DNA（シトシン）にメチル基がつくDNAメチル化でも，結果として転写が抑制される。逆に，ヒストンのアセチル化ではクロマチン環境が転写に適した状態になる。ヒストンのメチル化でも，ヒストン上の修飾部位（H3K3など）によっては転写が促進される。こうしたエピジェネティックな標識を除去または再構成し，分化能を回復させることをリプログラミングまたは初期化と呼ぶ。Oct4, Sox2, Klf4, L-Mycなど山中因子とも呼ばれる遺伝子を体細胞に導入して初期化し，多能性を持た

せたのが，山中伸弥（1962-）らによる人工多能性幹細胞（iPS細胞）である。

　親からの育児放棄や虐待にあった子は，親になった際に自分の子に対し，同じような行動に出る傾向があることが知られている。このような世代間伝達にも，エピゲノムの記憶が関わっていることが示唆されている。被虐待経験のある自殺者は，被虐待経験のない自殺者と比較しても，海馬の糖質コルチコイド受容体遺伝子のプロモーター領域のDNAメチル化が昂進し，糖質コルチコイド受容体の発現が低下していることが報告されている。親からの虐待や育児放棄にあった女性では脳脊髄液中のオキシトシン濃度も相対的に低い。

　ラットを用いた研究では，幼少期の虐待により，糖質コルチコイド受容体の発現のみならず，その個体が成体になったときに，前頭前野における脳由来神経栄養因子（BDNF；神経回路の形成や維持に関わる）遺伝子のDNAメチル化が増加し，その遺伝子発現が抑制されることも報告されている。そのラットが親になると，今度は自分の子に対し虐待的な行動をとり，その子も親と同様にBDNF遺伝子のDNAメチル化が増加する。誕生後すぐに正常な養育を行うメスに養子に出した場合でも，正常な養育を行う親ラットの子に比べて，依然としてDNAメチル化は増加していた。この結果は，DNAメチル化が必ずしも生後の経験のみに由来するわけではないことを示唆している。母胎の栄養状態や化学物質などの胎児への作用もエピゲノムの変化を通して，その子の成人期の心身の健康や次世代の健康に影響を与える。

　社会的な経験による影響を排除すべく，父マウスから精子を採って人工授精を行い，さらに交叉哺育を行った場合でさえ，その父マウスの受精以前の経験によるエピゲノムの変化が，孫の世代の神経系の発達まで影響を及ぼすことが報告されている。生物個体の生涯のなかで得られた形質の一部が子孫に伝えられるという，フランスの博物学者ラマルク（Chevalier de Lamarck, 1744-1829）が提唱した「獲得形質の遺伝」説は，現在では否定されている。しかし，最近では，以上のように，親世代の経験が，DNA配列の変化ではなく，エピゲノムの遺伝を通して，次世代に伝えられる可能性が示唆されている。子孫の世代への責任という意味でもエピジェネティクスが示唆することは多い。

第6章　神経・生理

要点の確認

Q　神経系はどのように分類されるか。
A　神経系は，中枢神経系と末梢神経系に分かられ，中枢神経系はさらに脳と脊髄に，末梢神経系は体性神経系と自律神経系に分類される。

Q　活動電位が終末ボタンに到達した後に，情報はどのように伝達されるのか。
A　終末ボタンにあるシナプス小胞が刺激され，シナプス間隙に神経伝達物質が放出される。神経伝達物質はシナプス後膜にある受容体に鍵と鍵穴の方式で結合する。神経伝達物質には興奮性のものと抑制性のものがあり，興奮性が抑制性を上回って閾値を超えると，ニューロンは脱分極して活動電位を生じさせる。

Q　非侵襲的に脳活動を測定する方法にはどのようなものがあるか。
A　脳の電気活動を測定する代表的な方法には脳電図（EEG）と脳磁図（MEG）があり，神経活動の結果生じるエネルギー代謝に関連する変化を測定する代表的な方法には陽電子放出断層撮影法（PET）と機能的磁気共鳴画像法（fMRI）がある。

Q　見えているという意識が伴わないのに，正しく刺激が提示された場所を指差すことができる。どうしてこのようなことが起こり得るのだろうか。
A　脳が並列的に視覚情報を処理しているためである。一次視覚野を損傷した場合にこの盲視が生じる。盲視は，一次視覚野を経由しない，上丘を通る別の回路によって，見ているという視覚意識を伴わない視覚情報処理がなされるためだと考えられている。

文献ガイド

池谷裕二（2009）．単純な脳，複雑な「私」　講談社．
▷脳科学の面白さに触れるのに最適な本。なによりも紹介されている実験が面白い。

マイケル・S. ガザニガ　柴田裕之（訳）（2010）．人間らしさとはなにか？――人間のユニークさを明かす科学の最前線　インターシフト．
▷有名な分離脳の研究者による認知神経科学の優れた入門書。意識，社会，芸術，倫理などについても，認知神経科学の立場から論じられている。

渡邊正孝（2005）．思考と脳　サイエンス社．
▷前頭前野の単一ニューロン活動記録の第一人者による入門書。本章では詳しく触れられなかった前頭前野機能について豊富な図表とともに解説されている。

太田邦史（2013）．エピゲノムと生命　講談社．
▷エピジェネティクスの基本が分かりやすく解説された，入門書として最適な本。

コラム7　ミラーニューロンとエピジェネティクス

　1977年に，メルツォフ（Meltzoff, A.N.）とムーア（Moore, M. K.）によって報告された新生児模倣と呼ばれる有名な現象がある。大人が舌を出したり，口を大きく開けたりしているのを見ている生後24時間以内の赤ちゃんがその大人の動作を真似るという現象だ。単純なことのようだが，実はとても不思議な現象である。赤ちゃんは大人の顔を見ることはできるが，自分の顔は見ることができない。それに，赤ちゃんは自分の顔の筋肉が動くことは感じることができても，大人の顔の筋肉の動きを感じることはできない。それなのに，大人の表情を見て，自分の表情をそれと一致させることができるのだ。他者の行為の観察（視覚）と自身の行為から生じる自己受容感覚を結びつける何らかの仕組みが必要である。

　1996年に，リゾラッティ（Rizzolatti, G.）らは，サルの腹側運動前野に，サル自身がモノを掴むといった何らかの行為を行うときのみならず，他の個体が同じ行為をしているのを観察しているときにも活動するニューロンがあることを見つけ，ミラーニューロンと名づけた。他者の行為を観察すると自分の行為の実行に関わる同じニューロンが活動するということは，他者の行為の意味を，推論によらずにまさに自分のこととして内的にシミュレーションして直接的に理解できることを意味している。ミラーニューロンの発見は，共感などの社会的認知研究にとても大きなインパクトを与えた。新生児模倣の神経基盤もこのミラーニューロンだろうと考えられるようになった。

　では，ミラーニューロンはどのように形成されたのだろうか。ミラーニューロンを持った個体は繁殖上有利であり，自然淘汰を経てこのシステムが残されてきたのだとするのが，遺伝説である。この説によると，我々には，ミラーニューロンが生まれつき備わっていることになる。この遺伝説と対立するのが，連合学習説である。赤ちゃんとお母さんの様子を観察していると，お母さんがある動作をしてそれを赤ちゃんが真似るという以上に，赤ちゃんの動作をお母さんがやや大げさに真似していることに気づく。こうした体験を繰り返すと，赤ちゃんの動作とその感覚結果（この場合はお母さんの動作についての視覚情報）の間に連合が生じ，その感覚結果を知覚するだけで自動的に動作が引き起

こされるようになるのではないかというのが，連合学習説である。この説によると，ミラーニューロンは連合学習の産物であり，ミラーニューロンができるかどうかは連合学習と同じ法則，つまり，時間的近接性と随伴性に依存することになる。この予測は研究によって支持されている。また，時間的に近接して随伴性が高くさえあれば，同一の行為でなくてもミラーニューロンが作れることになる。たとえば，自分が右手を動かすと，相手がつねに即座に舌を出すとする。こうした学習を行うと，相手が舌を出すのを見るだけで自動的に自分の右手が動くようになる。

　ところで，第6章では，DNA配列だけによらない遺伝の仕組み（エピジェネティクス）についても紹介した。そこでは，親世代の経験が，DNA配列の変化ではなく，エピゲノムの遺伝を通して，次世代に伝えられる可能性が示唆されていた。ミラーニューロンの発達についても同様の考えができるだろうか。つまり，特有の社会経験によってDNAメチル化やヒストン修飾などのエピゲノムの変化が生じ，その変化がエピゲノムの遺伝を通して世代を超えて受け継がれるという考えである。エピゲノムの変化による遺伝子発現の変化は，脳のレベルでは，どのような神経ネットワークができるかに影響を与える。このエピジェネティクス仮説は，遺伝説，連合学習説を止揚する説として，検証に値する十分に有望な仮説と考えられる。

コラム8　ブレイン・マシン・インタフェースと脳神経倫理学

　何かをしようと意識することで脳は活動するのだろうか。その逆だろうか。リベット（Libet, B.）らは，脳波によって脳の活動，筋電位によって指が動く時間を測定し，指を動かそうと意識する時間と比べてみた。確かに，実際に指が動く前に動かそうと意識するようで，意識的な意図は実際の動作の開始に先行している。しかし，動かそうという意図が意識されるのは，その動作を準備する脳電位が生じる前ではなく，後なのだ。つまり，何かをしようと意識する前にすでに脳は無意識的にその準備を始めているのである。

　最近では，fMRIを用いた研究もなされている。実験参加者が右手を動かすか，左手を動かすかを決めたと意識する10秒前の前頭極の活動から，その後，実験参加者が右手を動かそうと意識するか，左手を動かそうと意識するかを予測できる。このような，脳の活動から，実験参加者の意図や見ている映像などを再構成する技術をデコーディング（脳情報解読）と呼ぶ。夢を見ているときの視覚野の活動を読み取ってある程度その夢を再現できる技術も開発されている（現時点ではクルマを見たことは当てられても実際にどのようなクルマを見たかまでは再現できるわけではないが）。

　このようなデコーディング技術を応用すると，脳の活動を読み取ることで，義足や車いすを動かすことができる。文字を思い浮かべている際の脳活動を読み取ることで，自分の代わりに文字を打つこともできる。このように脳と機械をつなぐ技術をブレイン・マシン・インタフェース（BMI）と呼ぶ。BMIは，筋ジストロフィーなどによって筋力低下・筋萎縮が生じ，歩行や意思疎通などが困難になった患者に福音となり得る。

　脳のどの部位がどのような処理に関わっているかが分かってくると，その部位を刺激することで，特定の行動や感覚を引き起こすこともできるようになる。たとえば，あなたがいま海を見ているとする。その脳活動を計測してデコーディングし，それをもとに別の人の脳を刺激して，別の人の脳であなたが見ている風景を再現するのである。SFのような話だが，すでに実験されている。見ているものだけでなく，臭いや触覚や感情なども，脳と脳を直接つないで伝えられるようになるかもしれない。

第6章 神経・生理

　さて，自分が何かをしようと意識する前の脳活動から，後の自分の意志を予測できるという研究を紹介した。このことは，脳の活動を読み取ることで，相手の意志を，本人が意識するよりも前に読み取れてしまうことを意味する。あなたのプライバシーは守られるのだろうか。あるいは，あなたの前頭極や，リベットらが意識的な意志の感覚に先行する脳活動を見出した補足運動野を，別の誰かが刺激したとしたらどうだろう。補足運動野を電気刺激すると，指を動かしたいといった意志の感覚が生じるし，より強く刺激すると，実際に指が動く。この場合でも，刺激されたあなたは自分がしたいと意識するかもしれない。でも，それはいったい誰の意志なのだろうか。あなたが意識する前にあなたの意志をすり替えることもできるようになってしまうかもしれない。この技術を時の権力者が悪用したとしたらどうだろうか。

　脳科学の進歩は，技術の進歩をもたらすとともに，これまでは存在しなかったような倫理的な問題をももたらす。脳神経倫理学は，こうした脳科学の進展によって新たに生じた倫理的な問題を扱う分野である（道徳観などの神経基盤を扱う分野を脳神経倫理学と呼ぶ場合もある）。こうした問題は専門家だけで解決ができるようなことではない。社会全体で新たな技術がもたらす倫理的な問題をともに考えていく必要がある。

第7章

統計・測定・評価

繁桝算男

(1) 科学としての心理学において重要な役割を果たすのは測定である。心理現象を数値で表現すること，そして，その数値的表現の方法が再現可能であることがその要である。すなわち，同じ心理現象の解明に関心を持つ者が同じ測定を試みようとするとき，それが可能であることが知識の積み重ねのために必要なのである。本章では，どのように心理的に関わる属性を測定し，数値化するか，数値化したデータを根拠として，どのような推論が可能かについて簡潔にまとめる。簡潔ではあるが，考え方の基本を説明しており，その理解の上に，この分野に特有の専門用語の意味を把握してほしい。

(2) 測定の方法について，精神物理測定法，一対比較法を中心に，心理的属性を数値化する技法を説明する。

(3) そもそも測定とはどういう行為であるかを論じ，測定値をいくつかの種類に分ける。

(4) 測定値を証拠として未知の事柄について推論するための統計モデルを紹介する。

(5) 統計的推論について，特に，統計的検定法と多変量解析について代表的な手法を説明する。

(6) テスト得点を評価する手段として，古典的テスト理論，特に，信頼性と妥当性を説明する。

(7) テスト項目に対する反応（たとえば，正誤）を分析するための項目反応理論を説明する。

第7章 統計・測定・評価

1. 測 定

1.1 精神物理測定法

　人の感覚は物理量に比例しない。たとえば100グラムの重さの物を手のひらに置いて感じる重さは，10グラムの物に感じる重さの10倍にはならない。人の感覚・知覚と物理量との関係を明らかにするための方法，および，そのような方法によって得られるデータをまとめる理論を精神物理学（psychophysics）という（心理物理学という場合もある）。

　精神物理学で用いられる方法の多くは，19世紀に活躍したドイツの哲学者・物理学者フェヒナー（Fechner, G. T., 1801-1887）によって考案されている。その測定の対象のひとつは，感覚を生じる最小の物理量である。たとえば，ごく弱い光を少しずつ強くするとき，ある量を超えると初めて光の感覚が生じるが，その物理量を絶対閾（いき）という。ほかに精神物理学的方法によって定めるべき物理量は，ある刺激と比較して「違う」とわかる最小の差である。その差を，弁別閾という。さらに，ある刺激に対して，それと同じに見える心理的な量（主観的等価点と呼ばれる）を求める場合もある。たとえば，ミュラー・リヤー錯視（Müller-Lyer illusion; 第2章参照）の実験において，提示された刺激と同じ長さに見える線分の長さが主観的等価点である（錯視のため，この主観的等価点は提示された刺激の物理的長さとは異なる）。これらの心理的な量を定める方法として，極限法，調整法，恒常法という3つの方法がある。

　極限法（method of limits）は物理的な量がゼロ，あるいは，閾値よりはるかに低い値から出発し，実験者が少しずつ刺激の強さを変化させ，被験者が感知したと報告する初めての強度を絶対閾とする方法である。逆に，明らかに感知できる物理量からはじめ，感知できない物理量を報告させる場合もある。前者を上昇系列法，後者を下降系列法という。極限法を弁別閾の測定に使う場合には，ある刺激（標準刺激）と別の刺激（比較刺激）とが同じ物理量を持つものから出発し，初めて違いを感知する差の量を弁別閾とする。逆に，明らかに違いを感知できる物理量の刺激から出発し，違いがわからなくなると報告されたときの差の量も弁別閾である。報告される物理量は，上昇系列法や下降系列法

1. 測　定

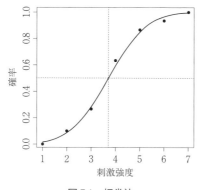

図 7.1　恒常法

などの実験の条件に影響され，また，個人差がある。

　極限法の場合，刺激の強度レベルを操作するのは実験者であるが，被験者がその強度を操作するのが調整法（method of adjustment）である。この方法は主観的等価点の測定によく用いられ，閾値の測定に用いるには困難な場合が多い。

　恒常法（method of constant stimuli）では，閾値よりかなり低い強度レベルでほとんど確実に感知できない刺激から，ほとんど確実に感知できる高い強度の刺激までを含む，複数（通常5個から9個）の刺激セットを被験者にランダムに何度も繰り返し呈示し，感知できるかどうかを聞く。結果として，それぞれの刺激強度において感知できる比率が計算できる。この比率にSを斜めに引き伸ばしたような曲線（典型的には正規分布の累積分布関数）を当てはめ，感知できる確率が0.5に対応する物理量を推定する。これが絶対閾となる。恒常法を弁別閾の測定に使う場合には，標準刺激に対し，複数個の比較刺激を用意し，S字状曲線を当てはめて，標準刺激よりも強い強度レベルであると感知される確率が0.5となる物理量を求めればよい。図7.1に数値例を示す。7点において感知された比率に対し，正規分布の累積分布関数を近似している。

　フェヒナーに由来するこれらの方法では，心のうちを直接聞いていないことに注意してほしい。これに対し，アメリカの心理学者スティーブンス（Stevens, S. S., 1906-1973）は，心のうち，すなわち，感知する内的なプロセスを直接聞いた場合も安定した値が得られることを示し，マグニチュード推定法（magnitude estimation）を開発した。現在，マグニチュード推定法は最もよく使われる精神物理的方法の一つである。感知される標準刺激の強度に対し，特定の値（モデュラスと呼ばれる）を与え，比較する刺激の心理的強度がどれほどであるかを尋ねる。たとえば，比較刺激が標準刺激の半分の強さであると感じる時，モデュラスを10とすれば，比較刺激の心理的強度レベルは5となる。

1.2 一対比較法

　心理的な量の測定を回避するのではなく，また，直接聞くのでもなく，モデルを構成する潜在変数として心理的な量を定義する立場がある。代表的な例として，サーストン（Thurstone, L. L., 1887-1955）の一対比較法（method of paired comparison）を説明する。2つの刺激を提示すると，それらはそれぞれ心のうちに対応する心理プロセスを生じさせる。この心理プロセスを潜在的な量として想定し，2つの刺激を s_1 と s_2，また，対応する潜在変数を u_1 と u_2 で示す。2つの潜在変数 u_1 と u_2 は，1つの値に定まらず，揺らぎを生じており，2つの分布（通常は正規分布）に従うとされる。このような操作をすることによって，刺激 s_1 が刺激 s_2 よりも優越する（より明るい，などの感覚的な比較だけではなく，より好ましい，より重要であるなどを含む）確率が2つの分布のパラメータによって表現できる。正規分布の場合であれば，その分布の平均がそれぞれの刺激の心理的な値（心理価）となる。分布の平均を示すパラメータの推定には，最小二乗法，一般化最小二乗法，最大尤度法，ベイズ法などが用いられる（これらの推定法の特徴については，第2節で簡単に説明する）。このようなモデル設定によって，いくつかの刺激や概念（たとえば，「医師－弁護士」のような職業概念）の相互の一対比較のデータから，それぞれの刺激や概念に対応する心理価を評価できる。特に望ましさの比較判断からは，それぞれの刺激や概念の効用の値が得られる。

　この比較判断の法則は，順序づけられたカテゴリー判断にも展開できる。たとえば，各刺激を4段階（最も望ましい，やや望ましい，どちらかと言えば望ましくない，望ましくない）のそれぞれに該当すると評価するとしよう。この4段階を分ける閾値を v_1，v_2，v_3 とする。刺激に対応する潜在変数 u が，v_1 未満であれば段階1，v_1 以上で v_2 未満であれば段階2……段階4というように決めら

れると仮定して，適当な統計モデルを作ることができる。このモデルに基づき，各刺激の心理価を推定する方法を系列カテゴリー法という。

1.3 公理論的測定論

　心理的測定とはそもそも何を意味しているのであろうか。測定を厳密に定義しようとする試みは，心理学研究者の手によって発展した。物理的属性の測定とは対照的に，心理的属性の測定値は存在すると言えるのか，どうすれば測定できるのかという疑問がつきまとうからであろう。

　世の中に存在する「もの」や「こと」の属性が数値として表現されるということは，それらの間に存在する関係が数値間の関係に置き換えられることである。たとえば，物の長さを測るとき，一方が他方より長いか等しいという関係が，数値間の関係の「以上（≧）」に置き換えられ，かつ，2つの物をつなげるという関係が，数値間の加算（+）に置き換えられる。これが「長さ」を表現する測定値である。このように物理学の基本的属性の測定は単純である。

　一方，「心理的測定値が存在するための前提条件」を論ずることはそれほど単純ではない。しかし，心理的な属性の測定値が存在することはすでに証明され，その存在は保証されている。さらに，どのような手続きによって公理論的に正当化される根拠を持つ測定値を得るかを示すこともできる。ただし，公理論的な裏づけを持つ測定方法は現在でも数少なく限定されている。

　公理系の裏づけを持つ測定値の代わりに用いられるのが，先に挙げた一対比較法などのように，現実世界に適合するモデルを作り，モデルに依拠して測定値を推定するという測定法である。

　実際の質問紙調査では，4段階，5段階，7段階などの評定を要請し，その反応を，1, 2, 3, 4,……と得点化する慣行がある。この慣行は次のような背景を持つ。測定する属性を潜在変数とし，その潜在変数が正規分布をすると仮定する。5段階評価の前提として，この潜在変数を順位のついた5つのクラスに分けられるとしよう。それぞれのクラスを示す測度（代表値）として，たとえば平均やメディアン（中央値）を用いるとすると，それはリッカート尺度（Likert scale）と呼ばれる方法であり，根拠とするモデルが一応示されている。この方法をさらに簡便化し，平均値の代わりに整数を用いるのが先に挙げた慣

行である。このような数量化は，もはや，モデルを構築し，そのモデルが現実に適合しているかどうかを問うプロセスであるとは言い難い。したがって，通常の質問紙調査の得点に意味があるかどうかは，公理論的な証明や根拠とするモデルの適切性の評価という手段ではなく，テスト得点が得られたことを所与として，テスト得点が心理学にとって有効か，社会にとって有効かを評価することが必要となる。

1.4 測定値の種類

測定値は数値として表現されるが，それぞれの数値が伝える情報は異なっている。スティーブンスは，次のように数値を分類し，4種類の尺度とした。

- 名義尺度（nominal scale）：数値の違いがそれぞれを区別しているという情報のみを持つ。例：背番号。
- 順序尺度（ordinal scale）数値の大小関係が順位を表す。例：成績の優，良，可，不可を4，3，2，1で示す場合。
- 間隔尺度（interval scale）：通常の数値。ただし，値の0の位置，すなわち，原点を動かすことができる。また，数値の単位も変更することができる。例：温度を示すために使われる摂氏や華氏。
- 比尺度（ratio scale）：原点0に意味があり動かすことができない。数値の単位は変更することができる。例：重さ，質量，長さ。

この4種類の区別は，意味のある言明をするために，どのような数値の変換が許されるかによって決まる。名義尺度の場合，AとBを区別するだけならば，それぞれを，1と2としても，100と101としても2つが別のものであるという意味は同じであり，1対1対応をする変換ならばすべて許容される。順序尺度の場合，順位関係を満たす限りどのような変換をしてもよい。成績を区別するために与える数値は，順序を意味するだけならば，10，3，2，1でもよいことになる。間隔尺度は，単位と原点を変えることに対応して，その数値をある数で乗ずる（あるいは割る）ことができ，ある数を足すこともできる。たとえば，華氏の温度は，摂氏の温度を1.8倍して，32を足して得られる。比尺度は，

ある数を乗ずる（あるいは割る）ことができるだけであり，ほかの変換はできない。体重の測定値は，キログラム，ポンド，貫などいろいろな表記ができるが，これらは全て互いに定数倍になっている。

2. 統　計

　心理学において，データからどのようにして情報を読み取るか，また，そこからどのような結論を得るかについては，方法論的基礎を統計学においている。測定の部分で学んだように，心理学における測定値の多くは心理学で独自に発展した方法によって得られているが，統計学の基本は他の諸学問と共通である。ただし，具体的なデータ分析の方法については心理学において独特の発展をした場合もある。ここでは，心理学における統計学を統合的に理解するように，データの記述，モデルと確率，統計的検定，多変量解析，データを得る方法について説明する。

2.1　データの記述

　統計学は，記述統計学（descriptive statistics）と推測統計学（inferential statistics）に分かれる。記述統計学は手元に得られたデータをどのようにまとめ，情報を読み取り，他者に伝えるかを扱う。推測統計学は手元に得られたデータから未知の値を推論する。データを記述する方法は2つに大別される。図やグラフによってデータを示すグラフ表現と，数値によってデータ情報を要約する数値的表現である。グラフによる表現は，ヒストグラムや2次元散布図が代表的である。数値的表現にも大別すれば2種類ある。データの中心傾向の要約値と，ばらつきを示す要約値である。

　中心傾向の要約値として，よく用いられるのは，平均，メディアン（median; 中央値），モード（mode; 最頻値）である。メディアンは，値が大きい方から数えても，小さい方から数えても同じ順位のデータの値である。たとえば7人の小学生を身長の順に並ばせて，前から数えて4番目（後ろから数えても4番目）の子どもの身長がメディアンである。8人いる場合は，4番目と5番目の身長を足して2で割って，メディアンを得る。特別に大きい値（あるいは小さい値）

がごく少数ある場合，平均はそれらの値に影響されるのに対し，メディアンはほとんど影響されない。この理由によって，特別な値が不自然である場合には，中心傾向の要約値としてメディアンが好まれる。モードはヒストグラムにおいて，最も度数の高い階級（クラス）の値である。

ばらつきの測度としては，分散と標準偏差（分散の平方根）が代表的である。分散（variance）は，平均からのずれの2乗の平均である（すなわち，データの数をnとすると，平均偏差の二乗の和をnで割ったものである。文献によっては，ある特定の統計的性質（自由度）を重視し，$n-1$で割ることを推奨している）。また先に挙げたメディアンは，下から数えて50%の点の値であったが，下から数えて25%の点と，上から数えて25%の点を足して2で割ると，四分位偏差というばらつきの指標が得られる。不自然な値があるとき，中心傾向として平均よりメディアンが好まれるのと同じような理由で，標準偏差（standard deviation; SD）よりも，四分位偏差が推奨されることがある。

2.2 統計モデルと確率

統計学の出発点はデータがばらつくことを認識することである。仮に因果関係がはっきりとわかっており，原因となる現象が明確に定まっていたとしても，複数のデータを観測するとき，それらの値は通常ばらついている。このばらつきを考慮に入れて，事象間の因果関係に迫ることを可能にするのが確率である。観測して得られるデータは，規則的な部分と残差（residual）の部分に分けられる。すなわち，以下のように表現できる

$$\text{データ} = \text{規則的な部分} + \text{残差} \tag{7.1}$$

規則的な部分は，原理的には原因がわかれば特定できるのに対し，残差は一回ごとの観測値を特定することはできない。しかし，たくさんのデータを集めれば，一定の傾向を読み取ることができる。それらの傾向を表す分布として，正規分布が使われることが多い。

正規分布（normal distribution）は連続分布の代表的な分布である。その理由のひとつは，現実に生起する現象を表現するモデルとして正規分布が適切である場合が多いことである。残差は未知の多くの要因によって発生したと考えら

2. 統 計

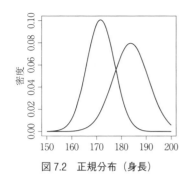

図 7.2 正規分布（身長）

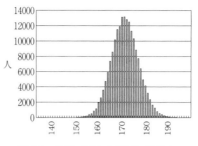

図 7.3 身長（日本人男性）の分布

れるので，正規分布が適している場合が多い．現実のデータでは，たとえば，身長の分布を想定すると，大体，図 7.2 のような分布になっているであろう．左側の分布は平均を 171.66cm，標準偏差を 5.60（平成 21 年の 20 歳の男子の身長）とした正規分布である．右側の分布は，世界で最も身長の高い国民とされるオランダ人男性（平均 183.8cm，標準偏差 7.1）に合わせた正規分布である．図 7.3 は，日本人男性の身長の分布を柱状図のヒストグラム（histogram）によって示す．データは国立大学法人保健管理施設協議会「学生の健康白書 2005」による．ほぼ正規分布に従っていることがわかる．

　正規分布がよく使われる理由はこれだけではない．一般にデータがどのような分布をしていても，その平均をとって「平均の分布」をみると正規分布によって近似されることがわかっている．このことを保証するのが中心極限定理という法則である．さらに，平均値のようなデータから計算される値（これを統計量という）の多くが，データの数を増やすとき，正規分布に近い形になる．これも正規分布が重視される理由である．

　しかし，データの分布や残差の分布のモデルが正規分布だけで十分であるとはいえない．正規分布は左右対称であるが，右の方にすそ野が広い分布の方がデータの分布としてふさわしい場合もある．そのような分布の例を図 7.4 に示す（この分布はガンマ分布と呼ばれる）．正規分布よりも，右に歪む分布，左に歪む分布，正規分布よりも裾が広がる分布など，問題とする心理現象に適当なモデル分布を探す努力が必要である．正規分布を使うとしても，それぞれに確

257

第7章 統計・測定・評価

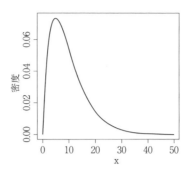

図 7.4 右に歪んだ分布（ガンマ分布）

率で重みづけし組み合わせた分布（混合分布という）は，多様性に富み様々な現象のモデルとして使われる。

　正規分布やガンマ分布は連続的な値の分布の様子を示すが，データの値が離散的（とびとびの値）な場合の確率を示す分布である。たとえば，同じ難易度の10問のテストで正答する数の分布は二項分布（binomial distribution）をモデルとすることができる。図7.5で示すのは，正答の確率を0.3とした場合の正答数の分布である。問題の数を増加させる場合の二項分布を図7.6に示す。一般にはこの例における問題数を試行数，正答することを成功というが，この図では成功確率を0.3，試行回数を200回とした分布を示す。この分布は正規分布に似ていることがわかるであろう。正規分布は，二項分布において，試行回数を増やした時の極限として導くことができる。

　データのモデルとして，正規分布や二項分布が使われることを紹介したが，正規分布を確定するには，その平均と分散を定めなければならない。しかし，データを得る時点で分布の平均や分散は未知である（データから計算する平均や分散と異なることを示すために，母集団の平均や分散という意味で，母平均，母分散と呼ばれる）。また，二項分布の場合も，試行数は定められるが，成功の確率は未知である。このように統計モデルには未知の量が含まれる。この未知の量はパラメータ（parameter）あるいは母数と呼ばれる。統計的推論とは，この未知の量に関する推測や将来の値（当然未知である）を推論することである。

　推論するためには，最初に，観測されるデータに対して適切な統計モデルを

2. 統　計

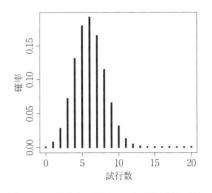
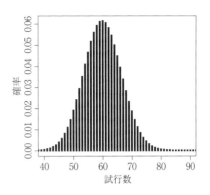

図7.5　二項分布：確率＝0.3（試行数＝10）　図7.6　二項分布：確率＝0.3（試行数＝200）

　設定する。いくつかの統計モデルが考えられる場合には，最も適切なモデルを選ぶ。統計モデルの適切性の基準としては，観測されるデータとモデルの間の距離を評価する適合度基準や，ありうるすべてのデータとモデルの距離を評価する情報量基準などが提案されている。情報量基準としては，赤池情報量基準（Akaike's Information Criterion; AIC）がよく知られている。日本の数理統計学者赤池弘次（1927-2009）が考案した指標である。

　統計モデルが設定されれば，そのパラメータに関する推論を行うことになるが，その主要な推論は2種類に大別される。パラメータの値の推定と，パラメータに関する仮説を検証する仮説検定である。パラメータを推定するための方法として代表的な2つを挙げる。まず，パラメータと推定値との間のずれを評価する基準を作り，それを最小化する方法がある。このずれの基準としてもっとも単純なのは，パラメータとデータから計算する推定値との差の2乗を評価する場合である。この方法は最小二乗法（least squares method）と呼ばれる。個々のずれのばらつきを考慮して最小化する基準を構成し，推定する方法を一般化最小二乗法という。もう1つの方法は，統計モデルに現実のデータの値を代入した場合にその統計モデルが最も適切になるようなパラメータの値を選ぶ方法である。モデルとデータの統計モデルを数式で示し，観測されたデータを代入した場合には，この式はパラメータの適切さを示すことになるが，それを尤度（likelihood）という。その尤度を最大化するので，この方法は最大尤度法

259

（あるいは最尤法）と呼ばれる。

2.3 統計的検定
統計的検定の考え方を理解するために最初に t 検定について説明する。

◉ t 検定
　例を挙げて説明する。小学生 18 名を，ランダムに（無作為に）2 つのグループに分ける。ランダムに分けるとは，なんらかの意図をもって分けることをせず，偶然に任せて分けることである。たとえばサイコロを振って奇数が出るか偶数が出るか，あるいは，0 から 1 までの乱数を算出して 0.5 以上かどうかで，どちらに属するかを決める。これらの小学生に分数の計算を教えるとしよう。このとき，教え方によって理解に差が出るかどうかを知りたいとする。最初の 10 名には，コンピュータを用いて特別の訓練をした。別の 8 名は，通常の一斉授業によって教えた（ t 検定の場合，2 つのグループの人数が同じである必要はない）。その後で同じ計算問題を受けさせたところ，間違えた計算の数は次のようであった（ただし，このデータは架空のものである）。

　　コンピュータを用いた教育による間違いの数 = (3, 4, 2, 2, 0, 0, 1, 3, 3, 2)
　　通常の授業による間違いの数 = (5, 3, 4, 6, 4, 1, 3, 6)

　教授法の効果を研究している研究者にとっては，この 18 名だけに特別な関心があるわけではなく，全国の小学生全体について，コンピュータによる教育の効果があるかどうかに関心がある。この場合，全国の小学生，すなわち本来の研究対象の全体を母集団（population）という（心理学における母集団は抽象的に人間全体を対象とすることが多く，母集団のモデルの分布と同一視されることも多い）。また，選ばれた 18 名を標本（サンプル）という。この標本が母集団を代表しているためには，母集団からランダムに（無作為に）選ばれていなければならない。そのように標本が選ばれることをランダムサンプリング（無作為標本抽出）と言う。

　t 検定の適用例において，2 つの群はランダムに分けられ，それぞれ別の実

験条件に割り当てられている。この手続きをランダム（無作為）割り当てという。ランダム割り当てとランダムサンプリングとは，共にランダムな性質を利用しているが，意味はまったく異なる。実験条件へのランダム割り当ては，因果関係を明確にするために行う作業であり，ランダムサンプリングは，一般化の対象を明確に定めるために行う作業である。

　限られた数の標本からのデータに基づいて，母集団全体について推論するのが統計的推論であるが，母集団の一部から全体についての結論を得ようとしているのであるから，当然，統計的推論には間違いが伴う。この間違いの確率的性質について知識を持ち，その間違いをなるべく小さくするのが統計的推論の役割である。

　この例では，「コンピュータによる教育は効果がある」というのが研究上の仮説である。統計的仮説検定では，これを2つの統計仮説として表現する。母集団におけるコンピュータ教育と一斉授業の本当の平均が等しいという統計仮説と，そうではないとする統計仮説である。前者を帰無仮説，後者を対立仮説という。帰無仮説という言葉は，初めて統計学を学ぶ者には唐突な感じがするかもしれない。英語では，単純にゼロ仮説（null hypothesis）という。研究者にとっては，否定したい仮説であり，統計的検定の枠組みに従うために設定する仮説である。一方の対立仮説は，対応する英語を直訳すれば，代替仮説（alternative hypothesis）である。帰無仮説が正しくない場合に成立する仮説であり，多くの場合研究者が望む結論である。

　母集団の平均を（ギリシャ文字「ミュー」を用いて）μ_1とμ_2とする。また，帰無仮説をH_0，対立仮説をH_1とする。このとき，H_0は，$\mu_1=\mu_2$である。H_1は，通常は，H_0が間違いの場合を表す。すなわち，$H_1 : \mu_1 \neq \mu_2$である。帰無仮説が正しくない場合に，確実に$\mu_1>\mu_2$または$\mu_1<\mu_2$であると信じる（すなわち，逆の場合はあり得ないとする）ならば，これを対立仮説としてもよい。このような不等号を持つ仮説を方向仮説という。

　t検定のための指標として用いられる統計量は，t値である。t値の計算式とそこで使われる記号の意味は，次の通りである。

第7章 統計・測定・評価

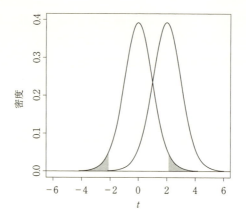

図 7.7　t 分布：自由度＝16

n_1：第1群の被験者の数　　n_2：第2群の被験者の数
$\overline{x}_1$：第1群の平均　　$\overline{x}_2$：第2群の平均
s_1^2：第1群の分散　　s_2^2：第2群の分散

$$t = \frac{\overline{x}_1 - \overline{x}_2}{\sqrt{\dfrac{n_1 s_1^2 + n_2 s_2^2}{n_1 + n_2 - 2}\left(\dfrac{1}{n_1} + \dfrac{1}{n_2}\right)}} \tag{7.2}$$

こうして計算される t の値は，帰無仮説が正しいとき，自由度 n_1+n_2-2 の t 分布に従って分布する。自由度は，t 分布の形を決める定数である。データの数は，n_1+n_2 個であるが，自由に動けるデータの数は計算の過程で2つ減っていると考えてもよい。この分布は，図7.7の左側の分布である。平均が0で，正規分布（平均0，分散1）に似ているが，正規分布よりも頂点が低く，左右への広がりが大きい。t 分布は，対立仮説が正しい時には，同じ形状ではあるが，$\mu_1 > \mu_2$ の時には右に移動する（図7.5の右の分布）。逆に，$\mu_1 < \mu_2$ の時には左に移動する。

　このような知識を前提として，帰無仮説が正しいか対立仮説が正しいかをどのように決めればよいだろうか。どちらかが正しいと決める場合，2種類の間

2. 統　計

表 7.1　仮説検定の枠組み

選択肢	帰無仮説が正しい	帰無仮説が誤りである
帰無仮説を棄却	第1種の誤り（せっかちの間違い）	正しい
帰無仮説を保留	正しい	第2種の誤り（のろまの間違い）

違いが生じる。すなわち，帰無仮説が正しいのに対立仮説を正しいとする間違いと，対立仮説が正しいのに帰無仮説を正しいとする間違いである。前者を第1種の誤り，後者を第2種の誤りという。両者の区別が難しいので，比喩的に説明しよう。せっかちに望ましい仮説を採択する場合の間違いが第1種の誤りである。一方，対立仮説が正しいのにそうしない誤りがのろまの間違いである。統計的検定では，第1種の誤りを最小限にとどめておき，第2種の誤りを最小にすることがルールである。具体的には，第1種の誤りの上限を決め，その範囲内で第2種の誤りを最小にする。第1種の誤りの確率の上限を有意水準(level of significance)という。有意水準は，0.05 や 0.01 とされることが多い。なお，対立仮説が正しい時に正しいとする確率，すなわち，第2種の誤りの確率を 1.00 から引いた値を検定力という。たとえば，第2種の誤りが 0.2 ならば，検定力は 0.8 となる。仮説検定の枠組みを表 7.1 にまとめる。

　統計的検定のルールは，第1種の誤りと第2種の誤りの重大さを同等に扱っていない。対立仮説を正しいとする決定をする時，その決定が間違っている確率は，有意水準より小さいことが保証されているので，帰無仮説を棄却するという断定的な表現がよく使われる。一方，帰無仮説を正しいとする場合，それが間違いである確率の値は分からない。そのため，「帰無仮説を正しいと採択する」という断定的な表現ではなく，「帰無仮説を保留する」，あるいは，「帰無仮説を棄却することはできない」と表現される。

　なお，帰無仮説が正しいとしたときに，得られた t の値よりも，極端な t 値をとる確率を p 値という。言い換えれば，帰無仮説が正しいためには都合の悪い値の集合が出現する確率である。この p 値が，有意水準より低い時，帰無仮説は棄却される。

第 7 章 統計・測定・評価

　図 7.7 において，帰無仮説 $H_0: \mu_1 = \mu_2$，対立仮説 $H_1: \mu_1 \neq \mu_2$ の場合の統計的検定の方法を示す。t の値が，その分布の上から 2.5% のところより大きいか，下から 2.5% の点よりも小さい場合に，帰無仮説を棄却する。上から 2.5% と，下から 2.5% の点の外側を棄却域という。図 7.7 において，灰色の部分が棄却域を示す（この場合，棄却域が両側にあるので，両側検定という）。先に挙げた数値例の場合，t 値は -2.811 であり，棄却域は 2.120 より大きいか，-2.120 より小さい領域なので，帰無仮説は棄却される。ちなみに p 値は 0.0126 である。なお，対立仮説が，$H_1: \mu_1 > \mu_2$ の場合には，棄却域は，上から 5% の点よりも大きい領域である。逆に $H_1: \mu_1 < \mu_2$ の場合には，棄却域は，下から 5% の点よりも小さい領域となる（対立仮説が方向仮説の場合，棄却域が片側だけにあるので，片側検定という）。

　ここまでの t 検定の説明は，2 つのデータセットがあり，それぞれに含まれるデータには他の群のデータとは関連性がない（対応がない）ものと考えている。しかし，たとえば，遺伝と環境要因の影響を研究する行動遺伝学において，双生児のそれぞれに同じ課題を与えて，違いがあるかどうかを見ようとするとき，2 つのデータセットの間には対応がある。また，ある認知能力テストは訓練によって影響されないという仮説の真偽を確かめようとする場合，訓練の始まる前と後でそのテストを実施するときにも，同じ被験者という対応がある。

　ここでも，架空データを用いて説明しよう。10 人の被験者の訓練前のデータと訓練後のデータは以下のようであったとする。

　　訓練前のデータ＝ (3, 8, 7, 4, 2, 5, 4, 7, 4, 3, 2)
　　訓練後のデータ＝ (4, 6, 6, 5, 5, 5, 6, 8, 6, 5, 4)

このようなデータの場合，対応のあるデータの差をとる。すなわち差得点は，

　　訓練前と後の差＝ (-1, 2, 1, -1, -3, 0, -2, -1, -2, -2, -2)

となる。この差得点をデータとして，このデータの母集団の平均が 0 であるかどうかを確かめればよい。0 でなければ，訓練の効果があったということにな

る．これは，一つの母集団の平均に関する t 検定と同じとなる．差得点を d，対応のあるペアの数を n，差得点の分散を s_d^2 とすると，

$$t = \frac{\bar{z}}{\sqrt{\dfrac{ns_d^2}{n-1}}} \tag{3.7}$$

は自由度 $n-1$ の t 分布に従うことを利用して検定する．ちなみに，この場合の t 値は，$t = -2.2361$ となり，自由度 10 の t 分布において，この値よりも極端な値をとる確率（p 値）は 0.0493 となり，ぎりぎりで有意となる．ちなみに，これに通常の 2 母集団の t 検定を適用すると，t 値 $= -1.4084$，自由度 $= 20$，p 値 $= 0.1744$ となり，統計的な有意差が見られないことになる．対応があるという情報を無視しているからである．

● 分散分析

2 つの群ではなく，3 つ以上の群を比較したいときに通常用いるのが分散分析である．分散分析も例を使って説明する．4 種類の錯視図形（刺激 1 ～ 4）を作り，40 名の被験者を 10 名ずつランダムに錯視図形を使った実験条件に割り当て，錯視量を計測した結果，次のようになった．

刺激 1 の錯視量 = (5, 6, 5, 7, 9, 10, 3, 4, 5, 6)
刺激 2 の錯視量 = (5, 5, 6, 3, 1, 1, 2, 3, 8, 6)
刺激 3 の錯視量 = (8, 4, 7, 10, 5, 6, 6, 9, 8, 7)
刺激 4 の錯視量 = (6, 4, 8, 7, 9, 7, 6, 6, 5, 3)

この例では，すべてのデータが全体の平均からどれほど離れているかを示す全体平方和が 199.5，4 つの群の平均が全体平均からどれほど離れているかを示す群間の平方和が 152 となる．それぞれの群におけるばらつき（群内平方和）は，全体の平方和から群間の平方和を引いた 47.5 となる．群間平方和と群内平方和の和が全体の平方和になるからである．4 つの平均が母集団において異なるかどうかは，群内の平方和に比べて群間の平方和が誤差の影響を考慮して

もなお大きいかどうかによって決まる。群内の平方和と群間の平方和の「公平な」比較のために，平方和をそれぞれの自由度で除して比較する。検定のために使われる統計量は，群の数を a（この場合 $a=4$），全体の被験者の数を n（$n=40$）とすると次のようになる。

$$F = \frac{\text{群間の平方和}/(a-1)}{\text{群内の平方和}/(n-a)} = \frac{47.5/3}{152/36} = 3.75 \tag{7.4}$$

この統計量は，英国の統計学者フィッシャー（Fisher, R. A., 1890-1962）の頭文字に由来し，F 統計量と呼ばれるが，この比が意味を持つのは，帰無仮説が正しい場合には，分子と分母の理論上の平均値（期待値）が等しくなるからであり，また，F 統計量が F 分布という標準的な分布に従うからである。図7.8 は帰無仮説が正しいならば従うべき F 値の分布を示す。有意水準を 0.05 とするならば，この場合の統計的検定は，上から 5% 点の 2.859 から上の部分（図の灰色の領域）が棄却域となる。

上記の例は，データに影響を与える要因として，錯視図形の違いという，一つの要因だけを取り上げた単純な実験である。しかし，データに影響を与える要因はひとつであるとは限らない。分散分析は，より複雑な実験や調査のデザインにも対応して使われる分析方法である。研究目的に合わせて適切な実験計画を選ぶ方法が文字通り「実験計画法（experimental design）」であり，多彩な実験計画に対応して数多くの分散分析の方法がある。

錯視図形の種類という要因と，実験する部屋の明るさという要因を同時に検討したいとする。このような実験によって得られるデータの分析は，2 つの要因を取り上げて被験者を配置したデータの分散分析という意味で，2 元配置の分散分析（簡略化して 2 元分散分析）という。ところで，要因は英語では，factor であるが，これは因子分析では「因子」と訳される。分散分析でも因子分析でもデータに影響を与える変数であり，英語では共通の factor であるが，日本では，実験計画において確定しておく場合に「要因」と呼び，観測されず推測する対象である場合に「因子」と呼ぶように使い分けている。

もうひとつ例を挙げよう。教授法の違いによって統計学の成績に差があるかを検証したいとしよう。具体的には，統計学の理論を講述する通常の講義形式，

2. 統　計

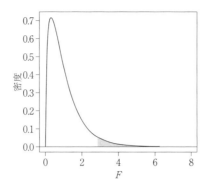

図7.8　F分布と棄却域

徹底的に例題によって訓練する例題形式，また，クラスをいくつかのグループに分け分析方法について議論させながら実際のデータ分析を行う演習形式の3つのどれが優れた教授法であるかを確かめたいとしよう。さらに，どの教授法がよいかは学習者がどの程度の数学の素養があるかで違うかもしれないことを考えて，受験科目として数学を選んでいるかどうかという要因も考慮するとしよう。この実験計画の場合，受験科目という学習者の特徴によって，3つの処遇の効果が違うかもしれない。教授法と学習者の特徴との間に良い組み合わせと悪い組み合わせがあることを交互作用(interaction)という。教育心理学では，このような現象を特に，「適性−処遇交互作用(aptitude-treatment interaction; ATI)」というが，交互作用はどのような分野でも重要である。交互作用がない場合には，2元分散分析によって，教授法の効果による違いはあるか，あるいは，学習者の特徴によって統計学の成績に差があるかどうかを同時に検定することができる。これらの効果は，主効果(main effect)と呼ばれる。

◉ カイ二乗検定

カイ二乗(χ^2)検定は二つの分類要因に関連があるかどうかを確かめる検定方法である。たとえば，髪の毛の色を金髪(fair)，赤毛(red)，中間(medium)，暗色(dark)に分け，目の色をブルー(blue)，淡色(light)，中間(medium)，暗色(dark)に分けるとき，髪の色と目の色という2つの要因に関連があるか

第7章 統計・測定・評価

表7.2 髪の色と目の色の2元分割表

	金髪	赤毛	中間	暗色
青	326	38	241	110
淡色	688	116	584	192
中間	343	84	909	438
暗色	98	48	403	766

どうかを検定することができる。表7.2のようなデータを得たとしよう。このような表を分割表という。この例の場合，髪の色と目の色という2つの要因によって分割されているので，2元分割表という。

ここから，目の色が青の人は，全体の約13.3%であり，髪の毛が金髪の人は，約27%である。目の色と髪の色が独立ならば，この数字から，青で金髪の人は，全人数に，青の人の割合と金髪の人の割合をかけた数，193.22に近くなるはずである。実際の人数は，326人（6.1%）であり，独立だとして予想される人数よりも大きい。観測された値と予想される値の差の2乗を予想される値で割ることによって得られるずれの値は91.24である。このずれを16の欄（セル）のすべてについて計算して加算した値がカイ二乗値であり，この場合は1212.051となった。このカイ二乗値は，髪の毛の色と目の色が独立ならば，自由度 $(4-1)\times(4-1)=9$ のカイ二乗分布に従う。逆に，2つの要因が関連していれば，ずれの大きさを示すカイ二乗値は当然大きくなる。このカイ二乗分布の上から有意水準の確率（5%や1%）の点（臨界値）を境として，帰無仮説を棄却するか，棄却しないで保留しておくかを決める。なお，この応用例に関しては，カイ二乗検定が適用される例としてわかりやすいので紹介しているが，結論自体は明らかであろう。実際，計算される p 値はほぼ0であり，目の色と髪の色が独立であるとは言えない。

コンピュータが普及している現在，帰無仮説が正しい時に，分割表において得られたデータを得る確率と，より帰無仮説から外れているデータを得る確率を直接求めることは容易であるので，直接的に確率を求める方法が推奨される。この方法は，フィッシャーの直接確率法とよばれる。ただし，カイ二乗検定の方法論は，現実に得られるデータとモデルから予測される値とのずれの評価に

2. 統計

一般的に適用することができるので，種々のモデルの評価に用いられている。その意味で重要な方法論である。

2.4 多変量解析

多変量解析は，ひとつの変数ではなく，複数の変数を同時に考慮する統計的方法である。数多くの手法があるが，それらのいくつかを順次説明する。

● 回帰分析

たとえば中古車の価格は，それまでの走行距離が長ければ長いほど安くなる。ただし，中古車の価格は，それだけで決まるわけではないので，説明できない残りの部分，すなわち残差ができる。このことを式で示せば，

$$\text{価格} = \text{切片} + \text{回帰係数} \times \text{走行距離} + \text{残差} \tag{7.5}$$

となる。ここで，回帰係数は，走行距離にかかる重みであり，切片は，価格の平均と走行距離の平均の違いをなくすための定数である。

具体的なデータを見てみよう。図7.9は，東京都内で2014年に売り出された，ある車種の走行距離（x軸，単位は万キロメートル）と価格（y軸，単位は万円）である。このデータから，なるべく予測の残差が少なくなるように直線を引いた結果が，図の直線である。この直線，すなわち価格の予測値を式で示すと，

$$\text{中古車の価格の予測値} = 118.0 - 13.5 \times \text{走行距離} \tag{7.6}$$

となる。上式は，中古車の価格は，118万円から始まり，1万キロ走るごとに，13万5千円安くなるという予測をすることを示している（この簡単な式で，予測が完全になるはずはない。どのような場合に予測がはずれるかを考察することも重要である。たとえば，事故車であれば予測値よりも低くなるであろう）。

図7.9は，2つの変数の関連の様子を示すグラフであり，散布図と呼ばれる。この関連の度合いを1つの数値で示すために，もっともよく用いられるのは，ピアソン積率相関係数（Pearson product-moment correlation coefficient）である。中古車の走行距離と価格との間の積率相関係数は，-0.69である。

ところで，中古車の価格は走行距離だけではなく，その車がどれくらい古い

第7章 統計・測定・評価

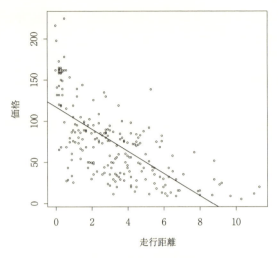

図7.9 散布図と回帰直線

か（年式）にも影響される。このデータを集めた年は平成26年なので，26年の年式を0.5年，25年の年式を1.5年，以下順次，24年の車ならば2.5年の古さとする。古さと価格の相関は−0.89である。古さから価格を予測する式は，

$$中古車の価格の予測値 = 138.5 - 10.7 \times 古さ \tag{7.7}$$

となる。新車のままで売り出されるならば，138万5千円となり，1年古くなるごとに，10万7千円安くなるという計算である。

　相関係数は，−1から1までの値を取る。その中間の0は，2つの変数が全く関係がないことを意味する。プラスの相関係数は，一方の変数の値が大きくなれば，もう一方も大きくなることを，また，マイナスの相関係数は，逆の関係にあることを示している。たとえば，中古車の走行距離と価格のマイナスの相関は，3万キロよりも5万キロ走った車の方が価格が低いことを示している。その他の例として，相関係数が0.8，0.3，0，−0.5の場合に得られる100個の人工データの散布図を示す（図7.10）。

　ここで，中古車の価格を予測するために，走行距離と古さという二つの変数を同時に予測式に入れることを考えてみよう。このモデルで実際に推定される

2. 統 計

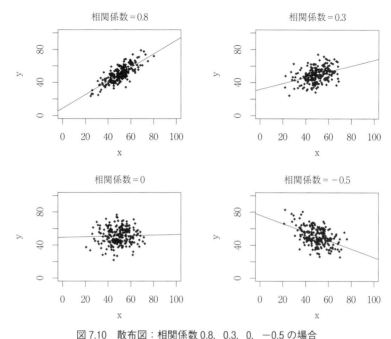

図 7.10　散布図：相関係数 0.8，0.3，0，－0.5 の場合

切片と回帰係数の値を入れた予測式は次のようになる。

$$\text{中古車の価格の予測値} = 142.6 - 4.5 \times \text{走行距離} - 9.0 \times \text{古さ} \quad (7.8)$$

となる。この予測値と実際の価格との相関係数は，0.90 であり，走行距離と古さをそれぞれ単独に用いた場合よりも（少しだけだが）高い数値になっている。2つの値を同時に考慮して予測したことによる予測力の増加である。この例の場合に限って言えば，中古車の価格は，主に古さによって決まっており，走行距離はその古さによってだいたい説明され，2つの予測変数を加えても予測力はほとんど高まっていないことがわかる。

　ここまで説明したような分析を回帰分析（regression analysis）という。ただし，直線を示す式は線形式と呼ばれるため，厳密に言えばここまでは線形回帰分析についての説明である。線形回帰分析の一般的な式を，基準変数を y，p 個の予測変数を x_1, x_2, $\cdots x_p$ として示す。

$$y = b_0 + b_1 x_1 + b_2 x_2 + \cdots\cdots + b_p x_p + \varepsilon \tag{7.9}$$

ここで b_0 は切片，b_1 b_2 $\cdots b_p$ は偏回帰係数，ε は残差を示す。また，2つ以上の予測変数を用いる場合を重回帰分析とし，特に区別したい場合には，予測変数が1つだけの場合の回帰分析を単回帰分析という。線形回帰分析を拡張して，観測される変数の期待値等が，モデルに含まれるパラメータの線形式で示される場合を一般化線形回帰分析という。さらに，線形回帰分析に対して，線形式以外の一般の関数を当てはめる場合を非線形回帰分析という。たとえば，成功か失敗かを示すダミー変数（0か1の値しかとらない）の生じる確率をロジスティック関数で示すロジスティック回帰分析がある。

● 因子分析

因子分析（factor analysis）は，観測される変数間の関連の構造を心理学の理論上仮定される潜在変数（因子）によって説明するモデルである。知能テスト得点を説明する知能の因子を求めること，あるいは，種々の性格テスト得点の違いを説明する性格特性因子を求めることなど，心理学では因子分析が知能の理論やパーソナリティ理論の発展に寄与してきた。いま，説明の対象とする観測変数に影響を及ぼす因子が3つあるとして，モデルは次のようになる。

観測変数＝1番目の因子の影響力×1番目の因子の強さ＋2番目の因子の影響力×2番目の因子の強さ＋3番目の因子の影響力×3番目の因子の強さ＋残差

それぞれの因子の影響の程度を示す重みを因子負荷量（facter loading）と呼ぶ。これは，重回帰分析における各変数への重みである偏回帰係数に対応する。また，各因子の強さを表す数値を因子得点と呼ぶ。なお，回帰分析における切片に対応するパラメータがないのは，因子分析においては，観測変数の平均が0であり，因子得点の平均も0であることを想定して計算されているので，両者の平均を調整するパラメータを必要としないせいである。

因子分析のモデルは，観測変数に対して，因子負荷量や因子得点，残差の性

質を示すパラメータなど未知の量が多すぎる。この状況で未知の量の推定値を得るためには，複数の変数を同時に観測する必要がある。そのような変数がp個あるとして，そのうちの一つをjとし，因子の数をmで表す。重回帰分析のモデル式において，説明変数xを因子分析では，factor（因子）の頭文字をとってfであらわし，偏回帰係数bの代わりに，因子負荷量a，また，観測変数をyのかわりに，観測変数を表すxとおいて次のように示す。

$$x_j = a_{j1}f_1 + a_{j2}f_2 + \cdots\cdots + a_{jm}f_m + e_j \tag{7.10}$$

複数の基準変数を同時に観測し，残差と各因子は互いに独立であると仮定して，最小二乗法や最大尤度法によって，因子負荷量や因子得点の推定値を得ることができる。

因子分析において，最初に得られる解（初期解）は，必ずしも心理学的に意味のある因子負荷量や因子得点であるとは言えない。各因子の特徴をはっきりさせるという目的を達成するために，軸の向きを変える（回転させるという）ことができるので，初期解を回転して心理学的に解釈しやすい解を得ることが一般的に行なわれる。

回転した結果の因子得点が互いに独立であるか，関連しているかどうかによって，回転後の解は2つに大別される。幾何学的に前者を直交解，後者を斜交解という。直交解としてバリマックス解，斜交解としてプロマックス解が代表的である。因子負荷量の2乗のばらつきを最大化するのがバリマックス解である。因子負荷量の値自体のばらつきを大きくする場合には，プラスの因子負荷量の絶対値とマイナスの因子負荷量の絶対値が大きくなるばかりで，それぞれの因子がそれぞれの特徴を示すという回転の目的にそぐわないので，因子の負荷量の2乗のばらつきを大きくする。プロマックス解の通常の手続きは，バリマックス解で得られた因子負荷量を3乗し，それに近づけるように回転する方法である。心理的な因子が互いに独立であるという想定には無理があり，因子の意味を探る場合には斜交解が推奨される。

因子分析の適用例を挙げる。筆者自身が大学の1年生81名 男性37名 女性44名に対し，次のような項目で初年次にどの程度のことを学んだかを4肢選択（4. 大いに学んだ　3. ある程度学んだ　2. あまり学ばなかった　1. ほとんどあ

第7章 統計・測定・評価

表7.3 因子分析結果

	第1因子	第2因子
書く力	0.648	−0.101
表現	0.759	−0.073
協力	0.632	−0.004
分析	0.565	0.226
コンピュータ	0.006	0.994
外国語	0.629	−0.076
心理学の知識	0.613	0.129

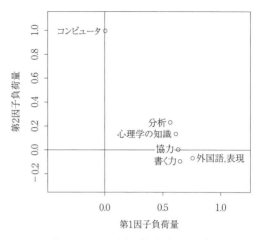

図7.11 因子分析（初年次スキル）

るいは全然学ばなかった）を用いて調査した。項目として，a.書く力，b.表現し，プレゼンをする力，c.人と協力し何かを成し遂げる力，d.データを分析し，情報を読み取る力，e.コンピュータを扱う技量，f.外国語を使う技量，g.心理学の知識という7項目を用いた。

表7.3は，因子の数を2として，プロマックス回転後の因子負荷量を示す。初年次で獲得するスキルのうち，コンピュータ力のみほかと異なる傾向を示していることが分かる。なお，プロマックス回転の結果得られる因子は相関しているが，この例の場合，2つの因子間の相関は0.59であった。

回転するという方法に頼らず，唯一の解を得るために，因子負荷量の一部を特定の値（0とすることが多い）に固定する方法もある。これは因子に特定の構造を仮定することとなり，その構造がデータにマッチしているかどうかを検証する必要がある。その意味で，このような方法を確認的因子分析（confirmative factor analysis）という。

因子分析の他にも，多変量解析には，多くの方法がある。多次元尺度構成法（multidimentional scaling; MDS）は，変数（テスト項目 etc.）や研究対象（被検者，企業，動物 etc.）の間の類似度や距離の指標から，変数の数より小さい次元で変数間の関連を表現する手法である。また，クラスター分析（cluster analysis）

表 7.4　多変量解析の分類

		基準変数	
		量的（連続値）	質的（カテゴリー）
説明変数 観測変数	量的	重回帰分析	ロジスティック回帰分析 重判別分析
	質的	分散分析 数量化1類	数量化2類
潜在変数	量的	因子分析 共分散構造分析	多次元項目反応理論 潜在プロフィール分析
	質的	理想点判別分析	潜在クラス分析

は，変数や研究対象を少数のクラスター（群，クラス等）に分類する手法である。クラスター分析には，クラスターの数を決めて，対象を分類する方法と，属する対象が少ない小さいクラスターにまとめて，階層的に大きいクラスターを見出す方法に大別できる。前者を非階層的クラスター分析，後者を階層的クラスター分析という。

　多変量解析の諸手法を，説明変数と基準変数が観測されるかどうか，また，連続値かカテゴリーかで分けて示したものが表 7.4 である。分析すべきデータと目標に合わせて，最も適切な多変量解析を選ぶ必要がある。

2.5　データを得る方法

　科学的心理学のために役立つデータを得る方法は，実験的方法と相関的方法に大別される。実験的方法とは，人為的にいくつかの状況を設定し，そこで研究対象（人間，ラット，企業等）をランダムに割りつけて，データを得る方法である。実験では，因果の原因となる変数を絞り，かつ，その変数を操作したいくつかの群だけを取り上げ，条件を設定するものであり，比較する群の数は少数である（もともと原因となる変数が連続変数の場合には，その値をいくつかの水準に固定して実験条件を設定する）。実験データの分析には，先に説明した t 検定や分散分析（F 検定）が使われる。実験的方法に対して，人為的操作を加えず，ありのままを観察したり調査する方法を相関的方法という。観察や調査のデータから因果を推論する手がかりに，相関係数やカイ二乗統計量が使われ，

さらに多変量解析の手法が多く用いられる。

　実験的方法の本質的要件は，ランダム割り当てであるが，人為的な条件の違いを作り，その効果の違いについてデータを得たいと思っても，倫理的理由，あるいは，現実的な支障によって，ランダムに実験対象を割り当てることができない場合がある。このような場合には，多変量解析の手法と実験データの解析のための方法を適切に組み合わせて，因果関係に迫ることが必要とされる（因果関係の推論のための統計的方法については，星野, 2009 参照）。

3. テスト理論

3.1 古典的テスト理論と信頼性

　テスト得点の分析に関する理論は，古典的テスト理論と項目反応理論に大きく分けられる。古典的テスト理論は，たとえば，0 点から 100 点の間のある値を取るテストや尺度の得点が分析の対象である（項目反応理論については 3.3 で述べる）。本節では，測定の対象者，すなわち，被検者を i とする（実験の対象者を被験者と書いたが，テストの対象者は被検者と表記する）。また，テストの得点を x_i，このテストがそもそも測定しようとしている特性を潜在変数 θ_i とする。本節の問題は，テスト得点 x_i から，潜在変数 θ_i をいかに推定するかという問題であるとも言える。潜在変数の代わりに統計的に容易に定義されるのが，真の得点（t_i）である。真の得点 t_i とは，同じ条件で，同じ被検者に対し無限回繰り返してテストを実施した得点の平均である（期待値と呼ばれる）。このように，真の得点 t_i は理論上の平均値以上のものではなく，測定対象の特性（潜在変数）を反映する「真の得点」であるという保証はないことに留意する必要がある。本節では，まず統計的に定義される真の得点 t_i に関してモデルを作り，推論する理論と方法について説明する。

　古典的テスト理論で中心的な役割を果たすのは，信頼性と妥当性という 2 つの概念である。信頼性（reliability）とは，テスト得点 x_i のばらつきの内，真の得点 t_i のばらつきの占める割合である。もちろん，信頼性は高いほど望ましい。被検者の情報をテストという通信機を通じてコミュニケートしていると考えれば，テスト情報のうち，雑音に対する被検者の声の割合である。妥当性（validity)とは,テスト得点x_iがどの程度θ_iに近いかの指標である。本来の測定対象θ_1が観測されない以上,妥当性を評価するのは容易な問題ではない。

先述のように,真の得点とは同じ条件の無限回の繰り返しにおいて得られたテスト得点の平均である。無限回というのは数学的な概念であり,現実には十分な数の繰り返しにおいて得られたテスト得点の平均値と考えてよい。このとき,繰り返しの第j回目に得られるテスト得点x_{ij}は,真の得点t_iとそれ以外の誤差の部分に分けられる。

$$\text{テスト得点 } x_{ij} = \text{真の得点 } t_i + \text{誤差} \tag{7.11}$$

被検者iが固定されているとき,t_iは定数となる。誤差の部分は回帰分析における残差に対応するが,テスト得点の測定モデルでは,誤差と呼ぶのがふさわしい。この誤差には定義上では有意味な情報を含まない。ここで,被検者が母集団からランダムに抽出されるとして,t_iの分散をσ_t^2とし,また,誤差の分散が被検者iによらず一定であると仮定し,それをσ_ε^2とおく。このとき,真の得点と誤差とは関連がなく,確率的に独立であるという仮定を追加すると,テスト得点のばらつきσ_x^2は次のように分解される。

$$\sigma_x^2 = \sigma_t^2 + \sigma_\varepsilon^2 \tag{7.12}$$

テストの信頼性の指標としての信頼性係数は,テスト得点xのばらつきのうち,真の得点t_iのばらつきが占める割合である。ちなみに,信頼性指数とは,テスト得点と真の得点との相関であり,信頼性係数の平方根に一致する。

上記で定義した信頼性の推定は,真の得点が同じで誤差の分散が等しいテストを2つ作れば,2つのテストの間の相関係数が信頼性係数に等しいことを利用する。このようなテストを平行テストという。すなわち,2つの平行テストを,xとx'とすると,この相関係数$r_{xx'}$は,

$$r_{xx'} = \frac{\sigma_t^2}{\sigma_x^2} \tag{7.13}$$

となる。実際に平行テストを作るにはできるだけ問題の内容を同じようにし,難易度を同じにする努力が必要である。計算問題などは平行テストを作るのが

易しい例であろう。たとえば，分数の計算問題を20問作り，それを奇数番号と偶数番号とに10問ずつ分けると2つのテストができるが，それらはそれぞれが平行テストであるとみなしてもよい。ただし，2つに分けたテスト間の相関係数は，10問の分数の計算問題テストの信頼性係数であり，20問を想定した計算問題テストの信頼性係数は次の式で推定する。20問の全体テスト（total test）の信頼性係数を r_t，半分の10問のテストの部分テスト（part test）の信頼性係数を r_p とすると，次のような関係がある。

$$r_t = \frac{2r_p}{1+r_p} \tag{7.14}$$

この推定式は，スピアマン・ブラウンの公式と呼ばれるが，部分テストのテスト項目の数がオリジナルのテストの $1/n$ のとき，全体のテストの信頼性係数は次のようになる。

$$r_t = \frac{nr_p}{1+(n-1)r_p} \tag{7.15}$$

この式は，テストが何倍の長さになった場合にどの程度の信頼性が得られるか，逆にいくつかの部分テストに分けた場合に，どの程度の信頼性が得られるかを予測する推定式として利用できる。たとえば，現在使用しているテストの信頼性が0.8であるとしよう。これを部分テストとみなして，現在のテストの長さを3倍にすると，

$$\frac{3 \times 0.8}{1+2 \times 0.8} = \frac{2.4}{2.6} \approx 0.92 \tag{7.16}$$

と推定できる。逆に，4分の1の長さにするならば，

$$\frac{0.25 \times 0.8}{1+(0.25-1) \times 0.8} = \frac{0.2}{1-0.6} = 0.5 \tag{7.17}$$

となり，かなり信頼性が低くなることがわかる。

平行テストを作成するかわりに，同じテストを2度実施してもよい。再テス

ト法と呼ばれるが,この方法が有効であるには,1回目のテスト実施の経験が2回目の実施によって得られる結果に影響を与えないことが条件である。1回目の実施で,テスト内容について学習するようであれば,2度のテストの結果の相関係数は実際の信頼性係数よりも大きくなるからである。

信頼性係数は,テスト項目が全体的に等質的であり,一貫して一つの特性を測っていれば大きくなる傾向を持つ。この一貫性の指標としてもっともよく使われるのが,次のクロンバックの a (Cronbach's alpha) 係数である。

$$a = \frac{項目数}{項目数-1}\left(1 - \frac{項目の分散の和}{テスト得点の分散}\right) \tag{7.18}$$

この a 係数は,一般的には,信頼性係数の下限を与える。

3.2 妥当性

妥当性を確かめる方法としてもっとも一般的であり,わかりやすい方法は,基準関連妥当性と呼ばれる。たとえば,入試の妥当性を確かめるよい基準は,大学入学後の学部における成績である。学部の成績の平均を基準とするとき,入試の妥当性は,入試の得点と基準との相関係数によって評価できる。あるいは,営業の適性を測るテストを開発したとすると,そのテストの妥当性は,販売成績を基準として適性テストの成績と基準との相関によって評価でき,相関が高いと妥当性が高いと判断できる。この基準は質的でもよい。適応性を問うテストであれば,会社に就職した後やめる者の得点が,やめない社員の得点よりもかなり低いことを示すことができれば,それも妥当性の一つの証拠である。

妥当性の評価において,よい基準が得られるかどうかが重要であるが,現代では,認知科学や脳科学の発展により,内的心理プロセスを直接的に反映する測度を得ることが以前よりも容易になり,それらを基準とすることも妥当性評価の現代的な流れである。

なお,テストの基準がテスト実施時にすでに得られており,それとの相関が同時的に得られる場合を併存的妥当性,テストの基準がテストの実施後ある程度の期間を経て得られる場合を予測的妥当性として区別する場合もある。

しかし,優れた基準をひとつに絞って選ぶことは難しい。基準になりうる複

数の変数をデータセットに加え，当該のテストと一緒に因子分析を適用し，得られた因子構造が複数のテスト間の関係についてあらかじめ理論上想定できるパターンと一致していれば，そのテストの妥当性があると判断することができる。因子分析を活用するこのような方法を因子的妥当性という。

妥当性を持つかどうかを，その問題の内容から検討できる場合もある。たとえば，学力試験において，評価すべき知識や技量の範囲が特定されているとき，それぞれのテスト項目が，評価対象のそれぞれに知識や技量を測定していると判断されれば，妥当性を持つと判断できる。これを内容的妥当性という。

心理学では，測定したい対象は構成概念（construct）であることが多い。構成概念とは，心理的現象を説明するために，理論上必要とされる作られた概念である。不安や知能などが構成概念の典型的な例である。不安を測ると称して作られた不安テストが，実際に不安を測定しているかどうかを確かめたいとする。不安を直接的に測定することができないので，不安によって予測されること，たとえば，ある生理学的指標が高くなるということが理論上確立されているならば，それが基準となり，基準との相関係数を評価することができる。基準が妥当性の基準になるかどうかは理論の確かさに依存しており，その意味で特別にこのような妥当性の評価を構成概念的妥当性という。

構成概念的妥当性の一種として，また，方法論的には因子的妥当性の一種として，識別的妥当性と収束的妥当性が取り上げられることがある。異なる構成概念を測定しているテストは互いの相関が低くなることを確認する場合が識別的妥当性であり，同じ構成概念を測定しているならば，互いの相関は高くなるという予想を確かめるのが収束的妥当性である。

ここまで，測定対象の属性や構成概念を正しく反映しているかどうかの観点から妥当性を評価する方法を説明したが，テストを使う目的に照らして，そのテストの使用が果たして適切であったかどうかを評価する方法も提案されている。そのテストを使って意思決定を行う場合の便益が，テストを使わない場合の便益よりもどれほど大きいかを指標とする。これを結果的妥当性という。

3.3 項目反応理論

テスト得点を扱う古典的テスト理論に対し，項目反応理論（item response

3. テスト理論

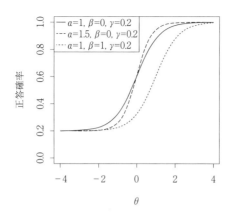

図7.12　ロジスティックモデル

theory; IRT）は正答か誤答か，あるいは，どの選択肢に反応したかといった，文字どおり個々の項目に対応する反応を対象とする。項目反応理論の発展が古典的テスト理論よりも時期的に遅れたのは，テストを扱う研究者の間にこのようなカテゴリカルなデータを扱う技術の普及が遅れたせいである。

　学力テストを考えてみよう。通常，学力テストによる学力の評価値は，合計点で示される。各問題に適当な重み（配点と呼ばれる）を設定し，重みつき合計点を学力の測定値とすることも多い。しかし，この場合，問題が易しければ，学力は高いと評価され，問題が難しければ，学力は低いと評価されがちである。

　たとえば，英語の学力が最近10年間で上がっているのか，下がっているのかという問題を考えてみよう。テストの平均が10年前の得点よりも低かったとしても，学力が下がったのではなく，今回のテストの問題自体が難しかったせいかもしれない。項目反応理論は，それぞれの項目で正答する確率と学力との関係をモデル化することによって，この問題により正確な答えを提供する。

　項目反応理論の分析対象は，テスト得点ではなく，2つの値を持つダミー変数（2値変数）か，3つ以上の値を持つカテゴリー変数（多値変数）である。項目反応理論で用いられる代表的なモデルは，2値変数 x の正誤反応（1，0）と測定したい属性 θ との関係を示すモデルであるが，その例を図7.12で示す。この曲線は，θ がマイナス無限大でも0に達しない，すなわち，正解する確率

281

($x=1$ となる確率) は 0 ではないことに留意されたい．この曲線はロジスティック関数と呼ばれるもので，この曲線を示すために，位置を示すパラメータ β とその傾きを示すパラメータ α および，偶然の正答の可能性を示すパラメータ γ の 3 つが用いられる．

$$P(x=1) = \gamma + (1-\gamma)\frac{exp(\alpha(\theta-\beta))}{1+exp(\alpha(\theta-\beta))} \tag{7.19}$$

これをモデルとして，正答と誤答のデータを得れば，このモデルのパラメータ，すなわち，被検者の特徴を示す潜在変数 θ，テスト項目の特徴を示す α や β，γ について，統計的に推定することができる．(7.19) 式によって与えられる確率は，θ が与えられた場合の確率を示しており，θ がどのような値をとっても，あるいは，θ のどのような集団に対しても正答する確率を計算することができる．項目反応理論による項目の特徴や，モデルに基づく予測は，得られたデータセットに依らない一般性を持つという利点がある．

なお，上式のモデルは，3 母数ロジスティックモデルと呼ばれている．β が大きいほど難しい項目であり，α が大きいほど識別性が高い項目である．γ をいれないモデルが 2 母数ロジスティックモデルであり，α を一定とした場合をラッシュモデルという．そのほかにも，項目に対する正誤反応と測定したい属性との関係を表現するかなりの数のモデルが提案されており，また，正誤以前の，どの選択肢に反応したかを表現するモデルも多数提案されている．

要点の確認

- 心理学において，意味のある測定値を得ることはやさしいことではない．精神物理測定法，一対比較法などに見られる先人の工夫の巧みさを理解すると，心理学における測定値の貴重さが分かる．
- スティーブンスによる心理学の測定値の 4 分類は有名であり，覚えておいたほうがよいが，この分類の意味を理解することが重要である．現象のある側面（のみ）を数字が切り取っていることが分かるが，それが測定の基本的な性質である．
- 統計学は，手元にあるデータの記述と，手元にあるデータから未知の量を推論する作業の 2 つに分けられる．すでに得られた数値データと未知の量とを結びつけるのは，統計モデルである．

- 心理学の関係者が使う統計的手法は，統計的検定が多いであろう。t 検定や分散分析の具体的な方法において，帰無仮説，対立仮説，第1種の誤り，第2種の誤り，有意水準，p 値などについて，相互の関連を理解しておくとよい。
- 多変量解析で特に重要なのは，因子分析である。因子分析は相関係数の理解から始まり，共分散構造分析（構造方程式モデル）へと発展する。
- テスト理論は，テスト得点というよりも，心理学で用いる測定値全般の評価の視点を提供する。信頼性と妥当性について理解しておくべきである。
- 項目反応理論は，理論のための理論ではなく，現代のテストや評価において実践的な力になっており，心理学における基礎的な知識となっている。

文献ガイド

山田剛史・杉澤武俊・村井潤一郎（2008）．R によるやさしい統計学　オーム社．
　▷書名の通りわかりやすく書かれており，心理統計学をきちんと勉強するための優れたテキストである。フリーソフト R による実際のデータ分析の手ほどきとのバランスも良い。

實吉綾子（2013）．フリーソフト「R」ではじめる統計学　技術評論社．
　▷理屈はともかく，統計学手法を使い，使うことによって統計学の理解をしたいという学習者に適している。フリーソフト R コマンダーを用いているので，自宅で手軽に統計学の諸手法を使うことができる。

繁桝算男・大森拓也・橋本貴充（2008）．心理統計学　培風館．
　▷やさしい統計学の導入を心がけているとしながら，複数の著者が書いていることもあり，わかりやすいとは言えない。しかし，統計学的理論のコアの部分を妥協せず，理解させようとしている努力はわかるのではないか。本章の著者自身が関連しているので，本章の記述で舌足らずの部分を補うという効用がある。

大久保街亜・岡田謙介（2012）．伝えるための心理統計　勁草書房．
　▷統計的検定を心理学などの実質科学の方法論の基礎とすることには根強い反論があるが，それに代わる方向性を示すものとして，効果量がある。ある程度統計学についての知識ができたら読んで，心理学のための方法論について考えるとよい。

豊田秀樹（2015）．基礎からのベイズ統計学　朝倉書店．
　▷コラムで紹介したベイズ統計学を紹介する新しい著作である。歯切れのよい書き方で，ベイズ統計学の骨子となる論理が展開されており，かつ，収束が早いと人気の高い，ハミルトン法への橋渡しもきちんとされている。将来，ベイズ統計学がますます重要になることは間違いなく，伝統的な統計学とは基本的に考え方が違う方法論について読んでおくことに意義がある。

第7章 統計・測定・評価

コラム9　検定に代わる仮説評価

　仮説検定の考え方には根強い批判があり，現在では，心理学研究において仮説検定を推奨しない学会もある。統計的仮説検定は，「統計的」に意味のある差異であるかどうかを検定するものであり，科学的知見として意味のある差異や関連の程度であるかどうかを直接的に判断する方法ではない。そもそも，厳密に言えば，2つの平均の差がぴったりと0であるとか，母集団における相関係数がぴたりと0であるというのは有り得ないし，実際，データの数を増やしていけばほぼ確実に帰無仮説は棄却される。

　統計的仮説検定に変わる方法として，平均の差や相関係数，分散分析の F などを，実質科学的な意味を持ち，相互に比較可能である指標に変換して用いるべきだという意見がある。これらの指標は効果量（effect size）と呼ばれ，いくつかの指標が提案されている。

　統計的仮説検定とは異なるアプローチとして，ベイズ的推論（Bayesian inference）がある。ベイズ的推論では，未知のパラメータの値，将来の観測値，当該のモデルが正しいか否か等の真偽は，全てデータを所与とする条件つき主観確率によって判断される。このアプローチは，考え方が単純であり，また，データに基づく推論が正確になされ，分析の結果がもたらす情報は豊富である。ちなみにベイズ（Bayes, T., 1702-1761）は，イギリスの宗教家・数学者である。

　ベイズアプローチによる仮説評価をごく簡単に説明する。まず研究仮説を，伝統的な帰無仮説 vs. 対立仮説ではなく，$H_1: \mu_1 > \mu_2$ と $H_2: \mu_1 < \mu_2$ という2つの仮説のうちどちらが正しいかというように分解する。そのうえで，データに基づき，H_1 を正しいとする事後確率 $P(\mu_1 > \mu_2 | Data)$ を評価してやればよい。あるいは，2つの仮説の事後確率の比を計算すればよい。それぞれの仮説を真とする事前確率が同じである場合には，この比はベイズ因子と呼ばれる指標となる。ベイズ統計学において，モデル選択のオーソドックスな比較基準として知られている。

　このようにベイズ統計学では，あくまで主観確率によって仮説を評価している。これだけでは説明不足なので，関心のある読者は，ベイズ統計学の解説書を参照してほしい。（繁桝, 1985, 渡部, 1999 参照）。

第8章

産業・組織

小野公一・杉本徹雄

(1) 産業・組織心理学は，産業活動と人，および，人々が構成する社会との関係の中で生じる心理学的な問題を扱う領域であり，工場制工業が成立し，大量生産・大量消費社会が形成された時代にこの研究が出発し，発展してきた。

(2) 具体的には，企業組織が働く人々を制度も含めいかに管理するかを扱う人事（心理学），組織の中での働く人々同士の間，組織と働く人々の間，そして，組織（集団）と組織の間の関わり合いを研究する組織行動，働く人々の安全な仕事やその環境と製品の安全を考える作業（人間工学），さらに，消費者としての人間と企業の関係についてみる市場（消費者行動）という4つの領域によって構成されている。

第 8 章　産業・組織

　産業・組織心理学（industrial and organizational psychology）は，産業活動と人，および，人々が構成する社会との関係の中で生じる心理学的な問題を扱う領域であり，科学技術や制度などのシステムと人や，人と人との関係，そして，そこで生じる様々な職務態度などに関する領域を研究対象とする。一般にこのようなテーマからは組織の中で働く人々をイメージしがちであるが，人々が企業とかかわるのは，企業が生産するサービスや財（goods）を購入するという形でかかわる場合もあれば，労働力の担い手としてかかわる場合，原材料を提供する場合もある。それ以外にも，消費者や株主，企業の環境としての地域社会のメンバーなど，ステークホルダーとしてかかわる場合も多い。

1. 産業・組織心理学の成立と初期の展開

　初期のアメリカの工場制工業を支えた成り行き管理（新しい仕事の標準と賃金を決める際に，それ以前の類似した仕事に基づいて決める管理方式）と能率運動が，労働者による組織的怠業を招き，それを解消するために，誕生した科学的管理法と，大量生産による造りすぎへの対応としての販売促進のために展開した研究が，産業・組織心理学的な研究の第一歩としてよいであろう。

1.1　科学的管理法

　科学的管理法は，アメリカのエンジニアのテーラー（Taylor, F., 1856-1915）により1880年代から展開されたもので，時間研究をもとに仕事を客観的・合理的に分析した職務分析とそれにもとづく作業の標準化・単純化・専門化や，作業量とそれに対する報酬を含む課業の設定，課業達成度に応じて報酬の率を変える差別出来高払い制度によって特徴づけられる理論であり，1911年の『科学的管理の諸原理』にまとめられた。とりわけ，作業の現場から職務遂行の手順の決定や計画などの意思決定権（自律性）を奪い，作業という行為のみを押しつけた「管理と執行の分離」は，働く人々の仕事との一体感を奪い人間性疎外を促進することにもつながった。また，差別出来高払い制は，働く人々に対する動機づけとして金銭的なインセンティブを強調したことに特色がある。

1.2 産業心理学の成立

ドイツ出身のアメリカの心理学者ミュンスターベルグ（Münsterberg, H., 1863-1916）は，その著書『心理学と産業能率』（Münsterberg, 1913）の中で，最適の人，最良の仕事，最高の効果という3つの領域に分けて，産業心理学（彼は経済心理学と称していた）を論じており，これらは，今日の産業・組織心理学の4領域のうち3つに関連するので，彼は産業心理学の父とよばれる。

最適の人の部分は，個人と仕事の適合など適性と職業指導などに関するもので，人事心理学の基幹にかかわるものであり，企業の人事管理との接点も大きい。また，最良の仕事は，技術的条件の心理的条件への適合や動作の経済について論じており，単調感，注意，疲労など，今日の人間工学につながる領域で，産業界へ大きな影響を与え続けている。最後の最高の効果は，販売・広告，購買消費にかかわるもので，今日のマーケティングの心理や消費者行動の領域にかかわるものである。最初の2つは，科学的管理法を補完する役割を果たしたといわれている。なお，最後の領域については，19世紀後半からの産業の巨大化と過当競争という米国の状況を受けて販売について論じたスコット（Scott, 1903）の『広告の理論』が，先鞭をつけている。

1.3 ホーソン実験・人間関係論とグループダイナミックス

上記の研究は，仕事と人間との関係に焦点が当たり，相対的に効率への志向が強いように思える。それに対して，あらたな知見を提供したのが，シカゴ郊外にあるウェスタン・エレクトリック社ホーソン工場で展開されたホーソン実験（Hawthorne experiment）である。これは，1924年から1927年の照明改良実験と，オーストラリア出身の社会心理学者メーヨー（Mayo, G. E., 1880-1949）主導のもとに1927年から1932年に行われた社会心理学的なアプローチに分けられる。後者では，数人の女子工員の集団を対象に様々な労働条件の影響を調べたリレー組立実験，2万名余の労働者全体を対象にした面接計画，そして，いくつかの作業の流れを持つ10数名の作業集団を観察したバンク捲線室観察実験が実施された。それらを通して，個人が集団に帰属することへの要求や非公式の集団の持つ規範（集団規範）の強さ，働く人々が持つ金銭だけではないさまざまな要求などについて多くの発見がなされた。この研究は，ともすれば，

第8章 産業・組織

集団と個人の関係が強調されがちであるが，仕事の中で多様なニーズを持つ働く人々の存在を明らかにした点も，強調されてもよいであろう。

その結果は，管理・監督者の役割を，単に規則通りに部下を働かせるというだけではなく，部下との間で人間的な関係を保ちながら仕事をさせるという役割を加えたものに変化させ，産業社会における働く人々の管理の新しい在り方，すなわち，人間関係論の発展へと向かわせるものとなった。この実験をもとにメーヨー（1933）によって著された『産業文明における人間問題』の中では，疲労，単調感，モラール（士気 morale）が，レスリスバーガー（Roethlisberger, F. J., 1898-1974）によって著された『経営と勤労意欲』（Roethlisberger, 1941）では，働く人々をその人がおかれた状況中で全体としてとらえるべきことが強調され，管理・監督者と部下のコミュニケーション，働く人々のニーズ，職務満足感，モラール，非公式組織への帰属などが論じられている。

これらの集団や組織と人との係り合いについては，1930年代末から，レヴィン（Lewin, K., 1890-1947）の主導のもとで展開されたグループダイナミクスの研究によって，花開くことになった。特にリーダーシップや動機づけ，コミュニケーション，葛藤，集団凝集性などの領域の研究は大いに進んだ。

技術志向的な科学的管理法とそれを心理学の立場から補完した産業心理学の流れと，仕事を取り巻く社会的関係の中で働く人々の人間らしさを追求した人間関係論の流れは，第2次世界大戦をはさんで併存し，仕事そのものの中に「人間らしさ」を求めることはなかった，としても過言ではない。

1.4 第2次世界大戦以後：行動科学の登場

2度の世界大戦を通して，科学技術が急速に発展する中で，技術の進歩は，それに合わせた働き方をより強く働く人々に求め，特に製造業の中では，機械のペースや動きに人が支配され，それらに隷属することにつながり，より人間性疎外の度合いを高めていった。その解決のためには，仕事そのものの中に人間らしさを反映できる要素を持ち込むことが必要であった。

そのような試みは，社会学や心理学の視点を融合した立場から人間の行動を把握しようとする行動科学の登場によって，大きな前進を見た。その背景には，マズロー（Maslow, A. H., 1908-1970）の要求階層説とその中心にある「自己実

現」という概念がある（Maslow, 1943）。それらを通して，産業・組織心理学の各領域は大きく進展し，アメリカ心理学会（American Psychological Association; APA）の中でも，独立した分野に成長し，さらに消費者行動や人間工学は，その中から独立していくことになった（馬場, 1976）。

　以下では，これまでの歴史的な経緯を受けて，産業・組織心理学の分野ごとに，その詳細を見ていく。現在わが国の産業・組織心理学会は，①人事部門，②組織行動部門，③作業部門，④市場部門（消費者行動）という4部門を設けている（http://www.jaiop.jp/）。ただし，各分野にまたがり相互に関係し合い，必ずしも明確な線引きができないテーマも多いので，そのようなテーマに関しては便宜的な配置をしておくことにする。

2. 人　事

　人事心理学は，働く人々がある企業に採用されてから退社するまでの人事管理にかかわることを扱い，ミュンスターベルグの言う「最適の人」にかかわる部分が主である。

2.1 職務分析

　働く人々が，企業や組織に最初に関係するのは募集・採用活動においてであるが，そこではテーラーの時間研究に端を発する職務分析によって，採用が必要な職位の内容を明確にすることから始まる。

　職務分析は，正田（1992）をもとにみていくと，その職位の担当者が果たすべき作業の内容，そのために作業者に要求される熟練，知識，能力，責任などの担当者の資格要件，使用する機器・材料を明確にするためのもので，観察，上司や担当者への面接，実験，質問紙，苦情処理や事故の記録などを基に行われる。その結果として，仕事の合理的な手順が明示されるだけではなく，他の作業者の仕事との関係や，各職位の中で重複する機能の存在も明らかになるなど，仕事の中にあるムダ，ムラ，ムリの発見が行われ，それらを通して全体的な職務の効率的な設計も可能になる。そのため，職務設計のためには欠かせないものとなっている。

2.2 募集・採用・選抜

職務分析で明らかになった資格要件などは，募集の際に明示され，採用選抜の基準になる。選抜のためには，心理テストと呼ばれる一般能力検査，性格検査，興味検査などが用いられ，知能・性格・適性などが測られる。また，書類，面接，学力試験，グループ討議や健康診断，さらには，身体検査，体力測定，技能検査，人物調査が用いられる場合もある。わが国では，職位への採用ではなく新卒者の一括採用が主になるため，組織への適応を重視し，面接試験が非常に重視されている。

◉ 適　性

採用選抜には適性検査が用いられることが多く，そこでは顕在化していない能力としての適性が，しばしば論議される。スーパー（Super, D. E., 1910-1994）は，適性はそれぞれが安定した単一的，独立的な心理学的因子でそれぞれの職業の成功に役立つとし，適性は能力であり，潜在的可能性であり，人の学習を可能にするものである，としている（Super, 1957）。また，正田（1992）は，個人の全体像を，潜在・顕在の両方の面から，①可能性，②協調性，③感情的安定，④履歴の適合という側面でとらえようとしている。

◉ 面　接

選抜方法としての面接に関しては，それが適切な方法であるのか否かの論議もあり，また，ハロー効果，寛大化傾向，中心化傾向，対比誤差など，人事考課でも問題にされる心理的誤差（エラー）による影響が大きい。さらに，質問項目・判断基準の不統一，訓練されていない面接者，第一印象への過度の依存などの問題が，多くの論者によって指摘されている。

◉ 配置・異動

採用された後に配置が行われ，長期にわたり同じ組織に勤務する場合は，多くの場合，別の職位に移る異動（昇進・昇格などの垂直的異動や同じ地位のまま他の職務に移る水平的異動）が生じる。

特に異動は，適性配置という意味だけでなく，マンネリ感の打破，新たな職

務に必要とされる学習の機会の増進，動機づけ，職場の活性化など，働く人々の心理的側面へ働きかけるだけでなく，不正の防止やジョブローテーションによる多能工化・ゼネラリストの育成などの効果も期待されている．

2.3 教育訓練（能力開発）とキャリア発達

新卒者一括採用を中心とする企業が多い中では，入社後ただちに与えられた職位の仕事を遂行できる人は少なく，また，長期に雇用されていく上では，職務間の異動や地位の上昇に伴い必要となる知識等の習得は不可欠である．そのため，さまざまな機会に能力開発や教育訓練（以下，教育訓練という）が施され，個人のキャリア発達が図られる．

◎ 教育訓練

多くの場合，社会人としての意識や「わが社の人間」としての価値観を植えつける社会化を目的とした新入社員訓練から，教育訓練が始まる．その後，配置先で，仕事を進めながら上司や先輩から必要な知識・情報やスキルや仕事への姿勢に対する指導，すなわち，OJT（on the job training）が施される．OJTは仕事そのものを教材にするため学習効果は高いが，その一方で，場当たり的でその場しのぎの教育になったり，指導する側の専門性がそれほど高くなく十分な効果がえられない場合もある．

それに対して，同じような職種や階層の人を集め，仕事を離れて，専門家の下で体系的に専門知識を教授するものに off-JT（off the job training）があり，OJTの不足を補完している．また，働く人々の個別のニーズにもとづく自己啓発の支援も重要な施策である．

このような教育訓練は，人的資源の開発・向上を通じて企業の円滑な目標達成のために行われるだけでなく，優秀な人材を企業内に確保し続けておくことで，将来の新たな展開に備えるということも主要な目的である．

その一方で，働く人々にとっては，今の仕事に必要な知識・技能を習得するためだけでなく，エンプロイアビリティ（雇用可能性; employability）を高め，将来的な雇用の安定とより高い労働条件の取得を可能にするキャリア発達という側面からも非常に重要なものである．

第8章 産業・組織

● キャリア発達とメンタリング

　個人のキャリアは，単に仕事に関連する経歴や専門性の有無だけでなく，近年は人生そのものを視野に入れた幅広いものとして捉えられることが多い。働く人々のキャリア発達にとっては，自ら積極的に学ぼうとする自己啓発意欲と，企業の提供する教育訓練は非常に重要であるが，私的な人間関係の中で行われるキャリア発達支援であるメンタリング（mentoring）も大きな役割を果たしている。メンタリングには高い評価を与えたり影響力を行使したりして昇進を助けたり，挑戦的な仕事の機会を与え他者の脚光を浴びるように仕向けるなど，直接的にキャリア発達を支援するキャリア機能と，一人前の社会人と認めたり相談に乗ったりするなどの居心地のよい雰囲気を作り，そこにとどまろうという感情を掻き立てる心理社会的支援という機能がある（Kram, 1985; 関口, 2005）。メンタリングの提供者をメンター（mentor）と呼び，それらを受けてキャリア発達の向上が促進される人をプロトジー（protege）またはメンティーと呼ぶが，このような関係のベースには，個人間の共感や価値観の一致，そして，信頼関係がある。そのような社会的関係は，ソーシャル・サポートやソーシャル・キャピタルという言葉で論じられることも少なくない（小野, 2011）。

2.4 人事考課と成果主義・目標管理

● 人事考課

　仕事への意欲・姿勢（情意・勤怠），適性・能力，成果・業績に対しては，上司などによる評価が定期的に行われ，それらが個別の賃金や賞与などの決定や，昇進や異動の根拠になることも多い。そのような評価を人事考課（personnel evaluation）と呼ぶ。

　人事考課の際に問題になるのは，評価の公平さ，結果の被評価者による受容，自己評価と他者評価の間の差異の大きさ，さらには，採用面接の項でもあげた評価者が陥りやすい心理的誤差の影響などである。被考課者から納得が得られない考課は，動機づけを減じ，上下間の円滑なコミュニケーションを妨げるなど，組織にとって大きなマイナスになる。このような問題点を克服するために，考課の目的や用途，評価内容などを被評価者に開示するだけではなく，考課者訓練や，さらに，単独の上司による評価だけでなく，その上の上司や関係する

部署の上司などによる評価も加味した二重評価や多面評価などを行うことによって，客観性を高める工夫もなされている。

◉ 成果主義

かつては，終身雇用・年功序列的な慣行のもとで，キャリアの初期には処遇の差が小さかったため，人事考課への関心もあまり高くなかった。しかし，1990年代半ばごろより，短期的な業績や結果の評価に基づいて昇給や賞与，そして，昇進や降格などの異動を伴う処遇と直接的に結びつけられる成果主義が多くの企業で導入されたため，人事考課への関心とその重要性は高まっている。しかし，過度に短期的な成果を追求したり，評価基準があいまいなままであったりしたために様々な問題が生じ，日本的成果主義という名で，プロセスを重視する評価への揺り戻しが生じている。

成果主義に関しては，仕事の成果の判断基準となる仕事の進め方への裁量権がなく，上司が命じるままにしか仕事ができない組織階層の低位にいる従業員にまで成果を問うことが適切であるか否かが大きな課題である。

◉ 目標管理

成果主義の下では評価基準として目標の達成度を用いるようになり，働く人々を動機づけるためには目標を明確にすることが重要であるという考え方に基づく目標管理（management by objectives; MBO）が盛んに用いられるようになった。初期にはトップダウンで目標が割り当てられる方式がとられ大きな成果は得られなかったが，1980年代の目標設定理論の登場により，目標設定の当事者の参加が目標へのコミットメントを高め，目標達成への動機づけを高めるとの認識が高まった。

このような目標設定への参加は目標面接を通して行われ，当期の成果に対する上司による評価と部下の自己評価のすり合わせと，次の期の目標の設定が行われる。そこでは，次期の目標到達に必要な知識や技術・ノウハウの取得のための教育訓練の課題とその支援方法も話し合われ，上司は，その支援に責任を負い，部下の目標達成を助けることが求められる。

2.5 ダイバシティー・マネジメント

　人事・労務管理の対象は，産業構造の変化や景気の変動，それらによる労働力の過不足，そして，グローバル化などの影響を受けて大きく様変わりをしている。

　近年では，高齢者雇用促進法の改正を受け，60歳の定年後65歳までの高齢者の就労率が増すことが予想され，高齢者の積極的活用は焦眉の急となっている。また，男女平等の流れの中で，女性が働きやすい法制度や環境の整備も進んでいる。さらには，海外進出や外国企業の吸収合併，グローバル化への対応として外国人を雇用するなど，正社員の同僚として職場に外国人がいることが珍しくなくなってきている。その上，人件費の抑制の試みは，非正社員への依存を高め，パートタイマー以外にも，派遣社員や契約社員，再雇用者の高齢者男性など非正社員の多様化が進んでいる。さらには，正社員の中にも勤務地限定や短時間勤務正社員などの働き方が出現している。これらの多様な雇用形態は，雇用形態間でパワーの格差を内包しており，人員の不足と仕事密度が濃くなることによる職場の緊張の高まりと併せて，セクシャル・ハラスメントやパワー・ハラスメントなどのモラル・ハザードの温床にもなりかねない危険を有している。

　このような職場を構成する多様なメンバーは，その人がおかれている社会経済的状況だけでなく，成長過程における文化的背景，宗教，人種や国籍，年代，性などによってそのニーズや価値観が異なり，それらが動機づけを含む職務遂行への態度を大きく左右するものと考えられる。その結果，必然的に，男性正社員の終身雇用を前提とした人事・労務管理の方針や働く人々と組織の間の「心理的契約」のありようも変化せざるをえなくなっている。そのような多様化した雇用形態の人々の管理をダイバシティー・マネジメント（diversity management）という。

　そこでは，さまざまなハラスメントの出現の防止や差別のない公正な処遇，ワーク・ライフ・バランスの実現，正社員と非正社員の格差の是正など，コンプライアンス（法令順守; compliance）の実現を目指した管理の強化が，強く要請されるものと考えられる。

3. 組織行動

　ここでは，管理者の管理活動やその他の職場の中での社会的関係，そして，そこで生じる職務態度に関連する事柄ついてみていく。また，組織そのものの持つ特性や文化と個人の関係についても触れてゆく。

3.1 組織の性格と個人の関係

　組織は，ある目的を達成するために複数の個人が協力し合うために形成されるものという性格と，家族や地域社会のように生まれた瞬間から自動的にその組織のメンバーに組み入れられるようなものがある。産業社会で論じられる多くのものは前者であり，公式組織においては，共通の目的と複数の人の協働，そして，その協働を調整する役割分担や伝達（コミュニケーション）が重要な要素である（Barnard, 1938）とされることが多い。

　最も効率的な公式組織としては官僚制（bureaucracy）組織が挙げられるが，そこでは厳格に規定された役割の範囲や責任・権限関係が，個人の価値観を無視し人間性の発露を阻み，人間性疎外の問題を引き起こすなど，個人と組織がうまく適合できないという問題が生じてきた。また，組織が長期にわたり存続し活動を継続していく中では，メンバーによって共有された独特の価値観である組織文化や組織風土が生じ，それらが環境との間で不適合を起こすことも少なくない。そこで，環境と組織の適合を目指し，環境と組織の不適合の存在を全員で共有し，不適合を起こした組織固有の価値観を溶解し，新たな価値観を共有し定着させるという組織変革や組織開発が試みられることが少なくない。

　これらの組織と個人の関係の中では，特に，リーダーシップや動機づけ，職務満足感・コミットメントなどの職務態度が，大きな研究の対象になってきた。

3.2 リーダーシップ

　リーダーシップ（leadership）とは，最も単純には，他者に影響を与えることということができる。馬場（1976）は，組織におけるリーダーシップについて，組織内における役割から生じた力や個人のもっている力を用いることによ

って，その成員が組織目標達成のために必要と考える行動をするように，他の成員あるいは集団に働きかけ，相互作用が営まれるプロセスのこと，としている。

リーダーシップの研究には，①リーダーの影響力の源泉，②リーダーに関する理論，③リーダーとフォロワーの関係の研究などがある。

● リーダーの影響力の源泉

リーダーの影響力の源泉については，フレンチとレイブン（French & Raven, 1959）の社会的勢力（social power）に関する研究があり，そこでは①報酬性勢力，②強制性勢力，③正当性勢力，④準拠性勢力，⑤専門性勢力が挙げられ，個人の人格的な魅力に依存する準拠性勢力が最も影響力が強いとされている。なお，リーダーシップの下位類型として公式の制度に裏づけられた力を背景にする正当性勢力に依拠するヘッドシップがあげられことがある（Gibb, 1954）。

● リーダーについての理論

リーダーそのものについては，すぐれたリーダーに共通する個人特性を研究する特性理論，リーダーが他の成員に対してどのような行動を取るかがリーダーシップの有効性を決定するという行動理論，リーダーシップの有効性は，リーダーの置かれた状況にも大きな影響を受けるという状況理論に分けられる（馬場, 1976）。

特性理論の研究は，大きな成果が得られないまま 1950 年代には関心が低下したとされる（池田, 2009）。

行動理論は，1930 年代末よりレヴィンの下に始まった民主的・専制的・自由放任的リーダーシップに関する研究（Lewin, Lippit, & White, 1939）から始まり，仕事中心志向と従業員中心志向を両極としたミシガン大学の研究，配慮と構造優先という 2 次元でリーダー行動を分析したオハイオ州立大学の研究，同じように集団の目的達成機能（performance; P）と集団維持機能（maintenance; M）の 2 次元でリーダー行動を捉え，両方が高いときに生産性は高まるとした PM 理論などがある（→第 4 章）。

状況理論は，リーダーの置かれた状況をどのようにとらえるかが論者によっ

て異なる。フィードラー（Fiedler, 1978）の状況対応理論では，課業の構造，リーダーの地位の力，リーダーとフォロワーの関係の3要因が状況を構成するものとし，その組み合わせによって従業員中心のリーダー行動と課業中心のリーダー行動のいずれが望ましいかが決まるとされている。それに対してSL理論（状況リーダーシップ理論）では，部下の成熟度（成就意欲，責任負担の意志と能力，教育や経験の程度：レディネス）によって状況が規定され，それらを4段階に分けて，各段階ごとに，対人関係における支持的な協労的行動と課業志向的な指示的行動の2次元の高低によって規定される4象限のいずれが望ましいかが異なるとしている（Hersy & Blanchard, 1977）。

また，リーダーが，部下の仕事目標や個人的目標の形成，そして，目標達成のための経路への接近に，どのように影響を与えるかということに注目しているハウス（House, 1971）のパス＝ゴール理論も状況理論の一つとされている。

● リーダーとフォロワーの関係の研究

リーダーとフォロワーの関係については，交流型（業務遂行型）リーダーシップと変革型（変化促進型）リーダーシップという分類がある。前者は，課業を明確にし，それに沿って処理的な管理を行う従来のスタイルである。後者は，組織を取り巻く環境の変化の激しさを背景に生まれたもので，個人的なミッションやビジョンを明示し，部下と共にそれに挑戦するというスタイルであり，個人の魅力に依存する部分が大きいといえる（Robinss, 1998; 古川, 1998）。

また，上司と部下の間の信頼関係を強調し，高い信頼関係が高い業績，職務満足感，コミットメントをもたらすと想定したLMX（leader-member-exchange）理論も，近年注目されている研究の一つである。

3.3 動機づけ

動機づけ（モチベーション）に関する定義は少なくないが，ここでは産業・組織心理学的な視点に立ち，人々がある要求を満たそうとしたり，何かをすることによって得られるものを目指して，行動を起こし，努力を継続していくことと定義する。ここで問題になるのは，満たすべき要求とは何か，すなわち，何のために働くのか，何のために組織に所属するのかということであり，また，

第8章 産業・組織

表8.1 動機づけ理論の分類 (Mitchell, 1982, p. 161)

何によって喚起されるか（要求の源）		何を選ぶか（動機づけの方向）
個別的な動機	欲求階層システム	
1. 好奇心と適性	1. 欲求階層説	1. 期待理論
2. 達成	2. ERG 理論	2. 衡平理論
3. 親和	3. X 理論・Y 理論	3. 目標設定
4. 権力・パワー	4. 2 要因説	4. オペラント条件づけ

それを手に入れるためにどのような選択を行うのかということになろう。

産業組織の中では，組織の目標の効率的な達成が常に意識され，そのために構成員がどのようにそれに向けて動機づけられ行動するのかが注目され，組織の有効性を構成する職務満足感，モラール，転・退職と定着意識，無断欠勤・遅刻・早退，コミットメント，生産性などがあわせて論じられる。しかしながら，ワーク・ライフ・バランスの達成という視点からは，動機づけの対象は仕事だけではないということも，考えておかなければならない。

◈ 動機づけの理論

表8.1 は，ミッチェル (Mitchell, 1982) による動機づけ理論の分類を示したものであり，その源を論議するもの（内容理論）と，何に向かって行動が生じるのかについて論じたもの（過程理論・選択の理論）に大きく分けられる。

◈ 動機づけの源の理論

動機づけの源の理論のうち，個別的な動機づけについて，マレー (Murray, H. A., 1893-1988) が欲求リストを作成しているが，産業社会に関連するものとしては，達成動機，親和欲求，権力欲求という3つの社会的動機がよく取り上げられ，そのなかでも，困難な課題を設定し，それに挑戦し克服することを目指す達成動機は，大きな注目を浴びた。

階層理論とは，個々の欲求間に関連があり，それが階層をなすという理論であり，動機づけに関する心理学的仮説として発表されたマズロー (Maslow, 1943) の欲求5段階説（欲求階層説）に端を発する。この説は，下から順に，

①生理的欲求，②安全・安定の欲求，③所属と愛の欲求，④尊重欲求，⑤自己実現の欲求という5つの欲求が階層をなしており，下位の欲求が充足されるとその上の欲求を満たそうという欲求が活性化され，それを繰り返しながら，最終的に，際限のない自己実現の欲求が生じるというものである。

この自己実現の欲求を中核とする成長欲求は，マクレガー（McGregor, 1960）によりX理論・Y理論という考え方で産業界に紹介され，大きな影響を与えた。組織の中で働く人々の成長を論じ，管理方式の変換を促したアージリス（Argyris, 1959）の未成熟–成熟理論も，この流れの中にあるとしてよいであろう。

マズローの仮説の階層性の実証を試みたのがアルダーファー（Alderfer, 1969）のERG理論で，下から順に物理的なものへの欲求（existence; E），社会的関係への欲求（relatedness; R），成長への欲求（growth; G）に整理し，未充足の欲求だけでなく下位の欲求を充足しようとする欲求も併存するとしている。

また，ハーズバーク（Herzberg, F., 1923-2000）の動機づけ–衛生要因理論（motivation-hygiene theory）または2要因説（dual-factor theory）は，仕事への満足を規定する要因として，職務満足を促進する動機づけ要因と職務不満足に関連する衛生要因という2群があり，前者には，仕事そのもの，達成，責任，承認，昇進があり，後者には，会社の政策と方針，監督技術，上司との関係，給与，作業条件などがあるとした。前者は，内発的動機づけ（intrinsic motivation）に関わるものであり，後者は仕事の環境と結びつく外発的動機づけ（extrinsic motivation）に関わるものと考えられる。彼は，満足と不満足が連続しない2つの別の次元を構成するもので，衛生要因をいくら高めても，不満足の解消にはなっても満足を高め動機づけを高めることにはつながらないとした。

● 選択の理論

どのような行動を選択するのかという選択の理論（過程理論）には，ある課題・目標の達成の見込み（期待）とその結果得られるもの（誘意性・誘因），そして，達成したことによってその誘因が手に入る確率（道具性）の関数として動機づけの大きさを示すブルーム（Vroom, 1964）の期待理論，自己の貢献と貢献したことに対する報酬の比（報酬／貢献）と，比較対象になった他者のそれとを比べ，自分と他者の比が等しいことを目指し行動や認知を変える，という

第8章 産業・組織

アダムズ (Adams, 1963) の衡平理論，目標が具体的で明確であったほうが，それを達成しようとする動機づけが高まり，また目標設定には当事者が関わったほうが，よりその目標の内面化が促進され，動機づけが高まるとするロックとレイサム (Locke, 1978; Locke & Latham, 1984) の目標設定理論などがある。

3.4 職務満足感

　職務満足感は重要な職務態度の一つであり，無断欠勤や離・退職などの組織にとって否定的な結果の原因や仕事への動機づけに強く関連するものとみなされ，近年でも関心を集め，最もよく研究されている領域であるとされている。

　職務満足感に関する多くの定義をみていくと，仕事に対して働く人々が個々に抱く感情が肯定的な時，職務満足感を感じるとしてよいであろう。そこでは，直接的に仕事に関連するものだけでなく，働く人々個々のより広い背景にあるものも考慮に入れて仕事の場での感情を理解する必要があろう。

　職務満足感が一つの研究領域として確立されたのは，1935年のホポック (Hoppock, 1935) の著書『職務満足感』としてよいであろう。1960年代以降は，前述のハーズバーグの動機づけ-衛生要因理論に触発され，関心は，動機づけと結びつけられて仕事そのものへと集中した感があるが，その後，QWL（労働生活の質的向上; quality of working life)，ソーシャル・サポートやメンタルヘルスなどの研究の中で重要な指標として取り上げられ，次第に研究の幅を広げている。

　近年では，働きがいのある人間らしい仕事という意味でディーセントワーク (decent work) という言葉が用いられるが，働きがいや人間らしさは，まさに，心理的ウェルビーイング (well-being) の問題であり，そこでは，職務満足感は切っても切り離せないキーワードということができよう。

● 職務満足感と関連要因

　職務満足感と関連する諸要因を図示すると図8.1のようになる。なお，職務満足感と生活満足感，生産性・業績は，必ずしも一方的な因果関係でないとの指摘もあり，生活満足感との間では，多くの場合，流出／溢れ出し (spill-over) 関係にあることが支持されている。

3. 組織行動

```
[独立変数]                        [従属変数]
  労働条件（賃金・労働時間・         動機づけ
    福利厚生など）          職      ⇔ 生産性・業績
  作業環境・安全衛生        務      定着意思・コミットメント
  職場の人間関係（対上司）   満      ターンオーバー（離・退職）・
  仕事そのもの              足        アブセンティーイズム（無断欠勤）
    非仕事生活の要因                働く喜び
    （家族・地域社会）      感      ⇔ 生活満足感・
  本人の属性やパーソナリティ・        全体的生活満足感
    能力，キャリア発達の程度           →生きがい
  社会・経済的要因
    （広い意味でのQWL）
```

図8.1　職務満足感の関連要因（小野, 2011, p. 29）

職務満足感は同じ職務態度として挙げられるコミットメントや職務関与との関係も深いとされている。また，職務満足感と生産性の間には高い関係は見出せず，その理由のひとつに，生産性が職務満足感以外のさまざまな要因の影響を受けることが上げられている（上田, 2003）。

3.5 コミットメント

職務態度の中で職務満足感や動機づけと並んでよく論じられるものにコミットメント（commitment）がある。そこでは，組織へのコミットメントを指す組織コミットメントと，職業（専門性）へのコミットメントである職業コミットメントがあり，前者は組織への定着意識との関係で論じられることも多く，産業場面での関心も高い。

● 組織コミットメント

組織コミットメントの研究で引用されることの多いアレンとメイヤー（Allen & Meyer, 1997）は，情緒志向（集団に対する情緒的・感情的な個人の帰属意識である），コスト基準（組織を去ることから生じるコスト），義務・道徳的責任（社会的に受け入れられる公式的もしくは規範的な期待から生じる）というように1990年の彼らの分類を再定義している。

前述のように組織コミットメントは，離職・定着意識に大きくかかわるとさ

れており，動機づけや職務満足感等，組織の有効性や生産性と関連の強い要因との研究も多く，人事・労務管理からみても関心の高い要因である。生産性や満足感などの組織の有効性に関するものとして，組織コミットメントと仕事に対する満足度には正の相関があり，両者が密接に関連していることについては，ほぼ一貫した結果が得られている（益田，1997）。

組織コミットメントと関連するその他の要因としては，賃金，上司，昇進への満足，離・転職の意図，仕事ストレスなど仕事に関連するものだけでなく，性格，属性などの個人の要因なども挙げられることが多い。

◉ 職業コミットメント

職業コミットメントは，とりわけ専門職としての価値観の受容として捉えることができる。それは，「個人が，職務と自己を心理的に同一視し，彼の知覚された業務遂行が自己の価値にとって重要であると考えると程度」と操作的に定義される職務関与（Robbins, 2005）と同義であるとしてもよいのかもしれない。

4. 作　業

産業・組織心理学における作業部門の領域は，人間工学（英 ergonomics; 米 human engineering）と同義とされることが多いが，テーラーの時間研究やギルブレス夫妻（Gilbreth, F. B. & Gilbreth, L. M.）の動作研究を通して，科学的に作業を見直し職務を設計し，作業能率の向上や生産性の向上を図ったことに端を発する。ほぼ同じ時代にミュンスターベルグの著作も発表され，この領域への貢献は大きいといえよう。この時代に関して，宮代（2009）は，産業界では心理学者による作業改善，疲労軽減，生産性向上のための能率心理学に関連した様々な研究・実践が行われるようになったとしており，それに関連して，要素動作の種類，作業時間，作業方法などを考慮した標準作業方法・時間を決定し，生産性を高めようとする作業改善の試みが，作業研究と呼ばれているとしている。

人間工学は，日本人間工学会（英語では Japan Ergonomics Society）の人間工学専門家資格認定委員会によって「人間の身体的・精神的能力とその限界など

人間の特性に仕事，システム，製品，環境を調和させるために人間諸科学に基づいた知識を統合してその応用をはかる科学である」と定義され，その対象領域は人間を中心にして，機械／ハード・ソフト，環境／物理的環境・心理的環境，運用・管理とし，その三者の調和と適合をはかることが大きなテーマであるとされている（岸田，2005）。

この領域は，上記のように働く人々の作業能率や安全・衛生，製品やサービスの安全への関心が主軸に据えられており，労働の負荷と生理的な疲労の関係の研究や機器・設備と人間のミスマッチによる労働災害などが大きな研究テーマであり，適性検査などの研究も盛んであったが，快適な職場環境や快適な職務を作ることへの関心も高く，近年では，その対極にある，鉄道や航空機，原子力発電所などの事故やその原因であるヒューマンエラーの研究もまた盛んである。それらは，疾病や身体に直接かかわる作業者の安全の確保にかかわる労働安全衛生法との関係も深い。ここでは，それらを念頭に置きつつ，労働災害や事故とヒューマンエラーの防止，快適な職場や仕事の設計，そして，近年の大きな課題であるメンタルヘルスの問題についてみていくことにする。

4.1 安全・衛生

労働安全衛生法は1974年に労働基準法から分離制定された法律であり，働く人々の健康や安全の維持確保に重要な関連を持つ。この法律が労働基準法の一部であった高度成長期までは物理的な条件に起因する労働災害の防止に大きな関心が払われていた。そこでは機器や設備，原材料とその取扱い方法だけではなく，作業時間の規制や，疲労防止の施策などに多くの努力が傾注され，その中で作業の心理学・人間工学の果たした役割は非常に大きい。

その後，死亡事故などの労働災害の減少とともに，関心は快適な職場づくりを志向するようになり，過労死認定基準の明文化や引き下げ，平成27年度からはストレスチェックが義務化されるなど，物理的な環境だけでなく社会的環境や心理的環境への配慮が強くもとめられるようになってきた。そのため，この領域の研究範囲も一段と広く深いものを期待されるようになってきている。

その一方で，長時間労働はいまだ多くの企業で存在し，サービス残業に代表されるように，より見えにくい形で仕事の場に蔓延している。これは，単に疲

第8章 産業・組織

労を増し業務遂行の効率を低下させるだけでなく，ワーク・ライフ・バランスを著しく阻害し，さらに，過労死などのように働く人々の心身の健康をむしばみ続けている。また，過剰な労働時間やそれに伴う従業員の異変を放置し続けた電通事件（1991年，24歳男性社員の自死）や，JR福知山線脱線事故（2005年）の原因ともいわれる懲罰的「日勤教育」に代表されるように，心身の安全や健康に与える社会的環境を含む労働環境への無関心は，とりわけ安全配慮義務の軽視となってあらわれ，その結果は，企業に大きなリスクとなっている。

4.2 ヒューマンエラー

労働災害や事故などに関与するヒューマンエラー（人為的なエラー）は，企

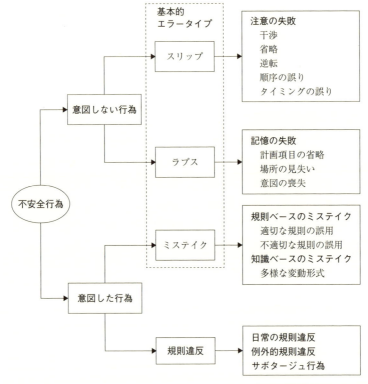

図8.2 不安全行動の心理学的多様性の要約（Reason, 1990/ 林喜男, 1994, p. 176）

業にとって大きなリスクにつながることが多く，その発生をいかに防ぐかということが課題になる。ヒューマンエラーは，「意図した目標の達成の失敗や負の結果（事故や損失）などをもたらした人間の決定や行動」と定義され，リーズン（Reason, 1990）は，それを意図的ではなく通常は正確にできるものと，意図的な行為に分類し，図8.2のようにまとめている。

　アメリカの損害保険会社に勤務していたハインリッヒ（Heinrich, H. W., 1886-1962）は，保険請求のデータに基づいて「1対29対300の法則」（ハインリッヒの法則）を発表し，1つの重い障害は29の軽い障害を伴い，軽い障害は300の障害のない災害を伴い，さらに多くの不安全行動をともなうとした（芳賀，2006）。大きな障害を生起させないためには，多くの事故とはならない不安全行動と不安全状態を通して障害が発生しない段階で探ろうとするリスク分析が不可欠であり，「ヒヤリ・ハット」事例を収集し，事故（アクシデント）につながる可能性のある軽微なできごと（インシデント）を発見し，エラーの危険を摘み取るという試みが重要である。そのようなインシデントをもとに事故の可能性を学ぶ危険予知訓練（KY訓練）も，現場ではよく実施されている。

4.3　安全文化とリスクマネジメント

　職場の安全を高める試みは，組織の中で繰り返し行われ，組織の文化として全員が共有することに意味がある。リーズンは，安全文化を形成するための4つの文化を以下のように提唱している（Reason, 1997）。

- 報告する文化：自らのエラーやニアミスを報告しようとする組織の雰囲気
- 学習する文化：必要性が示唆された時に安全情報システムから正しい結論を導き出す意思と能力，そして，大きな改革を実施する意思を持つこと
- 正義の文化：本質的に不可欠な安全関連情報を提供することを奨励し，時には報酬も与えられるような信頼関係に基づいた雰囲気
- 柔軟な文化：一時的に業務の専門家に支配権が移譲され，緊急事態が過ぎればもとの官僚制に戻るような順応性を持つこと

第8章 産業・組織

　安全文化の定着やヒヤリ・ハット事例の発掘には，職場単位の小集団で行うことも重要な手段であり，わが国では生産性向上に大きな成果を上げてきたとされている KAIZEN や QC (quality control circle) サークルなどの小集団活動は，作業の安全を向上させる上でも大きな役割を果たしたとしてよいであろう（岸田, 2009）。

　事故やエラーを未然に防ぐために安全な機械や設備を導入し，それらの安全な運用のための作業手順を明示し，担当者の訓練をしたり，安全に関する組織文化を定着させたりすることは，ヒューマンエラーによって生じるリスクを抑え，その負の影響を最小限にとどめるための最低限の努力ということができる。その一方で，今日では，大きな事故の後の対外的な対応を含む処理が，さらに企業に大きなリスクを生じさせることも少なくない。そのため，事故後の対応をマニュアル化するなどを通して組織のメンバーが共有しておくことも，リスクマネジメントとして重視されている。リスクマネジメントに関して，池田（2006）は，平石らの定義を引いて「多様な関係者が当該リスクの性質に関する知識や情報を元に当該リスクに対応するための戦略，施策，制度等にはどのような代替案を選択するのが適切かを意思決定し，そのために行動を行うこと」としているが，きわめて分りやすい定義である。

　また，事故を防ぐための費用と万が一事故が発生した時に生じる費用の大きさを考えて，あえて後者をとるリスクテイキングも，企業の戦略としては検討すべき課題である。

4.4　快適さを志向した職務再設計

　人間工学や能率心理学と呼ばれる領域は，能率の向上を目指した機械・器具・施設の開発だけでなく，効率的な職務設計に大きな貢献を果たした。しかし，そこで行われた作業の標準化，単純化，専門化は，ベルトコンベアなどの自動化を伴って，働く人々を自律的な作業者から機械や技術のペースによって支配されるものに代え，拘束感や緊張感などのストレスを高めるだけでなく人間性疎外の問題を引き起こした。それに対して，1960年代以降の QWL あるいは労働の人間化の潮流の中で，仕事の中に自己実現や成長などを可能にする人間らしさや心理的な快適さを求め，働き甲斐のある仕事づくりを目指した職

務再設計の動きが出てきた。

　職務再設計には，個人の仕事の中での人間性の充足を志向するものと仕事を担う集団の一員としての人間性の充足を志向するものがあり，前者の代表はハーズバーグの動機づけ（満足）要因を充足することを目指した職務充実であり，それに近いものとして，職務の単調感からの解放を目指した職務拡大やジョブローテーション，QCサークル，フレックスタイム制などがある。後者の代表的なものには，職場集団の持つ社会的機能と技術の調和を志向し，職場集団に高い自律性を与えた社会＝技術システム論がある。

4.5　メンタルヘルス

　メンタルヘルスは，現在の人事・労務管理上の重要な課題であり，その結果は疾病や事故に結びつくものであり，訴訟などのリスク管理の視点からみる必要もある。メンタルヘルスが問題になるのは，それが阻害された状況すなわちメンタルヘルス不全が，働く人々の心理的ウェルビーイングを大きく損なうだけでなく，自殺のような家族の生活の破壊，所属する職場の良好な雰囲気の破壊に加えて，能率低下，事故・トラブル，病気，退職などのような経済的な側面も含めた大きな悪影響を与えることが多いからである。

　ストレスの原因（ストレッサー）には，仕事そのものに内在する統制感・自律性の欠如や面白くなさ（興味の持てないこと），仕事役割のあいまいさ，仕事の量や質との不適合，職場の対人関係，労働条件，早すぎる技術革新，リストラによる職場のゆとりのなさや雇用不安，成果主義による過剰な競争と処遇の悪化や評価への不信，ワーク・ライフ・バランスをとらなければという圧力，グローバル化による新たな価値基準の浸透，働く女性や高齢者，外国人労働者の増加などによるある種の文化摩擦などがある。

　その結果，ストレス反応（ストレイン）として，イライラなどの気分的な不快，やる気の減退，生理的な病気，事故や対人的なトラブル，転・退職，バーンアウト（燃え尽き），過労死など，様々なネガティブな現象が生起することになるが，同じストレッサーでも人によって生起するストレインが大きく異なることが，メンタルヘルス管理を困難なものにしている。

　なお，電通事件以後もメンタルヘルス不全者の数は増え続け，例外的な事象

ではなくなりつつあり，多くの企業では，メンタルヘルス不全からの回復期にある働く人々をどのように仕事の場に戻すかという復職プログラムの設計が大きな課題になっている。

5. 消費者行動

5.1 消費者心理学の目的

消費者行動（consumer behavior）は，商品やサービスを入手する購買行動とそれらを使用する消費行動を含んでいる。今日の社会において，心理学的な視点から消費者行動を理解する目的は，企業のマーケティング活動と消費者保護の二つの領域に大別される。

企業のマーケティング活動は，消費者ニーズや欲求を理解して消費者が求める商品やサービスの開発を行い，それらを市場に提供することによって自社の売上げ（利益）目標を達成し，市場占有率（マーケット・シェア）を確保するために行われる諸活動である。消費者の人口統計学的（デモグラフィック）特性や心理社会的特性，行動的特性などによって，市場の細分化（segmentation）を行い，どの標的を対象にするか（targeting），競合する他社製品などとの位置づけを確認し（positioning），製品差別化などによって適切なマーケティングを展開することになる。このようなマーケティング戦略構築をSTPと呼ぶ。また，4Pと呼ばれる4つのマーケティング要素を効果的に組み合わせることによってマーケティング活動が遂行される。その4つのPとは，製品（product），価格（price），流通（place），販売促進（promotion）である。消費者のニーズや心理を的確に理解することによって，ブランドの構築やブランド・ロイヤルティの獲得，顧客満足の向上，広告や販売促進政策による効果的なコミュニケーション，企業と消費者との良好な関係性を構築することが可能となる。

他方，悪徳商法などから消費者を守り，賢い消費者を育成することにも心理学からの貢献が可能である。このような商法では，巧みな販売テクニック（不安や恐怖の喚起，権威を利用して相手を信用させるなど）によって，高齢者などの弱い立場の消費者を対象とした販売が行われる。こうした悪徳商法に対しては，社会心理学における知見を問題の解決に役立てることが可能である。

5.2 消費者行動の概略と購買意思決定モデル

　消費者行動の研究では，製品，ブランド，店舗などの選択に伴う行動や心理の分析が主要な課題となってきた。1960年代から消費者行動の概念的なモデルが提示され，消費者が商品やブランドを購買する行為は一種の問題解決行動として商品選択にかかわる購買意思決定過程がモデル化されてきた。

　図8.3は，ブラックウェル，ミニヤードとエンゲル（Blackwell, Miniard, & Engel, 2006）の消費者意思決定モデルである。消費者意思決定の流れは，欲求認識（商品の必要性を認識する）→情報探索（商品の情報を収集する）→購買前選択肢評価（商品を比較・評価する）→購買→消費（使用する）→消費後評価（使用後の満足・不満足）へと進む過程が想定されている。このような意思決定過程は，図の左側にある記憶のメカニズムに依拠する情報処理過程でもある。

　購買意思決定過程に関わる情報処理過程は，ベットマン（Bettman, 1979）以降，消費者情報処理パラダイムとして消費者行動研究において最も主要な研究対象とされてきた。購買意思決定過程は，図の右側に位置する消費者の個人差の要因（5.4節を参照），および，消費者を取り巻く環境の影響（5.5節を参照）によって規定されている。消費者の購買行動の全体像を理解するためには，心理学の諸領域だけではなく，社会学，経済学，文化人類学などからの学際的なアプローチが必要である。

　この意思決定モデルは，製品や購買決定などに対する関与（関心度や重要度）が高い場合の過程を想定している。日常的な飲料の購買など，関与が低い状況下では，欲求を認識した後，短期間で意思決定がなされ，購買に至るまでになされる情報処理は関与が高い場合に比べて少ない。

　消費者の意思決定は，比較的合理的な意思決定がなされる一方で，必ずしも合理的ではない判断がなされることもある。たとえば同じ価格の商品であっても，価格の表示の違いや消費者が置かれる状況によって消費者は異なる判断をすることがある。1万円の商品が，定価の30%引きと3,000円引きとでは，同じ割引額であっても心理的な割安感は異なる。このような心理的な判断の歪みは，カーネマンとトベルスキー（Kahneman & Tversky, 1979）にはじまるフレーミング効果を説明するプロスペクト理論によって説明することができる。プロスペクト理論（prospect theory）は，不確実な場面での意思決定の仕方を，

第8章 産業・組織

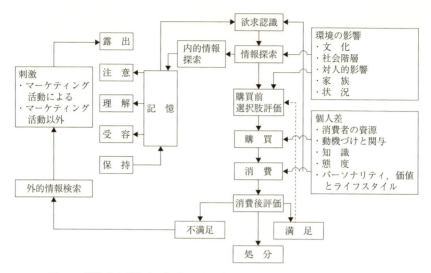

図 8.3 消費者意思決定の概念モデル (Blackwell, Miniard, & Engel, 2006)

情報の意味づけの影響であるフレーミング効果などによって説明するものである。また，心理的財布 (mental purse) は，どのような目的に向けられて支出されるかによって心理的な痛みが異なる（小嶋，1972）。同じ 3,000 円を支出するとしても，それが教科書に支出するのか，親しい友人との食事代に支出するかによって心理的な痛みが異なる。経済的な財布からは同じ額が支出されても，心理的に痛みが異なり，消費者は特定の消費目標に向けた心理的財布（息抜き用財布，教養用財布，生活保障用財布など）を構成している。

商品やサービスは，その機能や利便性を求めて消費するだけではなく，消費や所有する意味が消費行為に大きく関係している。消費者行動の研究では，調査や実験などの実証研究が主流であるが，消費の意味解釈を行うことによるポストモダン・マーケティングの視点からの研究がある。近年，脳神経科学の進展によって，fMRI（機能的核磁気共鳴断層装置）等によって脳内活動などを測定することが可能となってきた。消費者の動機づけや感情などを測定することにより，製品開発や広告活動に援用しようとするニューロマーケティング (neuromarketing) が注目を集めている。

5.3 広告のコミュニケーション効果

広告効果モデルの原点である AIDMA（アイドマ）は，広告に接触した後，広告が消費者の注意（attention）をひき，興味（interest）を喚起し，欲求（desire）を生じさせ，広告内容が記憶（memory）されて，商品の購買（action）にまで至る心的変化の段階を想定している。その後の多くの広告効果モデルでは，広告の露出（接触）→知名（商品名を知っている）→理解（商品の特徴を知っている）→好意（商品を好きになる）→確信（購入しても後悔しないと思う）→購買といった段階が想定されている。

ソーシャルメディアが急速に普及し，消費者の情報収集や情報発信などのコミュニケーションに大きな影響を与えている。インターネットの普及を背景にした消費行動モデルとして，電通が2004年に発表した AISAS（電通, 2011）は，消費者が自ら情報を収集し，発信し，他者と共有するという行動を前提に，注意（attention）→興味（interest）→情報収集（search）→購入（action）→情報の共有（share）という段階でとらえるものである。このほか，インターネット環境の変化とともに新しい消費者行動モデルが次々に提案されている。

5.4 消費者個人の要因

消費者個人の要因として，企業のマーケティング諸活動などに対する知覚や認知，ブランドや広告等に対する態度，購買への動機づけなどは，消費者行動を理解するために重要な心理的メカニズムである。価格や広告などが消費者にどのように知覚されるかなど，古くは精神物理学の法則などから研究されてきた。消費者が多くの商品やブランドをどのようにカテゴリー化しているかなど，長期記憶に貯蔵されている消費者の知識構造を理解することが必要である。

態度は，消費者のブランドに対する態度形成に関する説明や予測，広告などによる態度変容や行動変容との関連など，消費者行動を分析するために非常に重要な概念である。多属性態度モデルは，消費者の商品の選択基準をもとに消費者にとっての価値と特定の商品を選択することによって達成される価値の実現可能性から，消費者の商品選択を予測するモデルである。消費者を購買に動機づける要因を総合的に理解するためには，マズローの欲求5段階説のように多段階で多側面からとらえるアプローチが必要である。モチベーション・リサ

311

第8章 産業・組織

ーチは，深層面接法（デプス・インタビュー）や投影法を用いることで，質問紙調査法ではとらえきれない購買動機を分析するための一連の質的調査手法である。消費者の個人差を説明する代表的な概念としてライフスタイルがあげられる。性別や年齢が同じであっても，消費者の生活態度・生活意識・生活行動などのライフスタイルによって消費者行動は大きく異なる。

5.5 消費者を取り巻く外部環境要因

　消費者行動は，消費者個人の要因だけではなく，消費者を取り巻く外部環境要因によって影響を受ける。消費者行動に与える対人や集団の影響は大きい。従来型の口コミは他者との直接対面によるコミュニケーションであったが，近年，相互に面識のないインターネット上の口コミは膨大な量にのぼっている。

　新製品の採用や普及過程をめぐっては，オピニオン・リーダーとイノベータの考え方が今なお重要である。カッツとラザースフェルド（Katz & Lazarsfeld, 1955）によって提唱された情報の2段階流れ（two step flow of information）は，オピニオン・リーダーを介した考え方であるが，インターネット上の口コミ情報を含めて他者に対する影響力を考えるうえで有用である。ロジャーズ（Rogers, 1962）が提唱したイノベータ（革新者）は，新製品発売後にすぐ購入する2～3%の人であり，新製品の普及過程や流行をとらえるうえで重要な概念である。

　購買決定に関する判断基準の拠りどころとされる公式，非公式の集団は準拠集団と呼ばれるが，今日においても消費者行動に与える影響は大きい。消費者を取り巻く外部環境には，これらの概念のほかに，家族の状況や買物が行われる購買の状況，地域や文化の影響など多くの要因を考える必要がある。

追記：本章は消費者行動を杉本が，それ以外を小野が執筆したが，組織行動の角山剛先生，作業・人間工学部門の岸田孝弥先生・細田聡先生にご点検をお願いし，多くの示唆に富んだご指摘をいただいた上で，完成をみた。3人の先生方のご好意には厚く御礼申し上げる。

要点の確認

Q 産業心理学の父とよばれるミュンスターベルグが提唱した領域は，今日の産業・組織心理学の領域とどのような関係にあるのか．

A ミュンスターベルグは，『心理学と産業能率』の中で，最適の人，最良の仕事，最高の効果という3つの領域に分けて，産業心理学を論じているが，最適の人は今日の産業・組織心理学における人事部門に，最良の仕事は同じく作業（人間工学）に，最高の効果は同じく消費者行動（市場）に該当し，残りの組織行動のみが，その次の時代にあらわれた人間関係論に源を発している．

Q 仕事への動機づけに関連する要因としてはどのようなものがあるか．

A 働く人々の動機づけには，働く人々がどのようなニーズを持って仕事に向かうかという視点があり，金銭的な要求（経済的動機づけ）だけでなく仕事の中での成長や達成感などの成長要求や自己実現要求が支配的である．それ以外にも，仕事の内容や職場の人間関係がある．そこでは，それらを満たしたことによって生じる職務態度（職務満足感やコミットメントなど）や，上司や先輩からの働きかけ（リーダーシップやソーシャル・サポート，メンタリング）も無視できない．

Q 今日の企業経営では，労働災害に伴うリスクという言葉がよく使われる．このリスクを回避するためにはどのような試みが必要か．

A 労働災害は，使用する機器や施設の安全対策が不十分な時だけでなく，それに携わる人間の不安全行動によって生じることも多い．それらをなくすためには，経営者や管理者の安全意識を高め，安全配慮義務違反に問われることのないようにするだけでなく，実際にその仕事に携わる人たち相互の間でヒヤリ・ハット事例を共有したり，危険予知訓練をするなどの日常的な活動を通して，リーズンの言う安全文化を形成しておくことが必要である．

文献ガイド

角山剛（2011）．産業・組織　新曜社．
▷人と組織の関係を中心に産業・組織心理学の重要なキーワードについて，的確かつ簡潔にまとめられており，初学者が，この領域について理解し，辞書的に使うのにも適している．

山口裕幸・高橋潔・芳賀繁・竹浦和久（編著）（2006）．産業・組織心理学　有斐閣．
▷産業・組織心理学4領域についての4名の著者が，4章ずつ担当したもので，最新の議論も含め，過不足なくまとめられており，より専門性の高い学習への手掛かりを与えてくれるテキストである．

第8章　産業・組織

馬場昌雄・馬場房子（監）(2005). 産業・組織心理学　白桃書房.
　▷産業・組織心理学の各領域を，12人の著者が，それぞれの専門を生かして執筆したもので，専門性の濃淡はあるが，入門書としても専門的に学ぶのにも適している。
産業・組織心理学会（編）(2009). 産業・組織心理学ハンドブック　丸善.
　▷産業・組織心理学の4領域やその境界領域から，バランスよく120項目余を抽出し，各項目の研究の歴史，代表的な理論，最新の研究まで，手際よく解説している。

コラム 10　若者の離職率と育成

　近年，新卒者の 3 年以内の離職率の高さが問題になっている。中卒者で 7 割，高卒者で 5 割，大卒者で 3 割が離職することから七五三ともいわれている。テレビでは，若年者が辞めない会社が取り上げられ，定着率を高める施策について紹介されることも多い。早期の大量離職は，企業にとっては，募集・採用にかかわる費用や初期の教育投資という面で大きな損失になる。離職者にとっては，離職までの期間は，多くの場合キャリアのロスになり，生涯賃金を減じることに繋がるし，もし正社員での再就職ができなければ，正社員で勤務し続けた人の半分以下の生涯収入に甘んじることになる。その意味で，働く人々にとっても企業にとっても，早期の大量離職は大きなリスクとなっている。

　このような高い離職率の原因として，一般的には，「若者は辛抱が足りない。豊かな中で育ったから，ちょっと嫌なことがあればすぐ辞める」，「会社とか，仕事が何たるものであるかがわかっていない」，「社会人としての心構えや常識がないから，会社に入っても適応できないのだ」などということがよく言われる。それに対して，若者の方にも言い分があるだろう。例えば「終身雇用の時代のようにずーっと面倒を見てくれるのならば，多少のことは辛抱もするけど……」，「募集の際に言われた会社の建前と実態が違いすぎる」，「上司や先輩は，なんにも面倒見てくれないで，その都度，場あたり的に命令するだけ」，「仕事を通して自分が将来どうなるのか，キャリアの方向性が見えない」といったことである。端的に言えば，離職は，働く人々（この場合は若年者）のニーズと，組織や仕事が与える様々な報酬との不適合や，組織の制度や文化の圧力と個人の価値観や志向との不整合によって，多くのストレスを伴いつつ，生じると考えられる。

　では，若者はなぜ働くのであろうか。多くの調査は，人々が働く理由として，「生活のため，家族を養うためお金を稼ぐ」という経済的な動機を挙げるが，同時に生活を楽しみたいというニーズも強く，ワーク・ライフ・バランス（以下 WLB）志向は極めて強い。それ以外には，「人として成長したい，能力を伸ばしたい，自分の力を発揮したい」などの成長・自己実現的な動機，「社会に貢献したい，社会に出たい，人と交わりたい」などの対人交流を主とした社

第8章 産業・組織

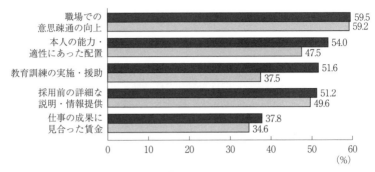

図 8.4 若年労働者の定着のために実施している対策別事業所割合（複数回答。厚生労働省，2014, p. 13 の一部を抜粋した）

会的動機が主なものとして挙げられる。

　一方，厚生労働省が平成 25 年 10 月に実施した「若年者雇用実態調査」によれば，転職経験のある 34 歳以下の就業者で最初に離職した理由（3 つまで選択）の上位は「労働時間・休日・休暇の条件が良くない」22.2％，「人間関係が悪い」19.6％，「仕事が自分に合わない」18.8％，「賃金の条件が悪い」18.0％であり，労働条件，人間関係，仕事内容が大きな離職の原因であることがわかる。「仕事が自分に合わない」が，これが，仕事内容が自己実現的な要求に対応していないことを意味するのならば，働くことに求めるものと離職理由は見事に対応している。

　これに対して企業はどのような対応をしているのであろうか。同調査の企業調査部分をみると企業の取る定着対策の上位 5 位は図 8.4 のとおりである。これをみると，賃金を除いては，離職理由にほぼ完全に対応しているように思える。「採用前の詳細な説明・情報提供」，特に就業規則に書いてあることだけではなく，組織の実情をきちんと説明しておくことは，きわめて重要である。また，時間外労働削減に重点を置いた労働時間短縮や有給休暇の取得促進は，WLB を考える上で不可欠の施策ということができる。

　恐らく全く欠けているのは，心理的にも社会的にも職場への手がかりを持た

ない新入社員に，職場における居場所を作ってやることが定着対策の第一歩であるという視点である。多くの企業で実施されている年齢の近い先輩を指導者として新入社員と一対一のペアを組ませるシスター，ブラザー，プリセプター，メンターなどと呼ばれる制度は，新入社員に安心感を与え，社会化をより早く促進するので，定着を高めるには，良い施策であるといえよう。

　上記のように的を射た対応が考えられているとすれば，残された課題は，いかに実効性のある施策とできるかであろう。1位の「意思疎通の向上」などは，言うは易く行うは難しの見本のようなもので，若年者のコミュニケーション能力の不足ばかりが指摘されるが，現実には，上司や先輩がどれだけ時間をかけて部下や後輩と接するか，自分たちの価値観にしがみつくことなく若年者の主張に耳を傾け，要求を汲み取ることができるか，職場や仕事のゆとりやジェネレーション・ギャップなど，多様な課題があり，それらの克服のためには，膨大な時間と様々な訓練や啓発活動が必要であることは論をまたない。

　以下には，WLBに関連する時短や有給休暇の取得促進，家庭との両立支援なども挙がっているが，それらの内容や制度利用のしやすさなどが大きな課題であろう。時短と言いながら，過労死の認定基準を下回ればよいとしたり，サービス残業を放置するのならば，実効性のある施策ではないといえる。今なお，女性の退職理由の最大のもののひとつは結婚・出産であるが，それに対する両立支援が十分に整っていることは，若者を組織に引き付ける大きな力となる。

　また，人間関係は，入って配属されてみないとわからないので，ある面で問題が生じるのは不可避であるが，それを緩和する意味でも，上記のブラザー制度などや私的な支援関係であるメンターなど，相談相手を用意し，より深い人間関係を構築する手がかりを提供するのも有効な施策といえよう。

　その一方で若年者の方にも，企業研究の不足，希望職種と本人のニーズや能力の乖離，他の世代や集団とうまく交われない，社会人としての価値観や規範性に欠けるなどの問題があることは否めない。それらを克服するためには，その企業や業界についてより深く知るだけでなく「仕事」や「仕事をすること」に対する認識を日頃から深めておくことが大事である。それらは，就職を意識した時点での付け焼刃の振り返りや自分探しでは対応できないので，子どもと社会の間にいる親が世間との窓口として，子どもの成長段階に応じて社会化を促し，一般社会の価値観やその基準を身につけさせておくことが不可欠である。

第 9 章

健康・福祉

山田冨美雄・秋葉理乃

(1) 現代社会が心理学に求めているものの一つは,「健康づくり」と「幸福づくり」への貢献である。
(2)「健康」は心身両面の健やかさをいう。心身のどちらか一方のみを対象とするものではない。実際には,心は健康だが身体的に病んでいる場合や,体は健康だが精神的に病んでいて不安であるという場合がある。また,心身ともに健康であっても,社会情勢が不穏であったり,家庭環境が不遇である場合があり,現在は問題ないが将来の不健康が予測される。
(3) 心理学を人々の健康に生かそうとする応用分野は,今日「健康心理学」と呼ばれ,発展を続けている。また健康を社会環境の問題として捉えるとき,福祉に重点を置いた「福祉心理学」が発展しつづけている。いずれの分野にも共通な要素は,人々の幸福を満たすために心理学の専門知識と技術を生かすことであり,社会に貢献する具体的な役割があることである。

第9章 健康・福祉

1. 健康と福祉のための心理学専門領域

　健康とは何か。世界保健機関（world health organization; WHO）は「健康とは，病気ではないとか痛みがないというだけではなく，社会的・経済的によりよい状態（wellbeing）」と定義している。この定義に従えば，健康とは，「心身両面のみならず社会状況や霊性においても，よりよい（ウェルビーイング）状態」であるといえ，「福祉」そのものの意味とみなすことができる。
　健康と福祉のための心理学が果たすべき使命は，社会全体がこうした心身の健康をめざすような社会システムづくりに貢献し，個々の人々の健康づくりの支援に貢献することである。

1.1 健康心理学

　健康心理学（health psychology）は，1978年に米国心理学会（American Psychological Association; APA）の第38ディビジョンとして認められ，徐々に世界に拡がった。わが国では10年後の1988年に日本健康心理学会が設立され（初代会長は本明寛），医療と最も近い心理学領域として活動している。健康心理学の実践領域は，①医療，②教育，③福祉，④産業，および⑤司法のそれぞれにある。
　ヨーロッパでは，英国心理学会（British Psychological Society; BPS）の健康心理部会（Division of Health Psychology; DHP）が米国や日本と似た組織として活動している。また，ヨーロッパ職業健康心理学会（Europian Academy of Occupational Health Psycholgy）が2004年に組織され，主に職業性ストレス研究を中心に活動している。

1.2 福祉心理学

　福祉心理学とは，国家資格としての精神保健福祉士（Psychiatric social worker; PSW）が担う仕事のうち，心理学的問題に関するもの，心理学的アプローチによる分野のことである。すなわち，精神科医療におけるソーシャルワーカーの学ぶべき心理学という側面をもつ。精神科医療システムの中で，精神保健

福祉士の仕事は定められ，業務を遂行するために必要な教育プログラムが用意されている。

2. 国民の健康と福祉の問題

2.1 国民の健康

日本人の死因は，1位が「がん」，2位が「脳疾患」，3位が「肺炎」，4位が「心疾患」である。20世紀半ばまでの3大死因は，結核，肺炎，脳血管疾患であった。戦後，特効薬ストレプトマイシンの導入により，結核は速やかに死因上位から離脱し，抗生物質などの感染症治療薬の開発などから肺炎死も減じた。また，塩分摂取を控えるなどの生活習慣の指導によって脳血管疾患死亡は4割ほど減じたが，依然死因ワースト3である。近年では，がん死亡が増加し続ける一方，肺炎は相変わらず死因ワースト3となっている。戦前の肺炎がスペイン風邪（1918-1919年に流行したインフルエンザ）などの感染症が原因であったのが，近年のそれは高齢者の誤飲性肺炎など，その内容は変化している。

こうした死因の変化をみると明らかなように，わが国の疾病構造は，感染症を中心とするものから，生活習慣によるものに変化してきた。感染症なら病因である細菌を除去する治療，免疫をつけるワクチンによる治療が成り立つ。ところが社会・環境，行動習慣がもたらす疾病は，原因となる「モノ」がなく，行動習慣を変えることによって予防するしかない。発病してしまったら，症状を軽減する対症療法によって死に至る症状の重篤化を遅延させるしかない。そこで，栄養摂取や運動習慣などの生活習慣を変えるためのとりくみに期待が寄せられており，行動の変容（behavior modification）を専門とする健康心理学の役割が重要と考えられる。

2.2 医療モデルの変遷

わが国には，医療費を個人負担のみではなく相互に保助しあう仕組み（国民健康保険制度）が確立している。しかし，現在の医療費支出の60％は65歳以上の高齢者が占めており，高齢者数が今後も増加し続けると保険医療システムは崩壊する。認知症など介護が必要な高齢者を対象とした福祉・医療システム

第9章　健康・福祉

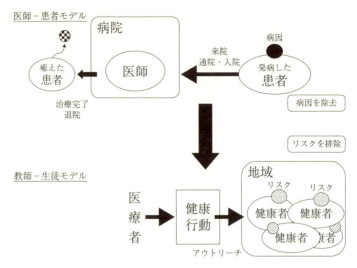

図 9.1　医療モデルの変化

は，今後急速な対応を求められている。医療費が高騰している現状を打破するため，病気になってから対応（事後措置）するのではなく，元気な間に予防（事前措置）するという医療モデルの変化が必要となっている。

図 9.1 に示すように，戦後しばらくの医療システムは，有能な医師と補助する看護師がいる病院が舞台であった。病気をもった患者が訪れ，診察を受け，原因となる病原菌を薬物で排除するか，悪い組織を切開・除去してもらい，後は養生して回復を待つというのが医療の姿であった。これを「医師 - 患者モデル」と呼ぶ。権威ある医師が病気を退治してくれるというモデルである。

一方最近の医療システムは，病院を含む「地域」の医院，診療所，保健所，学校などが舞台である。病院で患者がやってくるのを待つのではなく，医療従事者が積極的に地域に出向いて病気になる前の指導を行うアウトリーチ（outreach）の手法をとる。このような医療システムを，「教師 - 生徒モデル」と呼び，健康心理学が果たせる役割はここにある。

2.3　予防医学

病気になっていない段階の健康人を対象として，病気にならないように予防

する行為は予防医学（preventive medicine）と呼ばれ，疾病の原因や症状の消長に関係する原因を探り，疾病の予防を行うことを目的として公衆衛生学・疫学の研究者らが発展させてきた。医療財政が危機状況にあることから，今後は予防分野に保健医療資源を投資し，健康を阻害するリスク要因（risk fator）の解明と，リスクを減らす働きかけを行い，効果的に「健康行動」を形成することが必要となる。

予防医学では，対象者の健康度，健康志向，あるいは疾病リスクの重篤度の違いによって一次から三次の3種の予防に分類する。

● 一次予防

一次予防（primary prevention）は，小中学生など，現在健康で，疾病リスクを保持していない人を対象とする健康教育や，一般住民を対象とした健康教室などでおこなわれる。対象者は健康への志向性は低く，健康行動への関心も低い。タバコの有害性を子どもに教えるように，健康な間から生活習慣に含まれるリスク要因について学び，リスク要因を減らす方法を習得し実行すれば，生活習慣病は予防できる。健康増進，疾病予防，特殊予防などがこれに入る。

健康日本21は一次予防を中心とした健康増進のアクションプランであり，2001年から2010年までの第一期を終え，現在第二期の最中である。2003年には健康増進法が策定され，国民を健康へと導く予防医学的な働きかけは，健康増進（health promotion）活動，あるいは健康づくり運動に徐々に重きがおかれるようになった。こうした活動を推進する心理学は健康心理学であり，健康日本21推進全国連絡協議会のメンバーとして重責を担っている。

● 二次予防

年に一度の健康診断で，発病前の状態（初期段階）であることが判明したり，検査値が正常範囲を超えたりした人が二次予防（secondary prevention）の対象となり，早期発見・早期治療の枠組みで対応する。おおむね中年期・更年期の人が中心で，運動不足や食習慣のせいで血糖値・中性脂肪・血圧値などが規準値を超えていると，精密検査を受け疾病の早期治療を行う。健康志向を高め，健康行動をとる動機づけを強めることができれば疾病予防効果が期待でき，発

病を遅らせることができる。職場でのストレス簡易検査や人間ドックによる早期発見・早期治療，適切な医療提供，および合併症対策などが含まれる。

◉ 三次予防

　精密検査の結果，放置すれば死に至る病に罹患していることが分かれば治療が開始される。治療を受け，完全に病気から回復したとはいえないが検査値が正常範囲になり，投薬などで正常値を維持している寛解期（remission stage），あるいはその過程にある回復期（convalescent stage）の患者を対象とするのが三次予防（tertiary prevention）である。こうした人は再発（recurrence）の危険をもっているのでおおむね健康志向は強く，健康行動への動機づけも高い。こうした三次予防としての介入は，日常生活に復帰するためのリハビリテーション指導であり，理学療法等の身体機能回復訓練にとどまらず，二度と同じ疾病に陥らないための生活訓練であり予防教育，患者教育といえる。

◉ 健康リスクの特定

　健康リスク要因の特定は，膨大な集団サンプルを対象とした疫学調査によって，集団内死亡年齢や死亡率，特定疾患の罹患率などを得て，リスク要因の有無によって相対危険度（relative risk）を算出・比較して行う。相対危険度は，基準事象の発生率（10万人あたり発生数）を1とした場合の当該事象の発生率の比で，1以上だと危険度が高く，1未満だと危険度が低いことを示す。たとえばある年にA病に罹患した人が全国で12万人いたとき，A病罹患率は人口1億2千万人の0.1%，10万人あたりの罹患者数は100人となる。一方空気汚染の疑われるX県では人口400万人のうち8千人が罹患したとすれば，人口比0.5%，10万人あたり500人となる。このとき相対危険度は500/100＝5となり，A病に罹る危険性が一般的な地域の5倍高いことを示す。

　疫学調査から，ある要因が健康リスク要因と認められれば，当該要因による罹患や重症化あるいは死亡を減らすために，具体的で実践可能かつ評価可能な施策を提案するのが予防医学的アプローチであり，健康心理学の使命である。たとえばタバコによる健康被害を抑えるための提言として，タバコ税率アップ，青少年喫煙防止キャンペーン，タスポ導入，歩行者による喫煙への罰則強化な

どの法的措置，飲食店の禁煙化や喫煙者席を設けて禁煙者を守る施設整備等，環境改善措置は具体的な介入法として既にすすんでいる。健康心理学では，タバコを吸わないライフスタイルの形成，喫煙行動を消去して禁煙行動を強化する行動修正など，個人への介入が課題となる。行動修正の効果を実証的に示し，より効果的な介入プログラムの開発などが求められている。

実践技術の手順書（プロトコル）を作成することは，健康心理学の専門業務となる。これら，あらゆる査定や対処法，介入法は，有効性が保証されていなければならない。こうした基本姿勢は，現代医療の基本姿勢である，根拠に基づく医療（evidence based medicine; EBM）と呼ばれる。健康心理学でもこれを基本とするので，EBP（evidence based psychology）と呼ぶこともある。

これまでに実用化されてきたEBPに基づく有効な手法は，健康教育，健康カウンセリングなどである。また民間の健康増進施設を含む「ヘルスケアシステム」の産業としての発展や，効果的な「健康政策」の計画・調査・実行など，健康心理学に求められている領域は多岐にわたる。

2.4 医療における心理専門職

疾病に罹患してしまった患者への医療行為の中で，心理専門職の果たす役割とその実践にまつわるキーワードについて述べ，今後必要な研究に言及する。

◉ 療養行動の管理

糖尿病，高血圧，高脂血症，肥満などの生活習慣病は，病状の悪化を防ぐためにライフスタイル改善，生活習慣修正を目的とした健康指導，心理教育が三次予防医療として欠かせない。運動指導や食事改善指導に加え，患者自らが病状を把握し，積極的に治療にかかわる努力をすることが，患者自身の生活の質（quality of life; QOL）を高めるのに有効であることがわかっている。

こうした患者自らが治療に関わる行動は，セルフケア（self care）行動と呼ばれる。患者教育の目標は，このセルフケア行動を患者に修得させることにほかならない。教育の担い手は，医療の内容を理解して他の医療スタッフと共通の用語を用いて連携をとり，かつ患者の視点に立って問題解決をはかることができる心理専門職である。患者にとっては，丹念に話を聴いてくれて，共に考

え，自立を妨げず支援してくれる心の支えとなるコーチ（coach）の役割である。

　がん医療においては早期発見・早期治療が可能になってきたが，診断結果を聞き治療法を選択する段になると誰もが躊躇（ちゅうちょ）・狼狽（ろうばい）する。こうした場面を医療側からみれば，診断結果とそれに基づいた治療法の説明をし，治療法の選択と積極療養に同意してもらう，いわゆるインフォームド・コンセント（informed concent）というプロセスである。患者の身になって適切なアドバイスを行い，無理のない選択をサポートする役割は，専門教育を受け，医療を熟知し，心理学を実践できる心理専門職の仕事である。その業務としては，患者とのコミュニケーションから，患者の気持ちを理解し，経済的状況や，家事ないし職場での仕事のこと，家族のことなどを理解したうえで，患者自身に治療法を選択してもらい，問題解決へと導く。他の治療法についての情報を提供し，その結果，患者が他の医療機関で診断と治療法についての説明（セカンドオピニオン：second opinion）を得ることもあり，担当部局との調整をする。また薬物や放射線による治療の副作用の説明，それを軽減させるストレスマネジメントや心理教育の実施など，患者の心に寄り添った専門的介入は，メンタルヘルス・ケアとして患者のQOL向上に効果がある。

　処方通りに正しい用量・タイミングで薬を飲むことは，服薬コンプライアンス（compliance）といわれ，看護師の重要な仕事である。しかし，糖尿病薬など効果の実感が少ない治療薬などでは飲み忘れや，副作用を嫌って服薬しないなどの例が多い。そこで，服薬などの療養に強く関わるセルフケア行動を積極的に実施するよう，強い動機づけをもって治療に立ち向かうアドヒアランス（adherence）の向上こそが重要だとみなされており，心理専門職の役割がおおいに期待されている。

● クリニカルパス

　個別の疾病ごとに治療期間の短縮，医療費の抑制，社会復帰期間の短縮，QOLの向上をめざしたヘルスケア・システムの構築が求められている。医療機関では，入院した患者が退院するまでの期間を短縮し，医療費・人件費を抑えるために医療チーム（医師，看護師，コメディカルスタッフ）が，クリニカルパス（clinical path）に従って作業工程を管理する。これは手術や検査ごとに共

同で実践する検査，治療，看護，処置，指導などを時間軸に沿ってまとめた治療計画書・工程管理表である。

　患者への心理的アプローチには，症状把握と精神的ケアとがあるが，医療現場では従来精神科で行っていたような心理査定は適さない。時間的・経済的なコストがネックとなるからである。専門的知識や高度な技術が不要なチェックリストや，患者自身が記載する自記式チェックリスト等，簡便だが妥当性と信頼性が保証された査定法の開発が求められている。特定の理論や技法に固執せず，医療現場で最適な査定技法を選び，当該査定に現れる具体的な症状改善を優先したケア技法の開発が進んでいる。

　このようにして，医療現場で他の医療スタッフとチームとして協働する心理師は，単なる臨床実践家ではなく，科学者－実践家モデル (scientist-practitioner model) に従って行動する。

2.5　心の健康（メンタルヘルス）

　2014年の資料によると，20歳から44歳までの男性，15歳から34歳までの女性の死因1位は自殺 (suicide) である。2006年に自殺対策基本法が成立し，「自殺は個人的な問題としてのみとらえるのではなく，背景に様々な社会的な要因があることを踏まえ，社会的に取り組まなければならない」との基本方針のもと，翌2007年に自殺総合対策大綱が編まれ，自殺対策の基本認識として，

　　①自殺は追い込まれた末の死である，
　　②自殺は防ぐことができる，
　　③自殺を考えている人は悩みを抱え込みながらもサインを発している，

の3点の上に立って，その予防（プリベンション），介入・相談（インターベンション），そして遺族ケアなど事後措置（ポストベンション）の方策が練られた。さらに表9.1に示す重点施策9項目のもとに全国で活動が開始し，2016年までに自殺死亡率を2007年と比べて20％以上減じるという数値目標を掲げて実践・拡大してきた。心理学分野でもこれらすべての施策に関与し，自殺の実態把握，見守り隊・いのちの電話，声かけ，心の悩み相談，予防教育，自殺防止

第9章 健康・福祉

表9.1　自殺総合対策大綱（2008）　重点施策（9項目）

1　自殺の実態を明らかに
2　国民個々の気づきと見守り
3　初期対応中心人材（ゲートキーパー）育成
4　心の健康づくり推進
5　適切な精神科医療可能に
6　社会的な取り組み
7　未遂者の再自殺防止
8　遺族の苦痛を和らげる
9　民間団体との連携強化

キャンペーン，未遂者支援，メンタルヘルス教育などで，重要な役割を担ってきた。

経済的理由での自殺対策としての高利金融業の取り締まり，自殺の動機解明と自殺を誘発する先行条件の解明と対策などにより徐々に効果が現れ，2014年度自殺者数は2万5427人と3万人を3年連続で下回り，1997年の水準に低下した（内閣府自殺対策推進室，2015）。

自殺の主要な前駆症状はうつ病であることから，精神科疾患としてのうつ対策を充実させるため，うつ病予防としてのメンタルヘルス研修，ストレスマネジメント研修などに心理専門職が活躍している。うつ病予備軍であるメンタルヘルスが低下している労働者を早期に発見しようと，労働安全衛生法が2014年に改正され，2015年12月から従業員50名以上の職場で，1年に1度以上のストレスチェックを義務づける制度が開始した。厚生労働省推奨の57項目の自記チェックリストなどを用い，本人に結果を返却するとともに相談に応じて加療や異動などの措置が受けられるようにする制度である。

2.6　高齢者のウェルビーイング

高齢者のウェルビーイングは，心身両面にわたる自立と満足感から形成される。これを高めるのは，健康・福祉に関わる心理職の仕事でもある。

健康関連QOL尺度（SF-36, SF-8）は，こうしたニーズに合った国際的に標準化された尺度である。①身体機能，②日常役割機能〈身体〉，③身体の痛み，④社会生活機能，⑤全体的健康感，⑥活力，⑦日常役割機能〈精神〉，⑧精神

的健康の8つの下位尺度からなる36問の質問紙であり，年齢，性別，職業等で標準化されているので評価がしやすい。

精神的健康感尺度としては，GHQ（General Health Questionnaire, Goldberg & Blackwell, 1970）の日本語版がしばしば使われる。これはWHOに準拠したもので，①身体的症状，②不安と不眠，③社会的活動障害，④うつ傾向などの下位尺度60問からなる自記式検査で，うつ病やその特徴である自殺傾向などのスクリーニングに使われる。各因子7項目に短縮したGHQ28や，12問からなるGHQ12，さらには①一般的疾患傾向，②身体的症状，③睡眠障害，④社会的活動障害，⑤不安と気分変調，⑥希死念慮とうつ傾向の6因子各5項目から構成されたGHQ30などが市販されている。

商品化されていないが，生き甲斐感尺度やウェルビーイング尺度など，研究レベルで活発に開発がなされている。簡易に測定できる尺度を用いて定期的に高齢者の状態を把握することは，適切なサポートをするために重要である。

2.7　認知症の発見と予防

高齢者の中に，身体が健康のまま認知症を患う患者が増加しつつある。認知症患者は2025年には700万人を超え，65歳以上の高齢者の5人に1人が罹患すると予測されている。認知症対策としては，アルツハイマー型認知症ならば遺伝子検査や脳の画像診断などで早期発見が可能だが，その他のタイプの認知症はまだ研究途上である。高齢者を対象とした介護施設や老人保健施設では，日々の活動の中に算数や漢字のドリルを取り入れたり，体を意図通りに動かすテレビゲームを取り入れることで認知症の発生を予防しようとしている。自立している高齢者には，運動や食などの生活習慣の改善を奨めるなど，従来のヘルスプロモーションの枠組みを用いた実証的な実践研究の報告もみられる。こうした高齢者の認知機能向上あるいは低下阻止のとりくみは，アンチエイジング医療の枠組みのなかで今後重要視されるとおもわれる。健康・福祉の心理分野では，従来からその重要性について実践研究がなされている。

高齢者の認知症判定のための国際的な尺度としてはミニメンタルステート検査（mini mental state examination; MMSE, Folstein, Folstein, & McHugh, 1975）が使われている（図9.2）。MMSEの質問は，見当識，ものの名称，算数問題，短

第 9 章　健康・福祉

設問	質問内容	回答	得点 （30点満点）
1（5点）	今年は何年ですか？ 今の季節は何ですか？ 今日は何曜日ですか？ 今日は何月何日ですか？	＊＊　　年 季節 曜日 ＊＊　　月 ＊＊　　日	0/1 0/1 0/1 0/1 0/1
2（5点）	この病院の名前は何ですか？ ここは何県ですか？ ここは何市ですか？ ここは何階ですか？ ここは何地方ですか？	＊＊　　病院 ＊＊　　県 ＊＊　　市 ＊＊　　階 ＊＊　　地方	0/1 0/1 0/1 0/1 0/1
3（3点）	物品名 3 個（桜，猫，電車）		0〜3
4（5点）	100 から順に 7 を引く（5 回まで）。		0〜5
5（3点）	設問 3 で提示した物品名を再度復唱させる。		0〜3
6（2点）	（時計を見せながら）これは何ですか？ （鉛筆を見せながら）これは何ですか？		0/1 0/1
7（1点）	次の文章を繰り返す「みんなで，力を合わせて綱を引きます」		0/1
8（3点）	（3 段階の命令） 「右手にこの紙を持って下さい」 「それを半分に折りたたんで下さい」 「それを私に渡して下さい」		0/1 0/1 0/1
9（1点）	（次の文章を読んで，その指示に従って下さい）「右手をあげなさい」		0/1
10（1点）	（何か文章を書いて下さい）		0/1
11（1点）	（下の図形をみせて；この図を書いて下さい） 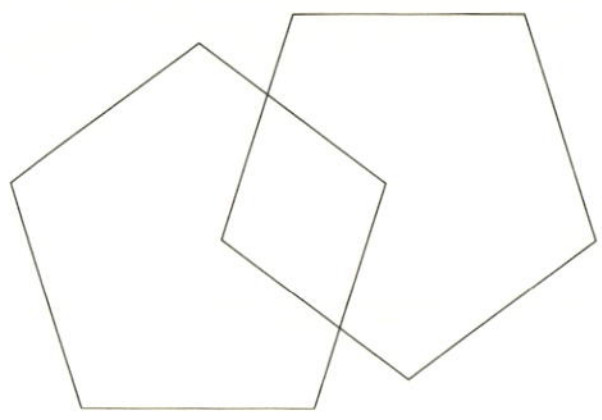		0/1

図 9.2　認知症機能検査のための MMSE（Folstein, Folstein, & McHugh, 1975）.

期記憶，読み書き，図形描画など11問で，口頭により回答を求め，30点満点で判定する。

心理学的検査法一般を学び，患者とのコミュニケーションがとれ，正確に回答を記録できる能力があれば，研修を受けるだけでMMSEの実施が可能である。MMSEは確定診断にも使え，妥当性・信頼性も確保されているので，海外の研究と比較検討できる。国内の高齢者を対象とした認知症に関するコホート調査でもしばしば使われている。長谷川式簡易知能評価スケールも国内ではよく使われているが，2問少なく，図形問題がない。

3. 予防心理学

3.1 ヘルスプロモーション

ヘルスプロモーション（health promotion）は，「健康増進」ないし「健康づくり」と訳される。健康問題を考えるとき，単なる生物医学的な病因論に基づく医学モデルではなく，社会・心理的要因も含めたモデルが必要である。こうした考え方は世界保健機関（WHO）や国際連合児童基金（UNICEF）など，世界レベルの健康問題を考える会合で承認され，今日の健康づくり（ヘルスプロモーション）運動へと繋がっている。

健康・福祉領域の心理学もこうした健康観に基づいて発展してきた歴史がある。その発端は，1965年に米国カリフォルニア州アラメダにおいて開始された，住民7,000名を9年間追跡したアラメダ研究（Alameda County Study）である。ブレスロウらは，第一段階調査で記入された生活習慣への回答によって住民を分け，1973年の死亡率を比較した結果，喫煙や運動不足などの生活習慣が住民の健康度に強く関与することを示した（Belloc & Breslow, 1972）。こうした疫学調査の経過を踏まえて，カナダの保健大臣は1974年の報告で，疾病予防よりも健康増進が重要であると述べた。以来，特定病因論から確率論的病因論へと保健施策の枠組みがシフトすることとなる。なおこのコーホート調査は1985年，1989年，1994年，1999年まで継続された（Housman & Dorman, 2005）。

1978年には，アルマ・アタ（現在のカザフスタン共和国アルマトィ）において，WHOとユニセフの主催で第1回プライマリ・ヘルス・ケア（primary health care; PHC) に関する国際会議が開催され，WHO 事務総長によるアルマ・アタ宣言（Declaration of Alma-Ata）が採択された。この宣言では「すべての政府，保健関係者，一般市民は，世界中のすべての人々の健康（health for all; HFA）を守り促進するために行動すべきだ」と述べられ，高度医療からプライマリヘルスケアへの転換が提唱された。健康診断や人間ドックによる病気の早期発見・早期治療という二次予防ではなく，広く多数の人々に健康教育や健康指導を行う一次予防の重要性が採択された歴史的宣言である。

米国厚生省は，1979年に公開した「ヘルシー・ピープル（Healthy People）」という健康政策において，「ヘルシーピープル2000」という目標を設定した。これは2000年までに，到達すべきヘルスプロモーションのためのアクションプランを述べたものである。疫学を重視し，健康を害する危険因子を個人の生活習慣の改善によって減じることで健康づくりを実現することを唱っている。以後米国では2000年に「ヘルシーピープル2010」，2010年には「ヘルシーピープル2020」を策定している。最新の2020年版では，アルツハイマー症を含む認知症やバイセクシュアルへの言及が加わっている。

1986年11月には，カナダのオタワで第1回ヘルスプロモーション会議（First International Conference on Health Promotion）が開催され，21世紀の健康戦略として「ヘルスプロモーションのためのオタワ憲章（Ottawa Charter for Health Promotion）」が採択された。新しい健康観に基づく21世紀の健康戦略をヘルスプロモーションと呼び，「人々が自らの健康とその決定要因をコントロールし，改善することができるようにするプロセス」と定義されている。また，健康増進を個人の生活改善に限定せず，社会環境の改善にも言及し，個人責任論から脱却して健康な都市（healthy city）づくりへと方向付けをおこなっている。

わが国では，2013年から厚生労働省が第二次健康日本21計画を実行中である。これは，健康増進法に基づいて策定された「国民の健康の増進の総合的な推進を図るための基本的な方針」の全面改正版で（1）健康寿命の延伸と健康格差の縮小，（2）生活習慣病の発症予防と重症化予防の徹底，（3）社会生活を営むために必要な機能の維持及び向上，（4）健康を支え，守るための社会環境の整備，および（5）栄養・食生活，身体活動・運動，休養，飲酒，喫煙及び

歯・口腔の健康に関する生活習慣及び社会環境の改善の5つを，国民の健康の増進の推進に関する基本的な方向としている。

　心理学の立場からは，国民が生活習慣病を予防し，健康行動を修得するための専門的支援として，正しい知識の教育・普及と，目標を設定して確実に健康行動を形成する働きかけ，ならびに必要に応じた医療における査定と治療を担うことになる。

3.2　ハイリスク行動の修正と健康行動の修得

　実証研究から，健康を害することが明らかになった行動（ハイリスク行動）についての正しい知識を普及することは，健康づくりのための第一歩である。

　大規模な疫学調査は実証研究の王道であり，調査結果から，ある要因が健康リスク要因と認められれば，当該要因による罹患や重症化・死亡を減らすために，具体的で実践可能かつ評価可能なアクションプランを策定する。これは予防医学的アプローチであり，人々の日常生活習慣への働きかけとその背後にある社会習慣への働きかけであり，個人の心理に働きかける健康心理学，社会に働きかける福祉心理学に与えられた使命である。

　ブレスロウら（Belloc & Breslow, 1972）の「アラメダ研究」から，表9.2の7つの健康習慣が，健康増進のためのよい生活習慣であることが明らかにされた。以後，多くの実証研究において，健康づくりのために必要な基準が示されている。健康によい睡眠習慣，喫煙習慣，飲酒習慣，運動習慣および食習慣の問題に分けて解説する。

表9.2　ブレスロウによる7つの健康習慣

項目	健康行動
1. 睡眠	7～8時間睡眠
2. 喫煙	禁煙（間接喫煙もしない）
3. 飲酒	適量を楽しく飲む
4. 運動	定期的に運動する
5. 朝食	毎日，欠食しない
6. 間食	しない
7. 体重	適正体重を守る

第 9 章　健康・福祉

◎ 睡眠習慣

　睡眠時間が長すぎても短すぎても，5年後死亡率は高くなることから，適正な睡眠時間は7〜8時間とされている。また時間という量的基準だけではなく，熟睡できたか，覚醒時の気分（寝起き感）はどうかなど，睡眠の質を高めることが必要である。穏やかで依存性の少ない睡眠導入薬の開発と適正利用のガイドライン作り，寝具やアロマなど快眠グッズの開発と評価などが健康心理学上の貢献として期待されている。

　病院の睡眠外来では，睡眠 - 覚醒リズムの乱れを査定し，昼夜の概日リズム（circadian rhythm）と勤務形態などの生活リズムに自分の睡眠 - 覚醒リズムを適応・馴化させるよう指導する。睡眠など基本的な生活習慣の修正には，丁寧な心理的介入が効果的であり，睡眠行動の認知行動療法が薬物療法とともに適用され，効果をあげている。

　たとえば交替制勤務に適応できない人は心身の不調を訴えやすく，医療ミスや交通事故の原因となる。こうした不調は，アルコールやカフェイン飲料などのレクレーション薬を用いるセルフメディケーション（自己治癒，self-medication）を生み，その過剰摂取による健康被害や依存症発病を生む可能性もある。適正な生活リズムの形成を支援するのは健康心理学，福祉心理学領域の重要な仕事である。

◎ 喫煙習慣

　タバコによる健康被害についての正しい知識を普及させることが大切である。タバコを吸引する行為は，ニコチンやタールなどの薬物それ自体が発がん性物質であり，交感神経を興奮させるので心臓循環器系への健康被害をもたらす。

　タバコの害　市販の紙巻きタバコには，ニコチン，一酸化炭素，タールのほか，香料などの添加物や紙の燃焼によって排出される約4,000種類の化学成分が含まれる。そのうち約300種類が健康に何らかの影響を及ぼす物質である。吸い口から吸収される主流煙よりも，燃えている箇所から出る副流煙の方が有害物質濃度は高い。

　ニコチン（$C_{10}H_{14}N_2$）は嘔吐，末梢血管の収縮，血圧上昇，心収縮力増加な

どの急性生理作用をもち，中毒量は1～4mg/kg，致死量は30～60mg/kgの，毒物及び劇物取締法の対象毒物である。ニコチンは紙巻きタバコ1本中に10～20mg含まれ，燃焼煙中のニコチンは肺胞から血中に吸収され，代謝されてコチニンなどの物質に変わり血中を漂う。血中のニコチンは，血液－脳関門を通過して脳内に入り，副側被蓋から側坐核を経てドーパミンを放出し，前頭前野の報酬系に作用して吸引行動など喫煙にまつわる行動を強化し，依存を形成する。またニコチンによる末梢血管の収縮は，血管の老化を早める。

主流煙中の一酸化炭素（CO）は，血中で酸素の運搬を妨げ，心臓疾患や脳血管疾患の危険因子となる。疫学調査から，一日1箱を吸う喫煙者は，非喫煙者の1.7-2.4倍も虚血性心疾患に罹りやすい。男性喫煙者の心疾患死亡率は，1日20本未満の喫煙者は非喫煙者の4.2倍，20本以上の喫煙者は7.7倍高い。

喫煙男性の臓器別がん死亡率は，非喫煙男性に対する比（相対リスク）で示すと，全てのがん平均で1.65倍，肺がんで4.5倍，喉頭がんで32.5倍と，喫煙者は高い発がんリスクを負う。なお女性喫煙者では子宮頸がんによる死亡リスクが1.6倍高い。

慢性閉塞肺疾患（COPD）は，粉塵等によって肺胞が変性して呼吸器機能が低下する高齢者に多い疾患であり，喫煙者のCOPD死亡率は非喫煙者の1.29倍であることから，長期間喫煙がCOPDの主原因とされる。大気中の微少粉塵（PM2.5）による健康被害が問題になるが，タバコの煙中にも含まれている。

副流煙中の有害物質は，主流煙よりも多く，非喫煙者の受動喫煙が深刻な問題となっている。夫が喫煙者である妻は，そうでない妻と比べて肺がん死亡率は1.2倍，急性心筋梗塞死亡率は1.3倍にのぼる。

喫煙者が糖尿病に罹患すると，血糖値管理は悪くなる。喫煙による末梢血管の収縮によって，糖尿病性三大症状(1)網膜症，(2)脳血管疾患・心疾患，(3)神経症状も増悪する。

以上のように喫煙はそれ自体健康に悪い影響を与えるが，それに加えて喫煙習慣はなかなか止められず，ニコチン依存症，ニコチン嗜癖と呼ばれる精神疾患に陥ると，認知が歪み，喫煙を不当に正当化するようになる。こうした喫煙者が禁煙を決断し，禁煙に成功するための心理学的アプローチについて述べる。

第9章 健康・福祉

禁煙治療　医療保険による薬物を用いた禁煙治療を受けることのできる患者は、①ニコチン依存症であること、②常習的な喫煙者であること、そして③ただちに禁煙を希望していること、の3条件を満たすものに限られる。

プロチャスカは、喫煙者が禁煙を決意し、実際に禁煙に成功するプロセスを以下の5段階に分け、段階の移行に関係する複数の理論を組み合わせた通理論モデル（trans-theoretical model: TTM）を唱えた（Prochaska & DiClemente, 1983）。

「前熟考期」の喫煙者はまだ禁煙することに関心をもっていない。「熟考期」に入ると禁煙することに関心を寄せている段階だが、まだ喫煙している。「準備期」では禁煙を決意するが、禁煙開始の準備段階で、喫煙量を減らしたり、禁煙したり戻ったりのお試し段階である。「実行期」に入ると実際に禁煙を開始する。開始から半年以内ではニコチン切れ（ニコチン離断症状）による再喫煙の危機がある。「維持期」では禁煙を半年間継続できている段階だが、ちょっとしたきっかけで再喫煙に戻る可能性がある。せっかく維持期まで来たものが禁煙を中断、喫煙者に逆戻りし、禁煙の再開、または挫折して喫煙継続となることもある

禁煙外来による治療対象者は、このモデルの準備期の喫煙者であり、治療計画の説明を受けて同意（インフォームド・コンセント）した患者を、実行期に導き、投薬によりニコチン依存症を治療し、依存症管理を行う。合計5回の保険診療が認められている。治療指針を立てる際には、初診時の喫煙状況、ニコチン摂取量、ニコチン依存度、および禁煙への関心度の把握、喫煙行動の分析などを行う。また、禁煙実行・禁煙継続上の問題点の把握とアドバイスなどを行う。

ニコチン依存度は、身体依存をファーガストローム ニコチン依存度指数（Fagerstrome Test for Nicotine Dependence ; FTND, Heatherton, et al., 1991）で、精神依存をタバコ依存症スクリーニング（Tobacco Dependence Screener; TDS, 川上, 2006）で査定する。FTNDは6項目10点満点で、合計が6点以上で高依存、4-5点で中程度依存、0-3点で低依存と判定される。簡易評価法としては喫煙本数と、起床後最初に喫煙するまでの時間だけを問い、本数が26本以上でかつ起床後30分以内に喫煙すると回答する場合に依存度が高いとみなす。一方TDSは、WHOの国際疾病分類10版（ICD-10）やDSM-IVに準拠し、精神医

学的見地から精神障害・物資依存ニコチン依存症を診断するために開発されたもので，10項目10点満点で採点され臨床診断との相関が高い。

　喫煙習慣の治療には，薬物療法と心理療法がある。バレニクリン（商品名チャンピクス）は脳内α4β2ニコチンリセプターに選択的に作用し，禁煙によるニコチン切れ症状（渇望感）を抑える。最初の1週間は喫煙しつつ投薬し，2週目から禁煙下で投薬し，12週の治療期間中に完全禁煙が達成できれば投薬を終える。一方，ニコチンパッチやニコチンガムによって皮膚や口中粘膜からニコチンを摂取する「ニコチン代替療法」と呼ばれる方法もある。

　心理療法としては，行動分析（behavior analysis）を用いた禁煙支援法が効果をあげている。記録紙を用い，平常の喫煙行動を2週間ほど記録して，喫煙がいつどのような先行条件のときに起こるかを分析し，それを排除・回避することで禁煙行動を形成する（刺激統制法）。その他，心理面接によって禁煙への動機を強める動機づけ面接法や，禁煙によるニコチン離脱症状（ストレス症状）を呼吸法や筋弛緩法などのリラクセーション技法によって緩和するストレスマネジメント法が用いられている。

禁煙時の心理と対応　喫煙者が禁煙を決意し，そのまま禁煙に至ることは容易ではない。前出の通理論モデルの段階に応じた影響要因について解説する。
　熟考期では，喫煙をストレス解消手段との誤った信念をもつ人には，疾病リスクについて情報提供し，喫煙によるデメリット感が，喫煙によるメリット感に勝るように働きかける。準備期では，仲間や職場の同僚に対して，いつから禁煙を開始するかを明確に宣言する（禁煙宣言）と，目標が明確に設定され行動変容がしやすくなる。実行期への移行後は，禁煙によるニコチン離脱症状が再喫煙を促し，禁煙継続を中断させる。薬物療法が有効なのはこのタイミングであり，保険適用で廉価に治療できるメリットを強調して禁煙継続を後押しする。喫煙者の多い盛り場での飲酒は再喫煙を促すので，喫煙者との交流を避けるよう指導する。禁煙意欲を強める支援，再喫煙への誘惑に負けない自己効力感（self efficacy）を高める支援が欠かせない。
　禁煙希望者が互いに協力しあうピアサポート（peer support），禁煙成功者からのアドバイスを受ける禁煙マラソン（高橋・三浦, 2007）の取り組みは，禁煙

第9章 健康・福祉

継続を強くサポートする。インターネットを用いた同種の取り組みや，モバイル端末を用いたサポートも有効であることが知られている（高橋・三浦, 2007）。

健康心理学では，タバコを吸わないライフスタイルの形成，喫煙行動を消去して禁煙行動を強化する行動修正プログラムの開発，禁煙外来で効果的に禁煙を継続させるための評価法，介入プログラムの開発と実践がおこなわれている。

◉ 飲酒習慣

2014年にアルコール健康問題関連法が成立し，飲酒に対する厳しい規制が政府により開始された。ストレス解消のための適度な飲酒は健康リスク要因とはいえないが，過度の飲酒は酩酊・急性アルコール中毒などの原因となり，事故やトラブルにつながる。また，長期にわたる飲酒はアルコール肝症を生み肝硬変や肝臓がん，脳組織損傷の原因となる。母親の飲酒は胎児の奇形，発育障害のリスクを高める。

常習的飲酒者にとって禁酒は難しく，特にアルコール依存症となると治療は困難を極める。強制隔離病棟への入院，アルコール断ちをした人々で作るセルフヘルプグループ（self help group）に入って相互に勇気づけ合うことが効果的である。

向精神薬や覚醒剤，麻薬への依存症の治療も同様の形式が適用されるが，身体依存が強力になるほど，根本治療は難しい。こうした薬物依存者は治療を終えると地域で生活することになるが，薬物への精神的依存は残っているため，地域内でこうした依存症患者を受け入れ，依存薬物に触れない社会生活を支援していく必要がある。

◉ 運動と食習慣

運動不足は健康度を低下させるため，必要な運動量，身体活動量についての正しい知識と，意欲的にとりくみ，継続できる運動処方の提供が必要で，栄養士や健康運動指導士などの専門職がその役割を担っている。

バランスよく栄養を摂取し，食事から摂取するカロリー量と運動量を均衡にコントロールすることによって，肥満や痩せなどの生活習慣病のリスク要因を予防できる。肥満は中性脂肪が体内に蓄積されたもので，中高年では内臓に脂

肪が蓄積することから，糖尿病や脂質異常などの疾患の温床となる。

　高齢者にとっては，介護が必要とならないように普段から運動を心がけることが奨められ，競技スポーツではない健康のためのスポーツ活動の普及が図られている。健康スポーツへの参加は，運動機能の低下をくいとめ，強化するという効果に加え，うつ気分を低下させ，メンタルヘルス向上にも役立つ。

　脳溢血などによって歩行や移動などの運動機能に障害が出た場合，理学療法による歩行訓練や可動域拡大訓練で機能回復が図られる。食事や排便・排尿などの排泄動作や，洗顔や歯磨き・整髪や髭剃りなどの整容動作，被服や靴の更衣動作，入浴，他者とのコミュニケーションなどの日常不可欠な行動は日常生活動作（activities of daily living; ADL）と呼ばれ，作業療法によるリハビリテーションによる機能回復が必要となる。

　こうした身体機能の障害に対してのリハビリテーション医療に，心理学的アプローチの適用が求められている。動かない手足をリハビリによって動かすことは辛いが，明瞭な目標を設定して回復への動機づけを高め，維持させていくためのプログラムが必要となっている。

4. 危機状況での健康心理学的支援

4.1 災害支援

　震災や津波，風水害や土石流などの自然災害は突然やってくる。被災者は，自らの恐怖体験とともに，大切な人や想い出の品物を失ったという重大な喪失体験から，しばし心身状態が不調に見舞われる。急性ストレス障害（acute stress disorder; ASD）は精神的な外傷体験・トラウマ体験に起因する適応反応で，過覚醒，不安，混乱，そして悲嘆感や憂鬱感が漂う。

　日常生活が戻り，日々の生活に追われるうちに，大きな物音を聞き，ニュース番組の映像を見ることから，恐怖体験時の記憶が一瞬のうちに蘇り（フラッシュバック：flash back），強い不安感が漂うパニック（panic）症状を起こす。しばし落ち着いた後に見られるこうした症状は，外傷後ストレス障害（post traumatic stress disorder; PTSD）と呼ばれ，トラウマ体験から半年以降に生じる。PTSDは，列車や飛行機などの事故の生存者や遺族，暴行や強盗などの犯罪被

害者，交通事故の加害者・被害者など，多くの例で報告されている。

　1995年1月17日に発生した阪神淡路大震災は，6,437名の死者・行方不明者と，30万人の被災者を生んだ大災害であった。このとき急性ストレス障害からPTSDへの移行を阻止しようと，多くの心理学の専門家が緊急避難所や仮設住宅，学校などに介入し，心身両面からの被災者支援を図った。この年はボランティア元年と呼ばれるが，同時に「災害心理介入元年」でもあった。以来，国内で大きな地震などの自然災害や事件・事故が起こると，多くの被災者でない人々がボランティアとして現地を訪れた。2003年の十勝沖地震，2004年の新潟県中越地震，2007年の新潟県中越沖地震，そして2011年3月11日の東日本大震災による津波被害および原発事故と，支援は続いた。

　被災者の心理を支える実践活動は，被災者のメンタルヘルス改善のため，ストレスマネジメントに重点を置いた介入と，被災者の生活や復興を支援する活動に重点が置かれた。被災者への支援は，災害医療を専門とする医療チームがまず介入し，負傷者の救出などが一通り済んだ後から，復旧支援活動が開始されていった。緊急避難所での被災者管理，各地から送られてくる救援物資の仕分けと被災者への配布，自宅の復旧作業支援などが順次なされるうちに，避難所内で種々の「格差」が生まれはじめ，心のサポートニーズが生まれてきた。

4.2　被災者のニーズと適切な心理的支援

　被災直後から1カ月間は急性ストレス障害が表れるが，時間経過につれて次第に症状は軽減する。しかし強い恐怖体験を経験した事例ではPTSDへと移行し，侵入的思考，回避症状，過覚醒症状などの症状が表れる。侵入的思考はフラッシュバック体験のほか，睡眠中に悪夢にうなされ中途覚醒することなどもこれに類する。回避症状としては，壊れた家の跡地を避け，わざと遠回りして通学したり，亡くなった友人との思い出の品に触れないようにするなど，被災体験を思い出させる状況を避けようとして，不自然な行動をとることがある。時として孤立し，いろんなことに関心を示さなくなり，感情の乏しい状態となる。過覚醒症状は，神経が高ぶり，不眠状態となって苛立ち，怒りっぽくなる。集中力が落ち，混乱した思考状態が続き，何かに怯えた状態となる。

　子どもの被災者の場合には，学校に行きたがらない，ケンカ沙汰が増えたな

どの不適応症状が現れるケースがある。恐怖体験・喪失体験を受けた子どもには早期なケアを提供し，PTSDへの移行を防ぐことが特に重要となる。阪神淡路大震災後の学校への介入体験から，震災直後から1年にわたる時間経過につれて表れる問題や症状にフィットしたケアの要点（小学生版震災ストレスケアマニュアル）を以下に示す。

(1) 直後72時間：安全の提供

震災直後の72時間は，生命救護と安全の確保こそが第一のケアである。子どもたちに安心できる場を提供し，信頼できる大人たちに見守られながら，できるだけリラックスできる環境を確保することが必要である。

(2) 4日から1週間：復旧への勇気づけ

余震の頻度も減り，ライフラインも徐々に復旧をはじめるこの時期は，ケア内容も生活復旧を支援するものへと変わってくる。熟睡できる避難所生活の確保，心身の健康への配慮・措置，入浴，支援物資の配給，プライバシー保護，そして何よりも復旧への勇気づけとなる活動が重要である。記念イベントの開催や朝のラジオ体操，弁当配給や炊き出し時の点呼や声掛けも重要なケアの要素となる。

(3) 1カ月：ストレスマネジメント教育

仮設住宅が立ちはじめる頃には，被災度の違いが生活に大きく影響する。避難生活固有の疲労やストレスが目立ちはじめ，自宅を失い，家族に死傷者のいる子どもでは，PTSD症状が顕著になり，医療的ケアが必要な事例もある。ストレスマネジメント教育として震災後のストレス反応とは何か，対処法は何かを教え，リラクセーションを体験させる。教師が子どもにストレスマネジメント教育が指導できるよう，コンサルテーションを行う。

(4) 3カ月以降：自立支援としての個別対応

3カ月が過ぎる頃には，どの家庭も復旧がはじまり，自立支援をめざした個別対応が必要となる。不安症状の強い子どもにはリラクセーション訓練を，うつ症状が強い子どもには運動や遊びを通した気分転換・アクティベーションを，混乱症状が強い子どもには文集作りや地震学習，復興学習などを通じた認知の再構成をと，ニーズに合わせた対応が肝要である。

第9章　健康・福祉

(5) 6カ月：残された子どもの憂鬱

半年が過ぎた頃には，多くの被災者が生活復旧の途につく一方，重度の被災者に，うつ症状を示す場合が現れる。フラッシュバックや余震への不安感が減じる一方，混乱症状が増加する。また家族に負傷者がいて，家が全壊した子どもの症状は，依然強い。この時期には，クラス全体でおこなう健康教育，ストレスマネジメント教育が有効で，一方，うつ症状が顕著な子どもには専門家による医療的ケアが必要不可欠となる。

4.3　ストレスマネジメント

災害後の心理介入のなかで，健康心理学が主に専門とする技法は，ストレスマネジメント（stress management）である。これはストレス状態を把握し，自らの力でストレスを管理するための知識・技術体系である。

◉ ストレス学説

ストレス（stress）ということばは工学用語で「歪み圧力」の意味で使われてきた。これを生理学者のセリエは，生体に影響する環境刺激に対して生体が示す反応に適用した（Selye, 1956）。以来ストレスという用語は，生体に与えられる刺激と，それに対する生体の反応という2つの意味あいを持つ。セリエは刺激としてのストレスをストレッサー（stressor），ストレッサーに対する反応を単にストレスと呼んだが，ここではストレス反応（stress reaction）と呼ぶ。

図9.3を使って，ストレッサーへの暴露時間の経過に伴うストレス反応の様子を，セリエの汎適応症候群（general adaptive syndrome）という考え方から概観する。ストレッサーへの曝露（ばくろ）は，生命維持が危うくなり（脅威事態），危急反応（emergency reaction）を呈して適応することになる。これは急性ストレス反応の状態であり，警告反応期（stage of alarm reaction）と呼ばれ，ストレッサーに対して受動的に反応するショック相と，それに続く抗ショック相が含まれる。

ショック相では，体温低下，血圧低下，血糖値低下，神経系活動抑制，筋緊張の減退，血液の濃縮，毛細血管と細胞膜の透過性減退，アチドーシス（酸血症），白血球減少および後の増加，胃腸のただれ（潰瘍）などが生じる。抗シ

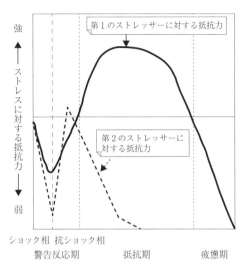

図9.3 ストレッサー曝露に伴う生体の抵抗力の変化（汎適応症候群）を示す模式図

ョック相は，反対に生体維持機能の低下を補うように，体温上昇，血圧上昇，血糖値上昇，神経系活動促進，筋緊張の増加，血液量増加，毛細血管と細胞膜の透過性上昇，アルカロージス（アルカリ血症）などの特徴がみられる。白血球数が増加し，副腎皮質が肥大化し，アドレナリン，副腎皮質刺激ホルモン，甲状腺刺激ホルモンなどのホルモン分泌が盛んになる。この時期，生体は第2のストレッサー曝露に対しても抵抗性をもち，これをセリエは交絡抵抗（crossed resistance）と呼んだ。

抵抗期（stage of resistance）は，抗ショック相と似た生体反応パタンが継続する。生体防御系がストレッサーに対して持てる力を総動員して対抗し続けている時期で，一見生体は安定しているが，交絡抵抗は消失し，第2のストレッサーへの抵抗力は低下する。

最後に疲憊期（stage of exhaustion）が訪れ，抵抗力が次第に減弱し続け，ついに適応反応が維持できなくなって，ひどい場合には衰弱し死んでいく。どんな種類のストレッサーに対しても，生体はこのような反応パタンを示す。

第9章 健康・福祉

● 人のストレスの測定

　セリエのストレス学説は，環境刺激に対して生体が危急反応を発することを丹念な生理学的実験から明らかにし，継続的なストレッサー曝露が心身の不調を生み出すメカニズムを解明した。その結果ストレス性疾患を対象とする心身医学（psycho-somatic medicine）が誕生し，今日の心療内科隆盛の基を築いたと言う意味で歴史的偉業といえる。

　では人のストレスはどのようにして測定するか。ホームズとレイ（Holmes & Rahe, 1967）は，人生に影響する出来事や生活上の大きな変化（ライフイベント：life events）を経験することが，その人に社会的再適応を余儀なくさせ，心身疾患のリスクを高めると考え，43項目からなるライフイベント尺度を作成した。個々のイベントに重大性の程度に応じた配点（最高100点）を与え，この点数が高いほど半年後の疾病罹患率が高かった。今日でも類似のライフイベントを用いたストレッサー尺度が開発されている。

　一方ラザルス（Lazarus, R. S., 1922-2002）は，日常の些細な出来事や人間関係上のトラブルが蓄積することが心身の健康に悪影響を生むとの観点から，日常苛立ち事尺度（デイリーハッスル尺度: daily hassle scale, Kanner et al., 1981）を開発した。ストレッサーに対する認知的評価（cognitive appraisal）とそれへの対処（coping）がストレスによる心身への負担を軽減させるという観点から，ストレス-コーピング理論を提起し，ストレスマネジメントの介入モデルを普及させた。

● ストレスマネジメント教育

　ストレスマネジメント教育とは，ラザルスのストレス-コーピング理論に従って「ストレッサーへの気づき」と「効果的な対処法の修得」に重点を置いて，認知行動を操作し，さらにストレス反応を積極的に沈静化する技法などを用いて，自力でストレスマネジメントができるように指導することである。学校で子どもたちに指導することで，怒りのコントロールを学ぶ心理教育ともなる。職場のメンタルヘルス研修においても効果的である。

　ストレス反応は交感神経系の過剰興奮状態であることから，これを副交感神経系を作動させることによって抑える技法を一般にリラクセーション（relaxation）と呼ぶ。リラクセーションの技法には，①腹式呼吸法（abdominal breathing），②漸進的筋弛緩訓練法（progressive muscle relaxation），③自律訓練法（autogenic training），④イメージ法などがある。

腹式呼吸法は閉眼下で横隔膜を用いた呼吸を意識的にゆっくりと行う。吸気よりも呼気に時間をかけるのがこつである。胸式呼吸ではなく，腹式呼吸であることを学ばせるのに役立つ方法がある。2人がペアになり，1人の子どもが仰向けに寝転り，お腹の上に往復ハガキのような山型の紙片を乗せ，呼吸による動きをもう1人の子どもに観察させるとよい。

漸進的筋弛緩訓練法は目を強く閉じてからゆっくり開く，奥歯を強くかんでから力を抜く，肩を耳に近づけるくらい挙げた後ゆっくり降ろす，拳を強く握った後ゆっくり力を抜く，腹筋を緊張させた後緩める，足を床から浮かせてブラブラさせた後一気に力を抜くなど，順に緊張－弛緩を繰り返す。緊張を数秒した後に弛緩をその倍の時間かけるのがこつである。

自律訓練法は閉眼安静の姿勢にして，「気持ちがおちついている」と「右の腕が重たい，左の腕が重たい」などの自己暗示を繰り返す。

イメージ法には，スウェーデンのソリン（Solin, E.）が考案した「あなたの特別な場所」のスキットをゆっくり読み聞かせる方法などがある（PGS研究会, 2010）。スキットでは，まず相手を座らせた状態で全身の力を入れたり抜いたりさせ，その後に好きな場所で楽しい時を過ごしている自分を想像するように指示をしていく。リラックス環境として，音楽を流し，部屋を薄暗くし，アロマエッセンスを湯に溶かして雰囲気を作り出しておくとなお効果的である。

また，ストレス反応として分泌されるコルチゾールを，運動など活発な活動によって消費しきれば結果としてストレス反応を抑えることになる。これは，アクティベーション（activation）と呼ばれる。汗をかき，息があがらない程度の有酸素運動として，快適なペースでのジョギング，水中歩行，自転車こぎ，太極拳，散歩などを20-30分続けることが適当である。

要点の確認

・健康とは何かを考えてみよう。身体に不自由がないとか，病気がない，痛みを感じ

第9章 健康・福祉

ないといったことだけでは健康とはいえない。身体的な障害があっても、余命いくばくもない病気にかかっていてもウェルビーイングの状態にはなれる。
・健康づくりの基本的取り組みとは何かを考えてみよう。一次予防を重視したヘルスプロモーションの基本は、健康行動を習慣化することである。
・不健康行動から健康行動にライフスタイルを変えるために、心理学のどんな理論や技法が有用かを考えてみよう。
・トランスセオレティカルモデルによる行動変容のステージ分類は、あらゆる行動変容の基準となる。具体的な事例をあげて、考察してみよう。
・災害などの辛い体験は、人々すべてにストレス症状を起し、症状の継続は身体的疾患の原因となる。ストレスマネジメントがストレス軽減に有効な理由を生理心理学の知識とあわせて考えてみよう。またストレスマネジメントを学ぶことは、いざというときに重篤に至らず、また回復もよいが、その事例をあげて考えてみよう。
・災害による困難な状況が自力では改善できない場合、他者からの支援が重要となる。福祉としての介入の事例を検討してみよう。

文献ガイド

島井哲志・長田久雄・児玉正博（編）(2009). 健康心理学・入門　有斐閣.
　▷健康心理学とは何か、健康増進（づくり）の考え方や基本の理論がやさしく紹介されている。
J. S. グリーンバーグ　服部祥子・山田冨美雄（監訳）(2006). 包括的ストレスマネジメント　医学書院.
　▷アメリカの大学で人気の授業「ストレスマネジメント」用テキストの日本語訳。健康心理・福祉心理領域でメンタルヘルスを学ぶ定番テキスト。
PGS研究会（編）(2002). ストレスマネジメント・ワークブック　東山書房.
　▷「ストレスマネジメント教育」の授業の基本的考え方と具体的な教材、評価尺度、適用例がやさしく紹介されている。
日本健康心理学会（編）(2002-2003). 健康心理学基礎シリーズ（全4巻）　実務教育出版.
　▷健康心理学の基礎理論から、査定、カウンセリング、健康教育など実践法の概論テキストとして定番。第1巻「健康心理学概論」、第2巻「健康心理アセスメント概論」、第3巻「健康心理カウンセリング概論」、第4巻「健康教育概論」。

第10章

犯罪・非行

齊藤文夫

(1) 近代の犯罪学は18世紀後半ころに勃興した。まず古典学派が台頭し，次いで実証学派が大きく発展した。
(2) 古典学派は，犯罪は人の自由意思によってなされる行為にほかならないとし，罪と罰を法律で規定するとともに厳格公正な刑罰による犯罪抑止を重視する。
(3) 一方，実証学派は，犯罪は生物・社会・心理的な諸要因が複合して生じるとし，個別的な矯正処遇とともに社会福祉的な支援や犯罪予防こそが重要であるとする。
(4) 20世紀に入り，心理学は反社会的逸脱行動の理解や非行少年の矯正処遇に応用されるようになり，次いで犯罪の捜査や取り調べ，精神鑑定，犯罪予防や被害者支援などの分野でもさまざまに活用されている。
(5) 今日，犯罪や非行に関わる心理実務者は，警察，家庭裁判所，矯正施設，保護観察所などで活躍している。

第10章 犯罪・非行

1. 古典学派と実証学派

　人が悪事をしでかしたとき，「魔がさした」といわれる。放火魔とか殺人鬼といったことばもある。こうしたことばから推察すれば，私たちは魔ものや鬼が人の心にさし込み，人をして悪事をなさしめると考えてきたのだろうか。そうした魔ものや鬼の存在を否定するところから近代の犯罪学は始まった。近代の犯罪学は古典学派に始まり，次いで実証学派が大きく発展する。本節では，両学派の思想とその発展を概説する。

1.1　古典学派の誕生

　近代の幕が開きつつあった18世紀のヨーロッパで，合理的な思考と万人の合意によって社会を変革し，社会全体の幸福を増進しようとする啓蒙思想がさかんとなった。そうした啓蒙思想の中から，犯罪の古典学派が勃興する。古典学派は，人間の悟性（理性）を信奉するとともに万人の自由と平等を高く掲げて，当時の支配層（王侯貴族や教会の高僧など）による恣意的・独断的な刑罰制度をするどく批判した。古典学派の主張は，人権意識に目覚めた新興市民階級に広く支持され，近代的な刑罰制度の確立へ向けての道しるべとなった。代表的な思想家として，イタリアのベッカリーア（Beccaria, C. B., 1738-1794）とイギリスのベンサム（Bentham, J., 1748-1832）があげられる。

　古典学派の犯罪観を要約すれば，以下のようになる。①万人は，生まれながらにして自由である。善を行うことも，悪を行うことも，その人の自由な意思による。②万人の行動原理は，幸福追求である。人は生まれながらに幸福追及の自由と権利を有する。③それゆえ，犯罪とは，その人の自由な意思に基づく，その人なりの幸福追及の行為にほかならない（ここで「幸福」とは，快楽や利得のほか，あらゆる願望や欲望の実現も含むと考えてよい）。

　こうした犯罪観に立ち，古典学派は，次のように提言する。④いかにして犯罪を防止するか。そのためには，罪と罰を規定する法律を整備することが必要である（罪刑法定）。⑤その法律を周知するとともに，万人に平等に適用すれば，犯罪は抑止される（犯罪抑止効果）。⑥なぜなら，人はだれでも悟性（理性）を

もつ。それゆえ，法により処罰されることを知れば罪を犯すことを思いとどまるであろうし（一般予防効果），いったん罰せられた者は再び罪を犯すまいとするだろう（特別抑止効果）。ただし，⑦刑罰による苦痛や不利益は，犯罪によって得られる快楽や利得を上回る程度のものとする。罪と罰は釣り合ったものでなければならない（罪刑均衡）。⑧罪と罰を定める法律は必要最小限とする。過度の法規制と不当に重い刑罰は許されない。⑨なぜなら，法は万人の自由および最大多数の最大幸福を保障するものでなければならないから。

1789年に勃発したフランス革命を大きな転機とし，19世紀のヨーロッパに近代的な市民国家が次々に成立する。ここにおいて古典学派の思想は結実する。国民を代表する立法府が成立し，刑法典や裁判制度が定まるとともに，刑罰として自由剥奪刑（懲役刑や禁固刑）と財産刑（罰金刑）が広く導入され，欧米諸国に近代的な刑罰制度が確立された。

1.2 実証学派の台頭

古典学派に対抗し，19世紀後半ころから，実証学派が台頭する。実証学派とは，犯罪原因を実証的に明らかにしようとする思想家や学者の総称である。実証学派は，人の資質や社会的環境はそれぞれに異なることを前提とし，人が罪を犯すにはそれなりの原因があるとして，その原因を解明するとともに原因に応じた対策をとるべきことを主張する。19世紀後半にまず生物学的な実証学派が台頭し，続いて20世紀に入り，社会学的・心理学的な実証学派が大きく発展する。

2. 犯罪生物学の展開

実証的な犯罪学はまず，生物学的な研究から始まった。ここで「生物学的」とは，個々の生体にそなわった器質的・機能的な要因によってその人の行動が規定されるとする見方のことである。

2.1 生来性犯罪者説

19世紀末ころ，監獄や軍隊で医師として働いた経験をもつイタリアの精神

第10章 犯罪・非行

医学者ロンブローゾ（Lombroso, C., 1836-1909）は，犯罪者と兵士の頭蓋骨の比較資料を踏まえ，犯罪者の頭蓋骨には形態異常（後頭部のへこみ，あご骨やほお骨の隆起など）が特異的に認められると主張した。かれは，当時の最新学説であった進化論と考古人類学の知見を援用し，この形態異常は原始人類の頭蓋骨の特徴とも共通するものであるとした上で，次のように主張した。犯罪者は帰先遺伝（隔世遺伝）によって原始人類の形質の一部をもって生まれ出た人々にほかならず，それゆえ高度に発達した現代社会で逸脱するのは必然である。

かれの所説は生来性犯罪者説と称され，いったんは広く受け入れられたが，追試が重ねられるにつれて異論が相次ぎ，今日ではほぼ否定されている。しかし，ロンブローゾ説は現実の犯罪者そのものを研究対象とし，実証可能な（反論可能な）資料をふまえていた点で，画期的であった。その所説は思弁的・観念的な古典学派の犯罪観を痛烈に批判するものとなり，実証的な犯罪研究の嚆矢となった。

2.2 微細脳機能障害説

ロンブローゾ説はいったん過去のものとなったが，1970年代ころから，脳科学のめざましい発展とともに，再び犯罪者の脳に注目する研究者が増えてきた。かれらは新ロンブローゾ学派とも称され，その主張によれば，犯罪者の脳には微細脳機能障害（minimal brain dysfunction; MBD）が認められるという。

わが国でも近年，MRI（核磁気共鳴画像法）やCT（コンピュータ断層撮影法），あるいは脳波やSPECT（単一光子放射断層撮影法）による検査結果をふまえ，犯罪者には脳の形態的および機能的な異常が認められるとする研究が発表されている。また，精神鑑定において犯罪者の脳を精査したところ，何らかの異常所見（悪性ではない脳腫瘍やクモ膜のう胞などのほか，脳波や脳内血流の異常など）が認められたとする事例がいくつも報告されており，犯罪者の脳研究は今後ともさかんになってくると思われる。

2.3 犯罪遺伝説

20世紀初めころから，犯罪性の遺伝をめぐって，双生児法や養子法による研究が重ねられてきた。双生児法（twin method）とは，一卵性双生児または

二卵性双生児の同胞を持つ犯罪者を選び出し，同胞のもう一方も犯罪者になっている割合（犯罪一致率）を調べ，犯罪の遺伝性を探ろうとする研究法である。一方，養子法とは，生後まもなく養子となった人々の犯罪歴の有無を調べ，それを養親（養子先の育て親）と実親（血のつながった生物学的な親）の犯罪歴の有無と比較対照し，養育環境の影響を探ろうとする研究法である。

それらの研究を概観すると，一卵性双生児の犯罪一致率の方が二卵生双生児のそれよりもやや高いとする研究が多く，養子の犯罪歴の有無には養父の影響よりも実父の影響がやや大きいとする研究が多い。データにばらつきが大きく，単純な犯罪遺伝説は否定されるものの，犯罪や逸脱的行動に結びつくおそれのある個体的な特性（共感性の乏しさや衝動的な行動傾向など）にはある程度，遺伝的な素因が影響しているのであろうとも考えられている。

同じころ，犯罪者の家系研究もさかんに行われた。有名なものとして，ダグデール（Dugdale, R. L., 1841-1883）によるジューク家の研究や，ゴダード（Goddard, H. H., 1866-1957）によるカリカック家の研究がある。かれらの研究は犯罪の遺伝を明らかにしたものとして，当時は大いに注目された。しかし今日では，研究方法のずさんさなどが指摘されており，優生学的な偏見を助長したとの批判が強い。

2.4 犯罪素質説

20世紀の半ばころ，ドイツの精神医学者クレッチマー（Kretschmer, E., 1888-1964）やアメリカの心理学者シェルドン（Sheldon, W. H., 1898-1977）らは，素質と犯罪性との関連を研究した。クレッチマーは，人の生まれつきの気質は分裂気質や躁うつ気質などに類別され，体質（体格）は細長型や肥満型などに類型化されるとした上で，①窃盗犯や詐欺犯には細長型（分裂気質）が多い，②早発犯罪者や累犯者にも細長型が多い，③肥満型（躁うつ気質）は概して犯罪者には少ないが，中年期以降の詐欺犯には肥満型も多くなる，などとした。

シェルドンは，人の素質を内胚葉型，中胚葉型，外胚葉型に類型化した上で，中胚葉型（筋肉や骨格が発達するタイプ。気質的には活発，粗野，競争を好むなどの性向があるとされる）の人が犯罪に走りやすいとした。

犯罪素質を重視する最近の学説として，アメリカの臨床心理学者モフィット

(Moffitt, T. E., 1955-) らの主張が注目されている。モフィットらによれば，犯罪者は生涯持続型と青年期限定型に大きく二分され，生涯にわたって持続する常習犯罪者にあっては素質因の影響が大きく，青年期に限定された一過性の犯罪者にあっては社会的・環境的要因の影響が大きいとされる。社会的・環境的要因として，かれらは，現代社会におけるマチュレーション・ギャップ（maturation gap；若者が生物的には大人であるのに社会的には子ども扱いされていること）が青少年層の犯罪を押し上げていると主張する。

2.5 精神病質説

ドイツの精神医学者シュナイダー（Schneider, K., 1887-1967）の学説も素質を重視するものである。その要点は次のようにまとめられる。①その性格が平均から著しく偏倚した人たちを異常性格者とよぶ，②異常性格者の中には，社会に役立つ天才的な学者，芸術家，偉人などが含まれる。しかし，③異常性格者の中には社会を悩ませる人たちがいる，④かれらの特質を精神病質（サイコパシー，psychopathy）とよび，かれらを精神病質者（サイコパス，psychopath）とよぶ，⑤精神病質と精神病とは似ている面もあるが，両者は区別されるべきである，⑥精神病質は生まれついての性格の偏倚であり，精神病は人生のある時期に発病する精神の疾患である。

シュナイダーが唱えるサイコパスの臨床類型（爆発者，自己顕示者，情性欠如者など，10類型）は広く知られており，犯罪者を対象としたサイコパス研究は欧米でもわが国でも数多い。幼児との性行為を求める小児性愛（ペドフィリア，pedophilia）の性犯罪者，動機不明の連続殺人犯，長期刑受刑者や累犯者の中にはサイコパスが多いなどとする研究がある。早幼児期における過酷な養育環境や脳の発達障害とサイコパスとの関連を指摘する研究もある。しかし一方で，サイコパスという診断概念は変人奇人や常軌を逸した犯罪者たちを投げ込む「くずかご」にすぎないといった批判も根強い。

2.6 染色体異常説

1970年代，イギリスの遺伝子研究者ジェイコブス（Jacobs, P., 1934-）らは，暴力的男性犯罪者らの染色体を精査したところ，かれらの約4パーセントに

XYY型染色体異常が見出されたことを報告した。XYY型染色体異常とは，男性の性染色体にY染色体がひとつ余分に付加したものであって，欧米では男子1,000人にひとりの割合（0.1パーセント）で生まれるとされる。身長が高くなるなどの特徴が発現することがあり，ジェイコブス症候群（Jacobs syndrome）などとよばれることもあるが，通常は特段の症状は発現せず，男性機能にも特に障害はない。ジェイコブス報告が契機となり，男性犯罪者の性染色体調査が各国で追試され，ジェイコブス説を支持するものが多い。わが国でもXYY型染色体をもつ男性犯罪者の事例がいくつも報告されている。

男性犯罪者の中にXYY型男性が含まれていることは否定できない。しかし男性犯罪者の大多数には染色体異常などはない。しかも一般社会に生きるXYY型男性のほとんどが，自分にそのような異常があることさえ知らないままに，ふつうに生活しているのが現実である。したがって，犯罪は染色体異常に起因するといった短絡的な因果論は受け入れがたい。

2.7 ホルモンや神経伝達物質の影響

テストステロンは性欲の亢進や衝動的な行動の発現に関わるとされる男性ホルモンの一種である。近年欧米では，暴力的犯罪者や性犯罪者はテストステロンの分泌が過剰であるとする研究報告が相次いでいる。

女性犯罪者の場合，月経前症候群（pre-menstrual syndrome; PMS）と犯罪との関連が注目されている。PMSとは，女性の生理の直前にみられる心身の変調を総称するもので，精神症状として焦燥感（イライラ感）や不安感が高まるとともに，衝動的な行動が出てくるとされる。欧米では，女性の犯罪はPMSによる気分変調に起因するとする研究がみられる。

脳内の神経伝達物質であるセロトニンは神経系の興奮を抑える働きをしているとされ，それが不足すると暴力的・衝動的になりやすいといわれる。血液中に含まれるセロトニン代謝物を測定する検査法が開発されるとともに，脳内のセロトニンの不足が衝動的犯罪を引き起こすとする研究が発表されており，欧米では選択的セロトニン再取り込み阻害薬SSRI（selective serotonin reuptake inhibitor）による治療が試みられている。

第10章　犯罪・非行

3. 逸脱行動論の系譜

　人の行動はその人のおかれた社会的環境によって大きく影響されるという見方がある。社会的・環境的な要因に着目して犯罪・非行を含むさまざまな逸脱行動を説明する諸理論をひとくくりにして，逸脱行動論とよぶ。以下，近代以降の逸脱行動論を概観する。

3.1　デュルケームのアノミー論

　19世紀末から20世紀初頭，フランスの社会学者デュルケーム（Durkheim, É., 1858-1917）は「アノミー（anomie）」という概念を創案した上で，なぜ我々の社会には犯罪や刑罰が存在するのかという問題を，次のように論じた。

　近代以前の社会は均質的であり，人々は同一の規範や行動様式を共有していた。しかし近代以降，産業構造が大きく変化し，さまざまな職業が派生して分業が著しく進むとともに，社会全体で共有されていた行動様式や共通の規範が急速に失われた。そうした規範喪失の社会状況を「アノミー」とよぶ。アノミー化した社会では，人々の利害の対立や価値観の相違が先鋭化し，社会は混乱状況におちいる。そこで人々は，社会のまとまり（連帯）を維持するための装置や儀式を必要とするようになった。近代社会における犯罪や刑罰制度は，こうした装置であり，儀式にほかならない。アノミー化した社会では，少数者をいわば「異端者」として糾弾し，かれらを犯罪者に仕立てあげて処罰する。その理由は，少数者をスケープゴートとすることによって，大多数の人々の連帯を維持するためである。

　こうしたデュルケーム説によれば，近代社会では犯罪者を作り出し，かれらを処罰することは，社会の連帯を維持するために必然かつ必要な装置であり，儀式である。かれの所説は，一人ひとりの犯罪者の犯行を説明するものではない。しかし，なぜ我々は犯罪を定め，なぜ我々は犯罪者をきびしく処罰するのかを考える上では，これまでにない新しい視点を提供するものであった。

　デュルケーム思想は，20世紀前半にアメリカに移入され，おもに少年非行を研究する社会学者たちを刺激して，緊張理論（tension theory）と称される理

論を生み出す母胎となった。ここでいう「緊張」とは，人種差別や経済的格差など，社会が内包する矛盾や対立を意味する。緊張理論は，社会内の緊張こそが犯罪・非行の原因であるとする。

3.2 マートンのアノミー論

　マートン（Merton, R. K., 1910-2003）は，第2次世界大戦後，アメリカ社会が大きく変貌したころに活躍した社会学者であり，緊張理論学派の代表的な研究者である。かれはデュルケム説をふまえつつ，独自のアノミー論を展開した。

　アメリカ社会では，努力次第で大きな富を獲得する「アメリカン・ドリーム」の実現という文化的目標が共有されている。そのための制度化された手段も用意されている（たとえば，ハーバード大学で経営学を学び，MBA 資格を持って大企業に就職するなど）。しかし社会の現実をみると，両者の間には大きな乖離があり，制度化された手段によってアメリカン・ドリームを実現できる者は限られている。制度化された手段やそれを利用する機会を与えられない多くの若者たちは欲求阻止（欲求不満，フラストレーション，frustration）の状況におちいっている。

　マートンはそうした状況を「アノミー」とよんだ。アノミー状況にある多くの若者たちの中から，制度化されていない，つまり合法的でない手段に訴えてでも目標を達成しようとする者が出てくる。そうした若者こそが犯罪に手を染めるのである。マートンのこうした主張は，社会が内包する矛盾や対立（緊張）をするどく指摘したものであり，その後のアメリカの青少年施策や公民権運動（civil right movement）にも大きな影響を及ぼしたといわれる。

　同じく緊張理論学派のショー（Show, C. R.）とマッケイ（McKay, H. D.）は，1960 年代，シカゴ地域研究と称される少年非行の大規模な実態調査を行なった。その結果，シカゴ都心のビジネス地区をドーナツ状に取り囲む地域に居住する非行少年が圧倒的に多いことが明らかとなった。こうした地域は貧しい移民やマイノリティなどが多く居住し，住民の転入・転出が繰り返される地域（遷移地帯という）であった。かれらは，遷移地帯に住む多くの少年たちは強いフラストレーション状況にあり，それこそが非行を生み出す原因であるとした。

3.3 ハーシの統制理論

緊張理論は，社会内の緊張（矛盾や対立）が解消されれば，悪事に走る人はいなくなるだろうと考える。それに対し，社会からの圧力が働いているからこそ人々の逸脱行動が統制（control）されているとする考え方がある。こうした考え方は，統制（抑制）理論または社会的コントロール理論と称される。統制理論は一種の性悪説である。人はだれでも悪事に走る可能性があることを前提とし，悪事に走ることを統制している要因を明らかにしようとする。

統制理論学派のハーシ（Hirschi, T., 1935-）は，社会・経済的に恵まれていなくとも，規範を守って生きる若者が圧倒的に多いという事実に着目した。かれはそうした若者の特質をさまざまに調査した上で，その特質を以下の4点にまとめた。①愛着（アタッチメント，attachment）；家族・友人・教師など，重要な他者との情緒的な結びつき，②関与（コミットメント，commitment）；正統的な価値観や人生目標を受け入れ，自分をそれに関与させること，③没頭（インボルブメント，involvement）；社会的に承認される諸活動，たとえば勉学，スポーツ，ボランティア活動などに自分の持てる力と時間をつぎ込むこと，④信念（belief）；法規範を守ることは大切であるとの確信。

ハーシは，これら4つの特質を社会的きずな（social bond）と名づけ，このきずなこそが社会と人を結びつける紐帯であり，逸脱行動を抑制していると主張した。きずなが切れたとき，人は糸の切れた凧のようになり，逸脱を始める。こうしたハーシ説は，東洋のことわざ「小人閑居して不善をなす」や西洋のことわざ"Idleness is the mother of all evil"にも通ずるといえよう。

なお，近年のハーシは，統制理論をさらに発展させ，ゴットフレッドソン（Gottfredson, M. R., 1951-）らとともに，セルフ・コントロール（自己統制，self-control）の欠如こそがあらゆる犯罪を説明する主要かつ単一の要因であるとするセルフ・コントロール理論を提起している。

3.4 コーエンの非行サブカルチャー理論

人はだれでも帰属欲求や承認欲求を満たすために何らかの集団に依存して生きている。コーエン（Cohen, A. K., 1918-2014）は，大都市のスラム地区に生きる「ギャング」とよばれる若者たちを対象に，かれらが依拠する集団の特質を

探った。そしてかれらが独特の文化に生きていることを明らかにし，それを非行サブカルチャー（非行下位文化，delinquent subculture）と名づけた。

コーエンによれば，ギャングたちは中産市民階層の主流文化とは異なる，独特のサブカルチャーの世界に生きている。かれらの価値観や行動様式は，たとえば以下のような特徴をもっている。①短絡主義（まわりくどいことはいやだ），②刹那主義（明日は明日の風が吹く），③快楽主義（ドラッグ？ 酒？ 分かっちゃいるけどやめられない），④集団主義（仲間内の仁義やルールは重んじる）。

コーヘン理論の特色は，ギャングをひとつの社会的準拠集団としてとらえ，その集団の特質をたくみに摘示した点にある。ひとくちに社会といっても，それはいくつもの社会階層に分かれている。社会の表層から深層へと目を転じると，さまざまな層にさまざまなサブカルチャーが伏在している。非行少年たちには独自のサブカルチャーがあり，それがかれらの思考や行動様式に大きな影響を与えている。こうした考え方は，暴走族，ドラッグの乱用，ひったくり，いじめなどの集団的な少年非行をたくみに説明するものであるといえよう。

3.5 サザランドの分化的接触理論

サザランド（Sutherland, E. H., 1883-1950）は，現実の行動として非行や犯罪が生起することを説明するためには旧来の社会学的理論だけでは不十分であるとした上で，心理学でいう社会的学習を重視する学説を打ち出し，分化的接触理論と名づけた。その理論は，犯罪や非行の発現を次のように説明する。

人はだれでも非合法的な文化に接近するかもしれない。しかしそれだけでは犯罪や非行は生じない。そこにおいて，個人的かつ親密な接触を経験し，その経験を通して反社会的な行動パターン（犯行の手口のほか，反社会的な価値観や考え方を含む）が学習される。そうした学習が成立してこそ，人ははじめて犯罪や非行に手を染めるのである。

その人が，だれと接触し，何を学ぶかによって，その後の犯罪・非行のパターンはさまざまなものになりうる。サザランドはそうした意味で「分化的（differential）」という用語を用いている。サザランド説は，犯罪行動の社会的学習理論であり，「朱に交われば赤くなる」という考え方であるといってもよい。

こうした考え方はふたつの方向へ発展する。ひとつは，グレイザー（Glaser,

D.）の分化的同一化説である。グレイザーは，人と人との接触そのものよりも，心理学でいう同一化（同一視）の機制を重視する。かれは，だれを対象としてどのような同一化が成立するかが重要であると主張し，かつ同一化の対象は必ずしも実在の人物には限らないとした。もうひとつは，クロワードとオーリン（Cloward, R. & Ohlin, L.）の分化的機会説である。この理論では，反社会的な行動を学習する機会やそうした学習を実行に移す機会は，その人が属する社会階層や居住地域によって大きく異なることを強調する。若者がだれと出会い，何を学び，何をやり始めるかは，社会階層や居住地域に規定されるとする点で，中国の故事「孟母三遷」にも通ずる考え方であるといえよう。

なお，サザランドは社会的に高い地位にある人々も犯罪をなしうることをするどく指摘したことでも有名である。かれは，大企業の幹部や政治家や高級官僚など，大きな影響力と権限を持つ者がその地位を利用して犯す罪（たとえば，贈収賄・横領・背任など）をホワイトカラー犯罪（white-collar crime）と名づけた。ホワイトカラー犯罪を摘示したことはかれの大きな功績である。その所説は，犯罪学の地平を広げたのみならず，公益通報者の保護やインサイダー取引の規制など，新しい法規制を促す契機ともなったといわれる。

3.6 マッツアのドリフト理論と中和の技術

マッツア（Matza, D., 1930-）は，青少年の行動や規範意識の実態調査を踏まえ，非行少年と健全とされる少年とはそれほど明確に区別できるものではないとして，ドリフト（漂流, drift）理論と称する学説を打ち出した。かれは，非行少年の異質性や特異性を強調する従来の諸説を批判して，次のように主張する。

少年たちはだれでも非行文化に接近したり離反したりしながら，いわば合法世界と非合法世界を漂流（ドリフト）しつつ成長している。それこそが少年たちの成長の実態である。健全とされる少年たちも，表ざたにはならなくとも非行に手を染めていることがある。他方，非行に走った少年たちもふつうの少年と同じような規範意識をもっている。だからこそ，かれらの大多数は遅かれ早かれ非行から足を洗い，順法的な市民となっていくのである。

マッツアはまた，サイクス（Sykes, G.）とともに，少年たちが非行を犯したときに自己の行為を正当化するために用いる独特の論理を中和の技術と名づけ

た。そうした論理（「屁理屈」といってもよい）によって，非行少年たちは自分の犯した悪事を「中和」し，良心や自尊心がきずつくことを避けようとする。中和の技術として，たとえば次のようなものがある。①責任の否定（悪事に誘った先輩たちが悪い。先に手を出した相手の方が悪い），②被害の否定（損害は保険でカバーされる。万引を見込んで値づけしているから，店に損害はない），③非難者への非難（タバコを吸うなと説教する先生はタバコを吸っているじゃないか）。

3.7 ベッカーのラベリング理論

1970年代ころから，ベッカー（Becker, H. S., 1928-）らが唱導するラベリング理論が台頭する。これまでの逸脱行動論が逸脱者そのものに着目してきたのに対し，ラベリング理論は逸脱者に対する社会の側からの反作用に着目する。

ラベリング理論の概要は，次のようである。たとえば少年Aが仲間から誘われ，軽い気持ちでドラッグに手を出す。これを第1次逸脱とよぼう。少年Aの逸脱行為はありふれたものであり，発覚しないことも多い。しかし，隣近所の人が警察へ通報し，少年裁判所で審理され，かれは少年院へ送られるかもしれない。少年院を出た少年Aに対し，世間は「前科者」という「ラベル」を貼る。復学もできず就職口も閉ざされた少年Aは「札付き」の不良になる。かれはやくざとの付き合いを深め，本格的な犯罪に手を染める。これを第2次逸脱とよぼう。かれは刑務所へ送られ，ついには裏社会で生きる犯罪者となる。

ラベリング理論のユニークさは，「逸脱」のラベルを貼る社会の側からの反作用こそがかえって犯罪者や非行少年を生み出していると主張する点にある。こうした主張には異論や反論も多い。しかし欧米においては，ドラッグの個人的な使用や合意にもとづく売春を「被害者なき犯罪」とよび，法による規制を廃する動きがあり，こうした動向の背景には，ラベリング理論的な考え方があると思われる。

4. 心理学的な犯罪理解：力動論と学習論

本節では，犯罪・非行を説明する心理学的な理論を，力動論と学習論に大別して概説する。その上で，心理学的な諸研究の成果が今日の少年司法制度に結

第10章 犯罪・非行

びついたことを述べる。

4.1 力動論の発展

　フロイトの精神分析を母胎とし，無意識の心理力動を重視する力動論的な犯罪心理学は20世紀に大きく発展する。その基礎を築いたのは，オーストリアのアイヒホルン（Aichhorn, A., 1878-1949）とアメリカのヒーリー（Healy, W., 1869-1963）であった。

　20世紀のはじめ，ウィーンで学校教師をしていたアイヒホルンは，非行児の教育に悩むうち，同じ街に住むフロイトに出会う。フロイトの精神分析に共鳴したかれは，そのころ当たり前であった鞭による教育を否定し，寄宿施設で非行児らと生活をともにしながら，精神分析を取り入れた心理療法的な矯正教育に取り組んだ。かれの革新的ともいえる教育実践は，今日の少年院における矯正処遇のさきがけとなったといわれる。

　同じころ，アメリカのシカゴに世界初の少年裁判所が開設された。その嘱託医として赴任した精神科医師ヒーリーは，非行少年一人ひとりを対象とした臨床実践を踏まえ，心理力動的な非行理論を打ち出し，情動障害理論と名づけた。

　その理論の要点は，以下のようである。①情動障害とは，心のエネルギーの流れ（情動）を統制する自我（超自我を含む）が機能不全であることをいう，②その原因は，幼児期の愛情飢餓，虐待や放任といったトラウマ的な体験，家族内や同胞間の対立や葛藤，素行の悪い親からの悪影響などである，③非行は情動障害から生じる行動化である，④非行は，心理学的にいえば，現実からの逃避，代償行為，親や社会への復讐などの意味をもつ象徴的な行為である。

　アイヒホルンやヒーリーが依拠した力動論的心理学では，次のように考える。人の心の原初的なエネルギーは，社会の規範や法律にはお構いなしの無意識の奔流である。それは自我によって適切に統御されてはじめて社会的に有用なエネルギーとなる。心のエネルギーを統御する自我の働きの基礎は乳幼児期に形成される。「三つ子の魂，百まで」ということわざがあるが，乳幼児期における虐待や放任，あるいは愛情飢餓などのトラウマ的な体験は自我の健全な発達を大きく阻害し，それが思春期以降に非行という形で発現する。

　ヒーリーが情動障害理論を打ち出したころ，マサチューセッツの犯罪学者グ

リュック夫妻（Glueck, S. & Glueck, E.）は，数百人の非行少年と健常少年を対象とし，養育環境や人格特性に関する統計的な比較調査を進めていた。その結果，夫妻は，幼児期の劣悪な養育環境（親の気まぐれなしつけや虐待，放任や無関心，家族のまとまりのなさなど）からゆがんだ人格（猜疑心，反抗心，不安定な情緒など）が形成され，そこから思春期以降の非行が生じるとした。

4.2 同一性と逸脱行動

フロイト思想を批判的に継承した精神分析家エリクソン（Erikson, E. H., 1902-1994）は，「同一性（アイデンティティ，identity）」という概念を創案し，独自の人格発達理論を提唱した。同一性確立の根っこは，乳幼児期における基本的信頼感である。養育者からの愛情に恵まれ，基本的信頼感という根っこがしっかりとしていれば，その後の人格の成長は順調である。しかし根っこがぐらぐらしていれば，人格の健全な成長が阻害される。特に青年期から成人期にかけての同一性の統合が進まず，逆に同一性の拡散が生じる。その人は社会に根づけず，居場所を得られないままに，穴のあいた風船のように方向の定まらない逸脱を始める。

エリクソン説によれば，犯罪や非行は青年期における同一性拡散という危機状況から生じる不適応行動である。不適応が慢性化すれば，人は社会から孤立し，社会が期待する役割を拒否したり，社会に対する憎しみを募らせたりする。その結果，社会規範を敵視する対抗同一性，あるいは自分自身を無価値とする否定的同一性が形成される。その人は裏社会で生きるプロの犯罪者となり，あるいは酒やドラッグにおぼれる社会からの落伍者としての道をたどるだろう。

4.3 学習論の展開

イギリスの心理学者アイゼンク（Eysenck, H. J., 1916-1997）は，パブロフの条件反射研究に始まる学習論を援用し，次のような犯罪理論を唱えた。①人のすべての行動は，学習された（条件づけられた）ものである，②望ましい行動は周囲からの賞賛や報酬という「賞」を与えられることで強化され，次第に行動パターンとして定着する，③一方，望ましくない行動は周囲からの非難や叱責という「罰」を与えられることで次第に消去される，④そうした賞罰経験を

重ねることで，人は順法的な行動を学習する，⑤かくして身についた犯罪抑制のパターンが，ふつうには「良心」と呼ばれるものである，⑥良心は生まれつきの本性ではなく，経験を通して学習されるものである．

アイゼンク説によれば，犯罪者とは，犯罪抑制のパターンを学習せず，それが内面化されていない人たちにほかならない．アイゼンク説と前節で紹介したサザランド説はいずれも学習論を踏まえたものであるが，前者は順法的（適切な）行動パターンが学習されていないという面を強調し，後者は違法な（不適切な）行動パターンが学習されたという面を強調する．

4.4 犯罪・非行の心理機制

心理学的な観点から犯罪・非行の発現機制を図示すると，図 10.1 のようになる．中央の円形は，力動論的にいえば「自我」であるが，学習論的には経験と学習によって形成された「人格」とみてもよい．自我がしなやかで健全に機能していれば，内面の欲求と外界の現実との調和を図りつつ，適切な対処行動や合理的な解決を図ることができる．しかし，自我機能が硬直して融通がきかないならば，内面の欲求と外界の現実との調和を図ることができないままに，不安や不満がうっ積する．不安や不満には，憎しみ，怒り，無力感，劣等感などの感情も含まれると考えてよい．その結果，不適応状態におちいり，さまざまな逸脱的行動が生じる．逸脱的行動として，①犯罪・非行といった反社会的な行動，②自殺や自傷などの自己損傷的行動，または③不登校や引きこもりなど，社会に背を向けた逃避的行動があげられる．

4.5 少年法制の改革

心理学的な非行研究の成果は，20 世紀半ばころ，少年司法制度の大きな改革へと結実する．欧米では刑事裁判所から独立した少年裁判所が次々に設立されるとともに，非行少年一人ひとりの問題性を明らかにするための少年鑑別制度が発足する．そして，個々の問題性に応じた矯正教育を施すための少年院が整備され，心理療法的な技法を取り入れた矯正教育が定着していく．欧米における少年法制の新しい潮流は，第 2 次世界大戦後，GHQ（連合国軍総司令部）をとおして，占領下のわが国の少年法や少年院法の制定（いずれも 1948 年）に

5. 非行少年の実像，少年鑑別と矯正処遇

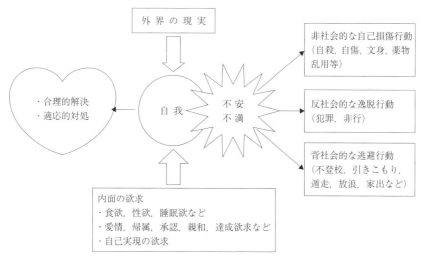

図10.1 心理学的観点からの犯罪・非行発現機制のイメージ図

も大きな影響を及ぼした。家庭裁判所の開設と少年審判制度，少年鑑別所の創設，少年院における個別的矯正教育など，わが国の少年司法・矯正制度の根幹がこの時期に整備された。

5. 非行少年の実像，少年鑑別と矯正処遇

ここで，統計資料などを提示しつつ，非行少年の実像を素描するとともに，非行少年の心理査定と矯正教育にも触れる。

5.1 非行少年の被害体験

法務総合研究所が実施した「少年院在院者に対する被害体験のアンケート調査」(法務総合研究所，2001) によれば，2000年7月現在で全国の少年院に収容されていた非行少年のうち，「家族から身体的な軽度の暴力(たたく，物を投げつけるなど)を受けた」と答えた者はほぼ7割，「重度の暴力(殴る，蹴る，刃物で刺す，火傷を負わせるなど，出血や傷痕を伴うもの)を受けた」とする者はほぼ5割，女子で「性的な暴力を受けた」とする者は約15%，「性交を強要され

た」とする者は約5％であった。正直に回答しなかった者が含まれているかもしれないが，全国の少年院で一斉に行われた大規模調査（回答率は約6割。有効回答数は，男子2,096名，女子229名）の結果から，かれらの多くが家庭内でさまざまな被害を体験しつつ育ってきたことがうかがわれる。

同調査によれば，少年たちに実施された「法務省式人格目録（MJPI）」（法務省が独自に開発した人格目録で，全130項目）の結果から，被害体験のある非行少年の人格特性として，①偏狭傾向（不平不満，被害感や不信感を抱きやすい）が特に高く，次いで②心気症傾向（心身の変調に敏感で，神経質的になりやすい），③抑うつ傾向（暗い気分におちいりやすい），④自己顕示傾向（背伸びして自分をよく見せようとする）の高いことが見出された。

こうした調査結果から，以下のように考えることができるだろう。少なからざる非行少年たちは虐待的ともいえる養育環境で成育している。そのためもあろうが，他者や社会に対する不平不満をつのらせ，被害感や不信感を抱きやすい人格特性をもっている。また，幼少期に愛情欲求が満たされなかったことから，自己否定的で自尊感情が乏しく，心気症傾向や抑うつ傾向をともなう不安定な性格が形成され，しかも周囲から白い目で見られるためもあって，内心に劣等感を抱きつつも，背伸びしたり強がったりする性向が形成されている。

5.2 非行少年の家庭環境

佐藤良彦と立石浩司による「少年院在院少年の特質に関する研究」（佐藤・立石, 2010）によれば，2010年7月から9月までの3カ月間に全国の少年院に新たに収容されたすべての少年1,002名のうち，①「親の離婚」を経験した者63％，「一家離散」を経験した者13％であり，両者を合わせれば76％，②家族内に犯罪者や非行者がいた者23％，酒乱者がいた者8％，精神障害者がいた者7％，自殺者がいた者2％であった。この調査は，少年からのアンケートではなく，少年簿（家庭裁判所の調査記録や少年鑑別所の鑑別結果などをまとめた資料）にもとづくものであるから，かなり信頼できると考えてよい。

この調査からも，少年院に収容される非行少年らが過酷ともいえる家庭環境で成育してきたことがうかがわれる。おそらくは養育環境に恵まれず，「早すぎる巣立ち」を強いられた者も多いだろう。かれらの学歴は中卒か高校中退が

多い。学校を離れても社会に居場所が定まらず，家出や放浪が始まり，先輩格の不良少年やいかがわしい成人らとの結びつきを強め，ついには犯罪に手を染めて少年院に送致される者も少なくないと思われる。

5.3 非行少年の問題行動

　前期調査（佐藤・立石，2010）はまた，調査された非行少年たちの問題行動として，次のようなものを掲げている。①無免許運転71％，車両による暴走行為35％，②万引き76％，恐喝20％，③喫煙76％，飲酒60％，④不登校46％，校内暴力30％，⑤家庭内暴力14％，家財持ち出し21％，家出50％，⑥文身（いれずみ）44％，リストカットなどの自傷行為21％，自殺企図8％，⑦大麻11％，有機溶剤（シンナー）11％，覚せい剤7％，⑧地域不良集団への帰属39％，暴走族への帰属20％，暴力団への帰属4％。

　かれらが犯罪だけでなく，自己損傷的な行動（自殺企図，自傷，文身，薬物乱用など）や逃避的行動（家出，不登校など）をしており，反社会的な集団に帰属する者も少なくないことがうかがわれる。

5.4 非行少年の心理査定と矯正教育

　少年鑑別所は，非行少年の問題性を主として心理学的な観点から鑑別し，矯正処遇の方針を策定するための施設である。少年鑑別所における心理査定（非行少年アセスメント）では，本人との面接（問診）や行動観察のほか，保護者や関係者からも聴取するが，かれらの話には隠蔽や歪曲，あるいは作り話が混じることさえあるかもしれない。したがって，学校その他の関係機関からの情報収集に加え，各種の心理検査の所見などを活用する。

　心理検査として，質問紙法や作業検査法も用いられるが，鑑別の実際においては投影（映）法も有用である。非行少年らは，TATやロールシャッハテストなどにおいて，健常少年にはまず見られないような特異な反応を呈することも少なくない。他の心理検査ではうかがえない特異な人格の「かたより」や「ゆがみ」が，投影（映）法によってあぶり出されることも多い（コラム11に，非行少年の具体的な事例を，直感的に理解しやすいバウムテストとともに掲げた）。

　少年院は，家庭裁判所の決定にもとづいて非行少年を収容し，矯正教育を授

ける施設である。矯正教育の要諦は，力動論の観点からいえば，健全な自我（超自我を含む）の育て直しである。少年院で行われるカウンセリング，内観療法，役割交換書簡法（ロール・レタリング，role-lettering，他者の立場になって手紙を書くことで他者の心情を理解する能力を育てる指導法）などは，非行少年の人格のゆがみを矯正し，健全な自我機能を伸ばすことをねらいとしている。一方，学習論の観点からいえば，適切な対処行動と合理的解決法を学習することが重要である。したがって，少年院では学習論に基づくさまざまな行動矯正技法，たとえば成績評価による進級制，社会的スキル訓練（social skills training; SST），役割演技（ロール・プレイ，role play）など，が取り入れられている。

　少年院内での矯正教育と並行して，保護者との関係修復や帰住調整（帰住先の確保や就職支援）も進められる。近年そうした修復や調整のむつかしい少年も増えているが，再犯率（出院の日から5年以内に再び矯正施設（少年院または刑務所）に収容される者の比率）はおおむね3割程度であるから，7割くらいは立ち直っていると推測される。

6. 精神鑑定，犯罪捜査と防犯，被害者支援など

6.1 精神鑑定

　刑法第39条は「心神喪失者の行為は罰しない。心神耗弱者の行為はその刑を減軽する」と規定し，かつ「心神喪失」とは「精神ノ障碍ニ因リ事物ノ理非善悪ヲ弁識スルノ能力ナク又ハ此ノ弁識ニ従テ行動スル能力ナキ状態」（1931年12月3日大審院判決）と判示されている。ここで，善悪の判断力とその判断に従って自己の行動を統制する能力のいずれもがまったく失われた状態を心神喪失といい，それらの能力が著しく欠けた状態を心神耗弱という。「精神ノ障碍」とは，現行の「精神保健及び精神障害者福祉に関する法律（略称，精神保健法）」の第5条に「統合失調症，精神作用物質による急性中毒又はその依存症，知的障害，精神病質，その他の精神疾患」と規定されている。

　精神鑑定には，数時間程度で実施される比較的簡易なもの（簡易鑑定）と3カ月程度を要する本格的なもの（本鑑定）がある。わが国で実施される精神鑑定のほとんどは，事件が検察庁に送致された段階で行われる簡易鑑定であり，

その結果，心神喪失または耗弱とされて不起訴となる者が多い。裁判の段階で本格的な鑑定が実施されることは少ない。鑑定の結果，心神耗弱と判定され減刑される者はいるが，心神喪失と判定され無罪を言い渡される者はごく少ない。

精神鑑定は熟達した精神科医師によって行われるが，その補佐人として心理実務者が各種の心理検査を担当することも多い。鑑定人が鑑定するのは，原則として被疑者・被告人の犯行時における精神障害の有無とその程度である。鑑定の結果をふまえ，起訴・不起訴を決するのは検察官であり，裁判で無罪・有罪を決するのは裁判官（事件によっては裁判員もかかわる）である。

統合失調症や躁うつ病などの重篤な精神病に罹患していることが明らかであれば，刑事責任能力がない（刑事無責任）とされることが多い。老年期痴呆（認知症），頭部外傷後遺症，知的障害，てんかんなどの場合は，障害の程度が問題となる。神経症や心因反応であれば心神喪失とまで判断されることはない。精神病質や人格（パーソナリティ）障害の場合は，善悪の判断力や行動統制力は保持されていたとされ，刑事責任ありと判断されることが多い。

なお，心神の喪失または耗弱により不起訴や無罪になったとしても，事件が重大なものであれば「心神喪失等の状態において重大な他害行為を行った者の医療及び観察等に関する法律（略称，医療観察法）」により，裁判所での審理を経て，指定医療機関における入院または通院による治療が実施される。

6.2 ポリグラフ検査

警察の犯罪捜査に広く実用されている心理学的手法として，ポリグラフ検査（polygraph test）がある。俗に「うそ発見器」ともよばれるが，うそを見つけるわけではなく，いくつかの生理的な指標の変動を同時に測定し，そのデータから被検者の記憶の有無を探ろうとする検査である。

人は不安や緊張が高まると，呼吸が速く浅くなり，心拍数が増え，手のひらに冷や汗をかくなどの生理的な変化を生じる。それらの生理的な変化を測定する装置を用いて検査が行われる。測定する生理的指標はふつう，呼吸（呼吸数と呼吸の深浅），脈波（心拍と血流の波動）および皮膚電気反射（皮膚からの発汗による電気抵抗の微妙な変化）の3種である。いずれも意志による統制が困難であり，かつ情動の変化を敏感に反映する生理的な指標である。

第 10 章　犯罪・非行

　ポリグラフ検査における質問の仕方には，コントロール質問法（control question test; CQT）と有罪（犯行）知識検査法（guilty knowledge test; GKT）がある。コントロール質問法とは，具体的な犯行そのものを「あなたは，何々をしましたか？」と問いかけ，その質問に対する生理的変化とその他の質問に対する生理的変化を比較対照し，前者の質問に対する生理的変化が大きければ，その人が真犯人であろうと推定する。一方，有罪（犯行）知識検査法とは，真犯人しか知りえないことを問う質問とそれ以外の質問を巧みに組み合わせ，それらの質問に対する生理的変化を測定するものである。たとえば，凶器に出刃包丁が用いられた殺人事件で，「自分は何も知らない，自分はやっていない」と言い張る被疑者に対して，次のような質問を重ねていく。

　　質問1「犯人は，カッターナイフで，○○さんの首を切りつけましたか？」
　　質問2「犯人は，電気コードで，○○さんの首を絞めましたか？」
　　質問3「犯人は，出刃包丁で，○○さんの胸を刺しましたか？」

　もちろん，被疑者はすべての質問に対して「そんなことは知りません」と答えるだろう。しかし，質問3においてその被疑者の生理的指標が大きく変動したとすれば，その被疑者が真犯人と推定される。なぜなら，その被疑者は，真犯人（と捜査機関）しか知り得ないことを知っていると推定されるからである。

6.3　プロファイリング

　プロファイリング（profiling）とは，いまだ検挙されていない犯人の特徴（職業，年齢，性別，居住地域など）を推定し，捜査の的を絞りこむ技法である。FBI（アメリカ連邦捜査局）のレスラー（Ressler, R. K., 1937-2013）らが開発したFBI方式と，リバプール大学のカンター（Canter, D., 1944-）らが開発したリバプール方式がある。
　FBI方式は，もともと連続殺人犯の捜査から発展したもので，逮捕された犯人との臨床面接などから得られた心理学的な知見を援用して未知の犯人の人物像などを推定する。連続殺人犯を，「秩序型」（計画的犯行，殺人後に遺体を移動・隠ぺい，知能は平均以上，有職，移動性大など）と「無秩序型」（偶発的犯行，殺人後に遺体を現場に放置，知能は平均以下，しばしば無職，移動性は小さく，犯

行現場付近に居住など）に類別したことはよく知られている。

　リバプール方式は，犯人の行動特性に関する大量のデータベースを活用する。たとえば連続殺人事件が発生したとして，現場検証で得られた犯人の行動特性データを集積し，①同一事件で見られた特性や類似した特性は距離を近くし，別異の事件で見られた特性や相違する特性は距離を遠くし，かつ②殺人事件に一般的・共通的にみられる特性は中心に，特異で希少な特性は周辺に配置するというルールにしたがい，大量のデータを平面上に配置する。こうして視覚化されたデータにもとづき，それぞれの事件における犯人の行動特性に連関性（つながり，類似点）が多ければ同一犯による連続的な犯行と推定し，少なければ別々の犯人による犯行であると推定する。ここで，もし新たに殺人事件が発生し，その犯人に行動特性が過去の特定事件の犯人の行動特性と連関（類似）していれば，同一犯人が再び事件を起こしたと推定することもできる。こうした手法は，同一犯人であれば同じような犯行パターンを繰り返すはずであると仮定した上で，それぞれの事件における犯人の行動特性の連関性を統計的に吟味するものであり，リンク分析とよばれる。

　リバプール方式では，地理的プロファイリングも用いられる。たとえば連続的に放火事件が発生したとき，その犯行現場を地図上にマッピングするとともに，犯行態様（犯行時刻，放火の標的，着火方法など）をデータ化することで，犯人の居住地のほか，職業や行動傾向などを推定する。同一犯による連続放火事件では，最も離れた犯行現場を結ぶ線分を直径とする円周内に犯人の住居や生活拠点が含まれるとする仮説（サークル仮説という）が知られている。

6.4　防犯心理学とルーチン・アクティビティ理論

　防犯分野における心理学の理論として，フェルソン（Felson, M.）らが提唱するルーチン活動理論がある。ルーチン活動（routine activity）とは，決まり切った，パターン化された行動という意味である。この理論は，特定の場所・時間帯において，特定のパターン化された犯罪が多発する現象や，同一犯人が同じような手口で犯行を重ねることを説明するのに有用である。理論の骨子は，次のようである。①潜在的な犯罪者はどこにでもいる，②しかし犯罪の機会（チャンス）がなければ，かれは犯罪をしない，③かれが実際に犯罪を敢行す

るのは，特定の場所・時間帯である。それをホット・スポット（hot spot）とよぶ。④ホット・スポットとは，被害者がそこにおり（被害物がそこにあり），かつ，匿名性（だれがだれだか分からない状況）が高く，監視性（だれかが見ている状況）が乏しい場所・時間帯である。⑤ホット・スポットでは，パターン化された犯罪が繰り返して生起する。

この理論は，犯罪者個々の人格特性を捨象し，犯罪者はリスクが小さくメリットが大きいと判断される時・場所・対象（被害者，被害物）の3条件を合理的に選択すると主張する。その意味で合理的選択理論ともよばれ，また犯行の機会がなければ犯罪は起こらないとする点から犯罪機会理論ともよばれる。

わが国でも，ひったくりがホット・スポットで多発することはよく知られており，ひったくりを防止するために街灯や防犯カメラの設置が図られている。

6.5 割れ窓理論

割れ窓理論（broken windows theory）は1980年代にアメリカの犯罪学者ケリング（Kelling, G.）らが唱え始めたもので，端的にいえば「ひとつの割れ窓を放置すると次々に窓を割られる」という主張である。その理論の骨子は，以下のようである。①割れ窓のほか，散乱する放置ゴミ，落書き，壊れたままの街灯などは，この地域は匿名性が高くかつ監視性が乏しいというメッセージを発している。②そこではまず，ひったくり，かっぱらい，不法薬物の売買などの軽犯罪が多発する。③それらを取り締まらないと，ついには強姦，強盗，殺人などの凶悪犯罪が発生する。④なぜなら，潜在的な犯罪者たちは，ここではどんな悪いことをしても見つからないと判断して犯行をエスカレートさせるから。割れ窓理論によれば，環境の美化と軽犯罪の徹底的な取り締まりこそが犯罪撲滅の決め手である。そうした予防的な取り締まりを徹底すれば，犯罪全般を減少させることができると期待される。

1990年代，割れ窓理論を取り入れたニューヨーク市では，警察職員を増員し，いわゆるスラム地区でのパトロールと軽犯罪の検挙を強化するとともに，地下鉄の車内や駅，街路などの落書きを徹底的に取り締まった。その結果，数年のうちに，殺人，強盗，強姦などの凶悪犯罪も大幅に減少したとされる。ニューヨーク市における治安の回復は割れ窓理論の成果として，当時は多いに注目さ

れた。しかし批判的な研究者らによれば，1990年代のアメリカでは割れ窓理論を導入していない他の大都市でも犯罪は減少しており，かつニューヨーク市でも理論の導入以前から犯罪の減少は始まっていたともいわれている。

6.6 環境犯罪学とセプテッド

犯罪が発生する場所や地域の環境的特性を明らかにして防犯に役立てようとする環境犯罪学が，1980年代ころからアメリカを中心に台頭している。環境犯罪学を唱導するジェフリー（Jeffrey, C. R.）は，地域デザインを工夫することで犯罪を防止しようとの観点から，環境設計による犯罪防止（crime prevention through environmental design; CPTED）という考え方を打ち出している。監視性の強化，見通しのよさ，住民どうしの交流，外部からの接近の制限，領域性（なわばり）の確保などが防犯のポイントであるとされる。欧米などでは，こうした考え方を取り入れ，入り口にゲートを設けたゲーティッド・コミュニティ（gated community）と呼ばれる高級住宅地が開発されている。

6.7 被害者支援

犯罪被害者や被害者の家族らは，事件に巻き込まれた後，さまざまな精神的変調に悩まされる。精神的変調のうち，特に重篤なものは外傷後ストレス障害（post-traumatic stress disorder; PTSD）とよばれ，わが国でも近年，その研究が進んでいる。犯罪被害者らのPTSDの症状は，①強い苦痛を伴って事件のことが想起される再体験（フラッシュバック, flashback），②神経過敏になる過覚醒，またはその逆の感情鈍麻，③事件に結びつく事物や場所を避ける回避，の3点を特徴とし，かつ相当の長期間にわたるとされている。

犯罪被害や被害者支援をテーマとする犯罪学は，被害者学（victimology）ともよばれる。被害者学が台頭するとともに，被害者支援の法制度も急速に整えられつつある。1999年，検察庁は「被害者通知制度」を導入し，希望する被害者らに加害者（犯人）の起訴・不起訴や刑事裁判の結果などを通知することとした。その後，刑事訴訟法等の一部が改正され，性犯罪の被害者などに対する法廷での特別な配慮（衝立による隔離，別室からの遠隔証言など）や，裁判における被害者の意見陳述制度が導入された。最近では，起訴状で被害者名を匿

名化して被害者の人権を守ろうとする動きもある。

2004年,「犯罪被害者等基本法」が成立し,犯罪被害を軽減・回復するとともに被害者が平穏な生活を営めるように支援することは国と地方公共団体の責務であると規定された。犯罪被害者等給付金や被害回復給付金などが整備され,すべての都道府県に被害者の支援組織（被害者支援センターなど）が設置された。また,警察でも心理学を専攻した被害者支援要員の採用が進んでいる。

7. 犯罪・非行領域の心理実務者たち

7.1 警察における心理実務者

警察で働く心理実務者の多くは,非行少年にかかわる仕事をしている。ここで,非行少年とは,①罪を犯した14歳以上20歳未満の少年（犯罪少年）,②刑罰法令に触れる行為をした14歳未満の少年（触法少年）,③将来において罪を犯し又は刑罰法令に触れる行為をする虞のある少年（虞犯少年）をひとくくりにした呼称であり,女子も含まれる。

警察は,これら非行少年には該当しない不良行為少年,家出少年,犯罪被害少年など,なんらかの保護や支援を必要とする少年およびその家族ともかかわり,相談,助言,継続的な指導などを行っている。そうした活動は少年警察活動とよばれる。少年警察活動は,少年の心理に関する深い理解を踏まえ,秘密の保持に留意して行うとされている。活動の一環として,児童相談所,学校,あるいはその他の関係機関とも連携しつつ少年を指導することも多い。こうした活動を担っているのは,少年サポートセンター（全国に約200カ所）に勤務する少年補導職員たちである。

都道府県の警察本部には科学捜査研究所（略称,科捜研）が置かれ,警察庁には科学警察研究所（略称,科警研）が置かれている。ここでも心理専門職たちが,犯罪・非行に関する調査研究のほか,プロファイリングやポリグラフ検査,防犯に関する専門的助言などをとおして警察活動を支えている。近年,被害者支援要員とよばれる被害者支援のための専門職員の採用も進みつつある。

7.2 裁判所における心理実務者

　家庭裁判所（略称，家裁。全国に50庁）の少年部には家庭裁判所（家裁）調査官が配置されており，少年事件を調査する。一つひとつの少年事件では，本人の資質的な問題だけでなく，家庭環境や交友関係など，さまざまな要因が複合している。家裁調査官は心理学その他の専門的知識を活用してそれらの要因を調査・解明し，その結果を踏まえて非行少年の処分が決定される。調査官はまた，試験的な観察期間を設けて，非行少年を個別的に指導することもある。なお，家裁の家事部にも調査官が配置されている。家事部の調査官は，離婚，子どもの親権をめぐる紛争，遺産分割その他の家庭内のもめごとの解決を，心理学その他の専門知識を活用して支援している。

7.3 矯正施設における心理実務者

　非行少年を収容する施設として，全国に少年鑑別所が52庁，少年院が52庁設置されている。犯罪者や刑事被告人を収容する刑事施設として，刑務所62庁，少年刑務所7庁，拘置所8庁がある。これらを総称して矯正施設とよび，すべて法務省矯正局が所管する施設である。

　少年鑑別所には，心理学その他の専門的知識にもとづいて少年の資質鑑別を行う心理技官が配置され，面接や行動観察のほか，各種の心理検査などを活用しつつ，非行少年の資質の鑑別および矯正処遇の策定にあたっている。

　少年院は，家庭裁判所から保護処分として送致された非行少年を収容し，矯正教育を授ける施設であり，そのための専門職員が法務教官である。生活指導，職業補導，教科教育，体育，レクリエーションなどのほか，必要な医療的処置や心理療法的な指導が，少年個々の特性や問題性に応じて実施されている。

　成人の犯罪者を収容する矯正施設（刑務所や拘置所）にも心理技官や法務教官の配置が進みつつあり，受刑者らの分類調査や矯正処遇に関わっている。

7.4 更生保護における心理実務者

　全国に50庁の保護観察所があり，法務省保護局が管轄している。ここで働く保護観察官は，矯正施設から社会復帰した犯罪者や非行少年たち，あるいは保護観察を言い渡された非行少年や執行猶予者たちの立ち直りを支援している。

そうした支援は更生保護とよばれる。また精神鑑定の項で触れたように，医療観察法にもとづき，精神保健や臨床心理の専門職である社会復帰調整官が，心神喪失等の状態で重大な他害行為を行った精神障害者たちの精神保健観察を行いつつ，社会復帰を支援している。

8. むすび

　1843年のイギリスにおいて，妄想にとりつかれたマクノートン（M'Naghten, D. 1813-1865）という男が首相殺害を企て，別人の秘書官を誤認して殺害した。この事件が契機となり，精神病者による犯罪を処断する特別な規定（マクノートン・ルールとよばれる）が各国で法制化された。こうした特別扱いは古典学派の掲げる「法の下の万人平等」という大原則には反するが，今日では広く受け入れられている。

　20世紀に入り，多くの国で少年司法制度が導入されるとともに，同じ罪を犯しても，未成年者は成人とは区別して扱うことが当然と考えられるようになった。少年院では，非行少年の問題性に応じた個別的処遇計画にもとづく矯正教育や心理療法的な処遇がさまざまに実施されている。こうしたところにも，実証学派の主張と研究成果が生かされている。

　犯罪者を収容する刑務所においても，刑の執行（自由の剥奪）だけでなく，受刑者個々の問題性に応じた矯正処遇が行われ，出所時には就労援助や生活支援が行われる。犯罪者個々の問題性に応じて，執行猶予や仮釈放などの制度も広く実施されている。ここにも実証学派の主張が取り入れられている。

　貧困や社会的格差を解消するための社会福祉的施策，不良図書や有害薬物の取り締まり，スラム地区の再開発，街灯や防犯カメラの設置，被害者支援などにも，実証的な犯罪研究の影響が大きい。

　刑罰法令の整備と厳格・公正な法執行という古典学派の思想を基幹としつつも，実証学派の知見や主張はさまざまな形で取り入れられ，いわば両学派が補完・融合しつつ，現代の犯罪学は展開しているといえよう。そうした犯罪学の発展の中で，心理学はさまざまに活用されている。

要点の確認

Q 人の行動はその人の自由な意志によるとする自由論と，その人の個体的・状況的要因によって決定されるとする決定論がある。次のうちから正しいものを選べ。

1. 古典学派も実証学派も，自由論である。
2. 古典学派も実証学派も，決定論である。
3. 古典学派は自由論であり，実証学派は決定論である。
4. 古典学派は決定論であり，実証学派は自由論である。

Q 西洋のことわざに "It early pricks that will be a thorn"（いばらの木は，小さいときからチクリと刺す）があり，東洋には「栴檀（せんだん）は双葉より芳（かんば）し」ということわざがある。こうしたことわざに近いものを，次のうちから選べ。

1. 犯罪素質説
2. アノミー理論
3. 非行サブカルチャー理論
4. ドリフト理論

Q 人の本性は善であるとする性善説，悪であるとする性悪説があり，善でも悪でもないとする白紙説もある。次のうち，正しいものに○，まちがったものに×をつけよ。

1. 力動論的心理学は，性悪説である。
2. 学習論的心理学は，白紙説である。
3. 緊張理論は，性善説である。
4. 統制理論は，性悪説である。

正解は，3，1，すべて○

文献ガイド

犯罪の心理学を学ぶには，以下の文献が手がかりとなる。

越智啓太 (2012). 犯罪心理学　サイエンス社.
　▷科学捜査の実務経験を踏まえ，捜査心理学に重点をおく。図表が多く分かりやすい。
ブル, R. ほか（著）仲真紀子（監訳）(2010). 犯罪心理学　有斐閣.
　▷英米における犯罪心理学の動向を知ることができる。原著は，Bull, R., Cooke, C., Hatcher, R., Woodhams, J., Bilby, C., & Grant,T. (2006). *Criminal Psychology: A Beginner's Guide*. Oxford, UK: Oneworld Publications.

375

第10章　犯罪・非行

安香宏（2008）．犯罪心理学への招待　サイエンス社．
　▷矯正施設の心理技官としての実務を踏まえた単著であり，著者の考え方が伝わって
　　くる。
藤岡淳子（編著）（2007）．犯罪・非行の心理学　有斐閣．
　▷矯正，保護，警察などで実務を経験した研究者らが分担執筆した教科書。
大潮憲一（2006）．犯罪心理学　培風館．
　▷やや専門的であるが，筆者なりの広い視野から論じられている。
越智啓太（編）（2005）．犯罪心理学　朝倉書店．
　▷警察などで実務を経験した著者らによる共著。目撃証言，取り調べ，被害者心理な
　　どを含む。

犯罪の社会学を学ぶには，以下の文献が手がかりとなる。

細木洋子・鴨志田康弘（2011）．犯罪と社会　学文社．
　▷児童虐待，犯罪とメディア，裁判員制度など，新しいテーマも含まれた入門書。
矢島正見ほか（編）（2009）．改訂版よくわかる犯罪社会学入門　学陽書房．
　▷犯罪社会学の諸理論を概説した，学生向きの平易な教科書。

犯罪の精神医学を学ぶには，以下の文献が手がかりとなる。

松下正明（編）（2006）．犯罪と犯罪者の精神医学　中山書店．
　▷精神医学の観点から，犯罪原因や各種犯罪者などを論じている。専門的である。
福島章（2005）．犯罪精神医学入門　中央公論新社（中公文庫）．
　▷精神鑑定を多く手がけた精神医学者による一般向けの教養書。
松下正明（編）（1998）．司法精神医学・精神鑑定　中山書店．
　▷専門的であるが，犯罪精神医学の教科書的な文献。生物学的な犯罪学を概観できる。

コラム11　3つのバウム

　いずれも仮想事例であり，バウムは筆者による作画である。以下の文献をふまえて記述した。齊藤文夫（2009）．少年犯罪とトラウマ　杉村省吾ほか編「トラウマとPTSDの心理援助」所収　pp. 225-231. 金剛出版．

事例1　幼児期に虐待を体験したと思われる強盗未遂少年（男子，18歳）

　本件非行：強盗未遂（盗み目的で家宅に侵入したところ，家人に発見され，叫び声をあげられたので逃走）。本件非行で，少年院に送致された。

　成育歴・非行歴：貧困な家庭であった。父親は酒乱で服役歴もある。本少年は小さいころから虐待を受けていたらしく，少年鑑別所での身体検査で全身に傷痕や火傷痕が残っていた。中学入学時，父親の服役にともない，両親は離婚，本少年は養護施設に預けられ，一家は離散した。中卒後，工具・店員などを転々とした。自動車盗で検挙され，任意での取り調べ中に本件を起こした。

　バウムの特徴：画面からのはみ出しや不自然に屈曲した幹や枝から，感情や行動の統制力の乏しさがうかがわれる。健常者であれば，幹（心の基幹的エネルギー）が太く，それが枝分かれしていく（心のエネルギーが社会的な場面に応じて，さまざまに分化する）。しかし，本少年の描く幹と枝は同じ太さで，枝の伸びる方向もいびつである。心のエネルギーが適切に「枝分かれ」せず，方向も定まらないままに発散されやすいことを示唆するかのようである。傾いた地平線や根っこの描写は心の不安定さ示唆するのであろうか。

事例2　深刻な「見捨てられ体験」をもつ虞犯少女（女子，16歳）

　本件非行：虞犯（知人宅などで窃盗を反復していたが，被害届などの証拠がそろわないため，虞犯で立件された）。本件非行で，少年院に送致された。

　成育歴・非行歴：1歳時，実父母が離婚したため乳児院に預けられ，その後は養護施設を転々とした。3歳時，里親に引き取られるが，放任されることが多かった。小学校6年生ころ，家内窃盗がきっかけで，里親から「おまえは実子ではない」と告げられた。「この家の子」と信じていた本少年は大きなショックを受けたという。結局，里親宅から再び養護施設に預けられたが，無断外

第10章　犯罪・非行

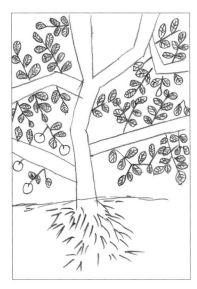

　　　事例1のバウム　　　　　　　事例2のバウム

泊や不純異性交遊を繰り返した。中学卒業直前に実父と連絡がつき，父親に引き取られることとなり，本人は「大喜びした」というが，退所日に父親は出頭せず。その後，実母と連絡がとれ，母親に引き取られることが決まり，「やっと幸せに暮らせる」と思い直した。しかし，母親宅には内縁の夫がおり，本人は邪魔者扱いされた。16歳ころから，家出を反復し，暴力団員などの知人宅を転々としていた。その間，リストカットや自殺未遂などもあったらしく，今でも傷痕が残っている。

　バウムの特徴：「切り株」が描かれている。切り株バウムは非行少年がしばしば描くもので，その意味づけはさまざまであるが，本少年の場合，幼児期における深刻な「見捨てられ体験」を暗示するかとも思われる。根っこが雑草でおおわれていることは，幼児期におけるさまざまな体験が隠蔽されていることを示唆するのだろうか。遠景に描かれた「らくだのふたこぶ型」の山は女性の乳房を連想させる。かなたにある母性的なものへのあこがれでもあろうか。

378

コラム11　3つのバウム

事例3のバウム

事例3　放任（ネグレクト）を体験した強制わいせつ少年（男子，16歳）

　本件非行：虞犯（幼児に声をかけ，公園などにおいてわいせつな行為を反復していた。事犯としては幼児に対する強制わいせつ事件であるが，被害児から事実関係を的確に聴取できなかったため，虞犯として立件された）。本件非行で，少年院に送致された。

　成育歴・非行歴：2歳時，母親が長期入院したため，4歳ころまで親戚方に預けられた。親戚方になつき，母が迎えに来たとき，家へ帰るのをいやがったという。小学校時代から「いじめられっ子」で登校しぶりが始まるとともに，パンや菓子の万引により警察に補導された。教室内で紙を燃やすといった火遊びもあった。このころ，両親は借金に追われており，家ではろくに食事も与えられなかったという。中学入学後もいじめられっ子で，先輩の命令により万引を繰り返して警察に補導された。中学2年時，近所の幼児をことば巧みに公園などに誘い出し，わいせつな行為をした。警察に補導され，児童相談所を経て，児童自立支援施設に収容された。中学校卒業後，施設からいったん実家に帰り，家業を手伝っていたところ，本件非行を起こした。

　バウムの特徴：バウムを左隅に描き，右側が大きな空白になっている。現実世界からの退却的・逃避的な傾向を示唆しているようだ。幹がまっ黒く塗られているのは，過去の「傷つき体験」を暗示するのかもしれない。葉もなく枝も

短く，小さな裸の木である。本少年の自我の未発達や社会性の乏しさを示唆するようであり，孤立無援の状況を暗示しているようでもある。

引用文献

第1章

Cattell, J. M. (1890). Mental tests and measurements. *Mind*, **15**, 373-381.

Canguilhem, G. (1955). *La formation du concept de reflexe aux XVIIe et XVIIIe siecles*. Paris: Presses Univesitaires de France.（カンギレム，G. 金森修（訳）（1988）．反射概念の形成：デカルト的生理学の淵源　法政大学出版局）

岡本栄一（2001）．精神物理学　中島義明（編）現代心理学理論事典　朝倉書店　pp. 104-108.

高橋澪子（1999）．心の科学史　東北大学出版会．

佐藤達哉・溝口元（1997）．通史　日本の心理学　北大路書房．

佐藤達哉（2002）．日本における心理学の受容と展開　北大路書房．

Watson, J. B., & Rayner, R. (1920). Conditioned emotional reactions. *Journal of Experimental Psychology*, **3**, 1-14.

Wundt, W. (1920). *Erlebtes und Erkanntes*. Stuttgart: A. Kröner.（ヴント，W. 川村宣元・石田幸平（訳）（2002）．体験と認識：ヴィルヘルム・ヴント自伝　東北大学出版会）

第2章

Collins, A. M., & Loftus, E. F. (1975). A spreading activation of semantic processing. *Psychological Review*, **82**, 407-428.

Godden, D. R., & Baddeley, A. D. (1975). Context-dependent memory in two natural environments: On land and underwater. *British Journal of Psychology*, **66**, 325-331.

生駒忍（2011）．解説：〝天才〟を通して脳のはたらきを知る　ルシュヴァリエ，B. 藤野邦夫（訳）モーツァルトの脳　作品社　pp. 353-365.

生駒忍（2013）．音楽の繰り返し聴取における質的変化　音楽心理学研究会論文集，**6**, 8-9.

宮崎拓弥（2006）．古典的条件づけ　岩本隆茂・和田博美（編）行動心理学：社会貢献への道　勁草書房　pp. 23-43.

邑本俊亮（2011）．知識と表象　太田信夫・邑本俊亮・永井淳一　認知心理学：知性のメカニズムの探究　培風館　pp. 155-187.

永井淳一（2011）．感覚・知覚過程　太田信夫・邑本俊亮・永井淳一　認知心理学：知性のメカニズムの探究　培風館　pp. 21-55.

引用文献

太田信夫 (2011). 記憶研究の歴史と現状 太田信夫・厳島行雄 (編) 日常と記憶 (現代の認知心理学第 2 巻) 北大路書房 pp. 2-25.
Reed, E. (1988). James J. Gibson and the psychology of perception. London: Yale University Press. (リード, E. 佐々木正人 (監訳) (2006). 伝記ジェームズ・ギブソン：知覚理論の革命 勁草書房)
Roads, C. (1994). The computer music tutorial. Cambridge, MA: MIT Press. (Roads, C. 青柳龍也・小坂直敏・平田圭二・堀内靖雄 (監訳) (2001). コンピュータ音楽：歴史・テクノロジー・アート 東京電機大学出版局)
重野純 (2003). 音の世界の心理学 ナカニシヤ出版.
和田博美 (2006). 記憶の不思議・忘却の不思議 岩本隆茂・和田博美 (編) 行動心理学：社会貢献への道 勁草書房 pp. 85-102.
山田弘司 (2006). オペラント条件づけ 岩本隆茂・和田博美 (編) 行動心理学：社会貢献への道 勁草書房 pp. 45-63.
吉野巌 (2000). 旋律 (旋律の音高的側面) 谷口高士 (編) 音は心の中で音楽になる：音楽心理学への招待 北大路書房 pp. 22-44.

第 3 章

American Psychiatric Association. (2013). *Diagnostic and statistical manual of mental disorders, 5th ed.* Washington, DC: Author. (日本精神神経学会 (監修), 髙橋三郎・大野裕・染矢俊幸・神庭重信・尾崎紀夫・三村將・村井俊哉 (訳) (2014). DSM-5 精神疾患の診断・統計マニュアル 医学書院)
Bandura, A. (1971). *Psychological modeling: Conflicting theories.* Chicago: Aldine-Atherton. (バンデューラ, A. 福島脩美・原野広太郎 (訳) (1975). モデリングの心理学：観察学習の理論と方法 金子書房)
Binet, A. et Simon, Th. (1917). *La mesure du développement de l'intelligence chez les jeunes enfants.* Paris: L'Harmattan. (ビネー, A.／シモン, T. 大井清吉・山本良典・津田敬子 (訳) (1977). ビネ知能検査法の原典 日本文化科学社)
Carroll, J. B. (1993). *Human cognitive abilities: A survey of factor-analytic studies.* New York: Cambridge University Press.
Cattell, R. B. (1963). Theory of fluid and crystallized intelligence: A critical experiment. *Journal of Educational Psychology,* **54**, 1-22.
Cronbach, L. J., & Snow, R. E. (1977). *Aptitudes and instructional methods: A handbook for research on interactions.* New York: Irvington.
Dewey, J. (1916). *Democracy and Education: An introduction to the philosophy of education.* Macmillan. (デューイ, J. 宮原誠一 (訳) (1957). 学校と社会 岩波文庫)
Erikson, E. H. (1950). *Childhood and society.* W. W. Norton & Co. (エリクソン, E. H. 仁科弥生 (訳) (1977). 幼児期と社会 I みすず書房)

Fantz, R. L. (1961). The origins of form perception. *Scientific American*, **204**, 66-72.
Flynn, J. R. (2012). *Are we getting smarter? Rising IQ in the 21st Century.* New York: Cambridge University Press.（フリン, J. R. 水田賢政（訳）(2015). なぜ人類のIQは上がり続けているのか？：人種，性別，老化と知能指数　太田出版）
Gallup, G. G., Jr. (1970). Chimpanzees: Self recognition. *Science*, **167**, 86-87.
Gilligan, C. (1982). *In a different voice: Psychological theory and women's development.* Cambridge, MA: Harvard University Press.（ギリガン, C. 岩男寿美子（訳）(1986). もうひとつの声：男女の道徳観のちがいと女性のアイデンティティ　川島書店）
Guilford, J. P. (1967). *The nature of human intelligence.* New York: McGraw-Hill.
James, W. (1892). *Psychology: The briefer course.* New York: Holt.（ジェームズ, W. 今田寛（訳）(1992). 心理学〈上・下〉　岩波文庫）
Kohlberg, L. (1969). *Stages in the development of moral thought and action.* New York: Holt, Rinehart & Winston.
Lorenz, K. (1952). *King Solomon's ring.* New York: Thomas Crowell.（ローレンツ, K. 日高敏隆（訳）(1987). ソロモンの指環：動物行動学入門　早川書房）
Piaget, J. (1972). Intellectual evolution from adolescence to adulthood. *Human Development*, **15**, 1-12.
Piaget, J. (1970). *L'épistémoloqie génétique.* Paris: Presses Universitaires de France.（ピアジェ, J. 滝沢武久（訳）(1972). 発生的認識論　白水社クセジュ文庫）
Piaget, J., & Inhelder, B. (1966). *La Psychologie de l'enfant.* Paris: Presses Universitaires de France.（ピアジェ, J.／イネルデ, B. 波多野完治・須賀哲夫・周郷博（訳）(1969). 新しい児童心理学　白水社クセジュ文庫）
Portmann, A. (1951). *Biologische Fragmente zu einer Lehre vom Menschen.* Basel: Schwabe & Co.（ポルトマン, A. 高木正孝（訳）(1961). 人間はどこまで動物か：新しい人間像のために　岩波新書）
Premack, D., & Woodruff, G. (1978). Does the chimpanzee have a theory of mind? *Behavioral and Brain Sciences*, **1**, 515-526.
Rosenthal, R., & Jacobson, L. (1968). *Pygmalion in the classroom.* New York: Holt.
Rousseau, J.-J. (1762). *Émile ou de l'éducation.* Paris: Nicolas Bonaventure Duchesne.（ルソー, J.-J. 平岡昇（訳）(1966). エミール：または教育について. 世界の大思想17　河出書房新社）
Wimmer, H., & Perner, J. (1983). Beliefs about beliefs: Representation and constraining function of wrong beliefs in young children's understanding deception. *Cognition*, **13**, 103-128.

第4章

Allport, F. H. (1920). The influence of the group upon association and thought. *Journal of*

引用文献

Experimental Psychology, **3**, 159-182.
Allport, G. W. (1937). *Personality: A psychological interpretation.* New York: Henry Holt. (オールポート, G. W. 詫摩武俊・青木孝悦・近藤由紀子 (訳) (1982). パーソナリティ：心理学的解釈　新曜社)
Allport, G. W. (1961). *Pattern and growth in personality.* New York: Holt, Rinehart & Winston. (オルポート, G. W. 今田恵 (監訳) (1968). 人格心理学 (上・下) 誠信書房)
Asch, S. E. (1946). Forming impressions of personality. *Journal of Abnormal and Social Psychology*, **41**, 258-290.
Asch, S. E. (1955). Opinions and social pressure. *Scientific American*, **193** (5), 31-35.
Binet, A. (1909). *Les idées modernes sur les enfants.* Paris: Flammarion. (ビネー, A. 波多野完治 (訳) (1974). 新しい児童観　明治図書.)
Bower, G. H. (1981). Mood and memory. *American Psychologist.* **36**, 129-148.
Brewer, M. B., & Gardner, W. (1996). Who is this "we"? Levels of collective identity and self representations. *Journal of Personality and Social Psychology*, **71**, 83-93.
Byrne, D., & Nelson, D. (1965). Attraction as a linear function of proportion of positive reinforcements. *Journal of Personality and Social Psychology*, **1**, 659-663.
Cannon, W. B. (1927). The James-Lange theory of emotions: A critical examination and alternative theory. *American Journal of Psychology*, **3**, 106-124.
Cattell, R. B. (1957). *Personality and motivation structure and measurement.* New York: World Book Company.
Cattell, R. B. (1966). *The scientific analysis of personality.* Chicago: Aldine (キャテル, R. B. 斉藤耕二・安塚俊行・米田弘枝 (訳) (1975). パーソナリティの心理学：パーソナリティの理論と科学的研究　金子書房)
Cloninger, C., Swrakic, D., & Przybeck, T. (1993). A psychobiological model of temperament and character. *Archives of General Psychiatry*, **50**, 975-990.
Millon, T., & Davis, R. (1996). An evolutionary theory of personality disorders. In M. F. Lenzenweger & J. F. Clarkin (Eds.), *Major theories in personality disorders.* New York: Guilford Press. pp. 221-345.
Ekman, P., & Freisen, W. V. (1971). Constants across cultures in the face and emotions. *Journal of Personality and Social Psychology*, **17**, 124-129.
Ekman, P., Levenson, R. W., & Friesen, W. V. (1983). Autonomic nervous system activity distinguishes among emotions. *Science*, **221**, 1208-1210.
Eysenck, H. J. (1960). *The structure of human personality*, 2nd ed. London: Methuen.
Festinger, L. (1954). A theory of social comparison processes. *Human Relations*, **7**, 117-140.
Festinger, L. (1957). *A theory of cognitive dissonance.* CA: Stanford University Press. (フェスティンガー, L. 末永俊郎 (監訳) (1965). 認知的不協和の理論：社会心理学序説　誠信書房)

Festinger, L., Schachter, S., & Back, K. (1963). *Social pressures in informal groups: A study of human factors in housing.* CA: Stanford University Press.

フロイト S. 懸田克躬（訳）(1973). 精神分析学入門　中央公論社

Frijda, N. H. (1988). The laws of emotion. *American Psychologist,* **43**, 349-358.

Hastie, R., Ostrom, T. M., Ebbesen, E. B., Wyer Jr., R. S., Hamilton, D. L., & Carlston, D. E. (Eds.) (1980). *Person memory: The cognitive basis of social perception.* NJ: Erlbaum.

House, R. J., & Shamir, B. (1993). Toward the integration of transformational, harismatic and visionary theories. In M. M. Chemers & R. Ayman (Eds.), *Leadership Theory and Research,* CA: Academic Press. pp. 81-107. （ハウス，R. J. ／シャーミア，B. 篠原弘章（訳）(1995). 変革的・カリスマ的・予言的リーダーシップ理論の統合　M.M. チェマーズ／R. エイマン（編）白樫三四郎（編訳）リーダーシップ理論と研究　黎明出版　pp. 33-63.）

Heider, F. (1944). Social perception and phenomenal causality. *Psychological Review,* **51**, 358-374.

Heider, F. (1958). *The psychology of interpersonal relations.* New York: Wiley. （ハイダー，F. 大橋正夫（訳）(1978). 対人関係の心理学　誠信書房）

廣田君美 (1994). 社会心理学　梅本堯夫・大山正（編著）心理学史への招待：現代心理学の背景　サイエンス社　pp. 269-294.

池上知子 (1998). 社会的認知と感情　山本眞理子・外山みどり（編）社会的認知　誠信書房　pp. 99-119.

池上知子 (2008a). 感情　池上知子・遠藤由美　グラフィック社会心理学　第2版　サイエンス社　pp. 89-110.

池上知子 (2008b). 人間関係　池上知子・遠藤由美　グラフィック社会心理学　第2版　サイエンス社　pp. 203-226.

James, W. (1884). What is an emotion? *Mind,* **4**, 188-204. （ジェームズ，W. 今田恵（編訳）(1956). 情緒とは何か　世界大思想全集15　ジェームズ論文集　河出書房　pp. 115-129.）

Janis, I. L. (1982). *Groupthink: Psychological studies of policy decisions and fiascoes, 2nd ed.* Boston: Houghton Mifflin.

Jung, C. G. (1967). *Psychologische Typen.* Zürich : Rascher Verlag. （ユング，C. G. 林道義（訳）(1987). タイプ論　みすず書房）

唐澤かおり (1996). 認知的感情理論：感情生起にかかわる認知的評価次元について　土田昭司・竹村和久（編）感情と行動・認知・生理：感情の社会心理学　誠信書房　pp. 55-78.

唐沢穣・池上知子・唐沢かおり・大平英樹 (2001). 社会的認知の心理学：社会を描く心のはたらき　ナカニシヤ出版.

Karpf, F. B. (1932). *American social psychology.* New York : Russell & Russell. （カープ，F. B. 大橋英寿（監訳）(1987). 社会心理学の源流と展開　勁草書房）

北村英哉・大坪庸介 (2012). 進化と感情から解き明かす社会心理学　有斐閣.

北山忍 (1997). 自己と感情：文化心理学による問いかけ　共立出版.

引用文献

Kretschmer, E.（1921）. *Körperbau und Charakter*. Berlin: Springer.（クレッチメル, E. 相場均（訳）（1960）. 体格と性格：体質の問題および気質の学説によせる研究　文光堂）
Latane, B., Williams, K., & Harkins, S.（1979）. Many hands make light the work: The causes and consequences of social loafing. *Journal of Personality and Social Psychology*, **37**, 822-832.
Lazarus, R. S.（1984）. On primacy of cognition. *American Psychologist*, **39**, 124-129.
Leary, M. R., & Baumeister, R. F.（2000）. The nature and function of self-esteem: Sociometer theory. In M. P. Zanna（Ed.）, *Advances in experimental social psychology*, Vol. 32, New York: Academic Press. pp. 1-62.
LeDoux, J.（1996）. *The emotional brain: The mysterious underpinnings of emotional life*. New York: Simon & Schuster.（ルドゥー, J. 松本元・川村光毅・小幡邦彦・石塚典生・湯浅茂樹（訳）（2003）. エモーショナル・ブレイン：情動の脳科学　東京大学出版会）
Lewin, K.（1935）. *A dynamic theory of personality*. New York: McGraw-Hill.（レヴィン, K. 相良守次・小川隆（訳）（1957）. パーソナリティの力学説　岩波書店）
Lewin, K.（1951）. *Field theory in social science*. New York: Harper.（レヴィン, K. 猪俣佐登留（訳）（1956）. 社会科学における場の理論　誠信書房）
Lewin, K., Lippit, R., & White, R. K.（1939）. Patterns of aggressive behavior in experimentally created 'social climates'. *Journal of Social Psychology*, **10**, 271-299.
Markus, H., & Smith, J.（1981）. The influence of self-schemata and the perception of others, In N. Cantor & J. F. Kihlstrom（Eds.）, *Personality, cognition, and social interaction*. NJ: Erlbaum. pp. 233-262.
Mishcel, W.（1968）. *Personality and assessment*. New York: Wiley.（ミシェエル, W. 詫摩武俊（監訳）（1992）. パーソナリティの理論：状況主義的アプローチ　誠信書房）
Mischel, W., & Shoda, Y.（1995）. A cognitive-affective system theory of personality: Reconceptualizing situations, dispositions, dynamic and invariance in personality structure. *Psychological Review*, **102**, 246-268.
宮城音弥（1959）. 精神分析入門　岩波新書.
Moscovici, S., Lage, E., & Nafrechoux, M.（1969）. Influence of consistent minority on the responses of a majority in a color perception task. *Sociometry*, **32**, 365-379.
Murray, S. L.（2008）. Risk regulation in relationships: Self-esteem and the if-then contingencies of interdependent life. In J. V. Wood, A. Tesser, & J. G. Holms（Eds.）, *The self and social relationships*. New York: Psychology Press. pp. 3-25.
Noelle-Neumann, E.（1980）. *Die Schweigespirale*. München: R. Riper.（ノエル＝ノイマン, E. 池田謙一・安野智子（訳）（2013）. 沈黙の螺旋理論：世論形成過程の社会心理学　改定復刻版　北大路書房）
岡本春一（1987）. フランシス・ゴールトンの研究　ナカニシヤ出版．
大山正（2010）. 心理学史：現代心理学の生い立ち　サイエンス社．
Rosenberg, M.（1965）. *Society and adolescent self image*. NJ: Princeton University Press.

Rusbult, C. E. (1980). Commitment and satisfaction in romantic associations. A test of the investment mdoel. *Journal of Experimental Social Psychology*, **16**, 172-186.

Schlosberg, H. (1952). The description of facial expression in terms of two dimensions. *Journal of Experimental Psychology*, **44**, 229-237.

Schacter, S., & Singer, J. E. (1962). Cognitive, social, and physiological determinants of emotional state. *Psychological Review*, **69**, 379-399.

Schwarz, N., & Clore, G. L. (1983). Mood, misattribution, and judgments of well-being: Informative and directive functions of affective states. *Journal of Personality and Social Psychology*, **45**, 513-523.

Schwarz, N., & Clore, G. I. (1988). How do I feel about it? The informative function of affective states. In K. Fielder & J. Forgas (Eds.), *Affect, cognition and social behavior*. CJ: Hogrefe. pp. 44-62.

Shaver, P. & Hazan, C. (1993). Adult romantic attachment: Theory and evidence. In D. Perman & W. H. Jones (Eds.), *Advances in personal relationships, Vol.4*. London: Jesica Kinglley Publishers. pp. 29-70.

辻平次郎（編）(1998). 5因子性格検査の理論と実際：こころをはかる5つのものさし　北大路書房.

Sheriff, M. (1935). A study of some social factors in perception. *Archives of Psychology*, 187.（齊藤勇（編）1983「人間関係の心理学」誠信書房に依処.）

Sheriff, M. (1956). Experiments in group conflict. *Scientfic American*, **193** (11), 54-58.

Steiner, I. D. (1966). Models for inferring relationships between group size and potential group productivity. *Behavioral Science*, **11**, 273-283.

Tajfel, H., Billig, M. G., Bundy, P. R., & Flament, C. (1971). Social categorization and intergroup behavior. *European Journal of Social Psychology*, **1**, 149-178.

瀧本孝雄（2003a). 性格の諸理論　詫摩武俊・瀧本孝雄・鈴木乙史・松井豊　性格心理学への招待［改訂版］：自分を知り他者を理解するために　サイエンス社　pp. 14-32.

瀧本孝雄（2003b). 性格理解の方法　詫摩武俊・瀧本孝雄・鈴木乙史・松井豊　性格心理学への招待［改訂版］：自分を知り他者を理解するために　サイエンス社　pp. 33-46.

瀧本孝雄（2003c). 性格の特性論　詫摩武俊・瀧本孝雄・鈴木乙史・松井豊　性格心理学への招待［改訂版］：自分を知り他者を理解するために　サイエンス社　pp. 64-79.

詫摩武俊（2003). 性格の定義・性格の研究史　詫摩武俊・瀧本孝雄・鈴木乙史・松井豊　性格心理学への招待［改訂版］：自分を知り他者を理解するために　サイエンス社　pp. 1-13.

Taylor, D. W., Berry, P. C., & Block, C. H. (1958). Does group participation when using brainstorming facilitate or inhibit creative thinking? *Administrative Science Quarterly*, **2**, 23-47.

Taylor, S. E., & Brown, J. (1988). Illusion and well-being: A social psychological perspective on mental health. *Psychological Bulletin*, **103**, 193-203.

引用文献

Taylor, S. E. (1989). *Positive illusions*. New York: Basic Books. (テイラー, S. E. 宮崎茂子 (訳) (1998). それでも人は, 楽天的な方がいい 日本教文社)

戸田正直 (1992). 感情：人を動かしているプログラム 東京大学出版会.

Walster, E. (1965), The effect of self-esteem on romantic liking. *Journal of Experimental Social Psychology*, 1, 184-197.

Walster, E., Bersheid, E., & Walster, W. (1976). New directions in equity rserach. In L. Berkovwitz & E. Walster (Eds.), *Advances in experimental social psychology, Vol. 19*. New York: Academic Press. pp. 1-42.

矢野喜夫 (1994). 個人差と個性の研究 梅本堯夫・大山正 (編著) 心理学への招待：現代心理学の背景 サイエンス社 pp. 161-182.

Zajonc, R. B. (1965). Social facilitation. *Science*, 149, 269-274.

Zajonc, R. B. (1980). Feeling and thinking: Preferences need no inferences. *American Psychologist*, 35, 151-175.

Zajonc, R. B. (1984). On the primacy of affect. *American Psychologist*, 39, 117-123.

第5章

Bandura, A. (1977). Self-efficacy: Toward a unifying theory of behavioral change. *Psychological Review*, 84, 191-215.

Dekker, J. M., Crow, R. S., Folsom, A. R., Hannan, P. J., Liao, D., Swenne, C. A., & Schouten, E. G. (2000). Low heart rate variability in a 2-minute rhythm strip predicts risk of coronary heart disease and mortality from several causes: The ARIC study. Atherosclerosis Risk In Communities. *Circulation*, 102, 1239-1244.

Gosling, S. D., Vazire, S., Srivastava, S., & John, O. P. (2004). Should we trust web-based studies? A comparative analysis of six preconceptions about internet questionnaires. *American Psychologist*, 59(2), 93-104.

Hakamata, Y., Lissek, S., Bar-Haim, Y., Britton, J. C., Fox, N. A., Leibenluft, E., Ernst, M., & Pine, D. S. (2010). Attention bias modification treatment: A meta-analysis toward the establishment of novel treatment for anxiety. *Biological Psychiatry*, 68, 982-990.

Johnstone, K. A., & Page, A. C. (2004). Attention to phobic stimuli during exposure: The effect of distraction on anxiety reduction, self-efficacy and perceived control. *Behaviour Research and Therapy*, 42, 249-275.

Lilienfeld, S.O., Wood, J.M., & Garb, H.M. (2000). The scientific status of projective techniques. *Psychological Science in the Public Interest*, 1, 27-66.

McCrory, E., De Brito, S. A., & Viding, E. (2012). The link between child abuse and psychopathology: a review of neurobiological and genetic research. *Journal of the Royal Society of Medicine*, 105, 151-156.

宮野秀市 (2006). ヴァーチャルリアリティ療法 坂野雄二・丹野義彦・杉浦義典 (編) 不

安障害の臨床心理学　東京大学出版会. pp. 131-133.
日本心身医学会教育研修委員会（編）(1991). 心身医学の新しい診療指針　心身医学, **31**, 537-573.
O'Connor, B. P. (2005). A search for consensus on the dimensional structure of personality disorders. *Journal of Clinical Psychology*, **61**, 323-345.
大熊輝雄（著）「現代臨床精神医学」第 12 版改訂委員会（編）(2013). 現代臨床精神医学（改訂第 12 版）金原出版.
Salkovskis, P. M. (2002). Empirically grounded clinical interventions: Cognitive-behavioural therapy progresses through a multi-dimensional approach to clinical science. *Behavioural and Cognitive Psychotherapy*, **30**, 3-9.
杉浦義典（2007）．治療過程におけるメタ認知の役割：距離をおいた態度と注意機能の役割　心理学評論, **50**, 328-340.
杉浦義典（2009）．アナログ研究の方法　新曜社．
Wood, A. M., & Tarrier, N. (2010). Positive clinical psychology: A new vision and strategy for integrated research and practice. *Clinical Psychology Review*, **30**, 819-829.

第 6 章

Dias, B. G., & Ressler, K. J. (2014). Parental olfactory experience influences behavior and neural structure in subsequent generations. *Nature Neuroscience*, **17**, 89-96.
Horikawa, T., Tamaki, M., Miyawaki, Y., & Kamitani, Y. (2013). Neural decoding of visual imagery during sleep. *Science*, **340**(**6132**), 639-642.
Insel, T. R., & Young, L. J. (2001). The neurobiology of attachment. *Nature Reviews Neuroscience*, **2**, 129-136.
近藤保彦（2009a）．大脳新皮質の視覚処理系　日本心理学諸学会連合心理学検定局（編）心理学検定 基本キーワード　実務教育出版　pp. 168-169.
近藤保彦（2009b）．大脳皮質機能局在　日本心理学諸学会連合心理学検定局（編）心理学検定 基本キーワード　実務教育出版　pp. 164-165.
近藤保彦（2009c）．脳の構造と機能　日本心理学諸学会連合心理学検定局（編）心理学検定 基本キーワード　実務教育出版　pp. 162-163.
近藤保彦（2009d）．神経細胞と活動電位　日本心理学諸学会連合心理学検定局（編）心理学検定 基本キーワード　実務教育出版　pp. 173-174.
Kosfeld, M., Heinrichs, M., Zak, P. J., Fischbacher, U., & Fehr, E. (2005). Oxytocin increases trust in humans. *Nature*, **435**, 673-676.
Libet, B., Gleason, C. A., Wright, E. W., & Pearl, D. K. (1983). Time of conscious intention to act in relation to onset of cerebral activity (readiness-potential). The unconscious initiation of a freely voluntary act. *Brain*, **106**, 623-642.
Meltzoff, A. N., & Moore, M. K. (1977). Imitation of facial and manual gestures by human

引用文献

neonates. *Science*, **198**, 74-78.
Rizzolatti, G., Fogassi, L., & Gallese, V. (2001). Neurophysiological mechanisms underlying the understanding and imitation of action. *Nature Reviews Neuroscience*, **2**, 661-670.
Sakai, T., Mikami, A., Tomonaga, M., Matsui, M., Suzuki, J., Hamada, Y., Tanaka, M., Miyabe-Nishiwaki, T., Makishima, H., Nakatsukasa, M., & Matsuzawa, T. (2011). Differential prefrontal white matter development in chimpanzees and humans. *Current Biology*, **21** (**16**), 1397-1402.
榊原洋一・米田英嗣（編）（2015）．脳の発達科学　新曜社．
Soon, C. S., Brass, M., Heinze, H. J., & Haynes, J. D. (2008). Unconscious determinants of free decisions in the human brain. *Nature Neuroscience*, **11**, 543-545.

第7章

Hogan, T. P. (2007). *Psychological testing: a practical introduction, 2nd Ed.* NJ: John Wiley & Sons.（ホーガン, T. P. 繁桝算男・椎名久美子・石垣琢磨訳（2010）．心理テスト　培風館）
星野崇宏（2009）．調査観察データの統計科学　岩波書店．
繁桝算男（1985）．ベイズ統計入門　東京大学出版会．
繁桝算男（編著）（1998）．心理測定法　放送大学教育振興会．
繁桝算男（2006）．因果関係を確認する　森正義彦（編）心理学の切り口　培風館　第12章．
繁桝算男（2006）．見えないものを数字で表す　森正義彦（編）心理学の切り口　培風館　第13章．
繁桝算男・大森拓哉・橋本貴充（2008）．心理統計学　培風館．
渡部洋（1999）．ベイズ統計学入門　福村出版．

第8章

Adams, J. S. (1963). Wage inequities, productivity, and work quality. *Industrial Relations*, **3**, 9-16. Lawler, Ⅲ. E. E. (1971). *Pay and organizational effectiveness.* New York: McGraw-Hill.（ローラーⅢ．安藤瑞夫（訳）．給与と組織効率　ダイヤモンド社）に収載
Alderfer, C. P. (1969). An empirical test of a new theory of human needs. *Organizational Behavior and Human Performance*, **4**, 142-175.
Argyris, C. (1957). *Personality and organization.* New York: Harper.（アージリス，C. 伊吹山太（訳）（1970）．新訳　組織とパーソナリティ　日本能率協会）
馬場昌雄（1976）．組織行動　第2版　白桃書房．
Barnard, C. I. (1938). *The function of the executive.* Cambridge, MA: Harvard University Press.（バーナード，C. I. 田杉競・山本安次郎・飯野春樹（訳）（1973）．管理者の役割　ダイヤモンド社）

Bettman, J. R. (1979). *An information processing theory of consumer choice.* MA: Addison-Wesley.

Blackwell, R. D., Miniard, P. W., & Engel, J. F. (2006). *Consumer behavior, 10th ed.* OH: Thomson.

電通（2011）．SIPS：来るべきソーシャルメディア時代の新しい生活者消費行動モデル概念．http://www.dentsu.co.jp/sips/

French, J. R. P. Jr., & Raven, B. (1968). The base of social power. In D. Cartwright & Zander, A. (Eds.), *Group dynamics, 3rd ed.* New York: Harper & Row, Chap. 20.（三隅二不二・佐々木薫（編訳）（1970）．グループダイナミックスⅡ　誠信書房　第 32 章）French, J. R. P. Jr., & Raven, B. (1959). The base of social power. In. D. Cartwright (Ed.), *Sutudies in Social Power.* Institute for Social Research, University of Michigan. より転載収録

Fiedler, F. E. (1967). *A theory of leadership effectiveness.* New York: McGraw-Hill.（フィードラー，F. E. 山田雄一（監訳）（1970）．新しい管理者像の探求　産業能率短期大学出版部）

古川久敬（1998）．基軸づくり　富士通経営研修所．

Gibb, C. A. (1954). Leadership. In G. Lindzey & E. Aronson (Eds.), *The handbook of social psychology, Vol. IV: Group psychology and phenomena of interaction*, MA: Addison-Wesley.（ギッブ，C. A. 大橋幸（訳）（1958）．リーダーシップ　社会心理学講座Ⅴ　集団と指導（2）　みすず書房）

芳賀繁（2006）．仕事の能率と安全　山口裕幸・高橋潔・芳賀繁・竹浦和久（編著）．産業・組織心理学　有斐閣　第 4 章．

Harcy, P., & Branchard, K. L. (1977). *Management of organizational behavior,* (*3rd ed.* NJ: Prentice-Hall.（ハーシー，P.／ブランチャード，K. L. 山本成二・水野基・成田攻（訳）（1978）．行動科学の展開　日本生産本部）

Herzberg, F., Mausner, B., & Snyderman, B. B. (1959). *The motivation* to work. New York: John Wiley & Sons.

Hoppock, R. (1935). *Job satisfaction.* New York: Harper and Brothers.

House, J. R. (1971). A path goal theory of leadership effectiveness. *Administrative Science Quarterly,* **16**, 321-338.

池田浩（2009）．リーダーシップ　産業・組織心理学会（編）産業・組織心理学ハンドブック　丸善　pp. 208-211.

池田三郎（2006）．リスク対応の戦略政策，制度　日本リスク研究学会（編）増補改訂版リスク学事典　阪急コミュニケーションズ　pp. 306-307.

Kahneman, D., & Tversky, A. (1979) Prospect theory: An analysis of decision under risk. *Econometrica,* **47**, 263-291.

Katz, E., & Lazarsfeld, P. F. (1955). *Personal influence: The past played by people in the flow of mass communications.* New York: The Free Press.

厚生労働省（2014）．平成 25 年若年者雇用実態調査の概況　http://www.mhlw.go.jp/toukei/

引用文献

list/dl/4-21c-jyakunenkoyou-h25_gaikyou.pdf
Kram, K. (1985). *Mentoring at work*. Ill: Scott, Foresman and Company.
岸田孝弥 (2005). 人間工学 馬場昌雄・馬場房子（監）産業・組織心理学 白桃書房 第12章.
岸田孝弥 (2009). 作業管理と KAIZEN 日本心理学諸学会連合心理学検定局（編）心理学検定 基本キーワード 実務教育出版.
小嶋外弘 (1972). 新・消費者心理の研究 日本生産性本部.
Lewin, K., Lippit, R., & White, R. K. (1939). Patterns of aggressive behavior in experimentally created "social climates." *The Journal of Social Psychology*, 30, 271-299.
Locke, E. A. (1978). The ubiquity of the technique of goal setting in theories of and approaches to employee motivation. *Academy of Management Review*, 3, 594-601.
Locke, E. A., & Latham, G. P. (1984). *Goal Setting*. NJ: Prentice-Hall.（ロック, E. A.／ラザム, G. P. 松井賚夫・角山剛（訳）(1984). 目標が人を動かす ダイヤモンド社）
Maslow, A. H. (1943). A theory of human motivation. *Psychological Review*, 50, 370-396.
正田亘 (1992). 産業・組織心理学 恒星社厚生閣.
益田圭 (1997). 組織コミットメントを決めるもの 田尾雅夫（編著）「会社人間」の研究 京都大学学術出版会 pp. 41-100.
Mayo, E. (1933). *The human problems of an industrial civilization*. New York: The Macmillan Company.（メーヨー, E. 村本栄一（訳）(1967). 新訳 産業文明における人間問題 日本能率協会）
Meyer, J. P., & Allen, N. J. (1997). *Commitment in the Workplace*. CA: Sage Publications.
McGregor, D. (1960). *The human side of enterprise*. New York: McGraw-Hill.（マクレガー, D. 高橋達男（訳）(1966). 企業の人間的側面 産業能率短期大学）
宮代信夫 (2009). 能率心理学 産業・組織心理学会（編）産業・組織心理学ハンドブック 丸善 pp. 276-279.
Mitchell, T. R. (1982). *People in organizations, 2nd ed*. New York: McGraw-Hill.
Münsterberg, H. (1912). *Psychologie und Wirtschaftsleben*. Leipzig: J. A. Barth（ミュンスターベルグ, H. 金子秀彬（訳）(1943). 精神工学 東洋書館）
Münsterberg, H. (1913). *Psychology and industrial efficiency*. Boston: Houghton Mifflin Company.
Murray, H. A. (Ed.) (1938). *Explorations in personality*. New York: Oxford University Press.（マァレー, H. A.（編）外林大作（訳編）(1961). パーソナリティⅠ・Ⅱ 誠心書房）
小野公一 (2003). キャリア発達におけるメンターの役割 白桃書房.
小野公一 (2011). 働く人々の well-being と人的資源管理 白桃書房.
Reason, J. (1990). *Human error*. New York: Cambrige University Press.（リーズン, J. 林喜男（監訳）(1994). ヒューマンエラー 海文堂）
Reason, J. (1997). *Managing the risk of organizational accidents*. Aldershot: Ashgate Publishing.（リーズン, J. 塩見弘（監訳）(1999) 組織事故 日科技連）

引用文献

Roethlisberger, F. J. (1941). *Management and morale.* Cambridge, MA: Harvard University Press.（レスリスバーガー, F. J. 野田一夫・川村欣也（訳）(1954) 経営と勤労意欲　ダイヤモンド社）
Robbins, S. P. (1998). *Organizational behavior, 8th ed.* NJ: Prentice-Hall.
Robbins, S. P. (2005). *Organizational behavior, 11th ed.* NJ: Prentice-Hall.
Rogers, E. M. (1962). *Diffusion of innovations.* New York: The Free Press.
関口和代 (2005). キャリア発達とメンタリング　馬場昌雄・馬場房子（監）産業・組織心理学　白桃書房　第7章.
Scott, W. D. (1903). *The theory of advertising.* Boston: Small Maynerd & Co.
Super, D. E. (1957). *The psychology of careers: An introduction to vocational development.* New York: Harper.（スーパー, D. E. 日本職業指導学会（訳）(1960). 職業生活の心理学　職業経歴と職業的発達　誠信書房）
テーラー, F. W. 上野陽一（編訳）(1957). 科学的管理法　産業能率短期大学出版部.
上田泰 (2003). 組織行動研究の展開　白桃書房.
Vroom, V. (1964). *Work and motivation.* New York: Wiley.（ブルーム, V. 坂下昭宣・榊原清則・小松陽一・城戸康彰（訳）(1982). 仕事とモティベーション　千倉書房）

第9章

Belloc, N. B., & Breslow, L. (1972). Relationship of physical health status and health practices. *Preventive medicine,* **1**(3), 409-421.
Folstein, M., Folstein, S., & McHugh, P. R. (1975). Mini-Mental State: A practical method for grading the cognitive state of patients for the clinician. *Journal of psychiatric research,* **12**, 189-198.
Goldberg, D. P. (1972). *The Detection of Psychiatric Illness by Questionnaire: A Technique for the Identification and Assessment of Non-psychotic Psychiatric Illness.* Maudsley Monograph No. 21. Oxford, UK: Oxford University Press.
Goldberg, D. P. (1978). *Manual of the General Health Questionnaire.* Windsor, UK: NFER Publishing.
Goldberg, D. P., & Blackwell, B. (1970). Psychiatric illness in general practice. A detailed study using a new method of case identification. *British Medical Journal,* **2**, 439-443.
Golderberg, D, & Williams, P. (1988). *A user's guide to the General Health questionnaire.* Windsor, UK: NFER-Nelson
Heatherton, T. F., Kozlowski, L. T., Frecker, R. C., & Fagerström, K. O. (1991). The Fagerström Test for Nicotine Dependence: a revision of the Fagerström Tolerance Questionnaire. *British journal of addiction,* **86**, 1119-1127.
Holmes, T. H., & Rahe, R. H. (1967). The Social Readjustment Rating Scale. *Journal of Psychosomatic Research,* **11**, 213-218.

引用文献

Housman, J., & Dorman, S. (2005). The Alameda County Study: A Systematic, Chronological Review. *American Journal of Health Education*, **36**, 302-308.
自殺総合対策大綱 (2008). http://www8.cao.go.jp/jisatsutaisaku/taikou/pdf/20081031taikou.pdf
Kanner, A. D., Coyne, J. C., Schaefer, C., & Lazarus, R. S. (1981). Comparison of two modes of stress measurement: Daily hassles and uplifts versus major life events. *Journal of behavioral medicine*, **4**, 1-39.
川上憲人 (2006). TDSスコア 治療, **88**, 2491-2497
内閣府自殺対策推進室 (2015). http://www8.cao.go.jp/jisatsutaisaku/whitepaper/w-2015/pdf/honbun/index.html
中川泰彬・大坊郁夫 (1985). 日本版GHQ精神的健康調査票手引き 日本文化科学社.
日本行動科学会 (編) 島井哲志 (著) (2009). 行動科学ブックレット7 吸う：喫煙の行動科学 二弊社.
日本生理人類学会ストレス研究部会 (編) (1998). 震災ストレスケア・マニュアル (小学生版) 日本生理人類学会ストレス研究部会.
Prochaska, J., & DiClemente, C. (1983). Stages and processes of self-change in smoking: toward an integrative model of change. *Journal of Consulting and Clinical Psychology*, **5**, 390-395.
Selye, H. (1956). *The Stress of Life*. New York: McGraw-Hill.
高橋裕子・三浦秀史 (2007). インターネットを用いた禁煙支援 日本禁煙科学会 (編) 禁煙指導・支援者のための禁煙科学 文光堂 pp. 103-107.
山田冨美雄 (2003). 解説 ストレスマネジメント PGS研究会 (編) ストレスマネジメントフォキッズ 東山書房 pp. 7-37.

第10章

法務総合研究所 (2001). 児童虐待に関する研究 (第1報告) 法務総合研究所研究部報告, **11**, 1-250.
佐藤良彦・立石浩司 (2010). 少年院在院少年の特質に関する研究 矯正協会附属中央研究所紀要, **20**, 265-416.

事項索引

あ 行

アージ理論　151
愛情飢餓　360
愛他的行動　110
愛着　104, 105, 356
アイデンティティ　23, 198, 361
『愛は静けさの中に』　129
あいまいな知覚　73
アウトリーチ　322
明るさの恒常性　75
アクションプラン　333
アクティベーション　345
悪徳商法　308
アスペルガー障害　180
アセスメント　170, 181
アセチルコリン　228
アタッチメント　104, 356
アドヒアランス　326
アドレナリン　232
アナログ研究　183
アニミズム　91
アノミー　354, 355
アフォーダンス理論　40
アメリカ精神医学会　98, 172
誤った信念課題　110
アラメダ研究　331, 333
アルコール依存症　338
アルコール健康問題関連法　338
アルゴリズム　67
アルファ波　237
アルマ・アタ宣言　332

安全・衛生　303
安全基地　104
安全文化　305
アンダーアチーバー　118
アンナ・Oの症例　139
暗黙裡の人格理論　159
育種　120
医師 - 患者モデル　322
維持期　336
意思決定　309
いじめ　99, 117, 207
維持リハーサル　59
依存　335
依存症管理　336
一次視覚野　69
一次予防　323
位置の恒常性　75
一卵性双生児　121
一貫性論争　141
逸脱行動　108
一対比較法　252
一般予防効果　349
偽りの記憶　63
遺伝　120
遺伝学　120
遺伝研究法　120
遺伝子　240
遺伝子型　120
遺伝と環境　121
イド　139
異動　290
意図学習　114
イノベータ　312
意味記憶　64
意味ネットワーク理論　64

イメージ法　345
医療観察法　367, 374
色の恒常性　75
因果スキーマ　160
因子の妥当性　280
インシデント　305
因子得点　272
因子負荷量　272
因子分析　32, 125, 272
因子論的研究　137, 138
陰性症状　176
インターベンション　327
インフォームド・コンセント　326, 336
インフラディアンリズム　238
インボルブメント　356
ウィスコンシンカード分類検査　186
ウェイソン選択課題　66
ウェーバーの法則　10
ウェルニッケ野　219
ウェルビーイング　320, 328
うそ発見器　367
内田 - クレペリン検査　43, 144
うつ状態　173
うつ病性障害　173
ウルトラディアンリズム　238
運動視差　73
運動神経　214
運動性構音障害　107
運動ニューロン　225

395

事項索引

『英国王のスピーチ』　129
鋭敏化　54
疫学調査　324
エクスポージャー　192, 193, 210
エゴ　139
エゴグラム　190
エス　139
エディプス・コンプレックス　198
エピジェネティクス　241, 242
エピソード記憶　61, 64
エビデンスベイスト　200, 202
『エミール，または教育について』　86
演繹的推論　65, 66
遠城寺式乳幼児分析的発達検査法　124
援助行動　110
遠心性神経　214
エンプティチェア　192
横断的研究　122
応用行動分析　56, 114, 193
応用心理学　24
大きさの恒常性　75
オーバーアチーバー　118
オキシトシン　228, 232
奥行きの知覚　73, 74
オタワ憲章　332
オピニオン・リーダー　312
オペラント行動　22, 50, 51
オペラント条件づけ　52, 54, 55, 114, 193
オレキシン　228, 229, 238
音声　78, 79
温熱性発汗　236
音波　78

か　行

絵画欲求不満検査　144, 184

回帰　32
回帰係数　269
回帰分析　271
介在ニューロン　225
概日リズム　238, 334
下位尺度　125
外傷後ストレス障害　174, 175, 339, 371
階層理論　298
外側溝　216
外側膝状体　223
ガイダンス　43
快適な職場づくり　303
介入　170, 181
灰白質　218
外発的動機づけ　115
回避学習　53
回復期　324
解離性障害　176
科学革命　201
科学警察研究所　372
科学者－実践家モデル　41, 200, 327
過覚醒　340, 371
科学捜査研究所　372
科学的管理法　286
可逆性　92
下丘　214
蝸牛　77
学業不振　99
拡散的思考　90
学習　46, 47, 114
学習障害　118, 180
学習する文化　305
学習性無力感　57, 114
学習到達度調査 PISA　116
学習論　359, 361, 362, 366
確証バイアス　66
学制　86
隔世遺伝　350
カクテルパーティ効果　80
確認的因子分析　274

学力　116, 117
学力テスト　116
家系研究　120, 351
仮現運動　20, 73
下垂体　215
仮説実験授業　115
家族療法　196
片側検定　264
形の恒常性　75
可聴音　77
『学校と社会』　87
学校保健統計調査　101
活性化拡散理論　64
家庭裁判所　363, 364, 373
家庭裁判所調査官　373
カプグラ症候群　224
加法混色　70
空の巣症候群　105
カラム構造　217, 233
カリカック家　351
仮釈放　374
ガルシア効果　54
加齢　101
過労死　303, 304
寛解期　324
感覚－運動期　91
感覚記憶　58
間隔尺度　254
感覚神経　214
間隔スケジュール　53
感覚ニューロン　225
環境閾値説　121
環境設計による犯罪防止　371
監獄実験　38
観察　119, 144, 187
観察学習　55
監視性　370
感情　145
感情誤帰属説　150
感情混入モデル　151
感情情報機能説　151
感情鈍麻　371

事項索引

感情ネットワークモデル 150
感情の三方向説 146
桿体細胞 222
顔面フィードバック仮説 147
関与 356
管理と執行の分離 286
幾何学的錯視 77
危急反応 342
気質 106
器質性構音障害 107
帰住調整 366
記述統計学 255
基準関連妥当性 187, 279
基準準拠評価 117
『奇跡の人』 129
帰先遺伝 350
帰属理論 115
期待理論 299
吃音 97, 107
拮抗条件づけ 210
機能的構音障害 107
機能的磁気共鳴画像法 58, 234
帰納的推論 65
規範的影響 154
気分 145
気分維持修復動機説 150
気分一致効果 149, 150
気分障害 173
基本情動 146, 147
基本的信頼感 361
帰無仮説 261
虐待 360, 361, 364, 377
逆転移 24
ギャップ結合 229
キャノン＝バード説 147
キャリア発達 292
ギャング 356
嗅覚 69
求心性神経 214
急性ストレス障害 339

教育課程 116
教育訓練 291
教育心理学 85
教育評価 116
強化 51, 52, 114, 193
境界性パーソナリティ障害 178
強化子 51, 54, 55
強化スケジュール 52, 53
共感性 181, 190, 191
競技スポーツ 339
教師－生徒モデル 322
矯正教育 363, 373, 374
矯正施設 373
矯正処遇 360, 373, 374
共通運命の要因 73
共通特性 137
共同性 230
強迫性障害 172, 174, 175, 179
恐怖症 192
恐怖体験 341
共変モデル 160
共有知識効果 156
極限法 250
虚血性心疾患 335
禁煙治療 336
近接の要因 72
緊張理論 354-356
偶発学習 114
具体的操作期 91
虞犯少年 372
クライエント 29
クライエント中心療法 181, 182, 190, 191
クラスター分析 274
グリア（神経膠）細胞 226
クリニカルパス 326
クリューバー＝ビューシー症候群 216
グループダイナミクス 36, 43, 288
クロスモーダルな知覚現象

80
クロンバックの α 111, 279
訓練 114
ケアの倫理 93
経験的協力主義 195
警告反応期 342
形式的操作期 92
刑事責任能力 367
形質 120
芸術療法 185
傾聴 191
系統的脱感作 28, 56, 192
刑務所 373
系列位置効果 60
系列カテゴリー法 253
ゲーティッド・コミュニティ 371
ゲシュタルト質 20
ゲシュタルト心理学 23, 57, 156, 158
ゲシュタルト要因 72
ゲシュタルト療法 192
血圧変動性 237
血液脳関門 227
結果の妥当性 280
月経前症候群 353
結晶性知能 89, 90
原因帰属 160
嫌悪条件づけ 54
幻覚 176, 178
研究領域基準 173
研究倫理 38
健康関連QOL尺度 328
健康教育 342
健康行動 323
健康診断 323
健康スポーツ 339
健康政策 325
健康増進法 323
健康な都市づくり 332
健康日本21 323
言語獲得支援システム 107

397

事項索引

言語聴覚士　107
言語発達　107
検査　119
顕在記憶　62
検索　61
検査報告　188
幻肢　220
原始反射　91
検定力　263
減法混色　70
健忘症者　62
好意の自尊理論　165
構音障害　97
光学的流動パターン　74
効果研究　201
効果の法則　19, 51, 55
交感神経　214, 216, 232
公教育　86, 88
広告効果モデル　311
交互作用　267
公式組織　295
向社会的行動　110
恒常法　251
口唇期　93
向性　17, 21
構成概念的妥当性　280
後成説　101
更生保護　374
向性論　136
構造化面接　145, 182
拘置所　373
行動化　99
行動科学　288
行動矯正技法　366
行動経済学　39
行動形成　22
行動実験　195, 211
行動主義　23, 38, 43, 46, 47, 55, 57, 114
行動主義宣言　22
行動生物学　103
行動の変容　321
行動分析　337

行動療法　22, 28, 56, 192, 198
行動理論　296
校内暴力　99
広汎性発達障害　118, 179
幸福感　171
衡平モデル　166
衡平理論　300
項目分析　125
肛門期　94
交絡抵抗　343
合理的選択理論　370
交流型（業務遂行型）リーダーシップ　297
交流分析　190
コーホート　122, 331
五感　69
国際疾病分類　172
国民健康保険制度　321
国立精神保健研究所　173
固視微動　75
個人差　122
個人的構成体理論　159
個人方程式　31
個性化　190
個性記述的科学　132
個性教育プログラム　111
個体発生　100
ごっこ遊び　91
骨相学　12, 218
古典学派　348, 349, 374
古典的条件づけ　48, 50, 192, 193
古典的テスト理論　31
言葉のサラダ　176
ゴナドトロピン　231
好み・評価　145
コミットメント　301, 356
コミュニケーション障害　108
コミュニティ心理学　199
コルチゾール　216, 231
根拠に基づく医療　325

根源特性　137
コントロール質問法　368
コンピュータ　57
コンプライアンス　326
根本的帰属　160

さ　行

サーカディアンリズム　238
サークル仮説　369
サーストン尺度　161
災害支援　339
再学習法　55
再検査信頼性　187
サイコパシー　178, 352
最小二乗法　259
最小条件集団パラダイム　158
差異心理学　134
再生　60
最大尤度法　259
再認　60
再発　324
サイバネティクス　239, 240
再犯率　366
最頻値　255
再分極　226
細胞体　225, 226
採用選抜　290
作業研究　302
作業検査法　144, 186, 365
錯視　77
産業・組織心理学　286
三原色　70
三色説　71
三次予防　324
三段論法　65
散布図　269
参与観察　144
シータ波　237
シェイピング　57, 194
ジェームズ＝ランゲ説　146, 147

398

シェマ　92
ジェンダー　105, 106
自我　110, 139
視覚　69
視覚情報処理　70
視覚探索　68
視覚誘導性自己運動知覚　74, 80
シカゴ地域研究　355
自我同一性　23, 95
磁気共鳴画像法　235
識別的妥当性　280
軸索　225, 226
刺激統制法　337
自己　110, 162
視交叉　222
試行錯誤　19
自己概念　110
自己啓発　291
自己効力感　55, 110, 211, 337
自己実現　190, 288, 289, 299
自己治癒　334
自己同一性　95
自己評価維持機制モデル　164
自己奉仕的バイアス　164
視細胞　69
自殺対策基本法　327
思春期　106
視床　148
視床下部　215, 216
事象関連電位　234
視神経　222
システム　199
持続的エクスポージャー　56
自尊感情　364
自尊心　110, 163
実験　119
実験計画法　33
実験の方法　275

実験的リアリズム　38
実行期　336, 337
実行機能　187
執行猶予　373, 374
実証学派　348, 349, 374
実証性　201
実存主義　35
質問紙　119, 142, 182, 183, 365
自伝的記憶　63
自動運動　73
児童虐待　108, 208
児童研究運動　25, 30
自動思考　194
児童自立支援施設　379
シナプス　225, 226
シナプスの可塑性　229
自発的回復　50
自発的特性推論　160
四分位偏差　256
自閉症　98, 103, 179
自閉症スペクトラム　118, 180
シミュレーション　58
社会＝技術システム論　307
社会構成主義　152
社会心理学　26
社会的アイデンティティ理論　158
社会的学習　38, 55, 357
社会的きずな　356
社会的距離尺度　161
社会的交換理論　166
社会的コントロール理論　356
社会的スキル訓練　366
社会的勢力　296
社会的促進　153
社会的知覚　35
社会的手抜き　153
社会的動機　298
社会的比較理論　163

社会的微笑　106
社会的風土　156
社会的抑制　153
社会復帰調整官　374
斜交解　273
社交不安障害　174
弱化　51
シャドーイング　80
シャルパンティエの錯覚　80
『ジャン・ピアジェの発達心理学』　93
重回帰分析　272
習慣　22
ジューク家　351
習熟度評価　117
就巣性　102
収束的思考　90
収束的妥当性　280
集団維持機能　296
集団エゴイズム　157
集団葛藤理論　157
集団間差別　157, 158
集団規範　287
集団極性化　155
集団差　122
集団思考　155
集団準拠評価　117
集団心　152
縦断的研究　122
集団力学　156
柔軟な文化　305
周波数　78
自由連想　23, 189, 198
主観的等価点　250
主観的輪郭　72
熟考期　336, 337
熟慮型 - 衝動型　113
主効果　267
樹状突起　225
主訴　181
主題統覚検査　144, 184
種に特有の行動　103

事項索引

受容性　181, 190
主流煙　335
馴化　54, 126, 193, 210
馴化－脱馴化法　126
循環反応　91
順序尺度　254
準備期　336, 337
生涯学習　127
生涯教育　127
障害児　96
生涯持続型　352
生涯発達　127
上丘　214, 223
消去　50, 52
状況対応理論　157, 297
状況論　141
消去抵抗　52
条件刺激　48
条件づけ　47
条件反射　18, 22, 361
条件反応　48
小集団活動　306
成就指数　117, 118
象徴遊び　91
情緒障害　98
情動　145
情動障害理論　360
情動条件づけ　28
情動二要因説　36, 147, 148
情動の円環モデル　146
小児性愛　352
少年院　360, 362-366, 373
少年院法　363
少年鑑別所　363-365, 373
少年警察活動　372
少年刑務所　373
少年裁判所　360, 362
少年サポートセンター　372
少年法　363
少年補導職員　372
消費者意思決定モデル　309, 310
消費者行動　308, 312

消費者保護　308
情報処理　39, 46, 57
情報的影響　154
情報の2段階流れ　312
情報量基準　259
初期経験　103
職業的コミットメント　302
触法少年　108, 372
職務関与　302
職務再設計　306, 307
職務充実　307
職務分析　286, 289, 290
職務満足感　300
女性犯罪　353
初潮　101
触覚　69
ショック相　342
初頭効果　60
徐波睡眠　237, 238
処理資源　60
処理水準　61
自律訓練法　200, 345
自立支援　341
自律神経系　214
シルビウス溝　216
事例定式化　188, 195
人格目録　125
進化発生生物学　102
進化論　9, 17, 19
心気症　175
神経心理学的検査　186
神経伝達物質　226, 227, 353
神経ペプチド　228
人工知能　57, 64
新近性効果　60
心誌　137
人事考課　292
人事心理学　289
心身医学　344
心神耗弱　366
心身症　180, 200
心神喪失　366, 367, 374

深層面接法　312
診断　122, 172, 181, 182
信念　356
真の得点　276
心拍変動　180, 236
信頼性　181, 184, 187, 277
信頼性指数　277
心理アセスメント　122
『心理学原理』　87
心理技官　373
心理検査　122, 181
心理社会的発達理論　198
心理社会的モラトリアム　95
心理的ウェルビーイング　300, 307
心理的契約　294
心理的誤差　290
心理的財布　310
心理的離乳　105
心理テスト　290
心療内科　344
心理療法　188
髄鞘　226
水晶体　69
推測統計学　255
錐体細胞　222
随伴性　51
睡眠時無呼吸症候群　239
睡眠段階　237
スーパー・エゴ　139
スキナー箱　51
スクールカウンセラー　100
スケープゴート　354
スタンフォード＝ビネー知能検査　88, 123
図地反転図形　72
ステレオタイプ　159
図と地の分化　71
ストレイン　307
ストレス－コーピング理論　344
ストレスチェック　328

400

事項索引

ストレス反応　307, 342
ストレスマネジメント　340, 342
ストレスマネジメント教育　341, 342
ストレスマネジメント法　337
ストレッサー　307, 342
ストレンジ・シチュエーション法　104, 187
スパイン　225
スピアマン・ブラウンの公式　278
スモールステップの原理　114
スラム地区　356, 370, 374
刷り込み　103
性格　135
性格特性語　183
成果主義　293
生活習慣病　333
生活年齢　123, 133
生活の質　325
性器期　94
正義の文化　305
正規分布　256
誠実性　181, 190, 191
成熟　101
成人愛着理論　166
精神医学　170, 171, 200
精神鑑定　366, 367, 374
精神障害の診断と統計マニュアル　172
精神性発汗　236
精神遅滞　179
精神年齢　25, 123, 133
精神病質者　352
精神病理学　170, 171
精神物理学　12, 250
精神分析　189, 198, 360
精神分裂病　176
精神保健観察　374
精神保健福祉士　320

精神保健法　366
精神力動療法　189, 190
生成文法　39
生態学システム理論　111
生態学的妥当性　40, 63
生態心理学　40
精緻化　61
精緻化可能性モデル　162
成長　101
成長欲求　299
生得的解発機構　103
生得的言語習得装置　107
青年期限定型　352
性犯罪　352, 353
生物測定学　120
生命救護　341
生来性犯罪者説　349, 350
『生理学的心理学綱要』　87
生理的早産　102
『世界図絵』　86
世界保健機関　320, 331
セカンドオピニオン　326
脊髄　214
摂食障害　177
絶対閾　250
説得　161
切片　269
セルフ・コントロール理論　356
セルフ・スキーマ　162
セルフ・ディスクレパンシー理論　163
セルフケア　325
セルフヘルプグループ　199, 338
セルフメディケーション　334
セロトニン　215, 228, 353
セロトニントランスポーター遺伝子　240
遷移地帯　355
全か無かの法則　226
全強化　52

宣言的知識　64, 65
先行オーガナイザー　115
選好注視法　126
潜在学習　55, 114
潜在記憶　62
潜在連合テスト　162
全習法／分習法　114
前熟考期　336
染色体　240
漸進的筋弛緩法　200, 345
前成説　100
前操作期　91
全体印象　159
選択の理論　299
全般性不安障害　174
潜伏期　94
躁うつ気質　136, 351
相関　32
相関の方法　276
双極性障害　173
操作　91
操作的診断基準　172
喪失体験　341
躁状態　173
双生児　121, 350
相対危険度　324
相対リスク　335
早発犯罪　351
相貌失認　223, 224
ソーシャル・キャピタル　292
ソーシャル・スキルトレーニング　119, 194, 205
ソースモニタリング　61
側方抑制　222
ソシオメーター説　163
ソシオメトリック・テスト　117
組織　295
組織の有効性　298, 302

401

事項索引

た 行

第1次逸脱　359
第一次性徴　106
第1種の誤り　263
対応推論モデル　160
対応バイアス　160
『大教授学』　86
対抗同一性　361
対象の永続性　91
対人恐怖症　174
体性感覚　69
体性神経系　214
態度　161, 311
第2次逸脱　359
第二次健康日本21計画　332
第二次性徴　106
第2種の誤り　263
大脳皮質　216
ダイバシティー・マネジメント　294
代理強化　55
対立仮説　261
代理母　104
ダウン症候群　179
他害行為　367, 374
多次元尺度構成法　274
脱馴化　126
達成動機　298
脱分極　225
妥当性　181, 184, 187, 277
他反応分化強化　57
タブラ・ラサ　7, 92
ダブルバインド理論　196
魂　3
単一恐怖症　174
段階レム　237
短期記憶　58, 60
単語完成課題　62
男根期　94
単純接触効果　149
弾性波　77

チェッカーシャドウ錯視　75
チェックリスト法　161
知覚　46, 69
知覚的補完　72
知覚の恒常性　75
知覚の体制化　21
知識　64
知性の構造モデル　90
秩序型　368
知能　117, 121
知能遺伝説　121
知能検査　25, 88, 89, 170, 185
知能指数　25, 123, 124, 133
知能の多因子説　33
知能の二因子説　33
チャンク　58, 59
注意欠陥多動性障害　118, 180
中央実行系　60
中央値　255
中心極限定理　257
中枢起源説　147
中枢神経系　214
中性刺激　48
中年の危機　105
中胚葉型　351
中和の技術　358
聴覚　69, 77
聴覚性構音障害　107
聴覚野　77
長期記憶　58, 60, 61
長期増強　230
長期抑圧　230
超自我　139
調整法　251
調節　92
跳躍伝導　226
直接確率法　268
直交解　273
地理的プロファイリング　369

治療教育　112
沈黙の螺旋現象　155
通電法　236
通理論モデル　336
津守・稲毛式乳幼児精神発達診断検査　125
ディーセントワーク　300
定間隔スケジュール　53
抵抗期　343
抵抗分析　189
定着　301
定比率スケジュール　53
デイリーハッスル尺度　344
デオキシリボ核酸　240
適合度基準　259
適性　290
適性 - 処遇交互作用　113, 267
デシベル　78
テストステロン　353
テストバッテリー　181
デセプション手続き　38
手続き的知識　64, 65
徹底的行動主義　22
デメリット感　337
転移　24
転移分析　189
電位法　236
電気刺激法　233
電気ショック実験　37
電気的活動記録法　233
転写　240
伝導失語　219
展望記憶　63
同一性　361
同一性拡散　361
動因説　153
投影法　143, 184, 185, 187, 312, 365
同化　92
統覚　21
動機づけ　297, 311

402

事項索引

動機づけ‐衛生要因理論　299
統計手法　43
等現間隔法　161
統合失調症　176, 178, 196
洞察学習　21, 54
投資モデル　166
統制（抑制）理論　356
到達度評価　117
同調　37, 154
同調性性格　136
道徳性　93
逃避学習　53
透明視　71
トークン・エコノミー　57, 194
ドーパミン　215, 228
独自特性　137
特性5因子モデル　138
特性論　137
特徴分析モデル　67
特別支援教育　96, 209
特別抑止効果　349
匿名性　370
「どこ」経路　223
トップダウン処理　67
ドメスティックバイオレンス　208
トラウマ　339, 360
トランスジェニック・マウス　234
ドリフト理論　358
トロピズム　17, 21

な 行

内観療法　197, 366
内的作業モデル　104, 166
内的妥当性　202
内発的動機づけ　115
内分泌　231
内閉性性格　136
内容の妥当性　188, 280

なぐりがき　91
ナショナル・カリキュラム　116
「なに」経路　223
成り行き管理　286
ナルコレプシー　229, 238, 239
二過程モデル　160
二項分布　258
ニコチン　334
ニコチン代替療法　337
ニコチン離脱症状　337
二重拘束　196
二重貯蔵モデル　58
二重らせん構造　240
二次予防　323
日常記憶　63
日常生活動作　339
日常的リアリズム　38
乳幼児精神発達診断法　125
入力特異性　230
ニュールック心理学　35
ニューロフィードバック　239
ニューロマーケティング　310
ニューロン　225
二卵性双生児　121
人間関係論　288
人間工学　302
人間‐状況論争　141
人間性心理学　191
人間性疎外　295, 306
『人間はどこまで動物か』　102
認知　46
認知‐感情独立仮説　149
認知構造　115
認知行動療法　57
認知主義　46
認知症　329
認知心理学　38, 39, 57, 63,

64
『認知心理学』　39
認知スタイル　113
認知先行説　149
認知的均衡理論　161
認知的評価理論　148
認知的不協和　36, 161, 163
認知療法　188, 194, 198, 202, 210
ネガティブフィードバック　231
ネグレクト　379
ネットワーク構造　64
粘着気質　136
年齢尺度　123
脳　214
脳画像研究　58
脳磁図　234
脳損傷　186
脳電図　234
脳波フィードバック　239
能率心理学　306
能力開発　291
ノード　64
ノックアウト・マウス　234
ノルアドレナリン　215, 228
ノンレム睡眠　237

は 行

パーソナリティ　125, 134
パーソナリティ障害　177
バーチャル・リアリティ技術　74
バイオフィードバック　239
媒介分析　202
背側経路　69, 223
ハイリスク行動　333
ハインリッヒの法則　305
バウムテスト　185, 365
破壊法　233
白紙　7
白質　218

403

事項索引

曝露療法　56
バソプレッシン　228, 232
パターン認識　67
罰　51
発がん性　334
発見学習　115
罰子　51
発生生物学　102
発生的認識論　91, 92
発達　100
発達加速　101
発達課題　90, 94, 95
発達検査　124
発達勾配　101
発達指数　124
発達障害　96
発達心理学　85
発達段階　90, 94
発達の最近接領域　30, 111
パニック　339
パニック障害　174, 175, 193
場の理論　140, 156
速さの恒常性　75
早すぎる巣立ち　364
ハラスメント　294
パラメータ　258
バリマックス解　273
バレニクリン　337
般化　50, 52, 56
半球機能差　221
反響言語　179
反抗期　108
半構造化面接　145
犯罪一致率　351
犯罪遺伝説　350
犯罪機会理論　370
犯罪少年　372
犯罪生物学　349
犯罪素質説　351
犯罪被害者等基本法　372
阪神淡路大震災　339
汎性説　94

半側空間無視　223
反対色説　71
汎適応症候群　342, 343
ピアサポート　337
ピアソン積率相関係数　270
被害者学　371
被害者支援　371, 372, 374
被害者なき犯罪　359
被害妄想　176
東日本大震災　340
ひきこもり　207
非機能的思考記録票　195
ピグマリオン効果　115, 116
非行　99
非行サブカルチャー理論　356, 357
非行少年　108
非行少年アセスメント　365
非構造化面接　145
微細脳機能障害　350
比尺度　254
非正社員　294
ビッグファイブ　138, 179, 183
必須通過点　19
否定的同一性　361
ビネー＝シモン知能測定尺度　88
ビネー式知能検査　123
疲憊期　343
皮膚電気活動　236
皮膚電気反射　367
肥満型　351
ヒヤリ・ハット　305
ヒューマニスティック心理学　35
ヒューマンエラー　303, 304
ヒューリスティック　39, 66, 67
評価　117
描画　91
病気不安障害　175
表現型　120

標準偏差　256
評定者間信頼性　187
標的の器官　231
標本　260
比率スケジュール　53
非連合学習　54
広場恐怖　174
不安障害　174, 178, 200
ファンタジー　189, 198
フィードバック制御　240
フィードフォワード制御　240
フェヒナーの法則　11, 78
フェルトセンス　191
フォーカシング　191
フォールス・アラーム　61
フォルマント　79
フォローアップ研究　121, 122
副交感神経　214
腹式呼吸法　345
復職プログラム　308
複線型学校制度　112
腹側経路　70, 223
副流煙　335
腹話術効果　80
不減衰原理　226
符号化　61
符号化特定性原理　61
プシュケ　3
不適応への介入　171
不登校　99, 207
部分強化　52
『プラグマティズム』　87
フラストレーション　355
フラッシュバック　175, 339, 340, 371
フラッシュバルブ記憶　63
フラッディング　193
ブリーフセラピー　197
プリベンション　327
不良行為少年　372
フリン効果　101

404

フレーミング効果　309, 310
ブレーンストーミング　155
プレグナンツの法則　21, 72
ブローカ野　219
ブロードマンの脳地図　217
プログラム学習　55, 114
プロスペクト理論　309
プロセス研究　202
プロファイリング　368, 372
プロマックス解　273
分割表　268
分化的機会説　358
文化的接触理論　357
分化的同一化説　358
分散　256
分散分析　33, 265
文脈効果　35
分離脳　221
分裂気質　136, 351
平均　255
平衡感覚　69, 77
閉合の要因　72
ベーシック・エンカウンター・グループ　191
ベック抑うつ尺度　182
ヘッドシップ　296
ヘッドスタート計画　113
ヘッブ則　229, 230
ペドフィリア　352
ベビーフェイス　165
『奚般氏著心理学』　41
ヘルシーピープル　332
ヘルスケアシステム　325
ヘルスプロモーション　331
ヘルマン格子錯視　77
変革型リーダーシップ　157, 297
変間隔スケジュール　53
偏差　123
偏差知能指数　89
変態心理学　42
扁桃体　148, 215, 216
変比率スケジュール　53

弁別　50, 52
弁別閾　250
防衛機制　189
報告する文化　305
紡錘状回　216, 223, 224
法則定立的科学　132
放任　360, 361, 379
防犯カメラ　370, 374
傍分泌　231
法務教官　373
ホーソン実験　287
ホームワーク　195
ボールダーモデル　41
保護観察　373
保護処分　373
保持　58, 60
ポジティブ・イリュージョン　164
ポジティブ心理学　205
母子分離　104
募集　290
母集団　260
補償教育　112
母数　258
ポストベンション　327
細長型　351
保存性　92
ホット・スポット　370
没頭　356
ボトムアップ処理　67
ホムンクルス　220, 233
ホメオスタシス　238
ボランティア元年　340
ポリグラフ検査　367, 372
ホルモン　230
ホワイトカラー犯罪　358
ポンゾ錯視　77
本能　103

ま　行

マーケティング活動　308, 311

マイノリティ・インフルエンス　154
マインドフルネス瞑想　210
マガーク効果　79, 80
マクノートン・ルール　374
マジカルナンバー 7 ± 2　58
マスキング　78
マチュレーションギャップ　352
末梢神経系　214
味覚　69
味覚嫌悪条件づけ　54
見捨てられ体験　377, 378
未成熟 - 成熟理論　299
ミッシングファンダメンタル　78
ミニメンタルステート検査　329
ミネソタ多面人格目録　125, 182
脈波伝播速度　237
ミュラー・リヤー錯視　77
ミラー・テスト　109
ミラーニューロン　233, 245
『民主主義と教育』　87
『民族心理学・言語学雑誌』　12
民族精神　152
無意識　185, 189, 190
無意味綴り　15, 55
無作為標本抽出　260
無条件刺激　48
無条件反応　48
無秩序型　368
名義尺度　254
命題　65
メタ記憶　63, 64
メタ分析　202
メディアン　255
メラトニン　238
メリット感　337

事項索引

面接　119, 122, 145, 181, 182, 290
メンター　292
メンタリング　292
メンタルテスト　25, 32
メンタルヘルス　307, 327
盲視　223
妄想　176, 178
盲点　69
『もうひとつの声』　93
網膜　69
モーガンの節約律　18
モーズレイ性格検査　138, 143
モード　255
目撃証言　63
目的達成機能　296
目標管理　293
目標設定　293
目標設定理論　300
目標面接　293
モチベーション・リサーチ　311, 312
モラール　288
モラトリアム　22, 198
モラル・ハザード　294
森田療法　42, 197, 211
問題箱　50

や　行

役割演技　366
役割交換書簡法　366
矢田部・ギルフォード性格検査　138, 143, 182
ヤング＝ヘルムホルツ説　10, 70
有意水準　263
有意味受容学習　115
有罪（犯行）知識検査法　368
尤度　259
誘導運動　73

夢　23
夢分析　189
よい形の要因　72
よい連続の要因　72
幼児期健忘　62, 63
養子法　350, 351
陽性症状　176
要素分解的研究　202
陽電子放出断層撮影法　234
抑圧　189
欲求5段階説（欲求階層説）　192, 298, 311
欲求阻止　355
欲求不満　355
予防医学　323
四気質説　135

ら　行

ライフイベント　344
ライフサイクル　95, 198
ライフスタイル　312
ライフライン　341
ラベリング理論　359
ランダム化比較試験　201, 203
ランダムサンプリング　260
ランダム割り当て　261
リーダーシップ　156, 295
リカレント教育　127
リガンド　227
力動論　359, 360, 362, 366
離人症・非現実感障害　176
リスク制御理論　166
リスクテイキング　306
リスクマネジメント　306
リスク要因　323
リストカット　365, 378
離巣性　102
リッカート尺度　253

リハーサル　59
リバプール方式　369
リビドー　23, 136
理法　3
リボ核酸　240
流動性知能　89
領域性　371
両側検定　264
両眼視差　74
両眼視野闘争　74
良心　362
両性具有性　106
両耳分離聴　80
リラクセーション　200, 344
臨界期　103
リンク　64
リンク分析　369
臨床心理学　27
類型論　135
類似性−魅力仮説　165
類同の要因　72
累犯　351, 352
ルーチン活動理論　369
ルビンのつぼ　16, 67
『レインマン』　129
レジリエンス　110, 205
レスポンデント行動　22
レスポンデント条件づけ　48, 50, 54
レディネス　111
連合性　230
連続殺人　352, 368
連続体モデル　160
連続放火　369
労働安全衛生法　303, 328
労働災害　303
労働の人間化　306
ロール・プレイ　366
ロール・レタリング　366
ロールシャッハテスト　143, 184, 365
ロゴセラピー　35
ロジスティック回帰分析

272
ロボトミー　217

わ　行

ワーキングメモリ　60
割れ窓理論　370

数字・アルファベット

16PF　137, 143
16人格因子質問紙法検査
　　137, 143
1対29対300の法則　305
20答法　162
2元配置　266
2要因説　299
4P　308
4枚カード問題　66
5因子性格検査　143
6層構造　217
AA　199
ADHD　118, 180
ADL　339
AIDMA　311
AISAS　311
ANOVAモデル　160
ASD　118, 339
BDI　182
BOLD効果　236
CA　123, 133
COPD　335
CPTED　371

CQT　368
DSM　172, 177, 188, 207
DSM-5　98, 173-175
DV　208
EBM　325
EBP　325
ERG理論　299
ERP　234, 235
FBI方式　368
FFPQ　143
fMRI　58, 234, 236, 310
FTND　336
GHQ　329
GKT　368
G-P分析　125
HTP法　185
ICD　172
ICD-10　98, 336
ICT教育　116
IP　196
IQ　25, 123, 133
K式発達検査　124
LD　118, 180
LMX理論　297
logos　3
MA　25, 123, 133
MBD　350
MMPI　125, 182
MMSE　329
MPI　143
MRI　235
NIMH　173
off-JT　291

OJT　291
PDD　118
PET　234, 235
P-Fスタディ　184
PMS　353
PM理論　157, 296
psyche　3
PTSD　40, 174, 193, 339,
　　371
p値　263
QOL　325
QWL　300, 306
RCT　201
RDoC　173
SF-36　328
SL理論　297
S-R理論　47
SST　366
STP　308
TAT　184, 365
TDS　336
TEACCH　119
TTM　336
t検定　33
WAIS　89
WCST　186, 187
WISC　89
WPPSI　89
XYY型染色体異常　353
X理論・Y理論　299
YG性格検査　138, 143, 182,
　　183

人名索引

あ行

アージリス（Argyris, C.）　299
アイゼンク（Eysenck, H. J.）　27, 28, 138, 361
アイヒホルン（Aichhorn, A.）　360
アスペルガー（Asperger, H.）　28, 29
アダムズ（Adams, J. S.）　300
アッシュ（Asch, S. E.）　36, 37, 154, 158
アトキンソン（Atkinson, R. C.）　58
アドラー（Adler, A.）　23, 140
アリストテレス（Aristotle）　4, 5
アルダーファー（Alderfer, C. P.）　299
アレン（Allen, N. J.）　301
アン・サリヴァン（Anne Sullivan）　129
板倉聖宣　115
井上哲次郎　14
ウィーナー（Wiener, N.）　239
ウィーバー（Weaver, W.）　39
ヴィゴツキー（Vygotsky, L. S.）　30, 110, 111
ウィトマー（Witmer, L.）　14, 27, 40, 170
ウィリス（Willis, T.）　17
ウィング（Wing, L.）　29
ウェーバー（Weber, E. H.）　9-11
ウェクスラー（Wechsler, D.）　89
ウェルトハイマー（Wertheimer, M.）　16, 19-21, 72
ウェルニッケ（Wernicke, C.）　13, 219
ウォルスター（Walster, E.）　166
ウォルピ（Wolpe, J.）　28, 56, 192
ヴォルフ（Wolff, C.）　4, 5
内田勇三郎　42
ウッドラフ（Woodruff, G.）　109, 110
ヴント（Wundt, W. M.）　2, 3, 5, 6, 9, 10, 12-16, 19, 26, 27, 30, 87, 146
エインズワース（Ainsworth, M. D. S.）　104

エーデルソン（Adelson, E. H.）　75
エーレンフェルス（von Ehrenfels, C.）　20
エクマン（Ekman, P.）　146, 147
エビングハウス（Ebbinghaus, H.）　15, 16, 55
エリクソン（Erikson, E. H.）　23, 24, 94, 95, 198, 361
エンジェル（Angel, J. R.）　18, 21, 22
遠城寺宗徳　124
オースベル（Ausubel, D. P.）　115
オールポート（Allport, F. H.）　26, 153
オールポート（Allport, G. W.）　26, 134, 137, 153

か行

カートライト（Cartwright, D.）　36
カーネマン（Kahneman, D.）　39, 309
カッツ（Katz, E.）　312
カナー（Kanner, L.）　28, 29
カニッツァ（Kanizsa, G.）　72
ガル（Gall, F. J.）　13, 218
ガレノス（Galenos, K.）　135
カント（Kant, I.）　4, 6
ギブソン（Gibson, J. J.）　39
キャッテル（Cattell, J. M.）　14
キャッテル（Cattell, R. B.）　32, 89, 137
キャノン（Cannon, W. B.）　146
ギャラップ（Gallup, G. G., Jr.）　109
ギリガン（Gilligan, C.）　93
ギルフォード（Guilford, J. P.）　90, 137
ギルブレス夫妻（Gilbreth, F. B. & Gilbreth, L. M.）　302
クーン（Kuhn, T. S.）　201
久保良英　89
クリック（Crick, F. H. C.）　240

人名索引

グリュック夫妻（Glueck, A. & Glueck, E.）360, 361
クレイク（Craik, F. I. M.）61
クレッチマー（Kretschmer, E.）135, 351
クロニンジャー（Cloninger, C.）142
クロンバック（Cronbach, L. J.）111, 113
桑田芳蔵　14
ケイガン（Kagan, J.）113
ケーラー（Köhler, W.）16, 18, 21, 54
ケリー（Kelley, H. H.）160
コーエン（Cohen, A. K.）356
ゴールトン（Galton, F.）132
コールバーグ（Kohlberg, L.）93
ゴセット（Gosset, W. S.）33
ゴットフレッドソン（Gottfredson）356
コッホ（Koch, K.）185
コフカ（Koffka, K.）16, 21
コメニウス（Comenius, J. A.）86
ゴルトン（Galton, F.）31, 32

さ 行

サーストン（Thurstone, L. L.）33, 252
ザイアンス（Zajonc, R. B.）149, 153
サイクス（Sykes, G.）358
サザランド（Sutherland, E.）357
サリー（Sully, J.）26
サリヴァン（Sullivan, H.）140
シェイバー（Shaver, P.）166
ジェームズ（James, W.）6, 18, 19, 25, 26, 87, 146, 163
ジェフリー（Jeffrey, C. R.）371
シェリフ（Sherif, M.）153, 157
シェルドン（Sheldon, W. H.）136, 351
ジェンセン（Jensen, A. R.）121
ジェンドリン（Gendlin, E. T.）191
シフリン（Shiffrin, R. M.）58
シモン（Simon, Th.）88, 90
シャーラー（Scherer, K. R.）148
シャクター（Schacter, S.）36, 147
シャコウ（Shakow, D.）40, 41
ジャニス（Janis, I. L.）155
ジャネ（Janet, P.）40

シャノン（Shannon, C. E.）38
シャルコー（Charcot, J-M.）23
シュタインタール（Steinthal, H.）12
シュテルン（Stern, W.）16, 25, 26, 30, 133, 134
シュトゥンプ（Stumpf, C.）16
シュナイダー（Schneider, K.）352
シュプランガー（Spranger, E.）136
シュロスバーグ（Schlosberg, H.）146
シュワルツ（Schwarz, N.）150
ショー（Show, C. R.）355
ジョーンズ（Jones, E. E.）160
ジョーンズ（Jones, M. C.）28
ショプラー（Schopler, E.）119
ジンバルドー（Zimbardo, P.）36, 37
スーパー（Super, D. E.）290
スキナー（Skinner, B. F.）22, 51, 114
杉原千畝　2
スクリプチャー（Scripture, E. W.）14
スコット（Scott, W. D.）26, 287
鈴木治太郎　89
スチューデント（Student）→ゴセット　33
スティーブンス（Stevens, S. S.）251
スピアマン（Spearman, C. E.）33
スペンサー（Spencer, H.）8
セチェノフ（Sechenov, I. M.）18
セリエ（Selye, H.）342
セリグマン（Seligman, M. E. P.）114
ソーンダイク（Thorndike, E. L.）19, 50

た 行

ダーウィン（Darwin, C. R.）9, 17, 19, 30
ターマン（Terman, L. M.）25, 88
ダウン（Down, J. L. H.）179
タジフェル（Tajfel, H.）158
田中寛一　89
タルヴィング（Tulving, E.）64
チョムスキー（Chomsky, A. N.）39, 107
津守眞　125
デイヴィス（Davis, K. E.）160
ティチナー（Titchener, E. B.）14, 15
ティンベルヘン（Tinbergen, N.）103

409

人名索引

テーラー（Taylor, F.） 286, 302
デカルト（Descartes, R.） 17
デシ（Deci, E. L.） 115
テッサー（Tesser, A.） 164
デューイ（Dewey, J.） 18, 19, 21, 87
デュルケーム（Durkheim, É.） 354
土居健郎 152
トールマン（Tolman, E. C.） 22, 38, 54, 114
戸田正直 151
ドナルドソン（Donaldson, H. H.） 21
トベルスキー（Tversky, A.） 39, 309
トムキンス（Tomkins, S. S.） 147
トリプレット（Triplett, N.） 26
ドンデルス（Donders, F. C.） 14

な 行

ナイサー（Neisser, U. G.） 39
西周 41
ニューカム（Newcomb, T. M.） 27
ノエル＝ノイマン（Noele-Neinman, E.） 155

は 行

バークリー（Berkeley, G.） 7, 8
ハーシ（Hirschi, T.） 356
ハーズバーグ（Herzberg, F.） 299
バード（Bard, P.） 147
バート（Burt, C. L.） 121
バートレット（Bartlett, F. C.） 55
パーナー（Perner, J.） 110
パールズ（Perls, F. S.） 192
ハーロウ（Harlow, H. F.） 104
ハイダー（Heider, F.） 160, 161
ハインリッヒ（Heinrich, H. W.） 305
バウアー（Bower, G. H.） 149
ハヴィガースト（Havighurst, R. J.） 90
波多野完治 93
バッハ（Bach, J. S.） 120
馬場昌雄 295
パブロフ（Pavlov, I. P.） 18, 22, 47, 361
パペッツ（Papez, J.） 215

ハル（Hull, C. L.） 22
バンデューラ（Bandura, A.） 38, 55, 110
ピアジェ（Piaget, J.） 30, 90-93
ピアソン（Pearson, K.） 32, 33, 120
ヒーリー（Healy, W.） 360
ヒギンズ（Higgins, T.） 163
ヒッツィヒ（Hitzig, E.） 13
ビネー（Binet, A.） 25, 30, 32, 88, 132, 133
ヒューム（Hume, D.） 8
ファイヤアーベント（Fyerabend, P. K.） 201
ファンツ（Fantz, R. L.） 126
フィードラー（Fiedler, F. E.） 157, 297
フィスク（Fiske, S.） 160
フィッシャー（Fisher, R. A.） 33, 120, 266
フェスティンガー（Festinger, L.） 36, 161, 163, 165
フェヒナー（Fechner, G. T.） 6, 9-12, 14, 250
フェルソン（Felson, M.） 369
フォーガス（Forgas, J. P.） 151
福来友吉 42
フッサール（Husserl, E. G. A.） 16
プライヤー（Preyer, W. T.） 30
フランクル（Frankl, V. E.） 34
フリッチュ（Fritsch, G. T.） 13
ブリューア（Brewer, M.） 160
フリン（Flynn, J. R.） 101
ブルーナー（Bruner, J. S.） 35, 39, 107
ブルーム（Vroom, V.） 299
ブルンスウィック（Brunswik, E.） 39
フレイヴル（Flavell, J. H.） 92, 93
ブレスロウ（Breslow, L.） 333
プレマック（Premack, D.） 109
ブレンターノ（Brentano, F. C. H. B.） 16
フレンチ（French, J. R. P., Jr.） 296
ブロイアー（Breuer, J.） 139
フロイト（Freud, A.） 23, 140
フロイト（Freud, S.） 19, 23, 24, 27, 40, 87, 93, 94, 139, 189, 190, 198, 360
ブロイラー（Bleuler, E.） 28
ブローカ（Broca, P.） 13, 215, 219
ブロードマン（Brodmann, K.） 217
ブロジェット（Blodgett, H. C.） 54

410

プロチャスカ（Prochaska, J. O.） 336
フロム（Fromm, E.） 23, 24, 140
ブロンフェンブレンナー（Bronfenbrenner, U.） 111
ヘイヴン（Haven, J.） 41
ベイトソン（Bateson, G.） 196
ベイン（Bain, A.） 8
ベッカー（Becker, H. S.） 359
ベッカリーア（Beccaria, C. B.） 348
ベック（Beck, A. T.） 194
ヘッケル（Haeckel, E. H.） 100
ベッセル（Bessel, F. W.） 31
ヘッブ（Hebb, D. O.） 229
ベヒテレフ（Bekhterev, V. M.） 18
ベム（Bem, S. R. L.） 106
ヘリング（Hering, K. E. K.） 70
ヘルバルト（Herbart, J. F.） 6
ヘルムホルツ（von Helmholtz, H. L. F.） 10, 70
ヘレン・ケラー（Helen Keller） 129
ベンサム（Bentham, J.） 348
ペンフィールド（Penfield, W. G.） 220
ホヴランド（Hovland, C. I.） 161
ボウルビィ（Bowlby, J.） 104
ホーナイ（Horney, K.） 140
ホール（Hall, G. S.） 19, 25, 27, 30, 87, 89
ポパー（Popper, K. R.） 201
ホポック（Hoppock, R.） 300
ホリングワース（Hollingworth, L. S.） 105
ポルトマン（Portmann, A.） 102
ホワイト（White, P.） 156

ま 行

マートン（Merton, R. K.） 355
マーフィー（Murphy, G.） 27
マクドゥーガル（McDougall, W.） 26
マクレガー（McGregor, O.） 299
正田亘 289
マスケライン（Maskelyne, N.） 31
マズロー（Maslow, A. H.） 35, 192, 288, 298, 311
マックリーン（MacLean, P. D.） 215

マッケイ（McKay, H. D.） 355
マッツア（Matza, D.） 358
松本亦太郎 41, 87
マレー（Murray, H. A.） 184, 298
マレー（Murray, S. L.） 166
三隅二不二 157
ミッシェル（Mischel, W.） 141
三宅紘一 89
ミュラー（Müller, G. E. N.） 16
ミュンスターベルク（Münsterberg, H.） 26, 287, 302
ミラー（Miller, G. A.） 39, 58
ミルグラム（Milgram, S.） 36, 37
ミロン（Millon, T.） 142
メイヤー（Meyer, J. P.） 301
メーヨー（Mayo, G. E.） 287
モーガン（Morgan, T. H.） 17, 18
モスコビッチ（Moscovici, S.） 154
元良勇次郎 41, 87
モフィット（Moffitt, T. E.） 351
森田正馬 42, 197
モリヌークス（Molyneux, W.） 7
モレノ（Moreno, J. L.） 117

や 行

ヤング（Young, T.） 10, 70
ユング（Jung, C. G.） 23, 27, 136, 137, 140, 190
吉本伊信 197

ら 行

ライプニッツ（Leibniz, G. W.） 7
ラザースフェルド（Lazarsfeld, P. F.） 312
ラザルス（Lazarus, R. S.） 149, 205, 344
ラズバルト（Rusbult, C. E.） 166
ラタネ（Latane, B.） 153
ラツァルス（Lazarus, M.） 12
ラマチャンドラン（Ramachandran, V. S.） 220, 224
ラングラン（Lengrand, P.） 127
ランゲ（Lange, C. G.） 146

411

人名索引

リーズン（Reason, J.）　305
リスト（von Liszt, F. E.）　26
リピット（Lippit, R.）　156
ルソー（Rousseau, j.-j.）　86
ルドゥー（LeDoux, J. E.）　148
ルビン（Rubin, E. J.）　16
レイサム（Latham, G. P.）　300
レイブン（Raven, B.）　296
レヴィン（Lewin, K.）　21, 36, 140, 156, 288, 296
レスリスバーガー（Roethlisberger, F. J.）　288
ロイブ（Loeb, J.）　17, 22
ロージン（Rozin, P.）　151
ローゼンソール（Rosenthal, R.）　115
ローゼンツヴァイク（Rosenzweig, S.）　184

ローゼンバーグ（Rosenberg, M.）　163
ロールシャッハ（Rorschach, H.）　184
ローレンツ（Lorenz, K. Z.）　103
ロジャーズ（Rogers, C. R.）　29, 35, 40, 190, 191
ロス（Ross, E. A.）　26
ロック（Locke, E. A.）　300
ロック（Locke, J.）　7
ロマネス（Romanes, G. J.）　17
ロンブローゾ（Lombroso, C.）　350

わ 行

ワイナー（Weiner, B.）　115
ワトソン（Watson, J. B.）　19, 21, 22, 26, 28
ワトソン（Watson, J. D.）　240

執筆者紹介

子安増生（こやす ますお）編者　第3章
1950年生まれ。京都大学大学院教育学研究科博士課程中退。博士（教育学）。愛知教育大学助教授，京都大学助教授，同教授を経て，2016年4月から京都大学名誉教授，甲南大学文学部特任教授。現在，日本心理学諸学会連合理事長。専門は教育認知心理学。特に心の理論，メタファー理解などの発達心理学的研究。著書に『教育心理学　第3版』（有斐閣，共著，2015）など。

サトウタツヤ（さとう たつや）第1章
1962年生まれ。東京都立大学大学院博士課程退学。博士（文学）。同大学助手，福島大学行政社会学部助教授を経て，現在は立命館大学総合心理学部教授。専門は応用社会心理学，心理学史。著書に『心理学の名著30』（筑摩書房，2015）など。

太田信夫（おおた のぶお）第2章
1941年生まれ。名古屋大学大学院教育学研究科博士課程単位取得満期退学。教育学博士。筑波大学教授，学習院大学教授を経て，現在は東京福祉大学教授，筑波大学名誉教授。専門は認知心理学，教育心理学。著書に『現代の認知心理学』全7巻（北大路書房，編集代表，2011），"Memory and aging"（Psychology Press，編著，2012），"Dementia and Memory"（Psychology Press，編著，2014）など。

生駒忍（いこま しのぶ）第2章
1977年生まれ。筑波大学大学院博士課程人間総合科学研究科単位取得退学。現在は日本心理学諸学会連合心理学検定局研究員。専門は認知心理学，音楽心理学。著書に『ひろがる認知心理学』（三恵社，編著，2011），『音楽心理学入門』（誠信書房，分担執筆，2015）など。

池上知子（いけがみ ともこ）第4章
1956年生まれ。京都大学大学院教育学研究科博士後期課程学修認定退学。博士（教育学）。愛知県立芸術大学専任講師，愛知教育大学教授を経て，現在は大阪市立大学大学院文学研究科教授。専門は社会心理学，社会的認知，社会的アイデンティティ。著書に『格差と序列の心理学：平等主義のパラドクス』（ミネルヴァ書房，2012）など。

杉浦義典（すぎうら よしのり）第5章
1973年生まれ。東京大学大学院教育学研究科博士後期課程修了。博士（教育学）。信州大学人文学部助教授を経て，現在は広島大学総合科学研究科准教授。専門は異常心理学。著書に『アナログ研究の方法』（新曜社，2009），『他人を傷つけても平気な人たち』（河出書房新社，2015）など。

執筆者紹介

佐藤徳（さとう あつし）第6章
1968年生まれ。早稲田大学大学院文学研究科心理学専攻後期博士課程修了。博士（心理学）。富山大学人間発達科学部准教授を経て，現在は富山大学人間発達科学部教授。専門は社会認知科学。著書に『ミラーニューロンと心の理論』（新曜社，共著，2011），『脳の発達科学』（新曜社，共著，2015）など。

繁桝算男（しげます かずお）第7章
1946年生まれ。アイオワ大学大学院修了。Ph.D. 東北大学助教授，東京工業大学教授，東京大学教授を経て，現在は帝京大学文学部教授。東京大学名誉教授。専門は心理測定・評価，ベイズ統計学。著書に『心理統計学』（培風館，共著，2008）など。

小野公一（おの こういち）第8章
1951年生まれ。亜細亜大学大学院博士課程後期単位取得退学。（株）社会調査研究所，亜細亜大学経営学部講師を経て，現在は亜細亜大学経営学部教授。専門は人事・労務管理，産業・組織心理学。著書に『働く人々の well-being と人的資源管理』（白桃書房，2011），『働く人々のキャリア発達と生きがい』（ゆまに書房，2010）など。

杉本徹雄（すぎもと てつお）第8章
1955年生まれ。同志社大学大学院文学研究科博士後期課程満了。現在は上智大学経済学部教授。専門は消費者行動と広告の心理学的研究。著書に『マーケティングと広告の心理学』（朝倉書店，2013）など。

山田冨美雄（やまだ ふみお）第9章
1951年生まれ。関西学院大学大学院文学研究科心理学専攻博士後期課程修了。文学博士，指導健康心理士。関西鍼灸短期大学助教授，大阪府立看護大学助教授，大阪人間科学大学人間科学部教授，関西福祉科学大学健康福祉学部教授を経て，2016年4月より関西福祉科学大学心理科学部教授。専門は健康心理学・生理心理学。著書に『医療行動科学のためのミニマムサイコロジー 改訂版』（北大路書房，編著，1997），『包括的ストレスマネジメント』（医学書院，監訳，2006）など。

秋葉理乃（あきば りの）第9章
大阪人間科学大学大学院人間科学研究科修士課程修了。修士（人間科学），専門健康心理士。現在は大阪人間科学大学非常勤講師，大阪医科大学非常勤研究支援者，株式会社 NOTIA ABA セラピスト。専門は健康心理学。

齊藤文夫（さいとう ふみお）第10章
1950年生まれ。南イリノイ大学大学院犯罪非行矯正研究センター司法行政学研究科修士課程修了。司法行政学修士。法務省矯正職員（心理技官），国際連合社会防衛研究所研究官，国際連合アジア極東犯罪防止研修所教官，追手門学院大学人間学部心理学科助教授を経て，現在は武庫川女子大学文学部心理・社会福祉学科教授。専門は犯罪・非行に関する臨床心理学的研究。著書に『発達障害親子支援ハンドブック』（昭和堂，分担執筆，2013），『トラウマとPTSDの心理援助』（金剛出版，分担執筆，2009）など。

414

アカデミックナビ
心理学

2016年4月20日　第1版第1刷発行

編著者　子安増生

発行者　井村寿人

発行所　株式会社　勁草書房
112-0005 東京都文京区水道2-1-1　振替 00150-2-175253
（編集）電話 03-3815-5277／FAX 03-3814-6968
（営業）電話 03-3814-6861／FAX 03-3814-6854
本文組版 プログレス・堀内印刷・中永製本

©KOYASU Masuo　2016

ISBN978-4-326-25115-5　　Printed in Japan

<㈳出版者著作権管理機構 委託出版物>
本書の無断複写は著作権法上での例外を除き禁じられています。
複写される場合は、そのつど事前に、㈳出版者著作権管理機構
（電話 03-3513-6969、FAX 03-3513-6979、e-mail: info@jcopy.or.jp）
の許諾を得てください。

＊落丁本・乱丁本はお取替いたします。
　　　　http://www.keisoshobo.co.jp

テキスト・シリーズ　アカデミックナビ

　アカデミックナビは，新しい世紀に必要とされる教養を身につけるために企画した，勁草書房の新しいテキスト・シリーズです。本シリーズが目指すのは，専門化が進み細分化された学問分野をあらためて体系化し，初学者にわかりやすく伝える現代のスタンダード・テキストです。そのため，これまでに勁草書房が刊行してきた人文科学各分野から特に重要なものを選び，それぞれの分野の第一人者が必要なポイントを懇切丁寧に解説し，用語解説やQ＆Aなどで当該分野の全体像をイメージできるように工夫します。本シリーズは，初学者がアカデミズムの世界を航海する際の最適な指針となることを目指します。

●内容のコンセプト

わかりやすく
初学者にもわかりやすく，共通教育課程（1~2年）のテキストとして最適なレヴェル。

バランスよく
特定の立場に偏らず，その分野全体に広く目を配り，汎用性が高く標準的。

ポイントをしぼって
特に重要な点のみを丁寧に説明しつつ，その分野の全体像を伝える。

体系的に
各章が整合的に構成されており，最初から最後までスムースに読み進められる。

●今後の刊行予定ラインナップ
『経済学』，『政治学』，『統計学』，『教育学』，『社会学』，etc.

―――――――――――――――――――――――――――――勁草書房